मन्दाक्रान्ता सेन

मन्दाक्रान्ता सेन का जन्म 15 सितम्बर, 1972 को कोलकाता में हुआ। वे नीलरतन सरकार मेडिकल कॉलेज में एम.बी.बी.एस. की छात्रा रहीं। परीक्षा बीच में छोड़कर साहित्य-रचना का क्षेत्र चुना।

उनके पहले काव्य-संग्रह 'हृदय अबद्ध मेये' पर उन्हें 1999 में 'आनन्द पुरस्कार' मिला। 'अंधी छलांग' उनका पहला उपन्यास है। बांग्ला में इसका प्रकाशन 'झपताल' शीर्षक से हुआ है।

अंधी छलांग

मंदाक्रान्ता सेन

अनुवाद
श्यामा सिंह

राजकमल पेपरबैक्स

पहला पुस्तकालय संस्करण
राजकमल प्रकाशन प्राइवेट लिमिटेड द्वारा
2004 में प्रकाशित

राजकमल पेपरबैक्स में
पहला संस्करण : 2023

राजकमल पेपरबैक्स : उत्कृष्ट साहित्य के जनसुलभ संस्करण

राजकमल प्रकाशन प्रा.लि.
1-बी, नेताजी सुभाष मार्ग, दरियागंज
नई दिल्ली-110 002
द्वारा प्रकाशित

शाखाएँ : अशोक राजपथ, साइंस कॉलेज के सामने, पटना-800 006
पहली मंजिल, दरबारी बिल्डिंग, महात्मा गांधी मार्ग, प्रयागराज-211 001
वेबसाइट : www.rajkamalprakashan.com
ई-मेल : info@rajkamalprakashan.com

विकास कंप्यूटर एंड प्रिंटर्स
ट्रॉनिका सिटी-201 102
द्वारा मुद्रित

मूल्य : ₹299

ANDHI CHHALANG
by Mandakranta Sen

ISBN : 978-81-19159-41-3

अध्याय एक

बड़े सवेरे तिथि की नींद खुल गयी। उस दिन महालया थी। तिथि समझ नहीं पा रही थी कि भोर हो गयी है या रात अभी बाकी है। शरद ऋतु में भोर के वक्त अँधेरा पतली चादर की तरह लिपटा रहता है। अँधेरे की हल्की जाली जैसी बुनावट से सुबह के गोरे-गोरे बदन का आभास मिलता है। आसमान काले से धीरे-धीरे नीला हो जाता है। एक अजीब सी नीलिमा। यह नीला रंग सिर्फ महालया की सुबह ही नजर आता है। आज सुबह भी लेटे-लेटे तिथि अपने सामनेवाली खिड़की से दो मकानों के बीच दिखते आकाश के टुकड़े में वही रंग देख रही थी जो विक्स की तरह नीला लग रहा था।

बचपन से ही तिथि ने ऐसा ही महसूस किया है। आज भी उसे वैसा ही लगा। हालाँकि वह जानती थी कि यह मूर्खता है क्योंकि विक्स सफेद होता है नीला नहीं। मगर उसे ऐसा सोचना अच्छा लगता है। दरअसल, बचपन में आले पर रखी रहती थी विक्स की पुरानी नीली काँच की शीशी, उसके अंदर रखा हुआ विक्स भी ऐसा ही नीला दिखता था। कोमल प्रकाश जैसा नीला। उसे वह शीशी अनायास ही अपनी ओर आकर्षित करती थी। न जाने क्यों उस रंग के प्रति उसे गहरा लगाव हो गया था। हर बार महालया की भोर में नीले आकाश को देखकर उसे वैसा ही अनुभव होता। इसके अलावा किसी दूसरे दिन उसे इतनी सुबह आसमान देखने का मौका भी नहीं मिलता था।

और विक्स की वह गंध, उसमें अलग रोमांच भर देती थी। बचपन से लेकर वयःसंधि पार कर इस तीस से उपर की उम्र में भी वह उस गंध को भूल नहीं पायी। आनेवाले पूजा के दिनों की गंध की तरह, बहुत सारी धूप और थोड़ी-थोड़ी ओस की मिली-जुली गंध। यह खुशबू पाते ही आशा, आकांक्षा, उत्तेजना सबका मिलाजुला सा अहसास होता और तिथि के हाथ-पैर में सिहरन होने लगती। उसे यह आभास सुकून देने लगता कि पूजा की रौनक अब शुरू होनेवाली है। हर साल यह ख्याल तिथि के दिल में उमंग भर देता। क्या होगा? क्या होगा ? यह सोच कई संभावनाएँ जगाती।

अँधेरा अधिक गहरा नहीं था इसीलिए तिथि बिना लाइट जलाए ही बाथरूम चली

गयी। शायद चार बजनेवाला था। हालाँकि तिथि कभी इतनी जल्दी नहीं उठती लेकिन महालया के दिन न जाने कैसे ठीक समय पर उसकी आँख खुल जाती है। बाथरूम से निकलते ही तिथि ने उल्टी तरफ मिंटू के घर से आकाशवाणी का कार्यक्रम शुरू होने की आवाज सुनी।

महालया के दिन आकाशवाणी पर सुनायी जानेवाली यह धुन भी तिथि के लिए चिरपरिचित है, जो उसे रोमांचित कर देती है। हालाँकि वह नहीं जानती कि यह धुन पियानो से बजायी जा रही है या किसी और यंत्र से। तिथि को लगता है जैसे यह धुन किसी और ग्रह से बहकर आ रही हो। किसी जाने-पहचाने ग्रह से नहीं, बिल्कुल अंजान छायापथ पर नक्षत्र जगत के किसी अनजाने ग्रह से। तिथि को लगता कि यह धुन पृथ्वी की हो ही नहीं सकती। यह धुन जब बजती है तो बार-बार एक ही लय बजती है और उसके पीछे तानपूरे की मंद-मंद आवाज आती रहती है जो खत्म होने का नाम ही नहीं लेती। तिथि को यह सब किसी अपार्थिव मंत्र जैसा लगता है। मंत्र का जादू उसके स्नायु तंत्र की तरंगों में घूमता हुआ उसे घेरता रहता है। महालया के अलावा पूरे साल शायद ही कभी यह धुन सुनाई देती हो। लेकिन इसमें दो राय नहीं कि अगर इसे हर रोज सुना जाता तो इसका जादू खत्म हो जाता और यह इतना प्रभावित भी नहीं कर पाती।

तिथि इस धुन के खत्म होने तक एक जगह खड़ी उसे सुनती रही। उसके बाद अपने कमरे में जाकर रेडियो ऑन कर दिया। उसने अपना रेडियो बीच में इसलिए नहीं खोला कि उसके कमरे के बाहर अँधेरे से जो धुन बहकर उसके कानों को सुनाई दे रही थी उसमें तिथि एक रोमांच का अनुभव कर रही थी। शायद अपने रेडियो में उसे यह अहसास नहीं हो पाता।

यह रेडियो भी नहीं, सीडी प्लेयर था। जिसमें रेडियो भी बजाया जा सकता था। सेंटर पकड़ते-पकड़ते तिथि ने बगलवाले कमरे से अपनी माँ के खाँसने की आवाज सुनी। इसका मतलब माँ उठ गयीं। पिताजी तो जाग ही गये होंगे, थोड़ी देर बाद ही वे टहलने निकल जाते हैं। रेडियो की आवाज कम करके तिथि वापस बिस्तर पर आकर लेट गयी। उसे याद है बचपन में वह बत्ती जलाकर पिताजी के साथ बैठकर महालया सुना करती थी। उसके पिताजी टेप रिकॉर्डर में पूरा कार्यक्रम रिकॉर्ड कर लेते थे। बाद में उसे दोबारा सुना जाता था। बहुत मजा आता था। कार्यक्रम को चुपचाप सुनना पड़ता था अगर किसी को बात करनी होती तो उसे फुसफुसाना पड़ता था, नहीं तो वह आवाज भी टेप हो जाती। जोर से बात करने पर भइया सिर पर मारते थे, जिसे हजम करना पड़ता था। माँ सुबह-सुबह चाय बनाया करती थी लेकिन अब वैसा कुछ नहीं होता। भइया बहुत पहले बाहर चले गये। अब माँ-पिताजी की जगह तिथि ही रेडियो चलाती है। सब सोते हुए ही महालया की यह धुन सुनते हैं। वैसे अपने घर में रेडियो

नहीं चलाने पर भी अगल-बगल के किसी न किसी मकान से यह धुन सुनाई दे ही जाती है। कुछ भी हो, यह भी एक संस्कार ही है। इसीलिए साल के अंत में इस दिन को न मनाने पर मन खुद ब खुद बेचैन हो उठता है।

तिथि आँखें बंद कर सुनने लगती है। बीरेंद्र कृष्ण भद्र ने महालया के इन श्लोकों का न जाने कितने सालों पहले पाठ किया था लेकिन आज भी महालया का यह गीत शरीर में एक अजीब सी सिहरन पैदा करता है।

यह कभी पुराना लगता ही नहीं। हर साल इसी तरह सुनना अच्छा लगता है और हर बार इसे सुनकर आँखें भर उठती हैं। हर किसी के साथ ऐसा ही होता है या नहीं? तिथि को नहीं पता पर उसे ऐसा ही लगता है। तिथि ने सोचा - यह भी एक तरह का धर्माचरण है, वरना आज के दिन हर बंगाली सुबह-सुबह रेडियो क्यों चला देता है ? हर साल इसी धुन को सुनने के लिए लोग क्यों बेचैन हो उठते हैं? हर साल इसी समय यह धुन सुनने के बाद उसका दिल क्यों रो उठता है? क्या सचमुच यह सब पवित्र नहीं है? इन्हीं भावनाओं की वजह से इन आयोजनों का महत्व बढ़ जाता है। हर साल लोग पूजा का इंतजार करते हैं। तिथि को फिर से नींद आने लगी और साथ ही कुछ तस्वीरें भी उभरकर सामने आ रही थीं। कुछ यादें और कुछ सपने। उस धुन के साथ ही ये तस्वीरें भी एक के बाद एक उभरती चली जा रही थीं।

1

अभी क्लास में पढ़ाई ठीक से शुरू भी नहीं हुई थी कि तिथि को पूजा की लंबी छुट्टी मिल गयी। नये कॉलेज में दाखिला लिया था। उच्च माध्यमिक पास करने के बाद तिथि ने अपना मनपसंद विषय भूगोल लेकर पढ़ना शुरू किया।

इस बार पूजा बड़ी जल्दी आ गयी। बरसात का मौसम अभी खत्म भी नहीं हुआ था लेकिन कड़कती धूप भी फैलने लगी थी। धूप के कमरे में फैलते ही वह उठ बैठी। अरे, आज तो षष्ठी है, पूजा आ गयी। इस्स. तिथि ने देर तो नहीं कर दी, नौ बजे उसे मौसमी के घर पहुँचना था। आज से ही इन्हें घूमने जाना था।

खुशी से तिथि का मन छटपटाने लगा। इस बार पूजा में बहुत मस्ती करनी थी। हालाँकि हर बार ऐसा ही लगता लेकिन आखिर तक ऐसा कुछ नहीं हो पाता। बल्कि कहा जा सकता है कि जैसे-तैसे पूजा के चार दिन बीत जाते हैं। लेकिन न जाने क्यों तिथि को ऐसा लग रहा था कि इस बार वह पूजा में बहुत मजे कर सकेगी! लाउडस्पीकर पर हेमंत कुमार का गाना सुनाई दे रहा था। तिथि जल्दी से जल्दी पूजा

के उस माहौल में शरीक हो जाना चाहती थी।

उसने माँ को अपने घूमने के कार्यक्रम के बारे में पहले ही बता दिया था। पिछले साल भी पूजा में एक दिन वह अपनी सहेलियों के साथ घूमने गई थी और अब तो वह कॉलेज में पढ़ती है। इसलिए मना करने का सवाल ही नहीं उठता। भले ही घर में कोई मानने को तैयार न हो कि वह बड़ी हो गयी है। वह हमेशा बच्ची और बेकार ही लगती हो। वह जो भी काम करती है उसमें मूर्खता या गलती झलकती है। माँ-पिताजी नहीं बल्कि उसके भइया तमाल का ऐसा ही मानना था। तमाल बुद्धिमान है और हर काम में माहिर, जबकि तिथि अपने काम में उतनी माहिर नहीं है। कुछ न कुछ गलतियाँ कर बैठती है। उसके भइया का मानना है कि परीक्षा में वह अपनी बुद्धि के बल से नहीं बल्कि किताबें रटने की वजह से अच्छा रिजल्ट कर पाती है। तमाल शिवपुर के इंजीनियरिंग कॉलेज में पढ़ रहा है और होस्टल में रहता है। वह पूजा में ही घर आता है। आज सुबह भी तिथि को घूमने के लिए तैयार होता देखकर तमाल ने मुँह बना लिया।

- अरे यह क्या, अभी से पूजा शुरू हो गयी? आज तो षष्ठी की सुबह है, अभी तो माँ दुर्गा की भी नींद नहीं टूटी।

तिथि ने कोई जवाब नहीं दिया। वह उदास हो गई। वह जानती है कि उसके भइया हमेशा उसका उत्साह खत्म कर देना चाहते हैं और अधिकतर उनकी यह इच्छा पूरी भी हो जाती है। लेकिन इस बार वह ऐसा नहीं होने देगी। जल्दी-जल्दी उँगली फेरकर वह अपने शैंपू किए हुए बालों को सुखाने लगी।

लेकिन तमाल ने भी हार नहीं मानी। बहन को परेशान करने में उसे बहुत मजा आता है। अपनी बातों का कोई असर न होता देख उसने जिद ठान ली। जब उसने देखा कि उसके पहले ताने का असर नहीं हुआ तो वह चिढ़ाते हुए बोला - अरे, देखना तेरे बाल उखड़कर हाथ में न आ जाएँ, ओह, गंजे सिर पर हेयरबैंड लगाए तू कितनी अच्छी लगेगी, क्या बताऊँ? एकदम फर्स्ट क्लास।

अगर इस बात पर तिथि गुस्से में चिल्लाने के बाद रो उठती तो तमाल को खुशी मिलती। उसके बाद वह अपना काम शुरू कर देता लेकिन तिथि इस पर भी नहीं चिढ़ी। बल्कि उसकी बात सुनकर हँसने लगी। तमाल भी हँसने लगा। हँसते-हँसते बोला - अरे, आज शकरकंद की दुकान इतनी सुबह खुल गयी ? क्या भाव है ?

तिथि का दिल रो उठा मगर वह -हँसती रही। हँसते-हँसते मुँह को हाथ से ढक लिया। क्योंकि उसने तय कर लिया था कि वह किसी बात पर नाराज नहीं होगी। गुस्सा होने पर उसी का नुकसान होगा। पूरा दिन बर्बाद हो जायेगा। और अभी पूरा दिन बाकी था।

तिथि शीशे के सामने खड़ी हो गयी। उसकी खुशी के कई कारण थे। कुछ दिन

पहले ही उसने आईलाइनर की एक शीशी खरीदी थी, जिसके बारे में किसी को नहीं बताया। मौसमी को उसने लगाते देखा था। देखकर उसके भी दिल में लगाने का अरमान जगा। पूजा के दिनों में लगाने के लिए उसने यह शीशी खरीदी थी।

उसका रंग काला है। लंबी होने के साथ-साथ वह दुबली भी है। लंबा होना बुरा नहीं है लेकिन तिथि की परेशानी यह है कि वह एकदम सीधा होकर नहीं चल पाती, बल्कि सामने की ओर थोड़ा झुककर चलती है। माँ कहती हैं कि वह कुबड़ी है। दरअसल तिथि जानती है कि उसकी पीठ उसके मन की तरह है जो थोड़ी ही देर में सिमट जाना चाहता है।

उसके चेहरे का ऊपरी भाग सुंदर है लेकिन निचला भाग उतना आकर्षक नहीं है। बचपन में उसके दाँत बेहद सुंदर थे, खूबसूरत-हँसीवाली एक तस्वीर भी है। लेकिन बड़े होने के बाद जब दूसरी बार दाँत उगे तब ऊपर के दाँत कुछ ऊँचे हो गए। इतने ऊँचे हो गए थे कि मुँह भी बंद नहीं होता था, बहुत खराब लगता था। जब वह कक्षा पाँच में पढ़ती थी तब उसके पिताजी उसे सियालदह के डेंटल कॉलेज में ले गए थे। उसे याद है डॉक्टर साहब ने उसकी माँ को भी साथ आने को कहा था। उन्होंने एक कागज पर यह लिखवाकर दस्तखत करवा लिए थे कि वे पूरी कोशिश करेंगे लेकिन परिणाम बुरा भी हो सकता है - उसके दाँतों का बहुत बुरा हाल हुआ था। डॉक्टर भंज अपने छात्रों को लाकर दिखाते थे और वे सभी अपनी उँगली उसके मुँह में डालकर न जाने क्या देखते थे। तिथि ने एक दिन डाक्टर साहब को अपने छात्र से कहते सुना कि मैं आखिर तक क्या कर पाऊँगा, मुझे नहीं पता। लेकिन कोशिश तो करनी ही पड़ेगी। ऐसे दाँत रह गये तो इस लड़की की शादी कैसे होगी। यह सुनकर तिथि की आँखों में आँसू आ गए थे लेकिन युवा छात्रों के सामने उसने किसी तरह अपने आँसू रोक लिए।

डॉक्टर भंज की काबिलियत पर शक नहीं किया जा सकता था, उन्होंने तिथि के दाँतों को बेहतर आकार दिया। चार सालों तक उसे मुँह में प्लास्टिक पैलेट की क्लीप लगाकर रखनी पड़ी थी। दाँत कुछ नीचे तो हो गए थे लेकिन अब भी काफी बड़े-बड़े और असमान थे। अब इसमें और कुछ नहीं किया जा सकता। डॉक्टर भंज ने कहा कि उसके दाँतों की जो हालत थी और उसमें जो फेरबदल किया जा सका वह किसी चमत्कार से कम नहीं था। तिथि अब अपने होंठों को बंद कर सकती थी। लेकिन सेटिंग गड़बड़ होने की वजह से मुँह बंद होने पर भी थोड़ा फूला रहता है। हँसते हुए अच्छी नहीं लगती । हँसी आने पर वह खुद अपने मुँह पर हाथ रख लेती है। खासकर बाहर जब वह दूसरों के सामने होती है।

घर में भइया भी कहते हैं - दुकान बंद कर। इसीलिए आजकल वह घर में भी मुँह पर हाथ रखकर ही हँसती है। कोई कहे या न कहे, तिथि जानती है कि उसकी दोनों आँखें बेहद खूबसूरत हैं और भौंहों का तो कोई जवाब ही नहीं। लंबी और तिरछी,

न तो बहुत पतली हैं और न ही मोटी। नाक के ऊपर बीचोबीच जुड़ी हुई हैं। हालाँकि चश्मे के कारण उसकी ये भौंहें ढकी होती हैं। पावर भी माइनस पाँच है। उसे हरदम चश्मा पहने रखना पड़ता है वरना दिखाई ही न दे।

मेकअप करते समय उसे चश्मा खोलना पड़ता है वरना चेहरे पर कुछ लगाना मुश्किल हो जाए। और चश्मा न लगाने पर वह अपना ही चेहरा आईने में देख नहीं पाती। अपना चेहरा देखने के लिए तिथि ने अपना चेहरा लगभग आइने में सटा दिया। उसके हाथ में आईलाइनर की नयी शीशी थी। उसने सोचा था कि आँखों पर एक पतली रेखा खींचने में कोई दिक्कत नहीं होगी क्योंकि वह अच्छे चित्र बना लेती है। लेकिन उसे समझ में आ गया कि चित्र बनाना और आँखों पर लकीरें खींचना दो अलग चीजें हैं। आईने में देखकर अपनी आँखों पर ब्रश चलाना कागज पर रेखाएँ खींचने जितना आसान नहीं है। पलकें झपकने की वजह से हाथ भी काँप रहा था।

काफी सावधानी बरतते हुए तिथि ने किसी तरह आईलाइनर लगा ही लिया। बायीं आँख थोड़ी जल भी रही थी, शायद आँख में रंग चला गया था। अपनी दोनों आँखों में आईलाइनर लगा देख वह खुद पर मोहित हो गयी और कह उठी - वाह कितना सुंदर लग रहा है। वह जानती थी कि उसकी आँखें सुंदर हैं। चपटी नाक पर हाथ रखकर तिथि ने चेहरे के निचले हिस्से को ढक लिया, क्या अब भी वह देखने में बुरी लग रही है ? बिल्कुल नहीं, बल्कि सुंदर ही लग रही है। तिथि धीरे से हँस पड़ी।

2

चारमंजिली इमारत में हर तल्ले पर आठ फ्लैट हैं। इस तरह की छह इमारतों को लेकर एक हाउसिंग काम्प्लेक्स बना है जिसका नाम है नवरूपा। छः साल हो चुके हैं। तिथि के मकान से यह बहुत दूर नहीं है, पैदल चलने पर दस- बारह मिनट लगते हैं। मौसमी यहीं रहती थी। मौसमी तिथि के स्कूल की सहेली है। पहले ये लोग सिलिगुड़ी में रहते थे। उसके पिताजी डॉक्टर हैं जो सरकारी नौकरी करते हैं। कोलकाता में तबादला होने पर वे यहाँ आए और साल के बीच में मौसमी ने तिथि के स्कूल में दाखिला लिया। वह एक सरकारी स्कूल है। तब वह कक्षा आठ में पढ़ती थी। पहले दिन तिथि के साथ मौसमी की खास बातचीत नहीं हुई। बेहद खूबसूरत इस लड़की को क्लास की बाकी लड़कियों ने पहले दिन घेरे रखा था। तिथि बहुत दूर खड़ी थी, लेकिन जब मौसमी को पता चला कि उसका नया फ्लैट तिथि के मकान के पास है तब उसने खुद तिथि के पास जाकर कहा - सुनो, हमलोग एक साथ आया-जाया करेंगे।

तिथि को बहुत अच्छा लगा था। उसे यह भी महसूस हुआ कि क्लास की बाकी लड़कियाँ उससे ईर्ष्या भी करने लगी हैं। पता नहीं क्यों? मौसमी से कौन दोस्ती कर पाता है इसे लेकर शायद उनलोगों में प्रतियोगिता भी चल रही थी। मौसमी सबकी सहेली थी लेकिन रोज घर से स्कूल और स्कूल से घर जाने की वजह से तिथि ही उसकी बेस्ट फ्रेंड बन गयी थी। हालाँकि पूरे क्लास में शायद तिथि ही ऐसी थी जो मौसमी पर अधिकार जताने की प्रतियोगिता में शरीक नहीं थी। मौसमी के आने के बाद मॉनिटर सुदीप्ता ने उसे अपने पास बिठाया था। इसीलिए उसे लगता था कि मौसमी पर उसका अधिकार ज्यादा बनता था। यही वजह थी कि जब मौसमी ने टीचर से कहकर तिथि के करीब अपनी सीट बदल ली तो सुदीप्ता ने व्यंग्य करते हुए कहा था कि राम के बगल में रामप्यारी। तब और किसी ने टिप्पणी करते हुए कहा - नहीं-नहीं, ब्यूटी एंड द बीस्ट।

खुद तिथि भी हैरत में पड़ गयी थी। हो सकता है कि वह पढ़ने में अच्छी थी। लेकिन मौसमी और उसमें जमीन आसमान का अंतर था। सबसे पहला अंतर तो सुंदरता में ही था। सुदीप्ता ने गलत नहीं कहा था यह वह भी जानती थी। ऊपर से मौसमी अमीर घर की लड़की थी। जाहिर न करने पर भी मौसमी की बातों से इसका अहसास हो जाता था। बाद में मौसमी के घर जाकर तिथि को भी इस बात का अंदाजा हो गया था। उसे मालूम हो गया था कि उनके मुकाबले उसका परिवार बेहद साधारण था। लेकिन तिथि के जीवन में अगर मौसमी नहीं आती तो शायद उसे यह पता नहीं चलता कि दोस्ती के रास्ते में ये बातें दीवार नहीं बन सकतीं।

माध्यमिक तक उन लोगों ने एक साथ पढ़ाई की। ग्यारहवीं में उन्हें अलग होना पड़ा। मौसमी ने उसी स्कूल के उच्च माध्यमिक विभाग में दाखिला लिया लेकिन तिथि ने दूसरे स्कूल में दाखिला लिया। लेकिन इससे उनकी दोस्ती पर कोई असर नहीं पड़ा। और दोस्ती में दरार भी क्यों पड़े? वे केवल स्कूल की सहेलियाँ नहीं थीं बल्कि एक ही मुहल्ले की रहनेवाली थीं।

पार्थ सुबह से अपनी बहन को सजते-सँवरते देख रहा था। मौसमी उसकी अपनी बहन नहीं, चचेरी बहन है। पार्थ के माँ-पिताजी और बहन पूजा मनाने के लिए बर्दवान में अपने गाँव गए हुए थे। पार्थ नहीं गया था। पूजा के दिन चाचा के घर बिताने के लिए वह कल रात ही यहाँ आ गया था।

पार्थ के पिता आलोक मल्लिक घर के बड़े बेटे थे। मौसमी के पिता अरूप मझले बेटे । उनके बाद और पाँच भाई थे, कोई बहन नहीं थी। अरूप मल्लिक ने डॉक्टरी पास करने के बाद पिता की मर्जी के बगैर शादी की और ससुर के पैसे पर विदेश चले गये। ऊँची डिग्री हासिल करके कुछ साल बाद स्वदेश लौट आए लेकिन पिता से उनका समझौता नहीं हुआ। उनकी माँ जब कोलकाता आतीं तो अपने सभी बेटों के

यहाँ रहतीं, अरूप के यहाँ भी। अरूप की पत्नी मीता उन्हें नापसंद नहीं थीं। दरअसल उनके पिता यह नहीं मान पाए थे कि शादी के बाद उनका बेटा ससुर के पैसे पर विदेश पढ़ने जाए।

इसीलिए मौसमी के घरवालों का बर्दवान के मकान में आना-जाना लगभग खत्म हो गया। मगर पार्थ का रिश्ता बना हुआ है। आलोक - अरूप के पिता यानी पार्थ और मौसमी के दादाजी अघोर मल्लिक तीन भाई थे। इसीलिए गाँव के मकान में तीनों भाइयों पर बारी-बारी से पूजा कराने की जिम्मेवारी पड़ती। पिछले साल अघोर मल्लिक की बारी थी। इसका मतलब उनके बेटों की बारी थी, अघोर मल्लिक की उम्र अब अस्सी से अधिक हो चुकी थी। तकरीबन सात साल पहले गिरने की वजह से उनकी कमर में चोट लगी थी जो अब तक पूरी तरह से ठीक नहीं हुई । अब वे लाठी के सहारे चलते थे। मगर उनके बेटे उनके पास नहीं रहते। अरूप को अगर छोड़ भी दें तो आलोक को छोड़कर बाकी बेटे यही दर्शाते जैसे गाँव के मकान में पूरे परिवार के साथ पूजा के चार दिन बिताना और मिल-बाँटकर प्रसाद खाने से ही उनका फर्ज पूरा हो जाता है। पूजा की सारी जिम्मेदारी आलोक के कंधे पर डाल दी जाती। आलोक इस जिम्मेदारी से मुँह भी नहीं फेरना चाहते लेकिन उनमें यह जिम्मेदारी पूरा करने की क्षमता भी नहीं थी। कुछ लोग ऐसे भी होते हैं जो सारी जिंदगी गुजर जाने के बाद भी अपनी अयोग्यता के कारण दूसरों के सामने दया के पात्र बने रहते हैं, लेकिन सुधरने की कोशिश कभी नहीं करते। आलोक मल्लिक ऐसे ही लोगों में से थे। इसलिए दादाजी के बीमार हो जाने की वजह से पूजा का सारा काम पार्थ के कंधों पर आ गया। ऐसे में सगे संबंधी इसी ताक में रहते कि पूजा की तैयारियों में किसी तरह से कोई कमी निकालकर उन्हें छोटा किया जा सके। हर बार इन चीजों को लेकर हंगामा मचता। पिछले साल अघोर मल्लिक के मझले भाई यानी पार्थ के मझले दादाजी के बेटे बीलू चाचा के साथ पार्थ की जमकर झड़प हुई थी। मारपीट तक की नौबत आ गयी थी। पार्थ का उस दिन का गुस्सा अब तक शांत नहीं हो पाया था। इस बार की पूजा की जिम्मेदारी मझले चाचा पर ही थी। कोई और होता तो पूजा में कोई कमी निकालकर अपना बदला ले सकता था लेकिन पार्थ की ऐसी आदत नहीं है। इसलिए उसने अपने माँ-पिताजी से कहा - आप लोग जाइए, मैं इतने दिन मझले चाचा के घर रह लूँगा।

मौसमी को सजते देखकर पार्थ को अच्छा लग रहा था क्योंकि वह उसे बहुत प्यार करता था। मौसमी के प्रति उसका स्नेह अस्वाभाविक नहीं था क्योंकि वह उससे तकरीबन बारह साल छोटी थी। उसका जन्म इंग्लैंड में हुआ था। जब मझले चाचा-चाची उसे लेकर स्वदेश लौटे थे तब पार्थ यह सोचकर काफी खुश हुआ था कि अंग्रेजों के बच्चों की तरह सुंदर यह बच्ची उसकी चचेरी बहन है। हालाँकि उसके लिए यह भी चौंकानेवाली बात थी कि विदेश में रह चुके मझले चाचा-चाची उसके रिश्तेदार हैं। वे

लोग गाँव का मकान छोड़कर पिछले छब्बीस सालों से कोलकाता में किराये के मकान में रह रहे थे। जिस नौकरी के लिए उसके पिताजी शहर आए थे वह भी बेहद साधारण थी। उस नौकरी को छोड़ उन्होंने दूसरी नौकरी कर ली लेकिन वह भी अच्छी नहीं थी। दरअसल उसके पिता नौकरी करने या पैसा कमाने के बारे में कभी गंभीरता से सोचते ही नहीं थे। पार्थ ने बचपन में अपने पिता को कई बार गाँव के मकान में लौट जाने को कहते हुए सुना था। माँ कहती थी - वहाँ क्या है ? जिसके लिए दोबारा लौट चलें। उससे अच्छा होगा कि तुम यहीं मन लगाकर काम करो। पर पिताजी ने काम में मन ही नहीं लगाया। परिवार पर भी ध्यान नहीं दिया। किसी तरह उनकी गृहस्थी चलती रही। जबकि उनके मुकाबले मझले चाचा का घर मानों सपनों का महल हो। सजे-सजाए कमरे, सुंदर बाथरूम। पार्थ को यहाँ आकर रहना अच्छा लगता है। आज भी सोफे पर लेटे हुए पार्थ को ऐसा लगा जैसे मौसमी काफी सुंदर हो गयी है और उसका चेहरा कैमरे पर बहुत अच्छा लगेगा। मौसमी बाल सँवार चुकी थी, बालों पर ब्रश चलाते हुए वह पार्थ की तरफ मुड़ी। उसे देखकर साफ लग रहा था कि वह पार्थ से अपनी तारीफ सुनना चाहती थी। उसके मन की बात समझकर पार्थ ने तर्जनी और उँगली को मिलाकर तारीफसूचक मुद्रा बनाते हुए कहा - फैन्टास्टिक।

मौसमी तारीफ सुनकर खुश हो गयी और पार्थ के पास आकर बैठ गयी। पार्थ ने प्यार से उसकी तरफ देखते हुए पूछा - अब क्या प्रोग्राम है ?

- मेरी सहेली तिथि आएगी। उसी के साथ जाऊँगी। मगर वह बहुत देर कर रही है। - मौसमी ने परेशान होते हुए घड़ी की तरफ देखा ।

- तेरी सहेली भी जरूर तेरी तरह सज-सँवर रही होगी। पार्थ ने हँसते हुए कहा - चल हमलोग नीचे चलते हैं। मैंने तेरी हाउसिंग की मूर्ति अभी नहीं देखी है, चलकर देख लेते हैं।

मौसमी को यह सुझाव पसंद आ गया। उनका फ्लैट चार तल्ले पर था। उसको भी लगा कि चढ़ने-उतरने में काफी समय लग जाता है। ऐसे में अगर वह नीचे पंडाल में जाकर हाउसिंग की पूजा देखती है तो मूर्ति देखनी भी हो जाएगी और तिथि के साथ भी नीचे ही मुलाकात हो जाएगी। दोबारा ऊपर नहीं जाना होगा। मौसमी ने माँ से कहा - माँ, मैं भइया के साथ नीचे जा रही हूँ। तिथि आ गयी तो मैं उसके साथ बाहर चली जाऊँगी।

मीता रसोईघर में थीं। नौकरानी खाना बना रही थी, वे उसे बता रही थीं। मौसमी की बात सुनकर वे बाहर निकल आयीं और कहा - नीचे जा रही हो जाओ, लेकिन तिथि आई तो बिना बताए मत चली जाना। मुझे आकर पहले बतला देना, उसके बाद जाना।

मौसमी ने नाराज होते हुए कहा - अरे, बताकर तो जा रही हूँ। उसके आने पर क्या दोबारा ऊपर आना होगा ? मेरे पैर नहीं दुखेंगे क्या ?

मऊ, बहस मत करो। - मीता ने आदेश देते हुए कहा - मुझे कैसे पता चलेगा कि तुम चली गयी हो? या मेरा जानना जरूरी नहीं है ? . अगर पैर में दर्द है तो अभी नीचे मत जाओ। तिथि के आने के बाद ही जाना।

मौसमी कुछ कहने ही जा रही थी, उसके पहले ही पार्थ कह उठा - चाचीजी आप घबराइए मत। मैं तो इसके साथ ही रहूँगा। हम अभी नीचे चले जाते हैं। जब मऊ की सहेली आ जाएगी, मैं खुद ऊपर आकर आपको बता जाऊँगा।

नवरूपा की बिल्डिंगों के बीच एक छोटा सा मैदान था। उसी मैदान में यहाँ के वाशिंदों ने पंडाल बनाकर पूजा का आयोजन किया था। पंडाल के सामने लकड़ी की फोल्डिंग चेयर बिछाई गई थीं। अधिकतर खाली थीं, कुछ पर बच्चों ने तो कुछ पर युवा लड़के-लड़कियों ने कब्जा जमा रखा था। उनमें से अधिकतर काफी सजे-धजे थे। मौसमी का छोटा भाई दीप बहुत पहले से मैदान में आया हुआ था। दूसरे बच्चों के साथ खेलने में मशगूल था। सबके हाथों में पटाखे बजानेवाली पिस्तौलें थीं। उनके शोरगुल से माहौल में चहल-पहल बनी हुई थी।

पार्थ और मौसमी के पंडाल के करीब पहुँचते ही दो-तीन लड़कियों ने एक साथ मौसमी को आवाज लगाई। मौसमी ने उनकी ओर बढ़ते हुए पार्थ की तरफ मुड़कर कहा - भइया आप मूर्ति देखिए, मैं अभी आती हूँ।

पार्थ मन ही मन में हँसा। मौसमी के पास पहुँचते ही वे सब मिलकर एक साथ बोल उठीं। बात ही बात में ठहाके लगाने लगीं। बीच में मौसमी ने मुड़कर पार्थ की तरफ मासूमियत के साथ देखते हुए यह जतलाना चाहा कि उसकी सहेलियाँ उसे पार्थ के पास वापस नहीं जाने दे रही हैं। पार्थ ने उसका भाव समझते हुए उसे निश्चिंत रहने को कहा और हरी झंडी दिखते ही मौसमी भी झट से चेयर खींचकर वहीं बैठ गयी।

पार्थ को अकेले बैठे रहना बुरा नहीं लग रहा था। वह भगवान की मूर्ति की ओर एकटक देख रहा था। माँ दुर्गा और उनके बच्चों की मूर्ति फोम से तैयार की गयी थीं। माँ दुर्गा की मूर्ति बेहद सुंदर बनी थी लेकिन पार्थ की समझ में यह कभी नहीं आया कि माँ दुर्गा के शरीर को गुलाबी रंग से क्यों रँगते हैं ? माँ का रंग तो हल्दी की तरह होता है। गले हुए सोने की तरह। इसके अलावा देवी का चेहरा देवी की तरह न बनाकर एक सुंदर युवती जैसा आकर्षक क्यों बनाते हैं ? माँ दुर्गा का जो वास्तविक रूप है वह तो उनके बर्दवानवाले मकान की माँ दुर्गा की मूर्ति में ही उभरता है। वह मूर्ति भले ही बहुत बड़ी न हो लेकिन उसमें वह अलौकिक महिमा महसूस होती है जो एक देवी में होनी चाहिए। पार्थ को तो ऐसा ही लगता है। उनके गाँव के मकान में मंदिर पश्चिम में है। वहाँ साल-भर पूजा होती है। साल-भर उसी ढाँचे में मूर्तियाँ तैयार की जाती हैं। हर साल उस मूर्ति में वही शक्ति महसूस की जा सकती है। पार्थ को आश्चर्य भी होता है। वह चेहरा उसे जाना-पहचाना लगता है। सचमुच की देवी वहाँ लौटकर आती रहती हैं।

पार्थ के सीने में अजीब सा दर्द होने लगा। वह अब भी बर्दवान जा सकता है लेकिन वह नहीं जाएगा। पार्थ ने आँखें बंद कर लीं और मन ही मन में कह उठा - माँ, तुम्हारा दूसरा कोई रूप मुझे पसंद ही नहीं आता। मुझे माफ करना। मैंने जिस रूप में तुम्हारी पूजा की है, मुझे वही रूप पसंद है।

पार्थ को पता ही नहीं चला कि वह कितनी देर तक यूँ ही आँखें बंद किए बैठे रहा। वह मन लगाकर अपने घर में पूजी जानेवाली माँ दुर्गा की मूर्ति को ध्यान में रखकर उसकी आराधना करता रहा। बच्चों का शोरगुल और लड़कियों के हँसी-मजाक उसके ध्यान को भंग नहीं कर सके। लेकिन अचानक किसी ने उसके कान के करीब शोर मचाया जिससे उसका ध्यान भंग हो गया। आँख खोलकर उसने देखा कि मौसमी की हमउम्र एक लड़की उसके सामने खड़ी है। मौसमी उसके सामने गुस्सा जाहिर करते हुए हाथ हिलाकर कह रही थी - अब तेरे आने का वक्त हुआ है, मैं न जाने कब से तेरा इंतजार कर रही हूँ।

वह लड़की चुपचाप खड़ी रही, मौसमी के चिल्लाने का वह बुरा नहीं मान रही थी। उसके चुपचाप खड़े रहने से जाहिर हो रहा था कि उसे देर से आने की अपनी गलती का अहसास है। जब गुस्सा जतलाने के बाद मौसमी शांत हुई तभी अचानक कुछ देखकर वह जोर से चिल्ला उठी - अरे, तिथि, तू तो बहुत सुंदर लग रही है, देखूँ, देखूँ, तू तो बहुत सज-धज कर आई है।

पार्थ ने देखा वह लड़की मुँह पर हाथ रखकर हँस रही थी। उसकी हँसी नजर नहीं आ रही थी, लेकिन फिर भी पार्थ को लगा कि उसने ऐसी हँसी पहले कभी नहीं देखी। लड़की ने अपना चेहरा छिपा रखा था लेकिन उसकी आँखें ही नहीं, हाथ, पैर या यूँ कह लो कि पूरा शरीर हँस रहा था। मौसमी उसे न जाने क्या-क्या कह रही थी और वह अपना सिर हिलाती जा रही थी, उसका सिर हिलाना भी उसकी हँसी में ही शामिल लग रहा था। पार्थ को लगा जैसे वहाँ जितनी भी लड़कियाँ बैठी हुई थीं, यहाँ तक कि मौसमी भी उसके जैसी सुंदर हँसी नहीं हँस सकती । सिर्फ यही नहीं, किसी भी दूसरे लड़के या लड़की के लिए इतनी सुंदर हँसी हँसना मुमकिन नहीं है। यह हँसी देखने के लिए ही वह इस बार गाँव नहीं गया, इस हँसी को देखकर ही उसे लगा कि कोलकाता में भी पूजा शुरू हो गयी है।

3

पार्थ ने कहा था कि मौसमी घूमने निकली तो वह चाची को बता आएगा। लेकिन तीनों

को ऊपर जाना पड़ा और नीचे उतरना पड़ा। क्योंकि मौसमी और तिथि में से कोई यह तय नहीं कर पाया कि वे जाएँगी कहाँ। वे दोनों आस-पास की मूर्तियाँ देखकर वापस लौट सकती थीं लेकिन ऐसा वे नहीं चाहती थीं। वे दोनों कहीं दूर जाकर अच्छी मूर्तियाँ देखना चाहती थीं। लेकिन उनकी परेशानी यह थी कि गरियाहाट, बालीगंज या पार्कसर्कस भी वे नहीं जा सकती थीं, क्योंकि वे रास्ते नहीं पहचानती थीं। इसके अलावा उन्हें अपने पर इतना भरोसा भी नहीं था। हालाँकि कोई निश्चित जगह बता दिये जाने पर वे बस या ट्राम के जरिए वहाँ पहुँच सकती थीं। लेकिन दोनों अगर पूजा घूमने निकलीं और रास्ता भटक गयीं तो लोगों से रास्ता पूछने में उनका सारा मजा ही किरकिरा हो सकता था। उन्हें यह भी पता था कि वे अब बच्ची नहीं रहीं, अगर किसी गलत आदमी को यह भनक लग गयी कि लड़कियाँ भटक गयीं हैं तो वे मुसीबत में भी फँस सकती हैं।

पहले ही बहुत देर हो चुकी थी और अब उनके बाहर घूमने जाने की इच्छा पर भी पानी ही फिरने वाला था कि अचानक मौसुमी को एक ख्याल आया। उसने कहा - आइडिया, भइया हमें पूजा घुमाने ले जाएँगे। भइया प्लीज चलिए ना, चलो ना, चलो ना...।

मौसमी ने पार्थ का हाथ पकड़कर उसे खींचना शुरू कर दिया। हालाँकि उसकी जरूरत नहीं थी। पार्थ के राजी न होने का सवाल ही पैदा नहीं हो रहा था बल्कि वह तैयार ही था। वह खुद भी नहीं समझ पाया कि वह भी मन ही मन उनके साथ घूमने क्यों जाना चाह रहा था।

भले ही पार्थ ने अपने चेहरे से ऐसा कुछ जाहिर नहीं होने दिया। बल्कि उसने यह जतलाया कि मौसमी के जोर-जबर्दस्ती करने की वजह से ही वह जा रहा हो। उसने कहा - अच्छा, अच्छा चलता हूँ। लेकिन पहले चाची को बताकर तो आना ही पड़ेगा न।

तिथि से मिलने के बाद पार्थ को ऐसा लगा जैसे वह उससे पहले भी मिल चुका है। उनका मिलना स्वाभाविक भी था। क्योंकि तिथि अक्सर मौसमी के घर आया-जाया करती थी। बहुत ज्यादा न होने पर भी पार्थ अक्सर यहाँ आया-जाया करता था। भले ही इससे पहले मौसमी के किसी दोस्त से उसका परिचय नहीं हुआ था। शायद मिलने की कोई वजह भी नहीं रही हो। क्योंकि वे सभी पार्थ से काफी छोटे थे। पार्थ यही सोचकर उनसे दूर ही रहता था। लेकिन आज उसे ऐसा लगा जैसे उसके युवा होने के बाद समय वहीं ठहर गया हो। उसकी उम्र बढ़ी ही नहीं, लेकिन लड़कियाँ बहुत जल्दी युवतियों में बदल गयी हैं। उनके साथ चलने और बातें करने में उसे अजीब सी खुशी महसूस हो रही थी। लेकिन नहीं, शायद हर किसी से मिलकर ऐसा नहीं होता, मगर कभी-कभी किसी से मिलकर ऐसा भी लगने लगता है।

तिथि को भी लग रहा था कि कहीं कुछ हो रहा है। कुछ अजीब सा। लेकिन क्या हो रहा था, उसे जाहिर कर पाना मुश्किल लग रहा था। वह खुद को भी अलग महसूस कर रही थी। वह जैसी है, उससे कहीं अधिक बेहतर। साधारणतः वह किसी अजनबी से जल्दी घुलमिल नहीं पाती है। मगर तिथि को आज ऐसा लगा जैसे वह किसी खास आदमी से मिल रही है। हर बात में उसे हँसी आ रही थी और उसके पास हर बात का जवाब मौजूद था। बाकी के दिन ऐसा नहीं होता था। जवाब मालूम होने पर भी वह कई बार चुप्पी साधे रखती थी। उसकी बातें सुनकर मौसमी भी हँसने लगी थी, पार्थ के चेहरे में भी उसे अजीब सी खुशी नजर आ रही थी। तिथि को भी लग रहा था कि उसे कुछ नया अहसास हो रहा था। उसे भी अंदाजा था कि उसकी आँखें आज कुछ ज्यादा ही चमक रही थीं। काफी देर तक एक अजीब से अहसास में गोते लगाने के बाद तिथि को अचानक यह सोचने की फुर्सत मिली कि आखिर वह इतना कैसे बदल गयी है ?

पार्क सर्कस मैदान में बड़ा सा मेला लगा था। वहाँ पहुँचते ही मौसमी और तिथि चूड़ियों की दुकान की ओर दौड़ पड़ीं। पार्थ भी उनके पीछे-पीछे हो लिया। दोनों ही चूड़ियों में अधिक दिलचस्पी ले रही थीं। मौसमी ने गहरी नीली रंग की चूड़ियाँ पसंद की जो उसके गोरे हाथों में बहुत अच्छी लगतीं। लेकिन कई सुंदर रंग होने के बावजूद तिथि ने हल्के बादामी रंग की चूड़ियां चुनीं। मौसमी ने नाराज होकर कहा - देख लो, इतने रंग होने के बावजूद इसने यह ऑफ कलर चुना है। क्यों ? वह मेरून रंग तो तुझ पर बहुत खिलता है।

- माफ कर। अगर मैं वह रंग पहन लूँ तो फिर देखना नहीं होगा। मैं नहीं, चूड़ी शरमा जाएगी।

तिथि ने यह बात इतनी मासूमियत के साथ कही कि पार्थ मोहित हो गया। उसने आज तक नहीं देखा था कि किसी कम उम्र की लड़की ने अपने चेहरे को लेकर इतनी सहजता से मजाक किया हो।

मौसमी मानने को तैयार नहीं थी। वह चाहती थी कि उसकी सहेली भी भड़कीला रंग चुने। पार्थ ने हस्तक्षेप करते हुए कहा - रहने दे, उसे अपने मन का रंग ही चुनने दे। यह रंग काफी अलग है। तिथि पर अच्छा ही लगेगा।

मौसमी ने तिथि को कोहनी से मारा और आँख मारते हुए कहा - अरे, देख भइया तुझे कॉम्प्लीमेंट दे रहे हैं।

तिथि को अजीब सी खुशी महसूस हुई। लेकिन वह शर्मायी नहीं। वह चूड़ियों को ही देखती रही। लेकिन उसे पता था कि पार्थ की नजरें उसे ही देख रही हैं। यह समझ कर नहीं बल्कि उसकी आँखें खुद ब खुद पार्थ की आँखों से जा टकरायीं। तिथि को एक झटका सा लगा। ऐसा पहले कभी नहीं हुआ था। सबकुछ स्वाभाविक ही था। पार्थ

से वह काफी दूरी पर थी फिर उसकी आँखों से पार्थ की नजरों तक यह कैसी बिजली चमक गयी ? तो क्या ऐसा होगा जानकर ही उसने नजरें उठाई थीं। यह सब क्या हो रहा है ? क्या होने जा रहा है ?

पार्थ ने चूड़ियों के दाम चुका दिए। तिथि ने खुद को सँभाल लिया। वह मना करते हुए कहने लगी -

- नहीं, नहीं, मेरे पास हैं - कहते कहते वह बैग खोलकर पैसे निकालने लगी।

- अरे, छोड़ भी, भइया हम दोनों के लिए खरीद रहे हैं, तू क्यों देगी ? - मौसमी ने एक ही बार में उसकी आपत्ति को खत्म कर दिया।

तिथि को बड़ी झिझक हो रही थी। एक अजनबी से तोहफे लेने की वह आदी नहीं थी, ऐसा पहले कभी नहीं हुआ था। झिझकते हुए उसने कहा - तेरे लिए पार्थ दा दे सकते हैं, लेकिन अपनी चूड़ियों की कीमत मैं ही दूँगी।

लेकिन उसे बीच में ही चुप हो जाना पड़ा क्योंकि उसकी बात खत्म होने से पहले ही पार्थ ने उसके हाथों पर अपना हाथ रख दिया जिसमें उसने दस रुपये का नोट थाम रखा था। पार्थ ने कहा - छिः, ऐसा नहीं करते।

तिथि हैरत में पड़ गयी। उसने पार्थ की तरफ देखा तो दोबारा उनकी नजरें मिलीं और एक बिजली सी चमकी। पहले की तरह तेज नहीं लेकिन हल्की सी। तिथि ने आँखें नहीं फेरीं मगर हँस दी। बड़ी होने के बाद पहली बार वह किसी युवक से आँखें मिलाकर इस तरह से हँसी थी। लेकिन इस बार उसने अपना मुँह हाथ से ढका नहीं।

तिथि की समझ में ही नहीं आ रहा था कि वह अचानक कैसे बदलती जा रही है। लेकिन वह गलत समझ रही थी। वह एक दिन में नहीं बदली थी। काफी दिनों से उसमें धीरे-धीरे बदलाव आ रहा था। हालाँकि उसने अब तक इस परिवर्तन पर ध्यान नहीं दिया था। उसे भी अहसास हुआ कि प्यार की खातिर उसमें यह बदलाव नहीं आया है। बल्कि वह बदल गयी है इसीलिए उसे प्यार हुआ है।

भले ही यह बदलाव उसमें अचानक आया हो, लेकिन उसमें कोई आंतरिक परिवर्तन नहीं हुआ था। उसने साँप की तरह केवल अपनी चमड़ी बदली थी। बचपन से ही अपने चेहरे के प्रति अधिक सोचने की वजह से वह परेशान रहा करती थी। शायद अपने परिवार, रिश्तेदारों और पड़ोसियों की टिप्पणियों की वजह से भी वह कुछ ज्यादा ही संजीदा रहने लगी थी। हो सकता है कि बचपन से जो लड़की दुबली-पतली थी, जिसके दाँत ऊँचे थे, आज भी वह लड़की भीतर से आजाद नहीं है लेकिन दूसरों के सामने खुद को सँभाले रखती है। वह अनजाने में ही अपने चेहरे को लेकर खुद ही मजाक करने लगती है। उसने देखा है कि अपनी कमियों को खुद स्वीकार कर लेने से वह मंत्र की तरह काम करता है।

स्कूल में ही उसे यह समझ आ गयी थी। उसके बदलने में कुछ हाथ उसकी

चित्रकारी का भी था। स्कूल के किसी भी कार्यक्रम में हॉल हो या कॉरीडोर या फिर सीढ़ियाँ, किसी भी जगह आल्पना बनाने के लिए उसी को बुलाया जाता था। वह आल्पना बनाती भी बेहद आकर्षक थी। आल्पना बनाते-बनाते और दीवारों पर तस्वीर बनाने के साथ उसके मन में भी यह बात बैठ गयी कि वह देखने में सुंदर नहीं हुई तो क्या अपने आसपास के माहौल को तो वह सुंदर बना ही देती थी। इसी सोच ने उसमें वह आत्मविश्वास भर दिया जिससे वह सिर उठाकर जीने लगी।

अपने उसी आत्मविश्वास को उसने एक बार फिर उस वक्त महसूस किया जब उसे लगा कि उसे सचमुच प्यार हो गया।

4

विश्वनाथ मित्र को देखकर भले ही लगे कि वे एक साधारण गृहस्थ हैं मगर वास्तव में वे ऐसे नहीं थे। भले ही किसी जमाने में वे ऐसे थे। लेकिन आज साठ साल की उम्र में बैंक में उनके जमा किये काफी रुपये थे। उन्होंने ये रुपये सरकारी नौकरी और ट्यूशन करके नहीं मकान के किराये से जमा किए थे। लेकिन अपने जीने का अंदाज नहीं बदल पाये । हालाँकि उनकी पत्नी और बच्चों ने समय के साथ खुद को बदल लिया। कुछ हद तक उन्हें सफलता भी मिली, लेकिन विश्वनाथ इस बदलाव को मन से कबूल नहीं कर पाये। इसीलिए लोग उन्हें कंजूस भी समझ सकते हैं, लेकिन हकीकत यह है कि जिंदगी की शुरुआत में उन्होंने हर परिस्थिति का सामना करने के लिए खुद को काफी कड़ा कर लिया था। और ऐसा करते हुए उन्होंने खुद को कंजूस बना लिया था। वह इसके इतने अभ्यस्त हो गये कि आज इस कंजूसी की जरूरत न होने पर भी वे इस आदत से खुद को निजात नहीं दिला सकते ।

सरकारी ऑफिस में क्लर्क की नौकरी पाने के बाद ही उन्होंने अपना घर बनाने की कसम खाई थी। यह उनकी जिद थी। सुबह सात बजे ऑफिस जाने से पहले और शाम के पाँच बजे ऑफिस से निकलने के बाद वे रोज चार ट्यूशन किया करते थे। रविवार को भी नागा नहीं करते थे। लोग भले ही कुछ भी कहते हों, उन्होंने सैंतीस साल की उम्र में यह दो-तल्ले का मकान अपने खून-पसीने की कमाई से बनाया। उन्होंने किसी से एक पैसा भी मुफ्त में नहीं लिया और न ही किसी गलत काम से रुपये कमाये थे। इसी बीच अदिति के साथ उनकी शादी भी हो गयी। अपने ही घर में उनके बेटे तमाल और बेटी तिथि का जन्म हुआ।

हालाँकि अदिति खाते-पीते परिवार की लड़की थी। अदिति के पिता रमापद दत्त

खुलना से पश्चिम बंगाल आए थे। कुछ ही सालों में उन्होंने सुंदरवन इलाके के सातजेलिया नामक द्वीप पर अपना घर बसा लिया। वह द्वीप स्कॉटिश साहब हैमिल्टन की एस्टेट के अंतर्गत था। रमापद उसी एस्टेट के मैनेजर थे। हैमिल्टन साहब का पूरा नाम सर डैनियल हैमिल्टन था जो स्कॉटलैंड में रहते थे। वे घूमने और लगान वसूल करने के लिए साल में दो बार एस्टेट आया करते थे। बाकी समय सातजेलिया द्वीप पर रमापद दत्त की ही हुकूमत चलती थी। उनका रुतबा भी देखने लायक था। सचमुच उनके शासनकाल में बकरी और शेर एक ही घाट पर पानी पिया करते थे।

उसी द्वीप पर अदिति का बचपन बीता था। पूरा माहौल ही दूसरे ढंग का था। वह माहौल गाँव से ही नहीं शहर से भी मेल नहीं खाता था। हैमिल्टन साहब ने इस द्वीप पर लोगों को बसाया। उनके जाने से पहले सातजेलिया जंगल था और यह द्वीप समुद्र और लंबी नदियों से घिरा हुआ था। साहब ने जंगल कटवाकर यहाँ बस्ती बसाई। पहले कुछ किसानों को लाये, फिर डॉक्टर और शिक्षकों को भी वहाँ लाकर बसाया। सातजेलिया एक आदर्श गाँव बन गया जहाँ किसी चीज की कोई कमी नहीं थी। लोगों में लालच की भावना भी नहीं थी। यहाँ के वाशिंदे ईर्ष्या और बदमाशी जैसे ख्यालों से आजाद थे। द्वीप का जीवन ऐसे भी आम जीवन से अलग था और द्वीप के लोग ऐसे भी आजाद ख्यालों के मालिक होते हैं। जैसे पूरे यूरोप के साथ इंग्लैंड और पूरे एशिया के मुकाबले जापान का जीवन एकदम अलग लगता है। सिर्फ इसलिए कि ये दोनों ही राष्ट्र द्वीप पर बसे हुए हैं।

ऐसे आजाद और खुले माहौल में पली बढ़ी अदिति काफी हद तक विदेशियों से प्रभावित थी। अदिति पंद्रह साल की उम्र में अपनी दो बड़ी बहनों के साथ कलकत्ता आयी। रमापद दत्त ने अपने बच्चों की पढ़ाई के लिए बालीगंज में एक मकान खरीदा था। उनके लिए कामकाज छोड़कर कलकत्ता में आकर रहना मुमकिन नहीं था। अदिति की माँ भी नहीं आ सकीं। कोलकाता में अदिति की अभिभावक उनकी ताई भवतारिणी थीं जो उसके ताऊ के मरने के बाद उनके साथ रहने लगी थीं।

कोलकाता में भवतारिणी का काम बालीगंज में परिवार को सँभालना था। लड़कियों को सँभालने के साथ दो-तीन दिनों में टालीगंज में अपनी दीदी जगतारिणी के साथ बातचीत करना ही भवतारिणी की दिनचर्या बन गया था। दीदी घर से नहीं निकल सकती थीं क्योंकि उनकी उम्र भी हो चुकी थी और जोड़ों के दर्द की वजह से वे अपाहिज सी हो गयी थीं। जगतारिणी भी विधवा ही थीं और अपने बेटों के साथ रहती थी। उनका परिवार भी बहुत बड़ा था। दो लड़के उनकी बहुएँ और पोते-पोतियों की संख्या भी कम नहीं थी। बड़ा बेटा सुरथ बेहद शांत और भला आदमी था जबकि छोटा बेटा सुधन्य बदमाश और बात-बात में बवाल करनेवाला। जगतारिणी के पति केशवनाथ देश के बँटवारे से पहले ही गुजर गए। तब वे पूर्व बंगाल के फरीदपुर में रहते थे।

मरने से पहले केशवनाथ ने अपने परिवार के साथ देश छोड़ने का फैसला किया था। इसीलिए कलकत्ता में टालीगंज के एक मुस्लिम परिवार के साथ जमीन की अदला-बदली कर लिखा-पढ़ी का काम कर लिया था। और उनकी मृत्यु के बाद जगतारिणी अपने बेटे-बहू और उनके बच्चों के साथ टालीगंज के मकान में रहने लगीं।

उस समय वह मकान एकतल्ले का ही था जिसके इर्द-गिर्द काफी जमीन खाली पड़ी थी। सुधन्य ने कुछ ही दिनों के अंदर एकतल्ले मकान को तीन तल्ले का बनवा दिया। कुछेक कमरों को किराये पर दे दिया। उसके बाद तीन बसें और एक पेट्रोल पंप खरीदा जिसे चलाकर वह कुछ ही दिनों में मालामाल हो गया। लेकिन उसका बड़ा भाई सुरथ कुछ भी नहीं कर पाया। अपनी पत्नी और बाल-बच्चों को लेकर वह इसी मकान में छोटे भाई की दया से रहने लगा।

जगतारिणी को भी पता था कि इसमें कुछ गलत था लेकिन वे कुछ भी नहीं बोल पायीं क्योंकि वे भी सुधन्य पर आश्रित थीं।

जगतारिणी को सुकून तब मिलता था जब उनकी बहन भवतारिणी उनसे मिलने आया करती थी। बहन से सुख-दुख की बातें करके वह खुद को काफी हल्का महसूस करती थीं। भवतारिणी के कलकत्ता आने के बाद दोनों परिवारों में फिर से संबंध बढ़ने लगे। सुधन्य को भी अपनी मौसी से मिलकर अपनी जिम्मेदारियों का अहसास हुआ। सुधन्य के मन में भवतारिणी के लिए श्रद्धा के भाव उपजे जो अकेले तीन युवतियों की देखभाल कर रही थी। इसलिए उसने इस असहाय परिवार का साथ देने का फैसला किया। सुधन्य ने उनके घर आना-जाना शुरू कर दिया।

एक दिन दोपहर को जगतारिणी ने अपनी बहन को अकेले में कहा - भव, सुधन्य तेरे यहाँ कुछ ज्यादा ही चक्कर लगा रहा है। जरा सावधान रहना।

भव को हैरत हुई। दीदी के मुँह से अपने बेटे के बारे में ऐसी बातें सुनकर वह कुछ समझ नहीं पायी। तो क्या लड़कियाँ सुधन्य की कमजोरी हैं ? उन्होंने आश्चर्य के साथ पूछा - क्यों दीदी, क्या सुधन्य...?

- उसके हाव-भाव ठीक नहीं हैं। तेरे ऊपर पहले ही तीन-तीन लड़कियों की जिम्मेदारी है । लेकिन मैं उस बारे में नहीं कह रही हूँ।

- फिर ?

- रुपये-पैसे के बारे में उससे कोई बात मत करना। उसकी नजर हमेशा दूसरों के पैसे पर लगी रहती है। खासकर बेसहारा लड़कियों की सम्पत्ति की देखभाल करने के बहाने वह उनकी संपत्ति हथिया लिया करता है। तेरे देवर तो हैं, लेकिन वह यहाँ तुमलोगों के साथ नहीं रहते हैं। इसीलिए कह रही हूँ कि जरा सावधान रहना। मकान के कागजात क्या यहीं हैं ?

- मुझे पता नहीं है, शायद हो।

भवतारिणी को यकीन नहीं हो रहा था। सुधन्य को उन्होंने बचपन में देखा था उसके बाद अब देख रही थीं। उन्हें वह भला ही लगा था। उसका मौसीजी कहकर पुकारना उन्हें अच्छा लगता है। इस बीच उसने उनके देवर की लड़कियों से भी दोस्ती कर ली है। वह हमेशा कहता है - तुमलोग कलकत्ता आ गयी हो। अब कोई चिंता करने की जरूरत नहीं है। कोई परेशानी हो तो मुझे बता देना।-

वही लड़का ऐसा होगा, यकीन नहीं हो रहा था। और उसके बारे में कोई और नहीं खुद उसी की माँ बता रही थी। भवतारिणी को अपनी दीदी जगतारिणी की बातें सुनकर बहुत तकलीफ हो रही थी। अपनी दीदी को देखकर उन्हें लगा जैसे वह कुछ और भी बताना चाहती हैं।

जगतारिणी चटाई पर सोई हुई थीं। भवतारिणी उनके पैरों में तेल की मालिश कर रही थीं। उन्होंने देखा कि दीदी की आँखों से आँसू बह रहे हैं। जगतारिणी ने बहन की तरफ देखे बगैर ही कहा - मैं सब जानती हूँ। सुधन्य किस मिट्टी का बना है, मुझे पता है। उसने तो अपने बड़े भाई को भी...

भवतारिणी को कुछ शक तो था ही। उन्हें पता था कि यह मकान केशवनाथ की संपत्ति थी जो उन्हें गाँव के मकान के बदले में मिला था। इसका मतलब इस मकान पर सुरथ और सुधन्य दोनों का बराबर का हिस्सा होना चाहिए था। लेकिन सुरथ यहाँ सुधन्य के आश्रय में रह रहा था। भवतारिणी ने दीदी से पूछा - अपने बेटे के बारे में इतनी बड़ी बात कह रही हो। तुम्हें सचमुच सब पता तो है ना..?

जगतारिणी अपना मुँह नहीं खोलना चाहती थीं। भले ही उन्होंने भावुकता में आकर ये बातें कह दी थीं। लेकिन अब वे कुछ और कहना नहीं चाह रही थीं। उन्हें सब पता था। जानती थीं इसीलिए तो इतनी तड़प रही थीं। लेकिन कुछ कर भी नहीं सकतीं। अगर कुछ करने की कोशिश की तो शायद सुरथ के पूरे परिवार को और उन्हें भी रास्तों पर उतर आना होगा।

लेकिन फिर भी उन्हें कहना पड़ा। भवतारिणी ने अपनी दीदी से थोड़ा-थोड़ा करके सब कुछ उगलवा लिया। सारी बातें बताकर जगतारिणी भी काफी हल्का महसूस कर रही थीं।

सुधन्य के रंगढंग ठीक नहीं हैं, इसका अंदाजा जगतारिणी को उसके बड़े होने के साथ-साथ लग गया था। कलकत्ता आने के बाद उसने कैसे रुपये कमाने शुरू किए इसके बारे में पूरा न सही थोड़ा-बहुत अंदाजा उन्हें होने लगा था। वे यह भी समझ रही थीं कि यह कमाई सीधे रास्ते की नहीं है।

सुधन्य ने पहले एक बस खरीदी फिर दूसरी और तीसरी। बस चलाने के व्यवसाय में यकीनन बहुत लाभ होता है इसीलिए उसने बहुत जल्द एक पेट्रोल पंप भी खरीद लिया। उसके बाद उसने अपने बड़े भाई से कहा - आप तो बेकार ही बैठे हैं। अच्छा

होगा यदि आप पेट्रोल पंप की देखभाल करें। रुपये-पैसे का हिसाब आपको नहीं रखना होगा सिर्फ वहाँ जाकर बैठना होगा। इसके बदले में मैं आपको हर महीने कुछ दे दिया करूँगा।

सुरथ गाँव में प्राइमरी स्कूल में पढ़ाया करता था। कलकत्ता आकर कोई नौकरी नहीं जुटा सका। इसलिए भाई की बात मानने के सिवा उनके पास कोई चारा भी नहीं था।

सुरथ पेट्रोल पंप की देखभाल करने लगे। काम करने के लिए वहाँ कई लोग थे, वे ही गाड़ियों में तेल भर दिया करते थे और रुपये ले लिया करते थे। सुरथ उन लोगों के काम पर नजर रखते थे। यही उनका काम था। उन्हें लगता था कि सबकुछ ठीकठाक चल रहा है, कहीं कोई गड़बड़ नहीं है। उन्हें हिसाब देखने की जरूरत नहीं थी क्योंकि सुधन्य कर्मचारियों से सारा हिसाब ले लिया करता था। सुरथ का काम नजर रखना था। उन्हें नहीं पता था कि उनकी नजरों से छुपकर खुद सुधन्य गैरकानूनी ढंग से पेट्रोल की तस्करी का धंधा चला रहा था।

उन्हें तब पता चला जब एक दिन पेट्रोल पंप पर पुलिस पहुँची। सुरथ को थाने में जाना पड़ा। उसी समय सुरथ को एक और बात पता चली जिसे जानकर उनके पैरों तले की जमीन खिसक गई। सुधन्य ने पेट्रोल पंप अपने नाम पर नहीं सुरथ के ही नाम पर खरीदा था। उन्हें समझ में आ गया कि पुलिस उन्हें आसानी से नहीं छोड़ेगी, जेल भी जाना पड़ सकता है।

सुधन्य थाने जाकर सुरथ को छुड़ा लाया। घर आकर कहा - परेशान होने की जरूरत नहीं है। मैं सब सँभाल लूँगा। मुझे फँसाने के लिए किसी ने झूठी शिकायत की है। लेकिन मेरी बहुत लोगों से जान-पहचान है। देखता हूँ, क्या किया जा सकता है ? तुम केवल इस पर हस्ताक्षर कर दो।

सुधन्य के हाथ में एक सफेद कागज था। उस समय सुरथ की दिमागी हालत भी ठीक नहीं थी कि वे कुछ सोच सकते। डर के कारण उनकी हालत खराब हो गयी थी। ऐसी हालत में ही लोग सफेद कागज पर हस्ताक्षर कर डालते हैं। लेकिन सुरथ ने दबी आवाज में पूछा - यह क्या है ?

- यह मामला सुलझ जाए इसलिए पुलिस अफसर को एक पत्र लिखना होगा। ठीक ढंग से पत्र लिखना होगा। वह सब हो जाएगा, आप मत सोचिए। हस्ताक्षर आपको ही करने होंगे क्योंकि पेट्रोल पंप आपके ही नाम पर है।

सुरथ ने फिर कुछ नहीं पूछा और हस्ताक्षर कर दिए। उनके दिमाग में एक बार भी यह बात नहीं आयी कि उन्हें फँसाया जा रहा है। यह बच्चों को बेवकूफ बनाए जाने जैसी एक साजिश के अलावा और कुछ नहीं था। सुधन्य की बातों पर भरोसा करके उन्होंने डर-डर कर कुछ दिन बिता दिए और जब उन्होंने देखा कि पुलिस उन्हें परेशान

नहीं कर रही है तब वे निश्चिंत हो गए। सुधन्य पर उनका भरोसा बढ़ गया और खुद को उसका आभारी भी मानने लगे।

उसके कुछ दिन बाद सुधन्य ने सुरथ को एक हैंडनोट दिखाया। नीचे सुरथ के हस्ताक्षर थे। ऊपर सुरथ की तरफ से जो लिखा गया था उसका सार यह था कि सुरथ ने पेट्रोल पंप के मामले के निपटारे के लिए सुधन्य से तीस हजार रुपये उधार लिए हैं और बदले में पेट्रोल पंप के साथ इस मकान में अपना हिस्सा सुधन्य के पास गिरवी रखा है। सात सालों के अंदर यह रकम अदा नहीं करने पर यह सारी संपत्ति सुधन्य की हो जाएगी।

इसके बारे में किसी ने जगतारिणी को नहीं बताया था। उन्होंने कुछ देखा था, कुछ छिपकर सुना था और बाकी अंदाजा लगाया था। उन्हें सही अंदाजा लगाने में कोई दिक्कत नहीं हुई क्योंकि अपने दोनों लड़कों को वे अच्छी तरह जानती थीं।

सुरथ ने इसके बारे में दो साल बाद एक व्यक्ति को बताया था। किसी और को नहीं अपने बड़े बेटे विश्वनाथ को, जिसकी माँ उसकी ढाई साल की उम्र में चल बसी थीं। बिन माँ के बच्चे को उसी समय से सुरथ ने बड़े लाड़-प्यार से पाला था। जैसा कि गाँव में होता है, बच्चे की परवरिश कौन करेगा, इसी बहाने माँ के कहने पर सुरथ को न चाहते हुए दूसरी शादी करनी पड़ी। दूसरी बीवी से उन्हें चार बच्चे हुए लेकिन न तो उन्हें उनसे लगाव था और न ही उन बच्चों को उनमें दिलचस्पी थी। वे सभी अपनी माँ की तरह झगड़ालू थे। सुरथ की पत्नी और विश्वनाथ की सौतेली माँ कमला हमेशा उसकी ओर इशारा करके कहती - केवल यह लड़का ही आपका अपना है, और हम लोग आपके कुछ नहीं लगते ?

काफी हद तक यह बात सही भी थी। सुरथ को विश्वनाथ से कुछ ज्यादा ही लगाव था। जैसा कि एक बेसहारा बाप अपने बेटे पर निर्भर होता है। विश्वनाथ सिर्फ पढ़ने में ही अच्छा नहीं था, बल्कि सच्चा और ईमानदार भी था। सुरथ ने विश्वनाथ को एक कमरे में लाकर दरवाजा बंद करके बताया - तुम्हें इसलिए यह बात बताई है क्योंकि समझ ही रहे हो यह मकान अब हमारा नहीं रहा। सुधन्य मुझे इस तरह से बर्बाद कर देगा इसके बारे में मैं सपने में भी नहीं सोच पाया था। लेकिन भगवान ने मुझमें इतनी शक्ति भी नहीं दी है कि मैं इसके खिलाफ कुछ कर सकूँ...। कहते-कहते सुरथ रो उठे।

विश्वनाथ काफी देर तक सिर झुकाए खड़ा रहा। वह सब कुछ समझने की कोशिश कर रहा था। थोड़ी देर बाद उसने सिर उठाकर पूछा - अब आप मुझसे क्या उम्मीद करते हैं पिताजी।

- मुझे लगता है कि सुधन्य मुझे घर से तो नहीं निकालेगा। लेकिन कुछ कहा भी नहीं जा सकता। तुम्हारे इतने सारे भाई-बहनों का ब्याह करना जो बाकी है। अगर

उसने निकाल दिया तब तो हम रास्ते पर आ जाएंगे।

विश्वनाथ सोचने लगा। वह अच्छी तरह जानता था कि अदालत में मुकदमा चलाना उनके वश की बात नहीं थी। अव्वल, इतने रुपयों का जुगाड़ कहाँ से होगा। दूसरा, उनके पास इस बात का भी सबूत नहीं था कि सुरथ ने सचमुच मकान का हिस्सा गिरवी रखकर रुपया नहीं लिया है। सबसे बड़ी बात थी कि उनका पूरा परिवार उसके चाचा पर ही निर्भर था। कुछ ट्यूशन छोड़कर उनकी आमदनी का और कोई जरिया भी नहीं था। मुकदमा करने पर उसके चाचा उन्हें मार-मार कर घर से निकाल देंगे।

विश्वनाथ उस समय पढ़ रहा था क्योंकि जल्दी ही उसके बी.एस-सी. के इम्तहान होनेवाले थे। उसने पिता की तरफ देखते हुए कहा - ठीक है, मैं कल से ही नौकरी ढूँढ़ना शुरू करता हूँ।

- नहीं, नहीं। - सुरथ ने बेचैन होकर कहा - तू परीक्षा देकर पहले पास हो जा। उतने दिन हम इंतजार कर सकते हैं, इतनी जल्दी कुछ नहीं होनेवाला।

- नहीं होगा। यह आप इतने दावे के साथ कैसे कह सकते हैं ?

- हाँ, कह सकता हूँ। सुरथ ने कुछ जोर देते हुए कहा। उनकी आवाज में एक अजीब सी दृढ़ता थी - चाहे कुछ भी हो जाए। तुम परीक्षा दोगे।

विश्वनाथ ने इम्तहान दिए। परीक्षा की फीस उसने दोस्तों से उधार लेकर जुटाई थी लेकिन उसका डर एकदम गलत नहीं था। परीक्षा के एक महीने पहले से सुधन्य ने नए झमेले करने शुरू कर दिए। इस मकान में सुरथ के हिस्से में फरीदपुर की संपत्ति के बदले में केवल दो कमरे थे। सुरथ इन्हीं दो कमरे में रह रहे थे। इनमें से एक कमरा बड़ा था और दूसरा छोटा! इस छोटे कमरे में विश्वनाथ रहता था। इसी कमरे में वह पढ़ता और सोता था। बड़े कमरे में माँ-पिताजी दूसरे भाई-बहनों के साथ रहते थे। दरअसल, इन सब लोगों के साथ रहते हुए भी विश्वनाथ एकदम अकेला था। सुधन्य ने परीक्षा के कुछ दिन पहले विश्वनाथ से कहा कि उसे कमरा खाली करना होगा।

क्यों और किसलिए यह सवाल करने का कोई प्रश्न ही नहीं उठता था। विश्वनाथ अपनी किताबें उठाकर पहले तल्ले के एक गैरेज में चला आया। वहाँ न तो हवा आती थी और न ही प्रकाश। वहीं रहकर उसने इम्तहान दिए, पास किया और नौकरी भी हासिल कर ली। हालाँकि उसे यह डर लगा रहता था कि उसके चाचा किसी भी वक्त उसके परिवार को रास्ते पर उतार सकते थे।

इसी दौरान विश्वनाथ की अदिति से मुलाकात हुई। उससे की बाद की घटनाएँ बड़ी तेजी से घटती चली गयीं। विश्वनाथ को पता था कि मकान गिरवी रखने के सात साल पूरे होने के बाद उसके चाचा किसी भी वक्त उन्हें घर से निकाल सकते थे। लेकिन अचानक सुरथ की मौत हो जाने से यह आशंका खत्म हो गयी। उसके तीन

महीने बाद कमला की भी मौत हो गयी। सुधन्य चाहते तो छोटे-छोटे बच्चों को घर से निकाल सकते थे लेकिन विश्वनाथ ने उनसे कहा कि उनका आधा खर्चा वह देगा। बदले में वे उन्हें और कुछ साल वहाँ रहने की इजाजत दे दें।

इन कुछेक सालों में विश्वनाथ ने दो बहनों की शादी करा दी। दो भाई भी किसी तरह पढ़ाई पूरी करके काम-धंधे में लग गए। इसके बाद विश्वनाथ को अदिति से शादी करने का मौका मिला। उनके प्यार को लेकर भी कम झमेले नहीं हुए। सुधन्य ने शादी तोड़ने की भी कोशिश की थी। इसी बीच अदिति के माँ-बाप कलकत्ता आ गए। उनलोगों ने सब कुछ जानते हुए भी विश्वनाथ की ईमानदारी के कारण उसे पसंद किया। अदिति की माँ ने सुधन्य से कहा था कि मेरी बेटी केवल विश्वनाथ की वजह से आपके घर की बहू बनने जा रही है। आपसे हमारा कोई रिश्ता नहीं है, इसलिए आप यहाँ कभी मत आइएगा।

शादी के बाद अदिति और विश्वनाथ केवल डेढ़ साल तक किराए के मकान में रहे। इन डेढ़ सालों में ही कड़ी मेहनत करके विश्वनाथ ने अपना मकान बना लिया था। विश्वनाथ को पता था कि उन्होंने सबकुछ अपने बलबूते पर किया है लेकिन शायद आखिरी वक्त में उन्हें अदिति का साथ न मिलता तो वे इतना कुछ नहीं कर पाते।

5

बस से उतरते ही तिथि तेज कदमों से घर की ओर बढ़ रही थी क्योंकि रात के नौ बज चुके थे। पिछले कुछ दिनों से वह लगातार घर देर से लौट रही थी। इसलिए घर में उसे डाँट भी खानी पड़ रही थी। वह तो उसकी किस्मत अच्छी थी कि भइया घर पर नहीं थे, कलकत्ता अपने होस्टल लौट चुके थे। वरना तमाल अपनी बहन के पंख कतरने में थोड़ी भी देर नहीं करता। माँ-पिताजी से तिथि उतना नहीं डरती, लेकिन डाँट खाना भी उसे अच्छा नहीं लगता। लेकिन खानी पड़ रही थी। और दुख की बात यह थी कि तिथि इन दिनों एक काम ऐसा कर रही थी जिसे करते हुए उसे कष्ट होता था, बुरा लगता था। तिथि झूठ बोलने लगी थी। घर लौटने में देरी होने पर कभी वह क्लास देरी से खत्म होने का तो कभी फील्ड वर्क का बहाना बना लेती। कभी कहती - लाइब्रेरी में पढ़ रही थी तो कभी कहती कि सहेली के यहाँ गयी थी। दरअसल उन दिनों वह पार्थ से मिलने जा रही थी।

तिथि की समझ में ही नहीं आ रहा था कि पार्थ के साथ समय कैसे बीत जाता है। वे अक्सर मिलते रहते हैं लेकिन उनकी बातें खत्म होने का नाम ही नहीं लेती हैं।

लेकिन ऐसा भी नहीं था कि वे हमेशा बातें ही करते रहते, कई बार चुपचाप काफी देर तक एक दूसरे के करीब बैठे रहते। नंदन के तालाब में सेंट पाल्स कैथड्रल की छाया देखते रहते थे। एक दूसरे के साथ वे बेवजह इस रास्ते से उस रास्ते और एक गली से दूसरी गली में चलते रहते। उन रास्तों को तिथि नहीं पहचानती थी, शायद पार्थ भी नहीं पहचानता था। वे सिर्फ चलते रहते। कभी वह पार्थ की बाँह पकड़े चलती तो कभी दोनों एक दूसरे का हाथ पकड़े चलते रहते थे।

तिथि ने कभी सोचा ही नहीं था कि उसकी जिंदगी में कभी प्यार करने का ऐसा मौका भी आएगा। इस बीच मौसमी दो-दो प्यार कर बैठी थी। इसके अलावा उसकी सुंदरता के पुजारी भी कम नहीं थे। अभी जिस लड़के से वह प्यार कर रही थी, उसका नाम था रुपम। वह देखने में बड़ा खूबसूरत था। मौसमी अच्छा गाना गाती थी इसलिए उसने रवींद्रभारती में दाखिला ले लिया। रुपम भी गायक था और रवींद्रभारती में मौसमी का सीनियर भी। उन दोनों को एक साथ देखकर तिथि को लगता कि वे राजकुमार और राजकुमारी हैं।

लेकिन वह तो राजकुमारी नहीं थी। हालाँकि पार्थ भी राजकुमार नहीं था, लेकिन वह देखने में बुरा नहीं था। छोटा सा चेहरा और तिथि जितना ही लंबा और दुबला कद। दाढ़ी भी रखता था, सिर में बाल भी कम, लेकिन लंबे थे। पूजा में मिलने के बाद छः महीने गुजर चुके थे। तब से लेकर अब तक तिथि उसे एक ही पोशाक में देखती आयी थी। पैंट पर सूती पंजाबी कुर्ता, पैरों में चप्पल और कंधे पर झोला। तिथि को यह सब अच्छा लगता।

उसकी बातें सुनना भी उसे अच्छा लगता। न जाने पार्थ कितनी बातें जानता है और कितनी बातें कहता है...तिथि वह सारी बातें सुनती रहती। पार्थ कई किताबें पढ़ता रहता और उन्हीं किताबों की कहानियाँ उसे सुनाता रहता। तिथि ने न तो उनमें से किसी किताब को पढ़ा था बल्कि कई किताबों का तो नाम तक नहीं सुना था। इसके अलावा वे सिनेमा की बातें करते - लेकिन जिन फिल्मों को तिथि जानती थी उन फिल्मों के बारे में नहीं। हालाँकि तिथि ने फिल्में काफी कम ही देखी थीं, बचपन में माँ-पिताजी की शादी की सालगिरह पर सब मिलकर फिल्म देखने जाया करते थे। अब तो वह भी नहीं होता है। और टीवी आने के बाद तो घर पर ही शनि-रविवार को फिल्म देखना हो जाता। तिथि बीच-बीच में फिल्में देख लेती, कोई फिल्म अच्छी लगती, कोई नहीं। लेकिन पार्थ जिन फिल्मों का नाम बताता उनके बारे में तिथि ने पहले कभी नहीं सुना था। पार्थ सिनेमा नहीं फिल्म कहता। वह हीरो-हिरोइनों के बारे में नहीं बल्कि निर्देशकों के बारे में बातें करता जिनके नाम हैं - बार्गमैन बुनुयल, फुको फेलिनी, ऋत्विक घटक। हालाँकि एक सत्यजीत राय को छोड़कर तिथि ने इन निर्देशकों का नाम नहीं सुना था।

पार्थ जब उन निर्देशकों की फिल्मों के बारे में बात करता, उस समय उसका

चेहरा बदल जाता। आँखें उदास हो जातीं और नजर बहुत दूर चली जाती। और उतनी ही दूर से उसकी आवाज सुनाई देती - तिथि मैं भी ऐसी फिल्में बनाना चाहता हूँ। इन सपनों पर फिल्म। बहुत, बहुत कठिन काम है...लेकिन देखो, मैं बनाऊँगा...

तिथि को पार्थ की सारी बातें समझ में नहीं आती थीं। सिर्फ इतना समझती कि पार्थ किसी बड़े सपने की बात करता है, किसी बड़े लक्ष्य की बात करता है। तिथि को अहसास होता कि पार्थ की आँखों में, उसकी आवाज में, बिखरे बालों में, पतले हाथों में, नर्म कपड़ों के पंजाबी कुर्ते में और कंधे पर झूलते बैग में यही सपना है। तिथि उन सपनों को छूना चाहती। वह समझती थी कि इन सपनों को छूना उसके वश में नहीं, इसलिए वह पार्थ को ही छूना चाहती। अपनी भावनाओं में वह पार्थ के कुर्ते को पकड़कर मन ही मन कहती - हाँ, तुम जरूर बनाओगे। तुम बहुत बड़े आदमी बनोगे...मुझे पता है...।

तिथि को समझ में आ गया कि पार्थ सबसे अलग है। उसके जैसा कोई नहीं है। सबसे जुदा यह लड़का उससे प्यार करता है, सिर्फ उससे। उसका प्रेमी सिर्फ उसका इंतजार करता है। उसके साथ वह घंटों समय बिताता है। उसके हाथों को होठों से छुकर कहता है- अगर मैं पुकारूँ तो तुम आओगी ना ?

यह बात सुनना तिथि को बहुत अच्छा लगता , भले ही इसका मतलब वह नहीं समझती थी। पार्थ अक्सर यह बात कहता था। आज भी उसने यह बात कही थी।

तिथि उन दिनों कॉलेज में बहुत सी क्लासें बंक करने लगी। उसे जिस दिन पार्थ से मिलना रहता उस दिन वह सिर्फ सुबह की क्लास करती। दोपहर तक पार्थ कॉलेज के सामने चला आता फिर वे एक साथ निकल जाते । उस दिन वे लोग इडेन में जाकर बैठे। तिथि यहाँ पहले कभी नहीं आयी। उसे बहुत अच्छा लग रहा था। हरी-हरी घास पर बैठना उसे अच्छा लग रहा था। लंबे और हरे-भरे पेड़ों के पत्तों की सरसराहट उसे अच्छी लग रही थी। आसमान में बादल तैर रहे थे लेकिन बदली नहीं छायी थी। चंचल बादल सूर्य को एक बार ढक लेते थे और अगले पल हट जाते थे। पूरे मैदान पर उन तैरते बादलों की छाया थी। बगीचे में घुसते वक्त तिथि ने एक कमरा देखा। मैदान के एक किनारे बैठकर उसने लकड़ी का छोटा पुल देखा और कहा - वाह कितनी सुंदर जगह है। कलकत्ता में इतना सुंदर बगीचा है, मुझे पता ही नहीं था। पहले यहाँ कभी नहीं आयी।

पार्थ घास पर लेटे हुए सिगरेट सुलगा रहा था। होंठों में सिगरेट रखकर उसने माचिस जलाते हुए कहा - तुमने इससे पहले प्यार किया है ?

हटो - तिथि यह सुनकर शरमा गयी।

- तो फिर यहाँ कैसे आती। यहाँ सिर्फ प्रेमी-प्रेमिका ही आते हैं।

तिथि सिर झुकाये हँस रही थी। अचानक सिर उठाकर कहा - तो तुम किसके

साथ आए थे?

- मैंने कब कहा था कि मैं यहाँ आया था ?

- जरूर आए थे, वरना तुम्हें इस जगह के बारे में कैसे पता चला ?

पार्थ हँसने लगा और उसने मुड़कर देखा कि तिथि भी हँस रही है। लेकिन उसके चेहरे पर एक छाया पड़ गयी है ठीक जैसे मैदान पर धूप-छांव फैली हुई हो। पार्थ गहरी साँस लेता हुआ घास पर लेट गया। कुछ देर तक सिगरेट के कश लेता रहा। उसे मालूम था कि तिथि उसके जवाब का इंतजार कर रही है।

पार्थ आसमान की तरफ देखता हुआ बोला - नहीं, यहाँ मैं अकेले ही आया था। लेकिन मैं यह स्वीकार करता हूँ कि यहाँ आने से पहले मेरा एक लड़की से रिश्ता था। - कहकर पार्थ तिथि की तरफ मुड़ा। अचानक तिथि के कुर्ते का एक किनारा मुट्ठी में लेकर व्याकुल होकर कहा - प्लीज तिथि, तुम दुखी मत हो। यकीन मानो, वह रिश्ता खत्म हो चुका है, तुम्हारे आने से पहले ही सब कुछ खत्म हो चुका था।

तिथि चेहरा नहीं उठा पा रही थी। गले में दर्द हो रहा था, आँखों में आँसू आ गये थे। लेकिन दुःख या अहंकार में नहीं। पार्थ उससे बारह साल बड़ा है। वह जानती थी कि उसका प्यार पहला होगा यह स्वाभाविक नहीं है। उसने मौसमी से भी पूछा था। मौसमी कुछ नहीं बता पायी थी। लेकिन आज न जाने कैसे अनजाने में ऐसे हालात पैदा हो गये कि खुद उसने वही सवाल कर दिया और पार्थ ने भी स्वीकार कर लिया। इस पूरी घटना में एक नाटकीय रोमांच था और अजीब सी गहराई थी जिससे तिथि का पूरा शरीर काँप रहा था। पार्थ की काँपती आवाज तब भी तिथि के कानों में गूँज रही थी - प्लीज तिथि, मुझे माफ कर दो। क्या करूँ ? तुम्हारे साथ मुलाकात होने में बहुत देरी हो गयी...

तिथि का मन कर रहा था कि वह पार्थ के सीने से लिपटकर खुलकर रोए। रोते-रोते कहने लगी - कुछ देर नहीं हुई है, जो हो गया सो हो गया। चलो, हम दीवानों की तरह एक दूसरे को चाहें।

तिथि के मुँह से आवाज नहीं निकल रही थी। पार्थ तब भी उसके कुर्ते को पकड़े हुए था। उसका वह हाथ अपने हाथों में लेकर तिथि ने रुंधे हुए गले से कहा - नहीं, नहीं, ऐसे मत करो। मैं तुमसे प्यार जो करती हूँ।

पार्थ हड़बड़ाकर उठ गया। तिथि के दोनों हाथ खींचते हुए उसमें अपना चेहरा छुपा लिया और कहने लगा - ओह तिथि, मेरी छोटी सी तिथि, मैं भी तुमसे बहुत प्यार करता हूँ। तुम...हाँ, तुम ही...मेरी आखिरी मंजिल हो।

इसके बाद भी वे काफी देर तक उस मैदान में बैठे रहे। पार्थ अपने पुराने प्यार के बारे में बता रहा था। अपने दुख के बारे में कह रहा था। उस लड़की ने पूरे पाँच साल तक पार्थ से प्यार किया और एक दिन बिना किसी कारण के उसे छोड़कर चली

गयी। एक डाक्टर से शादी करके उसने अपनी गृहस्थी भी बसा ली। पार्थ को आज भी समझ में नहीं आया कि आखिर सुदक्षिणा ने उससे बेवफाई क्यों की ?

तिथि ध्यान से सारी बातें सुन रही थी। सुनते-सुनते उसके सीने में पार्थ के लिए और भी प्यार उमड़ रहा था। वह पार्थ के सारे दुख खत्म कर देना चाहती थी। सोच रही थी - अरे, बहुत बुरा हुआ। वह कभी पार्थ को दुख नहीं देगी। कभी नहीं।

पार्थ बात खत्म करके चुपचाप सोया रहा। शाम ढलने लगी थी। पेड़ों पर पक्षियों का कलरव गूँजने लगा था जो अपने-अपने घोंसलों को लौटने लगे थे। तिथि को भी घर लौटना होगा लेकिन उसका मन नहीं कर रहा था। आखिर में पार्थ ने ही कहा - चलो उठो, अँधेरा हो रहा है।

तिथि ने उठकर जूते पहने। अपने कपड़े झाड़ते हुए तिथि ने देखा कि पार्थ भी उठ खड़ा हुआ है। उसके सिर, कंधे और पीठ पर घास लगी हुई थी। पार्थ को इसका पता ही नहीं था। तिथि ने हँसते हुए कहा - अरे, तुम्हारे सारे शरीर पर घास लगी हुई है, उसे झाड़ो।

कहकर उसने खुद ही पार्थ के शरीर से घास झाड़ने के लिए हाथ बढ़ाया। पार्थ ने चौंकते हुए कहा - क्या है ?

- और क्या? दिखाई नहीं दे रहा ? यहाँ भी तो घास लगी हुई है भोलेराम।

तिथि का चेहरा अपने सिर पर रखते हुए पार्थ ने कहा - सच-सच बताओ, अगर मैंने तुम्हें कभी आवाज दी तब तुम आओगी ना।

पार्थ कहाँ जाने की बात कर रहा है तिथि को यह समझ में नहीं आया। पार्थ ने तो उसे छः महीने पहले ही आवाज दी थी। तिथि उसकी आवाज सुनकर ही तो उसके पास आई थी। फिर भी पार्थ बार-बार यही बात क्यों पूछता रहता है ?

तिथि ने अपना सिर हिलाते हुए कहा - आऊँगी।

इडेन से निकलकर उन्हें बेहद भूख लगी थी। पास ही सड़क के किनारे एक दुकान में जाकर उन लोगों ने चाउमीन खाया। पार्थ तिथि के साथ उसके स्टाप तक आया। हर रोज ही वह यहाँ तक आता। हालाँकि तिथि के घर वाली गली में नहीं घुसता। बस से उतरकर रास्ता पारकर उल्टी तरफ के फुटपाथ पर चला जाता। वहाँ से फिर उल्टी तरफ की बस पकड़ लेता। बाकी के दिन वे लोग बस से उतरने के बाद भी दो-एक बातें करते थे। लेकिन आज तिथि नहीं रुकी। गली में घुसते ही वह तेज-तेज चलने लगी। उसे डर लग रहा था क्योंकि आज उसकी किस्मत में दुःख लिखा था।

6

विश्वनाथ टीवी देख रहे थे। रिटायर होने के बाद वे इसी तरह खुद को व्यस्त रखने लगे थे। यह उनकी आदत बन चुकी है। शाम को साढ़े आठ बजे तक टीवी देखते जब तक बंगला कार्यक्रम चलता। उसके बाद ओवर टु देल्ही होते ही टीवी बंद कर देते। उन्हें हिंदी प्रोग्राम पसंद नहीं।

इस दौरान उन्हें कोई परेशान नहीं करता। वे किसी मामले में दखल नहीं देते। पूरा मन लगाकर टीवी देखते रहते। हालाँकि टीवी बैठक में थी लेकिन किसी के आने पर भी विश्वनाथ टीवी बंद नहीं करते। वैसे भी बातें करने में उनकी दिलचस्पी कम ही थी, और काम की बात छोड़कर वह जल्दी से कोई और बात नहीं करते। न तो घर वालों से और न ही बाहरवालों के साथ। टीवी ने उन्हें और भी अलग-थलग कर दिया। अदिति को बुरा लगता। बच्चे भी उनके टीवी देखने की आदत का मजाक उड़ाते रहते, लेकिन इन सबका उन पर कोई असर नहीं पड़ता था।

मजे की बात यह थी कि टीवी लेने में खुद विश्वनाथ ही आनाकानी कर रहे थे। चारों तरफ जब सबके घरों में टीवी आ चुकी थी तब भी विश्वनाथ टीवी खरीदने को तैयार नहीं थे। इस बारे में अदिति ने शह दी थी। उनका मानना था कि टीवी कोई काम की चीज नहीं है बल्कि इससे कामकाज और पढ़ाई का नुकसान ही होता है। तिथि और तमाल ने भी कभी इस बात पर मुँह नहीं फुलाया था कि उनके सभी दोस्तों के घर में टीवी है तो उनके घर में क्यों नहीं ? उनका ऐसा स्वभाव ही नहीं था। वैसे भी बचपन से वे लोग विलासिता के सारे सामानों के बगैर ही बड़े हुए। जरूरत के अलावा कोई चीज नहीं माँगनी चाहिए या माँगने पर वह सामान नहीं मिलेगा यह समझ उनमें आ चुकी थी। तमाल अपने दोस्तों के घर जाकर मैच देखा करता था। और तिथि शाम को गणित का हिसाब लगाते हुए किसी और के घर से टीवी पर विज्ञापन की आवाज सुनकर भावुक हो जाती थी। उसे लगता था जैसे वह आवाज किसी दूर देश से समुद्र पार कर आ रही थी। या फिर उसे लगता था कि यह आवाज पृथ्वी के बाहर किसी और नक्षत्र से तैरकर उस तक आ रही है।

जिस साल ज्वायंट इंट्रेंस में तमाल को इंजीनियरिंग में चांस मिला, अदिति ने अपने पति से कहा - सुनते हो, तमाल कह रहा था कि अब तो हम एक टीवी खरीद ही सकते है।

विश्वनाथ बेटे की उपलब्धि से खुश थे। फिर भी दो-एक बार आनाकानी करते हुए कहा - टीवी, बहुत खतरनाक चीज है, नशा हो जाता है। तिथि को अभी माध्यमिक भी देना है...।

- तो क्या हुआ ? आजकल हर घर में टीवी है। क्या उनके घरों में बच्चे पढ़ाई

नहीं कर रहे हैं ? और तिथि टीवी देखने की वजह से परीक्षा में खराब नंबर लानेवाली नहीं है।...बहुत दिन हो गये हैं, तमाल दूसरों के घर जाकर मैच देखता है। वह कह रहा था कि जल्द ही क्रिकेट मैच होनेवाले हैं...सुनो, तुम और देरी मत करो।

टीवी खरीदा गया, वह भी रंगीन। विश्वनाथ का कहना था कि जब पैसे खर्च किए जा रहे हैं तो अच्छी चीज ही खरीदी जाए।

तमाल मैच होने पर टीवी खोलता, वह भी जब खुद घर पर होता तब। तिथि भी कभी-कभार टीवी के सामने आकर बैठती। कुछ देर देखती, फिर उठकर चली जाती। समय मिलने पर अदिति भी थोड़ा बहुत देख लेती। लेकिन टीवी का नशा विश्वनाथ को लग गया। सिर्फ बंगला कार्यक्रमों का।

साढ़े आठ बजे टीवी बंद करके जब विश्वनाथ बैठकखाने से बाहर निकलकर आये तो उन्होंने देखा कि अदिति बरामदे में बैठी हुई हैं।

विश्वनाथ ने पूछा - तिथि अब तक नहीं लौटी ?

अदिति रास्ते की तरफ एकटक देख रही थीं। उन्होंने कहा - नहीं।

- क्या कह रही हो ? इतनी रात हो चुकी है। तुमसे कुछ कहकर नहीं गयी ?

- क्या कहकर जाएगी ? आजकल अक्सर ही देर से लौट रही है। पूछने पर कहती है क्लास थी। क्या कॉलेजों में आजकल रात को भी क्लासेज होती हैं ?

अदिति ने सारी बातें कह दीं लेकिन धीरे से। वह काफी देर तक अकेले ही बरामदे में बैठी रहीं। विश्वनाथ इतनी देर से टीवी देख रहे थे और वह अकेले ही सोच-सोचकर परेशान हो रही थीं। दरअसल उन्हें पिछले कुछ दिनों से चिंता होने लगी थी। तिथि हमेशा से ही शांत स्वभाव की लड़की रही है। वह अपने आप में सिमटी रहती है। लेकिन अदिति को समझ में आ रहा था कि कहीं न कहीं उसमें बहुत बड़ा परिवर्तन हुआ है। वह पहले की तरह डरपोक और शांत लड़की नहीं रह गयी थी। शायद यह लक्षण अच्छे थे क्योंकि वह बड़ी हो रही थी। वह अब भी ज्यादा बात नहीं करती थी लेकिन उसके चेहरे की भाषा भी बदल गयी है। अदिति के मन में कुछ संदेह उमड़ने लगा था। लेकिन वह सोच रही थीं कि इस बारे में विश्वनाथ से कहे या न कहे।

विश्वनाथ भी रास्ते की तरफ देखने लगे। कुछ देर खड़े रहने के बाद ही उन्होंने गुस्से में कहा - कॉलेज में घुसते ही यह हाल है। साढ़े आठ बज गए हैं, अभी तक आने का होश नहीं है।

बरामदे में बत्ती नहीं थी, अदिति का चेहरा दिखाई नहीं दे रहा था। विश्वनाथ ने फिर कहा - एक बार मौसमी के घर जाकर देख आऊँ क्या ?

अदिति थोड़ी देर तक चुप रहने के बाद बोलीं - जा सकती है, लेकिन क्या अब तक वहीं बैठी होगी ? मुझे लगता है कि तिथि आजकल किसी के साथ घूम रही है।

- किसी के साथ घूम रही है, मतलब ? विश्वनाथ ने चौंकते हुए पूछा।

- मतलब समझ में नहीं आ रहा है ? मतलब प्यार कर रही है। - अदिति की आवाज में निराशा झलक रही थी - अब समझ में आने लगा है, वह मुझसे झूठ भी बोलने लगी है।...पहले नहीं बोलती थी। उसे झूठ बोलते देख ही मुझे शक हो रहा है...।

विश्वनाथ को जैसे कुछ समझ में ही नहीं आ रहा था। तिथि प्यार कर रही है ? वह बड़ी कब हो गयी ? अरे उसी दिन की तो बात है तिथि दूध पीना नहीं चाहती थी तो गोद में उठाकर अदिति उसे जबर्दस्ती दूध पिलाया करती थी और अगले ही पल वह सारा दूध उगल देती थी। थोड़ी बड़ी होने पर जब वह बात नहीं कर पाती थी, तब पति-पत्नी को शक हुआ कि कहीं उनकी बेटी गूँगी तो नहीं है। सारा दिन मुँह में अँगूठा डालकर चूसती रहती थी, इसी वजह से उसके दाँत भी ऊँचे हो गये। वही तिथि अब प्यार करने लगी है ? यह सुनकर दूसरी लड़कियों के बाप क्या करते होंगे यह उन्हें नहीं पता। लेकिन वे बेहद घबरा गये थे। उन्हें समझ में नहीं आ रहा था कि वो क्या करें। उन्होंने पत्नी से पूछा - कौन है वह ?

- कौन है, यह मैं क्या जानूं ? - अदिति ने झल्लाकर कहा। मगर उन्हें भी डर लग रहा था। उन्होंने घबराकर कहा - मुझे लगता है कि वह लड़का मौसमी का भाई है। पूजा के दौरान वह एक दिन हमारे घर नहीं आया था ?

विश्वनाथ की आँखों के सामने लड़के का चेहरा उभर आया। जहाँ तक उन्हें याद आया - दुबला पतला, दाढ़ीवाला, पंजाबी, कंधे पर झोला। पिछले पूजा में एक शाम वह तिथि की सहेली मौसमी के साथ उनके घर आया था। मौसमी तो काफी अमीर घर की लड़की है, लेकिन यह लड़का शायद उसका चचेरा भाई था। उसका चेहरा देखकर ऐसा नहीं लगा था। उन्होंने अदिति के साथ उस लड़के से बातचीत भी की थी। हाँ, उन्हें याद आया उस दिन तिथि को देखकर लग रहा था कि वह बहुत खुश है। वह अपनी ड्राइंग की कापी उस लड़के को दिखा रही थी। हर बात में हँस रही थी और बहुत बातें कर रही थी। उन्हें देखकर हैरत भी हुई थी और खुशी भी। उन्हें लगा था - अरे, इन्हीं लोगों के लिए तो पूजा है। बच्चों के लिए ही तो खुशी है। उन्हें एक पल के लिए भी शक नहीं हुआ था। लेकिन अदिति जो कह रही थी अगर वह सच हुआ तो -

विश्वनाथ ने घबराते हुए पत्नी से पूछा - लड़का क्या करता है, तुम्हें पता है ?

अदिति ने होंठ काटते हुए कहा - याद नहीं है मुझे। उस दिन फिल्म बनाने की बात कर रहा था, मतलब सिनेमा की लाइन का है।

विश्वनाथ की आँखों के सामने अँधेरा छा गया, उन्होंने अपनी आँखें बंद कर लीं। उनके सारे शरीर में एक बेचैनी सी छा गयी। उन्हें अहसास हुआ कि तिथि को समझाना चाहिए। लेकिन वे यह काम नहीं कर सकते थे। क्या अदिति उसे समझा

पायेगी ? दरअसल, दोनों ने मिलकर अपने बच्चों की परवरिश इस ढंग से की थी कि आज तक कभी उन पर शासन करने की जरूरत ही नहीं पड़ी थी। लेकिन अब उनके सामने यह कैसी मुश्किल आ खड़ी हुई थी। विश्वनाथ ने आँखें बंद किए हुए ही सुना अदिति कह रही थी - वह देखो, इतनी देर में इनके आने का समय हुआ है।

घर में घुसने के बाद तिथि किसी से कुछ बात किए बगैर सीधे बाथरूम में चली गई। वह समझ गई कि आज उसकी चोरी पकड़ी जाएगी - पकड़ी क्या जाएगी ? पकड़ी जा चुकी थी। माँ का तमतमाया चेहरा देखकर ही वह हालात समझ गयी थी। हारकर तिथि ने सोच लिया कि आज वह झूठ का सहारा न लेकर सच्ची बात बता देगी। बाथरूम के बंद दरवाजे के पीछे खड़ी होकर उसने मन में सारी शक्ति जुटाने की कोशिश की।

अदिति भी बाथरूम के बाहर कमरे में बैठी हुई खुद को तैयार कर रही थीं। शायद उन्हें भी इतने समय की जरूरत थी। उन्होंने विश्वनाथ को यह कहकर हटा दिया कि उन्हें कुछ कहने की जरूरत नहीं है। और खुद मन ही मन सोचने लगीं कि उन्हें क्या कहना है। उन्हें यकीन था कि उनका शक गलत नहीं है। तिथि जरूर उस दुबले-पतले दाढ़ीवाले लड़के के चक्कर में पड़ गयी है, जो कोई नौकरी भी नहीं करता। और फिल्म-विल्म बनाने की बात भी कहाँ तक सच है ? भगवान ही जानता है। देखकर तो लगता है कि यूँ ही भटकता रहता है। पूजा के दौरान उस लड़के का घर आना और तिथि से घुलमिलकर बातें करता देखकर ही उन्हें शक हो गया था। लेकिन आज उन्हें पहले खुद यह जान लेना होगा उसके बाद ही वे तिथि को समझायेंगी। शायद दूसरी बड़ी लड़कियों के लिए यह मुश्किल काम नहीं है। यकीनन हर युवा लड़की की माँ को कभी न कभी यह काम करना पड़ा होगा, फिर भी अदिति को घबराहट हो रही थी। क्या वह शांति से तिथि को समझा पायेंगी या उन्हें चिल्लाना पड़ जायेगा ? निश्चित तौर पर तिथि मानना नहीं चाहेगी, तो क्या उन्हें तिथि से झगड़ा करना पड़ेगा ? अदिति नहीं चाहती थीं कि इस मामले को लेकर घर में कोई हंगामा खड़ा हो इसलिए उन्होंने मन ही मन भगवान को याद किया।

7

तिथि को मालूम था कि पार्थ अभी तक व्यवस्थित नहीं था। व्यवस्थित होना तो दूर वह अपने पैरों पर खड़ा भी नहीं था। लेकिन अभी तक उसने इस बारे में नहीं सोचा था। सोचकर भी क्या कर लेगी ? क्या पार्थ से मुँह मोड़ सकती थी ? क्या इतनी शक्ति

उसमें है ? बल्कि उसकी बदली हुई जिंदगी में पार्थ एक खिड़की है। इसी खिड़की के जरिए उसने आकाश देखा। आकाश का खालीपन नहीं देखा है। क्या वह अपने पंखों के सहारे उस आसमान में उड़ना नहीं चाहेगी ? भला वह इस खिड़की को कैसे बंद कर सकती थी ? क्या तिथि पागल हो गयी है ? लेकिन पागल भी तो अपना भला-बुरा समझता ही है ?

उस रात देर से लौटने की वजह से तिथि की माँ ने उसकी चोरी पकड़ ली थी। पकड़े जाने की वजह से उसे काफी लज्जित होना पड़ा था। हाँ, अपमान ही हुआ था। अदिति ने जो बातें कही थीं, उससे तिथि ने शर्मिंदगी महसूस की थी क्योंकि उन्होंने पार्थ का अपमान किया था।

- कोई कमाई नहीं है, नौकरी तक नहीं करता है। घर की हालत भी ठीक नहीं है। ऐसे में बहन की दोस्त से प्यार करने लगा। उसकी इतनी हिम्मत हुई कैसे ? - अदिति गुस्से में तिलमिला रही थीं। तिथि ने ही खुद पार्थ के बारे में ये बातें बताई थीं। अदिति नहीं समझ पा रही थीं कि यह सब जानते हुए भी तिथि उस लड़के से कैसे जुड़ गयी ?

- इससे क्या फर्क पड़ता है माँ ? जब तुम पिताजी से मिली थी, उनका तो इससे भी बुरा हाल था।

यह सुनकर अदिति चौंक पड़ी। उन्होंने सपने में भी नहीं सोचा था कि तिथि कभी उनसे इस तरह से बात कर सकती है। वे चिल्ला उठीं - नहीं, तुम गलत कह रही हो। तुम्हारे पिताजी उस वक्त नौकरी करते थे। उनपर पूरे परिवार की जिम्मेदारी थी जिससे उन्होंने कभी मुँह नहीं मोड़ा। और इस लड़के का तो कुछ भी ठीक नहीं है...।

- बिल्कुल नहीं। पार्थ फिल्म बनाता है। और अभी वह संघर्ष कर रहा है...।

- बड़ी-बड़ी बातें मत करो। फिल्म बनाता है - फिल्में बनाना क्या इतना आसान है? क्या अभी तक एक भी फिल्म बनायी है ?

तिथि के पास इसका कोई जवाब नहीं था। उसका पूरा शरीर काँपने लगा था। लेकिन टूटने के बजाय वह सीधी खड़ी रही। अदिति ने बेटी को घूरते हुए कहा - तुम उसके घर गयी हो।

तिथि ने सिर हिलाते हुए कहा - नहीं । वह नहीं गयी है। लेकिन पार्थ ने उससे कहा था कि उसने घर में उसके बारे में बात कर रखी है। हालाँकि तिथि ने इस बारे में माँ को कुछ नहीं बताया।

अदिति की पूछताछ अभी खत्म नहीं हुई थी। उन्हें याद आया कि जब पार्थ पूजा के दौरान उनके घर आया था तब उसने बताया था कि गाँव में उनके घर भी दुर्गा पूजा होती है। कुछेक सालों में पार्थ पर पूजा कराने की जिम्मेवारी भी आती है। उस बात की सच्चाई पता करने के लिए अदिति ने पूछा - उनके गाँववाले मकान में दुर्गा पूजा होती

है, यानी गाँव में इनकी हालत अच्छी है ?

तिथि इस बारे में कुछ नहीं जानती। इसलिए वह चुप रही।

- क्या हुआ, कुछ जवाबं क्यों नहीं दे रही है ? पार्थ ने कहा था कि वह पूजा कराता है, पूजा का खर्च कहाँ से लाता है ?

तिथि सोचने लगी। सोचकर बताया - पूजा का खर्च तो उसके दादाजी देते हैं। पूजा तो उनको कराना होता है। पार्थ तो केवल काम-काज सँभालता है।

तिथि की बातें सुनकर अदिति भी कह उठीं - यानी किसी तरफ से कोई उम्मीद नहीं है ? यकीनन गाँव में भी इतनी संपत्ति नहीं होगी जिससे पार्थ के नौकरी न करने पर भी गुजारा आसानी से हो सके। तिथि मेरी बात मान, अभी ऐसा कुछ मत करो जिससे बाद में तुम्हें पछताना पड़े। मन लगाकर पढ़ाई करो...तुम पढ़ने में अच्छी हो...अपने से अधिक उम्र के ऐसे गलत आदमी के चक्कर में पड़कर अपना समय बर्बाद मत करो। इससे तुम्हारा भला नहीं होगा।

अदिति जब यह बातें कह रही थीं तब तिथि को काफी तकलीफ हो रही थी। उसने माँ को धन-संपत्ति के बारे में इस तरह से कभी पूछताछ करते नहीं सुना था, इसलिए तिथि को घृणा हो रही थी और शर्म भी आ रही थी। वह माँ के मुँह से ऐसी बातें सुनने की आदी नहीं थी। बल्कि उसकी माँ ने बड़े बाप की बेटी होने के बावजूद उसके गरीब पिता से प्यार करने के बाद शादी की थी, यह सोचकर वह काफी गर्व का अनुभव करती थी। आज अपने अपमान के साथ-साथ माँ को इस तरह से बातें करते देख उसका दिल टूट रहा था।

दूसरी बात यह कि उसने पहली बार घर में किसी को यह कहते सुना कि वह पढ़ने में अच्छी है। उसे हैरत हो रही थी कि एक साल के अंदर उसकी जिंदगी में इतनी सारी नयी बातें एक साथ कैसे हो रही थीं।

तिथि को इस बात पर भी हैरानी हुई कि माँ ने उसकी और पार्थ की उम्र में अंतर को लेकर टिप्पणी आखिर किस वजह से की । क्योंकि उसकी माँ और पिताजी के उम्र में भी लगभग इतना ही अंतर था। शायद एक-दो साल कम होगा। पार्थ नौकरी नहीं करता है, यह भले ही उसकी गलती हो सकती है। लेकिन क्या वह तिथि से बारह साल पहले पैदा हुआ, यह भी उसकी गलती है।

भले ही तिथि के मन में यह बातें उमड़ रही थीं, वह जानती थी कि इन बातों के जाहिर होने से घर में और अधिक हंगामा शुरू हो जायेगा। उसके मन में और भी न जाने कैसे हालात पैदा हो रहे थे। माँ के साथ हुए तर्क में काफी हद तक उसे मुश्किलों का सामना करना पड़ा। उससे पहले भी जब वह बाथरूम में थी उसमें न जाने कितना डर समा गया था। हालाँकि बात आगे बढ़ने पर उसका डर कम होने लगा और वह थकान महसूस करने लगी।

अदिति भी काफी थकान महसूस कर रही थीं। वह इतनी थक चुकी थीं कि उन्हें रात का खाना परोसने का भी मन नहीं कर रहा था। तिथि ने खाना नहीं खाया। अदिति जानती थीं कि उसे बुलाने पर वह नहीं आयेगी। वे खुद भी खाना नहीं चाह रही थीं। इसलिए विश्वनाथ का खाना निकालकर लेट गयीं। हालाँकि उन्हें नींद नहीं आ रही थी।

तिथि ने पार्थ को सारी बातें बताईं। लेकिन बताने से पहले उसे लगा था कि इन बातों को कहना उचित नहीं होगा। सारी बातें कहते वक्त उसे वे बातें बतानी पड़तीं जिसे सुनकर पार्थ के दिल को चोट पहुँचती। लेकिन तिथि तो उसे तकलीफ नहीं देना चाहती है। हो सकता है पार्थ शर्मिंदा हो और यह सोचे कि तिथि भी उसके बारे में ऐसा ही सोचती है।

मगर तिथि खुद को रोक नहीं पायी। वह पार्थ से कुछ छिपा नहीं पाती। सारी बातें कहते वक्त उसके मन से मानों खून निकल आया था। उसके चेहरे से साफ लग रहा था कि पार्थ के अपमान से वह खुद को भी अपमानित महसूस कर रही है। कहते वक्त तिथि रोने लगी थी।

लेकिन सारी बातें सुनने के बाद पार्थ ने जो कहा उसे सुनकर तिथि हैरान होकर उसका चेहरा देखने लगी। उसके चेहरे पर दुखी होने का भाव ही नहीं था। वह बेहिचक कहने लगा - मुझे मालूम था ऐसा ही होगा। तुम्हारे माँ-पिताजी मुझे स्वीकार नहीं कर सकते। चलो तिथि हमलोग शादी कर लेते हैं।

तिथि हैरान होकर देखे जा रही थी। पार्थ ने उसके कंधे पर हाथ रखकर कहा - शायद तुम मेरी बात समझ नहीं पायी हो। मैं रजिस्ट्री करने की बात कर रहा हूँ। ऐसा कर लेने पर तुम्हारे माँ-पिताजी कुछ नहीं कर पाएँगे।

तिथि को यकीन नहीं आ रहा था। उसने सोचा ही नहीं था कि पार्थ उससे शादी करने को कह सकता है। अभी पार्थ से मुलाकात हुए कुछ ही महीने तो गुजरे हैं। अभी तो वह पहले प्यार के अहसास से ही नहीं उबर पायी है। अभी तो वह खुद को भी नहीं समझ पायी है। हालाँकि शादी का ख्याल उसके मन में एक बार भी नहीं आया, यह कहना गलत होगा। पर इतनी दूर तक सोचने का साहस उसे अभी नहीं हो पाया था। मन के किसी कोने में इस भाव के उमरते ही उसने इसे एक संदूक में बंद कर रख दिया है। आज पार्थ ने बिना कोई भूमिका बाँधे उस बक्से का ताला तोड़कर एक ही झटके में उसके उस सपने को बाहर निकाल दिया। तिथि अपने उस सपने को यकायक सामने खड़ा देख हैरत में पड़ गयी।

पार्थ ने कहा - इससे पहले मुझे तुम्हें अपने घर ले जाना होगा। कहकर हँसने लगा। और हँसते हुए कहा - मेरा घर लेकिन टूटा-फूटा है, अगर तुम्हें पसंद नहीं आया तो ?

तिथि हैरान होकर उसे देखती रही। उसे समझ में नहीं आ रहा था कि वह जिंदगी के किस मोड़ पर पहुँच गयी है ? सामने का रास्ता इतना धुँधला क्यों लग रहा है ? क्या वहाँ बहुत कोहरा है ? फिर इतनी जल्दी क्या है ? इस रास्ते पर आगे बढ़ने से पहले क्या थोड़ा और इंतजार करना ठीक नहीं होगा।

तिथि को महसूस हुआ कि उसके सामने एक बहुत गहरी खाई है। उस खाई में काफी हरियाली है जो नीचे की ओर क्रमशः नीली होती गयी है। और बहुत नीचे एक नदी बह रही है। तिथि का वहाँ जाने का बहुत मन कर रहा है, लेकिन डर भी लग रहा है कि कहीं नीचे उतरते वक्त वह गिर न पड़े। इसके अलावा तिथि के हाथ में समय भी नहीं है। अगर वहाँ जाना चाहती है तो उसे कूदना होगा। तिथि को कूदने में डर लग रहा है, लेकिन खाई उसे बुला रही है। डर कैसा ? अरे वहाँ एक आदमी खड़ा तो है, जिससे वह बेहद प्यार करती है और भरोसा भी करती है। वह तो उससे उम्र में ही नहीं तजुर्बे में भी बहुत बड़ा है। क्या तिथि के कूदने पर वह उसे सँभाल नहीं लेगा। फिर तिथि घबरा क्यों रही है ?

पार्थ ने गंभीर होकर कहा - मैंने तुमसे पूछा था तिथि कि तुम मेरे पुकारने पर आओगी या नहीं। तिथि मैं तुम्हें बुला रहा हूँ...तुम नहीं आयी तो मैं अकेला चला जाऊँगा।

तिथि की आत्मा कह उठी - नहीं, नहीं ।

तिथि ने आँख बंद करके छलाँग लगा दी।

मकान कितने साल पुराना है, ठीक-ठीक बताना मुश्किल था। लेकिन उसकी जर्जर हालत से अंदाजा लगाया जा सकता था कि पिछले तीस सालों में इसकी मरम्मत नहीं की गयी है। बाहर किसी जमाने में प्लास्टर किया गया था। लेकिन अब ईंटें दाँत निकाले नजर आ रही थीं। दीवारों पर काला रंग छा गया था। दोमंजिले मकान के चारों ओर खाली जमीन पर बारिश का पानी जमा हुआ था। उस पानी में जंगली पेड़-पौधे उग आए थे जिससे चारों ओर जंगल बन गया था। और दूर से इस मकान को देखकर लगता था कि यह किसी भी वक्त ढह सकता है।

सीढ़ी पर बैठने के बाद पार्थ तिथि का चेहरा हाथों में थाम अपने होठों के पास ले आया।

- नहीं, प्लीज नहीं।

तिथि ने जल्दी से पार्थ की कलाई पकड़ ली और अपने चेहरे को हटा लिया ताकि पार्थ उसे चूम न सके। उसकी आवाज में विनती के साथ आपत्ति भी जाहिर हो रही थी।

पार्थ एक पल के लिए रुक गया। तिथि अब उसकी पत्नी है इसलिए वह उसे चूम ही सकता है। शादी के पहले पार्थ ने कभी जबर्दस्ती भी नहीं की। लेकिन आज

अगर वह जबर्दस्ती भी उसका चुंबन लेता है तो क्या उसे जबर्दस्ती कहा जायेगा ?

पार्थ ने तिथि के गाल से अपना हाथ हटा लिया। दुखी होकर कहा - क्यों तिथि? क्या तुम्हारी इच्छा नहीं हो रही है ?

तिथि सीढ़ी पर बैठी हुई थी। घुटने पर कोहनी रखे हुए। उसने दोनों हाथों से चेहरा ढक लिया। उसे रोना आ रहा था और माँ की बड़ी याद आ रही थी। तिथि ने सिर हिलाते हुए कहा - मुझे बहुत तकलीफ हो रही है। मैंने माँ को बताए बगैर शादी कर ली...। मैंने कभी सोचा भी नहीं था...। माँ। माँ। मैंने शादी कर ली है। माँ, ओ माँ। आज मेरी शादी हो गयी है...।

तिथि अचानक रोने लगी। उसके दोनों हाथों में आँसू भर गये। चश्मा टेढ़ा होकर सिर पर लगा हुआ था।

तिथि आज दूसरी बार पार्थ के घर आयी थी। पार्थ के घरवाले मकान के पहले तल्ले पर किराये पर रहते थे। इससे पहले जब तिथि पार्थ के घर आयी थी तब पार्थ ने उसे पहले ही साड़ी पहनने को कह दिया था। इसलिए तिथि साड़ी पहनकर ही आयी थी। हालाँकि आज वह सलवार कमीज पहने हुए थी। साड़ी पहनने की उसकी हिम्मत नहीं हुई। माँ को शक न हो कि वह शादी करने जा रही है इसीलिए तिथि सबसे पुरानी सलवार कमीज पहनकर आयी। यह भी पार्थ की ही सलाह थी।

पहले दिन पार्थ के पिताजी घर पर नहीं थे। उसकी माँ और बहन से मुलाकात हुई थी। उसकी माँ साधारण, घरेलू और शांत स्वभाव की हैं। सिर में घने बाल है और बहुत बड़ा जूड़ा बनाया हुआ था। तिथि की माँ कभी ऐसे साड़ी नहीं पहनती। तिथि ने बंगला फिल्मों में महिलाओं को इस तरह से साड़ी पहनते देखा है। पार्थ की माँ को देखकर तिथि पहचान गयी थी। उन्हें उसने मौसमी के घर में देखा था। मौसमी ने उनसे मिलवाते हुए कहा था - मेरी बड़ी माँ हैं।

हालाँकि पार्थ की बहन सीमा को तिथि ने पहले नहीं देखा था। सीमा पार्थ से एक साल छोटी है। मिलने के बाद सीमा पहले तिथि को देखकर हँसी। उसकी हँसी भी माँ की ही तरह दबी हुई थी। उसने भाई से पूछा था - देखने में भले ही यह मऊ की तरह नहीं लग रही है, लेकिन भइया क्या यह इस घर में रह पाएगी ?

तिथि को अटपटा सा लगा। पार्थ ने उसे कोने में ले जाकर कहा - मैं उसे अच्छी तरह जान चुका हूँ। तू निश्चिंत रह, वह मऊ की तरह नहीं है। उसकी कोई फरमाइश नहीं है।

पार्थ की माँ तिथि को देख रही थीं, धीरे से कहा - ठीक ही है। अच्छी हुई तो अच्छा ही है।

तिथि ने देखा कि वे सशंकित थीं।

तिथि खुद भी सशंकित हो रही थी। वह इस घर की बहू बनकर आएगी, उसे

उसी ढंग से स्वीकार किया जा रहा है। इसमें थोड़ी आपत्ति भी उसे महसूस हो रहा था। लेकिन वह जानती थी कि उसे स्वीकार कर लिया गया है। इस स्वीकृति में भी एक सम्मान का अनुभव होना चाहिए था लेकिन तिथि को ऐसा कुछ नहीं हो रहा था। वह मन ही मन खुश होना चाहती थी लेकिन नहीं हो पा रही थी, इसलिए परेशान हो रही थी।

अचानक तिथि को लगा कि उसे सबकुछ मान लेना चाहिए। वरना ऐसे हालात में वह पार्थ को प्यार करने का दावा कैसे कर सकती है ? अगर पार्थ और उसका परिवार उसे अपना सकते हैं तो वह क्यों नहीं मान सकती ?

उस दिन जब पार्थ ने उसे घर पहुँचाते वक्त रास्ते में पूछा था - कैसा लगा ?

तिथि ने जवाब देने में थोड़ा समय लिया था। यह प्रश्न किया जाना स्वाभाविक था। तिथि काफी देर से इसका जवाब तैयार कर रही थी। वह खुद को समझाने की कोशिश कर रही थी - पार्थ को तकलीफ नहीं पहुँचनी चाहिए। वह उसके प्यार को गलत न समझे।

वह देख आयी थी पार्थ के घर में दो छोटे-छोटे कमरे हैं। दोनों कमरों में सामान ठूँसा हुआ था। घर का फर्श थोड़ा नीचा था। दीवारों पर से चूना हट जाने की वजह से उनपर अनजाने देशों का मानचित्र बन गया था। एक कमरे में एक ऊँचा पलंग, ड्रेसिंग टेबल और एक आलना था। सबके ऊपर ढेरों बिस्तर, कपड़े, अखबार और गमछा वगैरह फैले हुए थे। दूसरे कमरे में एक छोटा पलंग और एक टेबल था। टेबल पर कुछ किताबें और अखबार थे। उसी पर एक पोर्टेबल टीवी भी था। सबकुछ एकदम बिखरा हुआ था। उनके घर में माँ जैसे सामान सहेज कर रखती है ? यहाँ वैसा कुछ नहीं था। वैसे भी तिथि कुरेद-कुरेदकर हर चीज को नहीं देख सकती थी, जब वह किसी नई जगह पर गयी हो। और आज के हालात ने उसे और भी गंभीर कर दिया था। लेकिन ध्यान न देने पर भी उसे वे चीजें नजर आ रही थीं। उसे लग रहा था मानों किसी भी कमरे में पैर रखने की जगह नहीं थी। उसका दम घुटने लगा।

उसे लगा कि सचमुच इन सबसे उसे कोई फर्क नहीं पड़ता है। लेकिन उसके मन के किसी कोने में बार-बार एक सवाल उभर रहा था जिसे चाहकर भी वह दबा नहीं पा रही थी।

उसने न चाहते हुए भी मजबूरन यह सवाल कर ही दिया - अच्छा,...शादी के बाद हम कहाँ रहेंगे ?

पार्थ ने तिथि की ओर ध्यान से देखा और पूछा - अरे, तुम परेशान हो गयी क्या? तिथि की पीठ को सहलाते हुए उसने कहा - अरे, पागल लड़की, सोचो मत। क्या मुझ पर तुम्हें भरोसा नहीं है...? सब ठीक हो जायेगा।

अपने प्रश्न से खुद तिथि ही शर्मिंदगी महसूस कर रही थी। पार्थ की बात सुनकर

उसकी आँखों में आँसू आ गए। वह अपराधियों की तरह पार्थ की तरफ देखने लगी, उसकी दोनों आँखों से जाहिर हो रहा था कि वह शर्मिंदा है। सचमुच, पार्थ उससे कितना बड़ा है, क्या उसे अपनी जिम्मेदारी का अहसास नहीं है। तिथि न जाने पागलों की तरह क्या सोच रही थी। उसने पार्थ के पंजाबी कुर्ते को खींचा। ऐसा करके उसे सुकून मिलता है।

पार्थ ने तिथि के मासूम चेहरे की तरफ देखते हुए उसके कंधे पर हाथ रखकर कहा - परेशान मत हो तिथि। रजिस्ट्री हो जाने दो। फिर पृथ्वी में कोई भी हम दोनों को अलग नहीं कर पाएगा। हमलोग और कुछ दिनों के बाद ही एक साथ रह सकेंगे...।

- नहीं, नहीं, सुनो इतनी जल्दबाजी मत करो। - तिथि ने इतना घबराकर कहा कि पार्थ हैरान हो गया।

तिथि ने घबराकर कहा - तुम्हारी बहन...यानी सीमा दीदी की अभी तक शादी नहीं हुई है। जाहिर है तुम उसकी शादी से पहले मुझे यहाँ आकर रहने को नहीं कहोगे।

- क्यों ? - पार्थ ने हैरान होकर कहा - तुम्हारे यहाँ आकर रहने से सीमा का क्या वास्ता है ? क्या तुम सीमा के साथ नहीं रहना चाहती ? क्या तुम्हें लग रहा है कि उसके साथ तुम्हारी नहीं पटेगी ? वह पसंद नहीं आयी क्या ?

- अरे, नहीं ऐसी बात नहीं है । - तिथि ने विरोध करते हुए कहा ।

- तुम क्या कह रही हो तिथि ? मेरी समझ में नहीं आ रहा है।

तिथि ने थोड़ा रुककर कहा - तुमलोग सीमा दीदी की शादी कराने की कोशिश नहीं कर रहे हो ?

- कर रहे हैं। काफी दिनों से कोशिश की जा रही है। लेकिन इन सबमें काफी समय लग जायेगा। दोनों पक्षों के सहमत होने की जरूरत है। थोड़ी बहुत बात आगे भी बढ़ती है तो बीच में सीमा खुद मना कर देती है।

- शायद सीमा दीदी किसी को पसंद करती हैं ?

- नहीं, वह किसी को पसंद नहीं करती। वह सोचती है कि वह घर में बैठी रहेगी और माँ-पिताजी एक राजकुमार ढूँढ़कर उससे उसकी शादी करा देंगे।

पार्थ की बातों से इतनी झल्लाहट महसूस हो रही थी कि तिथि भी हैरान हो गयी। उसने और कुछ नहीं कहा। वह समझ गयी कि बहन की शादी में हो रही देरी से पार्थ का धीरज टूट चुका था। शायद वह और इंतजार नहीं करना चाहता क्योंकि उसे लगता है कि उसकी शादी का वक्त हो गया है। तिथि का मन खराब हो गया था। मानो वह कोई धुन सुन रही थी और अचानक वह धुन बीच में ही टूट गई हो। अचानक धुन के बिगड़ने से उसका सिर दुखने लगा।

वह पार्थ को कैसे समझाए कि लड़की होने के कारण उसकी समझ में आ गया है

कि सीमा असंतुष्ट और परेशान है। वह तीस की हो गयी है और अभी तक उसकी शादी नहीं हुई है। और वह न तो कोई नौकरी करती है, न कोई दूसरा काम। वह खुद किसी से प्यार भी नहीं करती और यह भी चाहती है कि उसकी अच्छी जगह शादी हो, उसकी अपनी दुनिया हो। यह उसका ख्वाब है। जवानी में पैर रखने के बाद से वह इसी उम्मीद में जी रही थी और अब उसकी यह उम्मीद टूटने लगी है। ऐसे में उसी का हमउम्र भाई अगर शादी करके अपना घर बसा ले वह भी उससे ग्यारह साल छोटी लड़की से तो भला वह कैसे बर्दाश्त कर पाएगी ? इस पूरे हालात की कल्पना करके तिथि का मन खराब हो गया था। उसे यह सब इसलिए और अधिक परेशान कर रहा था क्योंकि पार्थ उसकी इन बातों को समझना नहीं चाहेगा और न ही समझेगा।

उस दिन से लेकर आज शादी के दिन तक तिथि इन बातों को सोचकर लगातार परेशान होती रही। कभी-कभी पार्थ भी उसे अजनबी लगने लग रहा है। उसे लग रहा था कि उनके बीच की दूरी कभी-कभी बढ़ रही है। ऐसा लगते ही वह पार्थ को कसकर जकड़ लेती, सभी दूरियों को वह तैर कर पार कर लेना चाहती। क्योंकि पार्थ के अलावा न तो उसका कोई दोस्त था, न ही कोई दूसरा सहारा। इन हालातों में वह मौसमी से भी काफी दूर हो चुकी थी। खासकर पार्थ ने ही मौसमी को शादी की बात बताने से मना कर रखा था।

आज कॉलेज जाने के बहाने तिथि यादवपुर थाना के सामने पार्थ से मिली थी। वहाँ से उन्हें बालीगंज फाँड़ी में रजिस्ट्रार के घर जाना था। पार्थ के साथ उसके दो दोस्त और सीमा थी। ये तीनों ही उनकी शादी के गवाह हैं। सीमा का चेहरा बेहद सख्त और गंभीर था। वह एक-दो बार ही हँसी, साइन भी उसने काफी धीरे-धीरे किया। तिथि को लग रहा था जैसे सीमा एक मशीनी गुड़िया थी जिसमें पड़े-पड़े जंग लग गई है।

कानूनी शादी के कायदे-कानून पूरे करते-करते तिथि को लगा कि वह भी मशीनी गुड़िया बन गयी है। हालांकि पार्थ काफी खुश लग रहा था। पति-पत्नी का वचन लेते वक्त तिथि को लग रहा था जैसे वह कोई और थी। शादीशुदा। वह शादीशुदा थी। अब वह किसी की पत्नी बन गयी है। यह घटना एक लड़की को कितना बदल देती है।

पार्थ के घर आकर जब तिथि ने पार्थ की माँ को प्रणाम किया तब सुधा ने उसके सिर पर हाथ फेरते हुए कहा - ऐसी शादी की कि माँग में सिंदूर भी नहीं लगाया जा सकता। उन्होंने लंबी साँस लेते हुए कहा - आशीर्वाद देती हूँ कि वह दिन जल्द आ जाए।

आज भी तिथि पार्थ के पिता से नहीं मिल सकी। उसने पार्थ से कहा था - तुम्हारे पिताजी को प्रणाम नहीं कर पायी।

- तुम्हारे पिताजी नहीं, सिर्फ पिताजी। कहते हुए पार्थ हँसने लगा।

तिथि ने शरमा कर जीभ काट ली - सॉरी, मगर...माँ को मैं बड़ी माँ कहूँगी।

- कह सकती हो, सुनने में अच्छा ही लगेगा। लेकिन पिताजी को अभी कुछ कहने की जरूरत नहीं है। क्योंकि शादी के बारे में उन्हें अभी कुछ नहीं पता है।

पति-पत्नी दोनों मिलकर बातें कर रहे थे। दोपहर का सन्नाटा छाया हुआ है। तिथि को महसूस हो रहा था कि उसके सीने में न जाने क्या जम रहा है। थोड़ी देर पहले ही वह माँ के बारे में सोच-सोचकर दुखी हो रही थी। अब उसने मुड़कर पार्थ की तरफ देखा जो सिगरेट पी रहा था। घर लौटकर उसने पंजाबी कुर्ता खोल दिया था। अब उसकी देह पर केवल गोल गले वाली गंजी थी जिसमें से उसके सीने पर उगे बाल दिख रहे थे। तिथि ने देखा कि वे काफी घने हैं। अचानक तिथि ने अपनी नजरें हटा लीं। तिथि को समझ में आने लगा कि उसके सीने में कुछ और नहीं बल्कि उसके सपने और अरमान जम रहे थे।

9

कॉलिंग बेल बज उठी।

मीता रसोईघर में पापड़ तल रही थी। काम की बाई ने छुट्टी ले रखी थी। मीता ने आवाज दी - मऊ, देखो तो।

मौसमी सीरियल देख रही थी। दीप अपनी दीदी के कंधे पर चढ़कर उसकी चोटी से अपनी मूँछें बनाने की कोशिश कर रहा था। वह लगातार उसके बाल खींच रहा था। दूसरा कोई वक्त होता तो मौसमी अपने भाई को थप्पड़ लगाने से नहीं चूकती। लेकिन अभी सीरियल में क्लाइमेक्स चल रहा था। इसी समय बेल दोबारा बजी।

मौसमी ने लगभग भाई को धकेलते हुए कहा - ईडियट, जाकर दरवाजा नहीं खोल सकता ?

दीप चिल्ला उठा - माँ, दीदी मार रही है। दरवाजा मैं क्यों खोलूँ ? माँ ने तुमसे कहा है ना ?

परेशान होकर रसोई से मीता ने कहा - मऊ, डोंट बी सिली, बाहर कोई इंतजार कर रहा है।

मौसमी ने न चाहते हुए भी उठकर दरवाजा खोला। खोलते ही चौंक उठी। रसोई की तरफ देखते हुए उत्तेजित होकर कहा - माँ, जल्दी आओ, ताऊजी आए हैं।

आलोक का इस मकान में आना अप्रत्याशित या कोई अज़ूबा नहीं था। वह भाई के घर अक्सर ही आते रहते थे। इसीलिए आज आ गए। उन्होंने काली टेरीकॉट की

पैंट पर पुरानी शर्ट पहन रखी थी। यह अरूप की शर्ट है। अरूप अस्पताल और चेंबर में जिन शर्टों को पहनते, साल-भर बाद उन्हें छोड़ देते। आलोक उनको मीता से माँग कर ले जाते। अरूप को जब इस बात का पता चला तो उन्होंने गुस्सा जाहिर किया। उन्होंने बड़े भाई को एक-दो बार नया कुर्ता भी खरीदकर दिया । लेकिन आलोक कहने लगे -

क्यों ? अच्छे तो हैं ये कपड़े। तू डॉक्टर है, नये कपड़े पहन। मेरा काम इन पुराने कपड़ों से ही चल जायेगा।

आज आलोक के आते ही हड़बड़ी मच गयी। मीता जल्दी से बाहर आयी और कहा - आइए भइया, हम लोग आपके बारे में ही सोच रहे थे। आप काफी दिनों से नहीं आए...?

आलोक को यह सुनकर खुशी हुई। सोफा पर फैलते हुए बैठ गये - वाह, कितना नरम है।

मीता की तरफ देखते हुए कहा - ऑफिस के काम में कुछ दिनों से बहुत घूमना पड़ रहा है, समय नहीं मिल रहा था। आज भी श्यामबाजार से आ रहा हूँ, बाप रे कितनी दूर है...दोपहर से ही आज घूम रहा हूँ...इस धूप में...बहुत भूख लगी है।

मीता व्यस्त हो गयीं - हाँ, हाँ, जरूर..। चाय भी बना दूँ ना।

आलोक ने पैर फैला दिए। आराम से बैठते हुए कहा - हाँ, हाँ, कोई हर्ज नहीं है। तुम्हारे घर की चाय तो बेस्ट क्वालिटी की है...।

मीता ने रसोई जाते वक्त मौसमी को आवाज लगाई - मऊ फ्रीज से दो अण्डे निकालकर ले आओ।

आलोक ने हँसते हुए दीप की ओर देखते हुए कहा - अरे शैतान कहीं का। आओ तब तक तुम्हारे साथ थोड़ा लड़ा जाए। आपकी बंदूक कहाँ है ? बंदूक नजर नहीं आ रही है।

दीप ने बंदूक निकालने या लड़ने की कोई इच्छा नहीं जताई। लेकिन ताऊ के पास आकर बैठ गया। पहले इधर-उधर देख लिया फिर कहा - ताऊजी, पता है भइया ने तुम्हें बताए बिना शादी कर ली है।

मीता रसोईघर की ओर जा रही थीं, दरवाजे पर रुक गयीं। मौसमी ने चिल्लाकर कहा - अरे, बाबू, बाबू, तुम...। मीता का इशारा देख चुप हो गयी।

हालाँकि आलोक ने ठहाका लगाते हुए कहा - ऐसी बात है। शैतान, तुझे कैसे पता चला।

दीप ने बड़ों की तरह आवाज बनाकर कहा - मुझे सब पता है। भइया ने तिथि दीदी से...

- दीप। मीता ने डपटते हुए कहा - तुम्हें पता नहीं बच्चों को ऐसी बातें नहीं करनी

चाहिए। जाओ यहाँ से, जाकर होमवर्क करो...गो, क्विक।

आलोक को समझ में नहीं आ रहा था। दीप क्या कहना चाह रहा है। और मीता ही उसकी बात से नाराज क्यों हो रही है ?

उसके बाद उन्होंने सब सुना। मीता और मौसमी ने मिलकर उन्हें सारी बात बता दी। बीच में मीता जाकर चाय और फ्रेंच टोस्ट बना लायीं। साथ में पापड़ भी तलकर लायी थीं लेकिन आलोक का अब खाने का मन नहीं कर रहा था। उनका शरीर काँपने लगा था।

मौसमी की सहेली तिथि को शायद आलोक ने देखा भी था। अच्छी लड़की है, पढ़ने-लिखने में ठीक है। मौसमी और मीता ने कभी सोचा ही नहीं था कि वह लड़की कभी किसी को बताए बगैर शादी कर बैठेगी। इस घटना को हुए एक साल गुजर गए हैं। इस बीच पार्थ इनके घर दो-एक बार ही आया था। आखिरी बार भी बहुत दिन पहले ही आया था। तिथि और पार्थ एक दूसरे से प्यार करते हैं, यह सभी जानते थे लेकिन शादी की बात तिथि ने खुद भी नहीं बताई थी। मौसमी ने शक होने पर तिथि से पूछताछ की थी, तब जाकर उसे पता चला।

मौसमी को किस तरह से पता चला था इसका विवरण वह हाथ हिलाकर और आँखें बड़ी-बड़ी करके दे रही थी। तिथि के घर में पार्थ के साथ उसके रिश्ते को लेकर काफी हंगामा मचा हुआ है। सामने पार्ट वन की परीक्षा है। तिथि पढ़ाई भी नहीं कर पा रही है। वह बेहद गंभीर स्वभाव की लड़की है, इन दिनों मौसमी से मुलाकात भी नहीं हो रही है। उस दिन मौसमी उनके घर गई थी। तिथि केवल रो रही थी और उसने कहा था - या तो वह घर छोड़कर चली जायेगी या फिर आत्महत्या कर लेगी।

मौसमी ने पूछा था - तू इतना टूट क्यों गयी है ? कुछ दिन जरा चुपचाप रह और भइया से कह दे कि वह कुछ दिन तक तुझसे ना मिले। ऐसा करने पर मौसीजी थोड़ा शांत हो जाएँगी।

- मऊ, तू मेरी हालत नहीं जानती। - तिथि ने कहा था - मेरी बात कोई नहीं सुन रहा, कोई नहीं समझ रहा। घर में दिन-रात माँ से झगड़ा होता रहता है और उधर पार्थ रोज चले आने को कह रहे हैं। मैं कहाँ जाऊँ ? मेरी पढ़ाई का क्या होगा ? इस साल परीक्षा दे भी पाऊँगी या नहीं पता नहीं। - कहकर फफक-फफककर रोने लगी।

मौसमी को शक हुआ। उसने पूछा - भइया चले आने को कह रहे हैं, मतलब ? कहाँ, अपने घर ? क्या तुम लोगों ने शादी कर ली है, जो वह तुझे अपने घर बुला रहे हैं ?

तिथि चुपचाप रोए जा रही थी, उसने कोई जवाब नहीं दिया। उसका चेहरा देखकर मौसमी समझ गयी थी कि वह कुछ छुपाने की कोशिश कर रही है। थोड़ा सा जोर देने पर तिथि से नहीं रहा गया। उसने मौसमी को सब बता दिया।

मौसमी ने आलोक से कहा - मेरी सहेली बहुत अच्छी लड़की है ताऊजी। वह सचमुच भइया से प्यार करती है। हालाँकि मैं भइया को ही दोषी ठहराऊँगी। उन्होंने यह गलत किया है।

मीता ने भी कहा - छिः छिः, पार्थ को तो एक बार सोचना चाहिए था। एक तरफ वह कह रहा है कि लड़की को अपने घर ले जाएगा। और दूसरी तरफ आप कुछ जानते ही नहीं हैं। क्या खिलाएगा वह तिथि को ? इसके अलावा तिथि मऊ की सहेली है। उसके घरवाले तो हमें ही दोषी ठहराएँगे ना।

अरूप ने चेंबर से घर लौटने के बाद देखा कि आलोक ढहे हुए स्तंभ की तरह सोफे पर निढाल पड़े हुए थे। उनके सामने मीता और मौसमी गंभीर होकर बैठी हुई हैं। आलोक के पास बैठकर अरूप ने टाई की नॉट ढीली करते हुए भइया से कहा - सब सुन ही लिया होगा।

आलोक ने कोई जवाब नहीं दिया।

अरूप ने गंभीर होकर कहा - पार्थ निकम्मा है, मुझे पता था। लेकिन इतना गैरजिम्मेदार होगा इसका अंदाजा नहीं था। सचमुच भइया, आपके बारे में सोचकर मुझे तकलीफ होती है। आई फील फॉर यू।

10

तिथि ने मौसमी से जो बातें कही थी उसमें कुछ भी झूठ नहीं था। वह आजकल आत्महत्या के बारे में सोचती है। पिछले एक साल में कई बार सोचा है। सचमुच जिन परिस्थितियों में वह जी रही थी उसमें आत्महत्या करने के बाद ही उसे मुक्ति मिल पायेगी। वह एक तेज धारवाली सड़ासी के मुँह में फँसी हुई थी, सड़ासी ने उसे दोनों तरफ से दबा रखा था और थोड़ा-थोड़ा करके काट रही थी। एक बार में नहीं।

रजिस्ट्री हो जाने के बाद तिथि ने पार्थ में एक परिवर्तन देखा। पार्थ अब उसे प्रेमिका की तरह प्यार नहीं करना चाहता पत्नी की तरह पाना चाहता था। पहले भी पार्थ ने तिथि से उसकी देह माँगी थी लेकिन आपत्ति करने पर उसने जबर्दस्ती नहीं की थी। तिथि को इसके लिए उसका आभारी होना चाहिए, वह आभारी थी भी। हालाँकि शादी के बाद पार्थ उसकी आपत्ति मानने को तैयार नहीं था।

पार्थ ने एक बार खत लिखकर तिथि को बताया था कि वह उसकी देह की किस रूप में कल्पना करता है और शरीर के किस अंग को वह किस ढंग से प्यार करना चाहता है। पहले तिथि ने उस चिट्ठी को फाड़कर फेंक दी। उसका मन खराब हो

गया। लेकिन कुछ देर बाद पाप का भाव गायब हो गया और पत्र के टुकड़ों को देखते हुए अनायास ही उसके मन में कुछ सोचकर गुदगुदी होने लगी। पत्र के उन निर्लज्ज शब्दों के प्रति वह आकर्षित हो गयी और टुकड़ों को समेटकर उसने पत्र को दोबारा पढ़ा था।

वे शब्द मानो तिथि को शरीर की चेतना की दीक्षा दे रहे थे। लेकिन सच यह था कि पार्थ को अपना शरीर छूने देने में उसे डर लगता था। पार्थ उससे कई तरह की बातें करता लेकिन उन्हें सुनकर तिथि शरमा जाती थी, और उतना ही अच्छा भी लगता था। उसे पता था कि एक न एक दिन उसकी जिंदगी में चुपचाप ऐसा कुछ घटेगा जो बहुत सुंदर होगा। उसके और पार्थ के बीच कोई पर्दा नहीं रह जाएगा। तिथि उस पल का इंतजार करने लगी।

लेकिन पहली बार जब वह तूफान आया तब तिथि को लगा कि वह जिस सुंदर आँधी की कल्पना कर रही थी यह वह नहीं थी। शादी के कुछ दिन बाद ही पार्थ एक दिन कॉलेज से उसे अपने दोस्त सपन के घर ले आया था। सपन पार्थ उन दोस्तों में से था जिसने उसकी शादी में गवाही दी थी। सपन का फ्लैट पार्क सर्कस में था। तीन तल्ले पर एक रूम का छोटा सा फ्लैट था। तिथि को लगा जैसे गुड़िया का घर हो।

सपन मानो बाहर जाने के लिए तैयार हो रहा था। तिथि को देखकर हँसते हुए कहा - आइए मिसेज मल्लिक, आप लोगों के आने में देरी होते देख मुझे चिंता हो रही थी। हनीमून के लिए मेरा पलंग छोटा जरूर है। लेकिन मैं क्या करूँ ? बैचलर जो ठहरा...अकेला रहता हूँ। सपन मासूम-सा चेहरा बनाते हुए हँस दिया। उसके बाद निकलते वक्त उसने एक आँख दबाते हुए दाहिने हाथ का अँगूठा दिखाते हुए कहा - ओ.के., सी यू बोथ। इंज्वाय योर सेल्वस।

तिथि को कुछ समझ में नहीं आया। सपन न जाने कैसा मजाक कर रहा है। उसे अच्छा नहीं लगा। उसे निकलकर जाता देख तिथि ने कहा - अरे, हमलोग आए और आप चल दिए।

सपन अचानक रुक गया। पार्थ ने उसे इशारा किया तो वह हँसता हुआ निकल गया और दरवाजा बंद करता गया। तिथि ने हैरान होकर पार्थ की तरफ देखा जो अपना पंजाबी कुर्ता खोल रहा था।

तिथि उस दिन ढीला-ढाला सलवार सूट पहने हुए थी। नारंगी रंग की कमीज पर सफेद बटन लगे हुए थे। पार्थ ने बटन पर हाथ लगाया, तिथि ने हैरत में पूछा - क्या है?

पार्थ ने कमीज पकड़कर ऊपर उठा दिया और उसे जकड़कर चूमने लगा। तिथि का चश्मा खुलने लगा तो उसने उसे पलंग पर रख दिया। सबकुछ इतनी जल्दी हो गया कि तिथि को मना करने का मौका ही नहीं मिला। पार्थ ने उसकी पीठ पर हाथ

फेरते हुए जब उसकी ब्रा का हुक खोल दिया तब भी वह नहीं समझ पायी कि आखिर वह क्या करना चाहती है। उसके बाद जब पार्थ ने खुद खड़े रहकर ही तिथि को बिस्तर पर सुला दिया तो तिथि घबराते हुए केवल इतना कह पायी - ना...ना..ना..छोड़ दो मुझे, छोड़ दो मुझे, छोड़ दो मुझे।

पार्थ उसे हाथों और मुँह से नोंच रहा था। वह कुछ कह नहीं रहा था। तिथि की आवाज क्रमशः कँपकँपाने लगी। अचानक पार्थ एक झटके में उठ बैठा। उसने तिथि के गालों को अपने हाथ में लेकर लगभग बेहोश हो चुकी तिथि को उठाते हुए कहा - तिथि, तुम ऐसे क्यों कर रही हो ? मुझे ऐसा लग रहा है जैसे मैं रेपिस्ट हूँ।

तिथि भी होश में आ गयी। नहीं-नहीं, भला उसका बलात्कार क्यों होगा। सचमुच वह ऐसे क्यों कर रही है। वह तो विवाहिता है और पार्थ उसका पति है। पार्थ जो कुछ भी कर रहा है वह स्वाभाविक है। बल्कि वह अपनी हरकतों से इसे बीभत्स बना रही है। तिथि का मन मर जाने को कर रहा था क्योंकि उसे लग रहा था कि पार्थ उसका बलात्कार कर रहा है - यह सोचकर उसने बहुत बड़ा पाप किया है। वह चुपचाप पड़ी रही। उसकी आँखों से केवल आँसू बहने लगे। वह सोचने लगी कि - हे भगवान, इसमें थोड़ी भी खुशी नहीं होती। पूरे शरीर पर केवल बोझ और दर्द का ही अनुभव होता है।

उसके बाद पहली बार जब सपन के घर में पार्थ उसके सलवार की डोरी को खोलने लगा तब तिथि फफक-फफककर रोने लगी। तड़पते हुए कहने लगी - नहीं, प्लीज नहीं। मुझे डर लगता है...।

- किस बात का डर ?

- अगर कुछ हो गया तो ?

पार्थ ने तिथि को जकड़ रखा था। कान को चूमते हुए उसने कहा - बेवकूफ लड़की। क्या तुम्हें मुझ पर भरोसा नहीं है।

वह तिथि के आँखों के सामने एक हाथ ले आया जिसमें एक छोटा सा पैकेट था। तिथि ने उसपर छपी लिखावट को पढ़ा - कोहिनूर।

तिथि को याद नहीं आया कि वह इस शब्द से परिचित है या नहीं। शायद पढ़ा भी था पर वह क्या है इसके बारे में उसे पता नहीं था। लेकिन आज देखते ही वह सब समझ गयी। दोनों हाथों से उसने अपना चेहरा ढक लिया।

बाँध के टूटते ही तिथि को महसूस हुआ कि वह विरोध नहीं कर रही है। उसे अच्छा भी नहीं लग रहा है और बुरा भी नहीं लग रहा। पार्थ की चिट्ठी पढ़कर या उसकी बातें सुनकर उसके शरीर में जो लहरें पैदा होती थीं, उसके साथ जिस्मानी संपर्क होने पर वैसा कुछ अनुभव नहीं हुआ। शायद ऐसा ही होता है। उसके ऊपर से अपना शरीर हटाते हुए पार्थ ने हर बार यही पूछा - तुम्हें अच्छा लग रहा है न ?

तिथि ने अपना सिर हिलाया। खुद को समझाया - हाँ-हाँ, यही अच्छा लगता है।

इसी को अच्छा लगना कहते हैं।

इस बार भी पूजा में पार्थ बर्दवान नहीं गया। उसकी माँ को बुखार था इसलिए माँ और बहन भी नहीं गयीं। सिर्फ उसके पिताजी ही गाँव गए। सप्तमी के दिन तिथि और पार्थ डायमंड हार्बर गए। एक होटल में खाते पर नाम लिखाते समय काउंटर पर खड़े आदमी ने टेढ़ी नजरों से एक बार तिथि की ओर देखा था। तिथि को लगा कि वह आदमी मिस्टर एंड मिसेस शब्द पर यकीन नहीं कर पा रहा था। इस्स, कितना बुरा लग रहा है। अगर वह सिंदूर लगाए होती तो शायद कोई इस तरह शक नहीं करता।

तिथि को जो लग रहा था वह एकदम गलत था। दरअसल उस होटल में जितने भी लोगों ने कमरा लिया था वे सभी अविवाहित थे, यह साफ समझ में आता था। इस बारे में उन्हें कोई शक नहीं था। पास के कमरे से एक तीखी आवाज सुनकर तिथि घबरा गयी। बाद में उसने सुना की वही लड़की खिलखिलाकर हँस रही थी।

- वह लड़की ऐसे हँस क्यों रही है ? कितना गंदा लग रहा है। - तिथि ने घृणा के साथ कहा।

पार्थ ने उसकी कमर में हाथ डालते हुए कहा - समझ में नहीं आ रहा ? वे लोग प्यार कर रहे हैं। अब हम भी प्यार करेंगे।

तिथि को यकीन नहीं हुआ। प्यार करते हुए क्या कोई लड़की इस तरह से चिल्लाती है। छिः, यह कैसी जगह है। तिथि होटल के उस कमरे में गंदे से बिस्तर पर अपने को सोया हुआ पाकर बहुत बुरा महसूस कर रही थी। उसे पिछले वर्ष की पूजा के दिन याद आ गये। पार्थ के साथ पहली मुलाकात, फिर प्यार। आज वह उसी पार्थ की पत्नी है, लेकिन...।

पार्थ उसे प्यार कर रहा था। वह कोई आवाज नहीं कर रही थी। कई बार होंठों को दाँत से काट लेती । यह सोचते ही वह डर जाती कि उससे बलात्कार किया जा रहा है। बलात्कार किसका होता है, क्या वह उन लोगों की तरह बदकिस्मत है। छिः।

लेकिन तिथि से अब बर्दाश्त नहीं हो रहा था। पार्थ उसे कभी-कभार पाकर संतुष्ट नहीं था। उसकी माँगें दिन ब दिन बढ़ती ही जा रही थीं। रोज-रोज सपन के घर और होटल जाना भी संभव नहीं था। आजकल रोज ही पार्थ से उसकी मुलाकात होती थी। पार्थ उससे हमेशा एक ही बात कहता - अब बर्दाश्त नहीं होता। तुम्हें छोड़कर मुझसे नहीं रहा जाता। तुम चली आओ। - तिथि का मन घबराने लगता।

उसकी मानसिक हालत दिन-ब-दिन खराब होने लगी। उसे लगता था जैसे वह खुद पर काबू नहीं रख पा रही है। तिथि का मन करता था कि वह जोर-जोर से चिल्लाए और मन भरकर रोए। वह इतना बोझ अब नहीं ढो सकती।

जब बर्दाश्त नहीं हो पाया तो उसने मौसमी से सारी बातें कह दी। बात शुरू होने के बाद वह रुकने का नाम ही नहीं ले पायी। लेकिन बाद में वह घबराने लगी क्योंकि

पार्थ ने उसे मौसमी से ये बातें कहने से मना कर रखा था।

पार्थ से मिलते ही उसने दबी हुई आवाज में उससे कह दिया - मैंने मऊ से कह दिया है।

- क्या कह दिया ? - पार्थ ने हैरान होकर पूछा।

- अपनी शादी की बात। - तिथि ने सिर झुकाकर कहा। वह कहती चली गयी - मुझे अफसोस है। पता नहीं मैंने कैसे सब कुछ बता दिया। दरअसल मुझसे अब बर्दाश्त नहीं हो रहा था।...इस तरह से...तुम बहुत नाराज हो ना। शायद मीता चाची को भी सब बातों का पता चल गया होगा...।

पार्थ दूसरी तरफ मुँह घुमाकर सोचने लगा। परेशान होकर कहा - जब कह ही दिया है तब सोचने से क्या होगा। देखता हूँ...।

तिथि को लगा कि अब हर किसी का जान लेना ही अच्छा है। उसका मन करता है कि वह खुद ही सबको सच बता दे। तब वह पार्थ के यहाँ जा सकेगी। इसके अलावा उसके पास और कोई रास्ता भी नहीं था। घर में हंगामा बढ़ता ही जा रहा है। हर रोज उसे घर लौटकर माँ से लड़ना पड़ता। माँ की बातें सुनकर उसका सारा शरीर दहकने लगता। पिताजी पहले कुछ नहीं कहते थे लेकिन अब वे भी गुस्सा करने लगे हैं। तमाल पास करने के बाद घर आया था। उसे दिल्ली में नौकरी मिल गयी है। घर आने के बाद जब उसे सारी बातें पता चली तो उसने तिथि को धमकाया था कि बात बढ़ने पर वह उसकी चमड़ी उधेड़ देगा और लैंपपोस्ट से बाँधकर पार्थ की पिटाई करेगा। तिथि ने चुपचाप भइया की बातें सुन लीं। उसे डर नहीं लगा बल्कि उसके चेहरे से आक्रोश झलक रहा था। तमाल अपनी बहन की इस प्रतिक्रिया पर हैरान रह गया। दिल्ली जाने से पहले अदिति से कह गया - लगता है तिथि टोटली आउट ऑफ कंट्रोल हो गयी है। उसे घर में बाँधकर रखना होगा।

तिथि ने सोचा कि वह ऐसा होने से पहले ही घर छोड़ देगी। लेकिन पार्थ ने तो कोई इंतजाम ही नहीं किया था, उसके लिए कोई तैयारी नहीं की थी। अभी तक उसकी बहन की भी शादी नहीं हुई थी। आखिर तिथि कहाँ जाएगी ? और उसकी पढ़ाई का क्या होगा ? लगता है कि पार्ट वन ड्राप करना होगा। क्लास में उसकी पर्सेंटेज भी नहीं थी। आखिर उसके भविष्य में क्या है ?

11

अदिति से अब बर्दाश्त नहीं हो रहा था। उन्हें लग रहा था कि यह पागलपन नहीं तो

और क्या है ? आखिर तिथि ने बिना वजह यहाँ-वहाँ भटकते रहनेवाले एक बेकार लड़के में ऐसा क्या देखा कि अपने होश गँवा बैठी है ? रोज घर देर से लौटती है। न जाने दिन-भर क्या सोचती रहती है। कुछ पूछने पर या तो तर्क करने लग जाती है या फिर दाँतों से होंठ भींचकर एकटक उनकी ओर देखती रहती है। उसकी आँखें धधकती हुई लगती हैं। कहीं उनकी बेटी पागल तो नहीं हो गयी, किसी ने उसे सम्मोहित तो नहीं कर दिया। प्यार तो उन्होंने भी किया था लेकिन इस तरह तो वे बेसुध नहीं रहती थीं।

अदिति को लगा कि ऐसी हालत में उन्हें और कठोर होना चाहिए था। डाँट-डपट कर तिथि पर काबू करना चाहिए था। तमाल ने भी उनसे कहा था कि वह तिथि को घर में बाँधकर रखें। लेकिन अदिति ऐसा कुछ भी नहीं कर सकीं। उन्हें यह सब ठीक नहीं लगा। उन्होंने तिथि को मारा भी नहीं था लेकिन शायद ऐसा ही करना चाहिए था। मगर अदिति ने कभी अपने बच्चों पर हाथ नहीं उठाया था। उनका मानना था कि जिन पर मारपीट कर काबू करने की कोशिश की जाती है वे बच्चे हाथ से निकल जाते हैं।

अदिति ने फिर कभी पार्थ को नहीं देखा। लेकिन एक माँ के मन ने यह समझ लिया था कि तिथि और पार्थ बहुत आगे निकल चुके हैं। तिथि जब रात को घर लौटने के बाद पहले बाथरूम में घुस जाती तब उनके मन में घृणा पैदा हो जाती।

तिथि आज फिर देर रात को लौटी। अदिति ने भी रात के नौ बजे से पहले उसका इंतजार करना छोड़ दिया था। लेकिन आज पौने दस बजने वाले थे।

विश्वनाथ ने बेचैन होकर कहा - दस बजे गये हैं अब भी इस लड़की का कोई पता नहीं है। लड़की एकदम हाथ से निकल गयी है। क्या मौसमी के घर जाकर देख आऊँ ?

- तिथि वहाँ नहीं है।

विश्वनाथ ने झुँझलाकर कहा - सारी गलती उन्हीं लोगों की है। उन्हें सब पता है। एक बदमाश लड़के ने तिथि को बेवकूफ बनाकर...

- इसीलिए तुम उनलोगों के घर जाकर लड़ाई करना चाहते हो ? अदिति ने खुद झगड़ते हुए कहा - तुम्हें शर्म नहीं आएगी। अगर वह लड़का है तो क्या तुम्हारी लड़की दूध की धुली हुई है। लड़का उनलोगों का है लेकिन लड़की तो हमारी है। वह खुद ही हमारे मुँह पर कालिख पोत रही है। पोत ले। वही चेहरा दूसरों को दिखाने की क्या जरूरत है ?

विश्वनाथ अक्सर ऐसे वक्त पर चुप्पी साध लेते थे। मगर आज वे भी चिल्ला उठे - बहुत बोल रही हो। तुम्हीं तो उसे सँभाल नहीं सकी। वरना बात इतनी आगे नहीं बढ़ती...।

- ओह, अच्छा। मैं क्या करूँ ? लड़की की बेधड़क पिटाई करूँ ? कमरे में बंद

करके रखूँ ? रखने से क्या वह रहेगी ? यह सब मैं ही क्यों करूँ ? तुम भी कुछ करो। मैं भी जरा देखूँ तुममें कितना दम है ?

तिथि जब रात के सवा दस बजे के बाद लौटी, अदिति और विश्वनाथ तब भी एक दूसरे पर दोष मढ़ रहे थे। तिथि के घर में घुसते ही अदिति ने उसके बाल खींचते हुए कहा - बता कहाँ गयी थी ? बेशर्म - बदतमीज लड़की। बता हरामजादी इतनी देर तक कहाँ थी...? अदिति का सारा धैर्य मानो खत्म हो चुका था।

तिथि ने अपने बाल नहीं छुड़ाए। जबकि बाल खिंचे जाने की वजह से उसका गला टेढ़ा हो गया था। उसी हालत में उसने कहा - डायमंड हार्बर गयी थी।

विश्वनाथ हैरत-भरी नजरों से बेटी को देख रहे थे। अदिति चीख उठी - क्यों गयी थी ?

- एक होटल में थी। मैं और पा...

अदिति ने तिथि के गाल पर तड़ाक से एक थप्पड़ मारा। उसके बाद उसके बाल छोड़कर जोर-जोर से रोने लगी। विश्वनाथ की तरफ देखते हुए रोते हुए कहा - इस लड़की का मैं कुछ नहीं कर सकती। वह अपने को बर्बाद करने पर तुल गयी है। तुम उसे मारो, उसे मारो, यह सर्वनाश मत होने दो...।

विश्वनाथ चुपचाप खड़े रह गये। उन्हें समझ ही नहीं आया कि ऐसी हालत में क्या करना चाहिए। उन्होंने पहली बार अदिति को इस तरह से टूटते हुए देखा था जिसे देखकर उनका भी मन भर आया था।

तिथि मार खाकर भी नहीं रोयी। उसे सच्ची बात कहने में जरा भी शर्म महसूस नहीं हुई। लेकिन इस सच्चाई में न तो कबूल करनेवाली कोई बात थी और न ही पलटकर जवाब देने की मंशा। वह शायद और भी कुछ कह जाती लेकिन अदिति ने उसे चुप करा दिया। हालाँकि वह माँ को रोता हुआ देखकर भी चुपचाप अपने कमरे में चली गयी।

सुबह जब तिथि घर से निकलने लगी, अदिति दरवाजे पर आकर खड़ी हो गयीं। वे सारी रात सो नहीं पायी थीं इसलिए उनकी आँखें लाल हो चुकी थीं। तिथि ने माँ की तरफ नहीं देखा। अदिति ने कहा - कुछ खाकर नहीं जायेगी ? उनकी आवाज में बेहद थकान थी। तिथि सैंडल बाँध रही थी, कोई जवाब नहीं दिया।

- तिथि

तिथि सतर्क हो गयी। अदिति उसके पास आकर खड़ी हो गयीं। उनकी आवाज में तीखापन नहीं परेशानी थी। अचानक उन्होंने तिथि का हाथ पकड़ लिया। वह बेहद लाचार दिख रही थीं।

- ओह, छोड़ो भी। - तिथि ने हाथ खींच लिया।

- कहाँ जा रही है ?

तिथि ने इस प्रश्न का कोई जवाब नहीं दिया। माँ के हाथ से खुद को छुड़ाते हुए उसने शांत होकर कहा - छोड़ो माँ, मुझे जाने दो, देर हो रही है।

- लौट कर आएगी न ? अदिति ने बेचैन होकर पूछा। उनका मन रो रहा था। उन्हें लग रहा था कि तिथि कॉलेज नहीं जा रही थी, बल्कि हमेशा के लिए घर छोड़कर जा रही है। उन्होंने एक बार फिर उसका हाथ पकड़ने की कोशिश करते हुए कहा - तिथि, मेरी प्यारी बेटी, घर लौटकर आना जरूर...।

- तिथि सीढ़ियों से नीचे उतरने लगी। अदिति ने सीढ़ियों से नीचे झुकते हुए कहा - मैं माफी माँग रही हूँ तिथि...दोबारा तुझ पर हाथ नहीं उठाऊँगी..., बेटा सुन तो सही।...तिथि...

उन्हें पता था कि पीछे से आवाज नहीं लगानी चाहिए। फिर भी वे उसे पुकारती जा रही थीं।

तिथि सीढ़ियों से उतरने के बाद रास्ते पर दौड़ने लगी थी।

12

पार्थ शादी के बाद जितनी बार भी तिथि को घर लाया था, आलोक के साथ कभी उसकी मुलाकात नहीं हुई थी। पार्थ खुद भी यही चाहता था।

अपने पिता के साथ उसके रिश्ते अच्छे नहीं थे। वह मन ही मन पिता को नापसंद ही करता था। खुद आलोक भी उसे नहीं चाहते थे। लेकिन अपने पिता के साथ वह केवल एक ही मकान में नहीं बल्कि एक ही बिस्तर पर सोया करता था। दोनों के बीच यह एक तरह का समझौता था। इस समझौते में पार्थ का ही अधिक फायदा था, बावजूद इसके वह यह जतलाता था कि वह किसी भी वक्त घर छोड़कर जा सकता है।

वह मकान का किराया और इलेक्ट्रिक का बिल चुकाता। वे बहुत पुराने किराएदार थे इसलिए किराया भी बहुत कम था। लेकिन हर महीने वह रकम चुकाना भी उसके बस की बात नहीं थी, इलेक्ट्रिक बिल के साथ भी यही समस्या थी। लेकिन वह हिसाब रखता था और चार-पाँच महीने में जब भी उसके पास पैसे होते थे वह सारा पैसा चुका दिया करता था। देर होने पर आलोक ताने मारने से नहीं चूकते थे, जाने-अनजाने उसका अपमान करते थे। और पार्थ चुपचाप सब बर्दाश्त कर लेता था। जब वह रुपये देता तब उसके हाव-भाव से घमंड झलकता था, आलोक रुपये लेते हुए कहते - हूँ, मेहरबानी कर रहे हैं।

पार्थ ने ग्रेजुएशन भी पूरी नहीं की थी। बेलुड़ के विद्यामंदिर में केमिस्ट्री लेकर पढ़

रहा था लेकिन फर्स्ट इयर में ही वह फिल्म इंस्टीच्यूट में भर्ती होने के लिए पुणे भाग गया। दोस्तों से उधार लेकर उसने जाने का किराया जुटाया था। जब वह बाम्बे से पुणे के लिए ट्रेन में चढ़ा तब उसकी जेब में टिकट छोड़कर केवल बाईस रुपये थे। पाकेट खाली होने पर भी शायद वह कुछ कर पाता अगर उसकी किस्मत अच्छी होती।

पुणे जाने के रास्ते में एक बंगाली परिवार से उसका परिचय हो गया। एक सज्जन अपनी पत्नी और बेटी के साथ जा रहे थे। लड़की कोलकाता में रहकर पढ़ाई कर रही थी। आईसीएस-सी की परीक्षा देने के बाद माँ-बाप के साथ घर लौट रही थी। वे लोग काफी अरसे से पुणे में रह रहे थे। उनका नाम था मिस्टर चटर्जी। बाद में उनकी पत्नी और बेटी से भी परिचय हुआ। सभी बेहद मिलनसार लगे। बात ही बात में उन लोगों ने पार्थ के बारे में जानना चाहा। पार्थ ने कुछ भी नहीं छुपाया। उसने बता दिया कि वह घर में बिना बताए पुणे के फिल्म इंस्टीच्यूट में भर्ती होने जा रहा है।

मिस्टर चटर्जी ने उत्सुकता से पूछा - हीरो बनना चाहते हो ?

- नहीं-नहीं, पार्थ ने आपत्ति जतायी - मुझे पता है इस चेहरे पर हीरो नहीं बना जा सकता । मैं फिल्म डायरेक्शन का कोर्स करूँगा।

- तुम्हारा चेहरा बुरा नहीं है, सिर्फ जरा दुबले हो। - मिसेज चटर्जी ने कहा।

कुछ देर तक चुप्पी छायी रही। थोड़ी देर बाद मिस्टर चटर्जी बोले - अगर तुम बुरा ना मानो तो यंगमैन क्या मैं तुमसे एक बात पूछ सकता हूँ ? इसमें तो बहुत रुपये खर्च होंगे। क्या तुम्हारे पास हैं...?

पार्थ ने थोड़ा संकोच किया। फिर सिर हिलाते हुए बताया कि उसके पास कुछ नहीं है।

इसके बाद घटना उसी क्रम में आगे बढ़ रही थी जैसा किसी सपने में हो सकता था। शायद मिस्टर एंड मिसेज चटर्जी पार्थ को कुछ ज्यादा ही पसंद करने लगे थे। दूसरे राज्य में एक बेसहारा बंगाली युवक को देखकर उन्हें दया आ गयी थी। उन लोगों ने पुणे पहुँचकर पार्थ को भी अपने साथ ले लिया। उनका मकान बहुत बड़ा था। मिस्टर चटर्जी ने पार्थ से कहा - तुम जितने दिन चाहो यहाँ रह सकते हो। हमें खुशी होगी।

कृतज्ञ पार्थ के मुँह से आवाज नहीं निकल रही थी, उसने किसी तरह कहा - आप लोगों ने मेरा बहुत उपकार किया है...।

- नहीं-नहीं, मिस्टर चटर्जी ने पार्थ की कृतज्ञता को कम करने की कोशिश करते हुए कहा - हमने कोई उपकार नहीं किया है। हमने वही किया जो हमारा फर्ज था । - उन्हें देखकर लगा कि उन्हें शर्म आ रही थी। थोड़ी देर बाद उन्होंने कहा - यहाँ का पता देकर अपने घर एक खत लिख दो। जाहिर है तुम्हारे माँ-पिताजी परेशान हो रहे होंगे। उन्हें बता दो कि तुम ठीक-ठाक हो। उन्हें कुछ राहत मिलेगी।

पार्थ ने ऐसा ही किया। उसने मां को खत लिखकर बता दिया कि वह ठीक है और उसका सपना पूरा होने जा रहा है। उसने घर छोड़ने की वजह बताते हुए लिखा था - तुम लोगों को आज लग रहा होगा कि मैंने गलती की है लेकिन जिस दिन मैं बड़ा आदमी बन गया तुम्हें पता चलेगा मैंने ऐसा क्यों किया।

मिस्टर चटर्जी की बेटी से उसकी ट्रेन में ही मुलाकात हो गयी थी। यहाँ आकर दोस्ती हो गयी। सुदक्षिणा सुंदर ही नहीं बेहद खुले विचारोंवाली लड़की थी। पार्थ ने इससे पहले ऐसी लड़की नहीं देखी थी। सुदक्षिणा ने भी इस तरह घर से भागे हुए दाढ़ीवाले लड़के को पहले नहीं देखा था। उसे बेहद उत्सुकता हुई और धीरे-धीरे दोनों एक दूसरे से प्यार करने लगे।

लेकिन पार्थ ने एक बहुत बड़ी गलती कर डाली थी। यहाँ पहुँचकर उसे अहसास हुआ कि बिना कुछ जानकारी लिये अपने सपने को सच करने के लिए वह इतनी दूर चला आया है। पुणे के फिल्म इंस्टीच्यूट में दाखिले से पहले एक अखिल भारतीय परीक्षा देनी पड़ती थी, उसे पता नहीं था। इसके लिए अभी वहाँ दाखिले का वक्त भी नहीं था। बिना कुछ जाने पुणे में धूनी रमाना मूर्खता ही थी। अगर मिस्टर चटर्जी नहीं होते तो इतने दिन उसे भूखे मरना पड़ता।

वह नहीं जानता कि उसकी चिट्ठी माँ-पिताजी तक पहुँची या नहीं। वह यह भी नहीं समझ पाया कि उन लोगों ने उसकी सफाई समझी होगी भी या नहीं। लेकिन पंद्रह दिनों बाद पिताजी को पुणे में देख वह हैरत में पड़ गया। उसके पिताजी को यहाँ का पता उसके खत से लगा होगा यही स्वाभाविक था लेकिन उसे सारी बातें तब समझ में आयीं जब उसने अपने पिता को मिस्टर चटर्जी का दोनों हाथ पकड़कर कहते हुए सुना - मैं कहकर आपको नहीं समझा सकता कि मैं आपका कितना ऋणी हूँ। आपकी चिट्ठी मिलते ही मैंने ट्रेन पकड़ ली।

लौटते वक्त मिस्टर चटर्जी और उनकी पत्नी ने पार्थ से बार-बार खत लिखने और दोबारा यहाँ आने के लिए जोर दिया। सुदक्षिणा रो पड़ी थी, और उसने धीरे से कहा था - कुछ ही दिनों बाद मैं दादाजी के यहाँ कलकत्ता चली आऊँगी। प्रेसीडेंसी में इंग्लिश आनर्स लूँगी। पिताजी की भी यही इच्छा है क्योंकि वे भी प्रेसीडेंसी के छात्र थे। तुम्हारे साथ फिर मुलाकात होगी।

कलकत्ता लौटने के बाद आलोक ने दोबारा पार्थ को विद्यामंदिर में भर्ती कराना चाहा था। लेकिन पार्थ नहीं गया। वह तब निर्देशक बनने के ख्वाब देख रहा था, ऐसे में उसके लिए केमिस्ट्री पढ़ना मुमकिन नहीं था।

आलोक ने जब उससे कहा - पढ़ेगा नहीं तो घर छोड़कर चला जा, निकल जा...। वह सचमुच घर छोड़कर चल दिया। सुधा ने उसे दौड़कर रोका। उन्होंने रोते हुए पति की ओर देखा और कहा - नहीं, वह जो चाहे उसे करने दो। एक बार वह घर

छोड़कर जा चुका है, उस सदमे को मैंने कैसे सहा है, मैं ही जानती हूँ। अगर फिर उससे चले जाने को कहा तो मैं भी उसके साथ चली जाऊँगी।

पार्थ कलकत्ते में ही रह गया। वह सुदक्षिणा का इंतजार कर रहा था। सुदक्षिणा भी आयी थी। दोनों ने पाँच साल तक प्यार किया। उसके बाद सुदक्षिणा अचानक पुणे चली गयी । लौटकर उसने पार्थ को खत लिखा। उसने लिखा था कि उसके माँ-पिताजी ने बाम्बे में एक डॉक्टर लड़के से उसकी शादी तय कर दी है। इसलिए वह उसे भूल जाए।

हो सकता है सुदक्षिणा ने अपनी मर्जी के खिलाफ शादी की हो, लेकिन उसके खत में इसका कोई जिक्र नहीं था। बल्कि पार्थ को लगा था कि सुदक्षिणा इस रिश्ते से खुश ही थी। उसे बेहद तकलीफ पहुँची थी, वह काफी समय तक सुदक्षिणा को भुला नहीं पाया था। उसके बाद उसकी तिथि से मुलाकात हुई। उसने तिथि को ये सारी बातें बता दी थीं। अब उसे लगता कि सुदक्षिणा से उसका संबंध टूट गया तो अच्छा ही हुआ। वह तेज-तर्रार और बहती हुई नदी की तरह थी जबकि तिथि एक शांत द्वीप की तरह है जहाँ शांति से नहाया जा सकता है।

वह पुणे के फिल्म इंस्टीच्यूट में पढ़ न सका। कलकत्ता में ही वह यहाँ-वहाँ जानकारी लेने लगा। एडिटिंग करना भी सीख लिया। बड़े पर्दे की नहीं यूमेटिक वीडियो का काम। लेकिन आखिर में नौकरी तो चाहिए ही थी। इस लाइन में कुछ दोस्त भी बने और उनके जरिए कुछ काम भी मिलने लगा। अधिकतर काम उसे एसिस्टेंट एडिटर का मिला। हालाँकि दो-एक छोटे-मोटे काम उसने अकेले भी किये। इनमें से अधिकतर कार्यक्रम टीवी के लिए तैयार किए गये थे जिनमें से अधिकतर टीवी पर दिखाए नहीं गये। नहीं गये तो क्या, पार्थ को इससे कोई फर्क नहीं पड़ता। इन कामों के बदले उसे चार-पाँच हजार रुपये उसे मिल जाते थे वह भी पांच-छः महीने घूमने के बाद। फिर भी वह यहीं जमा बैठा था। उसे लगता था कि आज वह जिस जगह पर है सारी उम्र इसी जगह पर थोड़े ही रह जायेगा। भले ही इंतजार कितना ही लंबा क्यों ना हो। उसके सपने हमेशा उसकी कल्पना से बहुत बड़े रहे, जिन्हें वह अपने दोनों हाथों में सँभाल नहीं सका। लेकिन सपने तो ऐसे ही होते हैं।

जब उसके दोस्तों, रिश्तेदारों के बच्चों ने डॉक्टर, इंजीनियर, सीए बनने का ख्वाब देखा उसने भी सत्यजीत राय की तरह निर्देशक बनने का सपना देखा । हालाँकि इस सपने का बीज उसके मन में कैसे आया और किस तरह से हवा-पानी पाकर फलने-फूलने लगा इसका खुद उसे भी अहसास नहीं था। बाद में उसने इससे जुड़ी किताबें खोज-खोजकर पढाई की। ढूँढ़-ढूँढ़ कर विश्वविख्यात निर्देशकों की फिल्में देखीं। जब वह फिल्म देखकर निकलता तो सोचने लगता कि क्या इन लोगों को पता था कि विश्व में इतना काम रहते हुए वे फिल्म बनाने लगेंगे। गनीमत है कि इन लोगों

ने ऐसा सोचा तभी तो बार्गमैन की 'साइलेंस', बुनुयेल की 'विरिडियाना', क्रुफो की 'कुलेजीम', ऋत्विक की 'कोमल गांधार' जैसी फिल्में देखने का मौका मिला। वह भी इनकी तरह विख्यात फिल्में बनाना चाहता है। इसी सपने ने उसे यहाँ की मिट्टी से बाँधकर रखा था।

दस साल पहले आलोक बेटे को पुणे से जबर्दस्ती ले आए थे और तभी से बाप-बेटे में नहीं पटती थी। दोनों के बीच लंबी दूरी कायम हो गयी थी। इतनी दूर से बेटे को लाने में उनके काफी रुपये खर्च हुए थे लेकिन कर भी क्या सकते थे, इकलौता बेटा जो था। डर के बावजूद वे उसे लाने गये थे। सुधा रो-रोकर बीमार पड़ गयी थीं। अगर पुणे के उस सज्जन व्यक्ति ने उन्हें चिट्ठी न लिखी होती तो शायद उन्हें अपना बेटा वापस नहीं मिलता।

आलोक ने सोचा था कि इस उम्र में बच्चों पर कई तरह के भूत सवार होते हैं। भूत उतरने में समय भी नहीं लगता। लेकिन पार्थ का भूत नहीं उतरा। जब उसने पढ़ाई छोड़ दी तब उन्होंने कुछ दिनों तक गुस्सा किया, हंगामा किया। लेकिन जब देखा कि कोई उम्मीद नहीं है तब कुछ कहना बंद कर दिया।

उसी समय से दोनों एक घर में रहते हैं लेकिन बाप-बेटे एक-दूसरे का चेहरा तक नहीं देखते। अक्सर आलोक जब सुबह नौ बजे खाना खाकर ऑफिस के लिए रवाना होते, पार्थ तब तक सोया रहता। और जब वे घर लौटते तब पार्थ घर से बाहर होता। वह कहाँ जाता है, क्या करता है, क्या नहीं करता इसके बारे में अलोक को कुछ भी पता नहीं था। पहले वे सुधा से पूछ लिया करते थे, अब वह भी नहीं करते। क्योंकि उन्हें मालूम था कि सुधा का बेटे के प्रति कुछ अधिक ही लगाव है। वह किसी भी कीमत पर नहीं चाहती कि उसके पति बेटे का अपमान करे। आलोक जब भी पार्थ के खिलाफ कुछ कहते वह उसका विरोध करने लगती और बात नहीं बनने पर रोने-धोने लग जाती। सुधा को डर लगा रहता था कि आलोक ने फिर से पार्थ का अपमान किया तो वह घर छोड़कर चला जायेगा। हालाँकि पिछले दस सालों में पार्थ अक्सर घर छोड़ने की धमकी देता रहा है, भले ही वह घर छोड़कर कहीं न गया हो।

आलोक ने एक बार कहा था - तुम्हें लगता है कि वह घर छोड़कर चला जायेगा। अरे जायेगा कहाँ ? एक बार बाप जाकर वापस ले आया है। दोबारा लाने नहीं जाऊँगा, यह वह अच्छी तरह जानता है। जब पैसा है नहीं तो बाप का होटल छोड़कर भला क्यों जाने लगा ?

सुधा झल्ला उठी - क्या वह तुम्हारे परिवार का खर्च चलाने के लिए कुछ नहीं देता। असल में तुम उसे बर्दाश्त ही नहीं कर पाते हो। भला कोई अपने बेटे के साथ ऐसा बर्ताव करता है ?

- मैं क्या जानबूझकर उसके पीछे पड़ा रहता हूँ ? मैं बूढ़ा होने के बावजूद

खटता जा रहा हूँ और इस लड़के ने तो पढ़ाई भी नहीं की। नौकरी-चाकरी पाने का रास्ता इसने खुद ही बंद कर दिया। बेकार लड़के को गोद में बिठाने में माँ को भले ही नहीं खलता होगा सुधा, बाप को बहुत शर्मिंदगी महसूस होती है।

- बेटे को बेकार कह रहे हो ? अरे मैं कहती हूं, तुम ही कितने काम के हो ? बर्दवान से यहाँ आए हुए हमें पचीस साल बीत चुके हैं। तब से इस टूटे-फूटे मकान में रह रहे हैं। अभी तक बेटी की शादी तक नहीं कर पाये। दूसरे लोग यहीं कितना कुछ कर ले रहे हैं। लेकिन तुम अब भी बर्दवान चले जाने का ख्वाब देखते हो।

आलोक ने बात आगे नहीं बढ़ाई। सुधा ने उनकी कमजोर नस पर हाथ रख दिया था। और ऐसा उसने जानबूझकर ही किया है। कलकत्ता आने के बाद से उनका इसी बात पर सुधा से झगड़ा होता रहता है। वे गाँव लौट जाना चाहते क्योंकि उनसे यहाँ कुछ नहीं हो रहा था। लेकिन सुधा ने जाने नहीं दिया। उन्हें उम्मीद थी कि कलकत्ता में उनके हालात बदल सकते हैं। लेकिन ऐसा नहीं हुआ। इसके लिए सुधा पति को ही जिम्मेवार ठहराती हैं। उनका यह गुस्सा शांत नहीं होनेवाला है। बेटे का दोष उन्हें नजर नहीं आता था, बेटे की बात उठते ही वे पति को भला-बुरा सुनाने लगतीं।

पार्थ को सुधा ने हमेशा शह दी। लेकिन पार्थ के इस तरह शादी कर लेने को वे भी मान नहीं पा रही थीं। जब पार्थ ने उन्हें पहली बार बताया था कि वह तिथि से शादी करेगा तब उन्होंने कहा था - अगर तूने शादी कर ली तो सीमा का क्या होगा ?

- क्यों माँ, क्या तुम्हें लगता है कि मेरे शादी कर लेने से उसकी शादी नहीं होगी?

- नहीं, वह बात नहीं है। - सुधा चुप हो गयी। उन्होंने सिर्फ इतना ही कहा। वह कहना तो बहुत कुछ चाहती थी लेकिन कुछ कह नहीं पायीं।

अव्वल यह कि साइन करके की गयी शादी कितनी सच्ची होती है ? ऊपर से जात में भी मेल नहीं था। और अगर शादी हो भी गयी तो क्या शादी के बाद भी बहू के अपने मायके में कुँआरी लड़कियों की तरह रहना और माँग में सिंदूर न लगाने से उनके बेटे का अमंगल नहीं होगा। लेकिन पार्थ ने कहा था कि वह कुछ दिन बाद बहू को यहीं ले आयेगा। और सुधा को इसी बात का डर था। अभी तक उनके पति को कुछ भी पता नहीं था। जब पता चलेगा तब न जाने वह क्या कर बैठे। डर के मारे सुधा की धड़कनें बढ़ गयी थीं। इतने दिनों तक वे अपने बेटे को बचाती आई थीं लेकिन उस दिन पति को कैसे समझायेंगी ? लेकिन पार्थ से वे इतनी बातें नहीं कह सकीं। आजकल जात-पाँत कोई नहीं मानता है, इस बारे में पार्थ को वह नहीं समझा पाएँगी उन्हें पता था। इसके अलावा उनका उम्रदराज बेटा शादी करना चाहता है तो भला माँ होकर वह उसे कैसे मना कर सकती थीं। क्या वे नहीं चाहतीं कि उनका बेटा शादी करे। अरे नहीं, भगवान ने चाहा तो जितनी जल्दी हो सका वह सीमा की शादी भी

करवा देंगी।

इस मकान में टाइम कंल से पानी मिलता है। इसलिए बाल्टी में पानी जमा करके रखना पड़ता। यह काम सीमा ही करती थी लेकिन वह घर में नहीं थी। शाम से ही वह मुहल्ले की एक मौसीजी के यहाँ टेबल क्लाथ पर एम्ब्रायडरी करने गयी हुई है। हालाँकि जाने से पहले वह लोहे की चार बाल्टियों में पानी भरकर गयी थी। सिर्फ बाथरूम में पानी भरना बाकी था।

सीमा अब तक नहीं लौटी थी। सुधा नल के पास थीं। पानी से भरी बाल्टियों को बाथरूम तक ला रही थीं। अब तक आलोक भी नहीं लौटे थे। और पार्थ के घर लौटने का वक्त अभी हुआ नहीं था। बाहर का दरवाजा खुला था जो खुला ही रहता था। दरवाजा नल के सामने ही लगा हुआ था। कोई आता तो सुधा उसे देख सकती थीं।

पानी भरते-भरते सुधा ने दरवाजे पर आवाज सुनी। मुँह उठाकर देखा कि आलोक धीरे-धीरे घर में घुसे और जमीन पर बैठ गये।

- अरे, अरे, क्या हुआ आपको ? - सुधा बाल्टी रखकर दौड़कर उनके पास आयी। आलोक की आँखें बंद थीं। सुधा ने उनका कंधा पकड़कर हिलाया - क्या हुआ? तबीयत खराब है क्या, कुछ कहते क्यों नहीं ? - उनकी आवाज में डर था।

आलोक ने आँखें मलते हुए खोली और सुधा की तरफ देखा। उन्हें देखकर सुधा को घबराहट होने लगी। आखिर वे ऐसा क्यों कर रहे हैं ?

अचानक तेज आवाज में आलोक कहने लगे - साजिश। इतनी बड़ी साजिश। मुझे बिना बताये बेटे की शादी करा दी ?

सुधा बर्फ की तरह जम गयीं। उन्हें चुप बैठा देखकर आलोक का गुस्सा बढ़ गया, उन्होंने दाँत पीसते हुए कहा - कितने दिनों तक यह बात मुझसे छिपाकर रखने वाली थी ? तुम्हारा लाडला तो बहू को यहीं लाकर रखनेवाला है, यही सुनकर आ रहा हूँ। उससे कह देना मैं यह सब बर्दाश्त नहीं करूँगा। वह अपना रास्ता ढूँढ़ ले।

सुधा इन सब बातों के लिए तैयार नहीं थीं। उन्हें समझ में ही नहीं आया कैसे क्या हो गया ? वह बुत की तरह खड़ी रह गयीं। हालाँकि पार्थ जानता था कि एक न एक दिन ऐसा ही कुछ होगा। जिस दिन तिथि ने उसे बताया था कि उसने मौसमी को सबकुछ बता दिया है वह समझ गया था कि आगे क्या हो सकता है। आज उसके घर लौटते ही सुधा ने बेटे से कह दिया - सर्वनाश हो गया है, तेरे पिता को सबकुछ मालूम पड़ गया है।

पार्थ ने चप्पल खोलते हुए सब सुना - टीवी चल रहा था। वह समझ गया कि पिताजी टीवी देख रहे हैं। पार्थ सीधा टीवीवाले कमरे में ही गया और कंधे से झोला उतारकर टेबल पर रख दिया। आज वह टाल नहीं सकता था, टालने से लाभ भी नहीं होनेवाला था।

बिस्तर पर टीवी देखते-देखते आलोक की आँख लग गयी थी। अचानक आवाज सुनकर उन्होंने देखा कि पार्थ आ गया है।

पार्थ उन्हीं की तरफ देखता हुआ इंतजार कर रहा था। आलोक भी कुछ देर तक उसे देखते रहे जैसे उन्हें कुछ याद नहीं आ रहा था। अचानक वे चिल्ला उठे - रॉस्कल, तुम्हारी इतनी हिम्मत, तुमने शादी कर ली है। अपना तो कोई ठिकाना है ही नहीं, ऊपर से दूसरे की लड़की की जिंदगी बर्बाद करने की तुम्हारी हिम्मत कैसे हुई ?

- तिथि ने अपनी मर्जी से मुझसे शादी की है।

आलोक उछल पड़े। तर्जनी दिखाते हुए पार्थ से कहा - बस, बस, एकदम बकवास मत करना। मीता ने मुझे सबकुछ बता दिया है। तूने एक अच्छी लड़की की जिंदगी बर्बाद कर दी है। जानवर कहीं का...अपना तो कोई ठिकाना नहीं है। आखिर उस लड़की ने तुझसे शादी क्यों कर ली ? तूने उसे कैसे-कैसे सपने दिखाए हैं ?

पार्थ ने शांत होकर जवाब दिया - कुछ झूठ नहीं कहा है। यही कहा है कि जो भी साग-सब्जी खाता हूँ, वही मिल-बाँटकर खाना है।

- क्या कहा ? यह कहने में तुझे शर्म नहीं आयी ? - आलोक इतनी जोर से चिल्ला रहे थे कि सुधा को लगा कि इलाके के सब लोगों को पता चल जायेगा कि यहाँ क्या चल रहा है। दो तल्ले पर रुम्पा के घरवाले तो सुन ही रहे होंगे। हे भगवान्, गुस्से में इस आदमी को जरा भी होश नहीं रह गया है।

सचमुच गुस्से से आलोक काँप रहे थे। भाई के घर आज उन्हें जितनी बातें बर्दाश्त करनी पड़ी थीं, उनके बारे में सोच-सोचकर उनका बदन जल रहा था। उन्होंने मुँह बनाते हुए कहा - साग-सब्जी। मैं कहे देता हूँ उसका भी इंतजाम तुम खुद ही करना। शादी कर ही ली है, अपने पैसे से भात-सब्जी खिलाओ। अब तुम्हारे लिए यहाँ अन्न नहीं है।

पार्थ चुपचाप खड़ा रहा। इस बीच सीमा लौट आयी थी। अचानक वह रोने लगी। वह किसलिए रो रही थी यह समझ में नहीं आया। लेकिन सुधा को रोना नहीं आ रहा था। वे दिमाग शांत रखकर यही सोच रही थी - आगे क्या होगा ?

तिथि के कॉलेज में स्टडी लिव दे दी गयी थी। टेस्ट परीक्षा में वह कैसे बैठी थी यह वही जानती है, गनीमत थी कि पास हो गयी। हालाँकि उसने सुन रखा था कि टेस्ट में सब इसी तरह पास होते हैं, उसके बाद पढ़ाई शुरू करते हैं। तिथि वह भी नहीं कर पायी थी। वह रोज घर से निकलती है, पार्थ से मिलती है और इधर-उधर घूमती रहती है। दिमाग शांत करके पढ़ने की स्थिति में अभी वह नहीं है, उसकी शांति नष्ट हो चुकी है।

आज तिथि कॉलेज गई थी। उसका कोई सहपाठी नहीं आया था, वह अकेले ही लाइब्रेरी में बैठी रही। लाइब्रेरी भी एकदम खाली थी। हालाँकि तिथि को यह राहत दे

रहा था। पार्थ डेढ़ बजे आनेवाला था, इतना वक्त उसे किसी तरह काटना था।

डेढ़ बजने से पहले तिथि कॉलेज के सामने आकर खड़ी हो गयी। उसका बैग आज बेहद फूला हुआ था। कल रात ही तिथि ने उसमें दो जोड़ी कपड़े और टूथब्रश डाल रखे थे। लेकिन बैग में तीन-चार किताबें रखने की वजह से वह कुछ अधिक ही फूल गया था। तिथि ने अब भी उम्मीद नहीं छोड़ी थी, शायद वह परीक्षा दे पाए। कोई फैसला होते ही वह पढ़ने बैठ जायेगी।

दूर से पार्थ को आता देख वह उसकी तरफ दौड़ पड़ी। हाँफते हुए कहा - पार्थ , मैं चली आयी हूँ। मैं तुम्हारे पास चली आयी हूँ। अब मैं घर नहीं लौटूँगी।

पार्थ खड़ा रह गया। उसके सिर पर मानो आसमान फट पड़ा हो।

तिथि ने पार्थ का हाथ जकड़ते हुए उसके कंधे पर अपना सिर रख दिया। उसने पार्थ को इतने जोर से जकड़ रखा था मानों बहुत दिनों बाद उससे मिल रही हो। पार्थ ने किसी तरह कहा - चलो, कहीं चलकर बैठते हैं।

वे लोग इडेन चले आए। उसी हरे मैदान में। लेकिन तिथि को मानो आज यह सब दिखाई नहीं दे रहा था। पार्थ भी कुछ नहीं कह रहा था। उसके चेहरे को देखकर लग रहा था कि अचानक हुई इस घटना से वह चौंक उठा था।

- तुम इस तरह से अचानक घर छोड़कर चली आओगी, मैंने नहीं सोचा था।

- मतलब ? तिथि पार्थ के कंधे पर सिर रखकर ही बैठी हुई थी। थोड़ा सा चौंक कर सीधी होकर बैठ गयी।

तिथि को अपने कानों पर यकीन नहीं हो रहा था। कुछ देर तक चुपचाप बैठे रहने के बाद वह उठ खड़ी हुई और चलने लगी।

- तिथि । कहाँ जा रही हो?

तिथि ने जवाब नहीं दिया। अब वह किसी को जवाब देने के लिए मजबूर नहीं थी। जिसके लिए आज वह एक कपड़े में अपना घर छोड़कर चली आयी थी, क्या अब वहाँ वापस लौटना मुमकिन था ? इससे तो मौत ही अच्छी है। तिथि तेज कदमों से चलने लगी।

पार्थ ने दौड़कर उसे पकड़ लिया। हाँफते हुए कहा - सुनो, तिथि सुनो, थोड़ा समझने की कोशिश करो, कल घर में बहुत झमेला हो गया...मैं...मैं अभी तैयार नहीं हूँ।

- पार्थ। तिथि रोने लग गयी। आज दोपहर बगीचे में अधिक भीड़ नहीं थी, वरना तिथि का रोना सुनकर अच्छी खासी भीड़ जमा हो सकती थी। हालाँकि तिथि को इसका ख्याल नहीं था - गुस्से और दुख की वजह से उसका गला सूखने लगा था - तुम कभी भी तैयार नहीं थे पार्थ। कभी नहीं। तुमने सिर्फ मुझे बुलाया है। बुला-बुलाकर मुझे पागल बना दिया है। और आज जब मैं सब कुछ छोड़कर चली आयी हूँ, तब तुम पीछे

हट रहे हो...मुझे घृणा हो रही है पार्थ।...तुमसे...खुद से घृणा हो रही है।

तिथि रोते-रोते घास पर बैठ गयी। पार्थ भी घुटनों के बल उसके पास बैठ गया। चुपचाप तिथि के पीठ पर हाथ फेरने लगा।

उसकी समझ में नहीं आ रहा था कि आखिर वह तिथि को कैसे चुप कराए।

तिथि का रोना खुद ब खुद कम होने लगा। अभी भी वह अपने घुटनों में मुँह छिपाये बैठी थी, रह-रहकर उसकी पीठ काँप उठती थी और साँस भी अटक रही थी। पार्थ ने उसके बालों पर हाथ फेरते हुए कहा - तिथि।

- ऊँ...

- मेरी एक बात मानोगी ?

तिथि ने जवाब नहीं दिया।

पार्थ ने धीरे-धीरे कहा - दरअसल पिताजी को सब पता चल गया है। मझले चाचा ने ही उन्हें सबकुछ बता दिया है। कल इसी पर घर में काफी हंगामा हुआ...और आज ही अगर तुम्हें ले गया तो...?

तिथि ने चेहरा उठाया। उसका चेहरा आँसुओं से भीगा हुआ था। लेकिन उसकी आवाज में कँपकँपी नहीं थी - उन्हें तो मालूम होना ही था। जब तुम मुझसे चले आने के लिए कहते थे, क्या तुम्हें नहीं पता था कि उन्हें पता चल जायेगा ? या फिर तुम तब उनसे झूठ कहते। कहते कि मैं तुम्हारी कोई नहीं लगती, यूँ ही अपना घर छोड़कर चली आयी हूँ। शायद वह इस बात को मान लेते।

तिथि के हर सवाल में इतनी आग थी कि पार्थ कुछ जवाब नहीं दे पाया। कुछ देर तक चुप रहने के बाद उसने कहा - ठीक है, घर में जो भी होगा उसका सामना करूँगा। तुम मेरी बीवी हो, मेरे साथ मेरे घर जाओगी, इसमें इतना सोचने की जरूरत नहीं है। उसने हाथ बढ़ाकर तिथि का कंधा दबा दिया और कहा - हाँ तिथि, मैं तुम्हें अपने घर ले जाऊँगा...सब ठीक हो जायेगा...तुम चिंता मत करो...।

तिथि ने अपनी आँखें पोछीं, चश्मे का काँच साफ किया फिर पार्थ को देखकर मुस्कुराने लगी।

उस हँसी में खुशी, दर्द, चिंता और निश्चिंत होने का मिश्रित भाव था। उस हँसी को देखकर पार्थ को अचानक लगा जैसे तिथि बड़ी हो गयी है।

तिथि ने सारा दिन कुछ नहीं खाया था। उसे खाने का ध्यान भी नहीं रहा। उसे केवल थकावट महसूस हो रही थी। पार्थ को भी थकान लग रही थी। वह घास पर लेट गया। काफी देर तक चुपचाप वहाँ समय गुजारने के बाद पार्थ ने कहा - चलो, चलते हैं।

तिथि को अचानक घबराहट होने लगी। उसे लगा था कि पार्थ उसे अपने घर ले जायेगा लेकिन बस स्टॉप पर उनके सामने से बेहला की बस आकर चली गयी लेकिन

पार्थ उसमें नहीं चढ़ा।

तिथि ने हैरान होकर पूछा - क्या हुआ, बस में भीड़ तो नहीं थी ?

- नहीं।

- फिर उसमें चढ़े क्यों नहीं ?

- हम अभी घर नहीं जा रहे हैं।

- क्यों ? फिर हमलोग कहाँ जा रहे हैं ? - तिथि को कुछ समझ में नहीं आ रहा था।

- आज का दिन बहुत अच्छा है, मंगलवार। कालीघाट मंदिर से तुम्हें सिंदूर लगाकर घर ले जाऊँगा। अभी हम लोग कालीघाट जा रहे हैं।

तिथि हैरान रह गयी। उसे इस बात का ख्याल ही नहीं आया। बस में चढ़ने से लेकर कालीघाट पहुँचने तक उसके और पार्थ के बीच कोई बात नहीं हुई। बस में बहुत भीड़ थी, बात करने का अवसर ही नहीं मिला। मंदिर की तरफ चलते हुए उसने पार्थ से पूछा - तो क्या तुम माँ काली के भक्त हो ?

- नहीं, भक्त तो नहीं हूँ। वह मुझे अपनी माँ जैसी लगती है, इसलिए तुम्हें अपनी माँ के पास ले जा रहा हूँ।

तिथि ने तिरछी निगाहों से पार्थ को देखा। पार्थ का चेहरा शांत था। तिथि को याद आया पार्थ ने उससे ऐसी बात पहले भी कही थी। गाँव में पूजा का जिक्र करते हुए उसने कहा था कि माँ दुर्गा उसकी सचमुच की माँ बनकर हर साल लौट आती हैं। पिछले दो सालों से वह गाँव में पूजा के दौरान नहीं जा सका था जिसका उसे बहुत दुख है। लेकिन उसने बताया था कि माँ दुर्गा ने उसके सपने में आकर कहा था - तू मेरे पास नहीं आया, इसलिए मुझे भी काफी दुख हुआ है। लेकिन तू तिथि के पास है, इसलिए मुझे कोई फिक्र नहीं है। तुम उसका साथ कभी मत छोड़ना।

- दरअसल सच यह है कि जो बातें तिथि के दिमाग में नहीं घुसती हैं या जिन पर उसे विश्वास नहीं होता है, उन बातों को तिथि भूल जाती है। इसलिए इस बात को भी वह भूल गयी थी।

कालीघाट मंदिर में तिथि पहली बार आयी। उसे पता है कि यह मशहूर तीर्थस्थान है, अनगिनत लोग यहाँ पूजा करने आते हैं। लेकिन अपने घर में उसने किसी को यहाँ आने की बात करते नहीं सुना है। वह माँ-पिताजी के साथ बेलुड़-दक्षिणेश्वर गयी थी। हालाँकि वहाँ जाने का मकसद घूमना ही था, पूजा करना नहीं। बेलुड़ का मंदिर बेहद खूबसूरत है। उसकी तुलना में दक्षिणेश्वर का मंदिर इतना साफ-सुथरा नहीं है। लेकिन कालीघाट आकर उसकी आँखें स्थिर हो गयीं।

एक जगह चप्पल खोलकर वे लोग आगे बढ़ने की कोशिश कर रहे थे। शाम हो आयी थी, लेकिन मंदिर में जन सैलाब उमड़ा हुआ था। ऊपर से मंगलवार का दिन था।

पूरे प्रांगण में कीचड़ फैला हुआ था। मंदिर के सामने से ही भिखारियों ने उनका पीछा करना शुरू कर दिया था। तिथि की आँखों के सामने अँधेरा छा गया।

चारों तरफ शोरगुल और घंटे की आवाज। उस आवाज में जरा भी भक्ति नहीं थी, केवल शोर था। तिथि को घबराहट होने लगी। पार्थ उसका हाथ पकड़कर उसे झकझोरता नहीं तो शायद वह एक जगह खड़े-खड़े भीड़ का धक्का खाकर मर जाती। भीड़ में किसी आदमी ने उसके सीने पर हाथ फेर दिया तो वह और भी सुन्न हो गयी।

भिखारी उसका कपड़ा पकड़कर खींच रहे थे। उनके अलावा और कुछ लोगों ने उनलोगों को घेर रखा था। उन सबके मस्तक पर सिंदूर का तिलक लगा हुआ था, सबके हाथ में एक-एक डलिया थी जिसमें जवा के फूल और अन्य सामान था। वह सारा सामान यकीनन पूजा की सामग्री थी। वे लोग शायद उनसे पूजा करने को ही कह रहे थे। पूजा का सामान खरीदने को कह रहे थे। लेकिन उनका हाव-भाव एकदम डकैतों जैसा था, जिसे देखकर तिथि को डर लग रहा था।

पार्थ ने उन्हीं में से एक आदमी से कुछ बातें कीं और उसके हाथों में कुछ ठूँस दिया। उस आदमी ने सबको हटा दिया। उसके बाद पार्थ और तिथि की कलाई पकड़ कर उन्हें लिए हुए भीड़ में जगह बनाता हुआ आगे बढ़ने लगा। उस आदमी में बहुत शक्ति थी। उसके धक्के से भीड़ में जगह बनती चली गयी। तिथि ठीक से पैर भी नहीं रख पा रही थी, उसके पैर फँसे जा रहे थे लेकिन वह गिर भी नहीं। इतनी भीड़ में गिरना भी मुमकिन न था। तिथि सोए हुए आदमी की तरह चल रही थी।

उस आदमी ने उन्हें हल्के से नारंगी रंग के प्रकाशवाले एक कमरे में लाकर खड़ा कर दिया। कमरे के बीच में एक काले रंग का शिवलिंग था जिसके चारों ओर बेल पत्र फैले हुए थे। शिवलिंग के करीब मैली धोती पहने हुए आदमी बीड़ी पी रहा था। निश्चित रूप से वह शिव का पुजारी था। कमरे के फर्श पर चिपचिपाहट थी। तिथि समझ गयी कि यह मुख्य मंदिर नहीं है। यहाँ माँ काली की प्रतिमा भी नहीं थी। जो आदमी उन्हें यहाँ ले आया था उसने कहा - माँ के मंदिर में आज जाया नहीं जा सकता। वहाँ बहुत भीड़ है। यहीं पूजा कर लीजिए । रुकिए मैं आता हूँ।

वह आदमी चला गया और थोड़ी ही देर में लौट आया। उसके हाथों में जवा फूल की माला थी और शालपत्र पर चिपचिपा सिंदूर था। उसने उन चीजों को शिवलिंग के पास बैठे आदमी को सौंपते हुए कहा - चलो, फटाफट सलटा दो।

उस पुजारी ने बीड़ी के दो कश लेकर उसे फेंक दिया। उसके बाद पूजा की सामग्री लेकर कुछ मंत्र बड़बड़ाए और तिथि के साथ पार्थ पर फूल से पानी छिड़का। तिथि एक छोटे से बच्चे की तरह सबकुछ होता देख रही थी। पार्थ की तरफ उसने देखा तो पाया कि वह हाथ जोड़कर खड़ा है। उसकी आँखें बंद हैं और वह कुछ बुदबुदा रहा है।

तिथि एकदम डर गयी। आखिर पार्थ उसे कहाँ ले आया है। उसके चारों ओर यह क्या हो रहा है। तिथि का मन हुआ कि वह दौड़कर वहाँ से भाग जाए। लेकिन उससे पहले उस पुजारी ने जवा फूलों की माला पार्थ के हाथ में पकड़ा दी। पार्थ ने वह माला तिथि को पहना दी। उसके बाद वह लिसलिसा सिंदूर लेकर तिथि की माँग भर दी। उसके होंठ तब भी मंत्र बुदबुदा रहे थे। पुरोहित भी लगातार मंत्र पढ़ रहा था। तिथि को लगा कि बलि से पहले का घंटा बज रहा है। उसका सिर चकराने लगा।

अध्याय दो

तिथि गहरी नींद में सो गयी थी। अचानक रेडियो पर 'रुपम् देहि, जयम् देहि' सुन कर वह जाग उठी। पंकज मल्लिक की आवाज किसी दीपक से निकली पवित्र लौ की तरह मधुर, गंभीर और संजीदा भाव पैदा कर रही थी। बाहर सवेरा होने लगा था। खिड़की पर कौवा चिल्ला रहा था। तिथि कमरे के भीतर अंदर अपने हाथ-पैर पर सुबह की नरम आभा महसूस कर रही थी। अचानक उसका मन उदास हो गया क्योंकि वह नींद की वजह से न जाने कितने गीत सुन नहीं पायी। और महालया का कार्यक्रम अब खत्म होनेवाला था। आखिर वह कहाँ चली गयी थी? किस जन्म के बारे में सोचने लगी थी? न जाने कितनी दूर निकल गयी थी। क्या यह सब उसी की जिंदगी का हिस्सा था या किसी और की। तिथि अपना दाहिना हाथ अपनी आँखों के सामने ले आयी और सोचने लगी - क्या वह लड़की और आज की तिथि, दोनों एक ही हैं ?

जीवन में बत्तीस महालया गुजर जाने के बाद उसकी यादें किसी और महालया की ओर जाने लगी थीं। महालया की ही एक और सुबह उसकी आँखों के सामने थी। जहाँ कटवा-आजिमगंज लाइन की ट्रेन छूट रही थी। कोयले का इंजन चमक रहा था। केवल इसी लाइन में अब कुछ कोयले के इंजन रह गये थे।

तिथि की आँखों में एक बार फिर तेज गति से कई तस्वीरें आती और जाती रहीं। वह खिड़की के पास बैठी थी, अचानक उसकी आँखों में कोयले की धूल चली गयी...फिर भी तिथि खिड़की से बाहर देखे जा रही थी...

1

तिथि लाल रंग की सूती साड़ी पहने हुए थी, जिसके किनारे पर हरे रंग का काम किया हुआ था। यह उसकी शादी की साड़ी थी। ससुराल आने के दो-तीन दिन बाद तीन-चार

पड़ोसियों को बुलाकर उसे सिंदूर लगाने के कार्यक्रम में उसी मकान के दोतल्ले पर रह रही रुम्पा की माँ ने उसे तोहफे में यह साड़ी दी थी। पार्थ तिथि के लिए लाल रंग का ब्लाउज खरीद लाया था जो उसे काफी टाइट हुआ था। साड़ी के नीचे उसने जो काला पेटीकोट पहन रखा था वह सीमा का था। उस दिन के बाद तिथि ने उस साड़ी को दोबारा नहीं पहना, तह करके गद्दे के नीचे रख दिया था। आज फिर से वही साड़ी पहनी थी।

महालया का कार्यक्रम सुनते-सुनते सफेद पेटीकोट पर ही तिथि यह साड़ी पहन रही थी। यह पेटीकोट उसे पार्थ ने लाकर दिया था। सीमा भी तैयार हो रही थी, तिथि की तरफ देखते हुए उसने कहा - यह साड़ी पहन रही हो? अच्छी लग रही है। लेकिन इसके साथ सफेद पेटीकोट क्यों पहन रही हो ? मेरा काला पेटीकोट पहनो।

- रहने दीजिए दीदी, वह तो आप ले जा रही हैं ना। - तिथि दोबारा पेटीकोट नहीं बदलना चाहती थी। आलोक ने रेडियो की आवाज तेज कर दी थी और हाथ में चाय का कप लेकर टहल रहे थे। तिथि भी महालया में डूबी हुई थी। लेकिन सीमा ने कहा था - नहीं, नहीं, अच्छा नहीं लग रहा है। सफेद रंग झलक रहा है। मैं काला पेटीकोट निकाल दे रही हूँ, तुम वही पहनो। तुम पहन लोगी तब भी ले ही जाऊँगी।

सीमा ने बैग खोलकर पेटीकोट निकाला और तिथि ने दोबारा उसे बदलकर साड़ी पहनी। यह सब करने में इतना वक्त निकल गया कि तिथि को ठीक से बाल सँवारने का मौका भी नहीं मिला। कल रात को बनाई चोटी को फिर से सँवार नहीं पायी थी, केवल उलझे हुए बालों को सामने से कंघी कर निकल पड़ी थी। कंघी से माँग में सिंदूर लगाते हुए उसने सुना कि पार्थ रेडियो बंद करते हुए आवाज दे रहा था - चलो, चलो, निकलो। मैं रुम्पा के घर चाभी देकर आ रहा हूँ।

घर से निकलकर स्टेशन पहुँचने के साथ तिथि खुशी से पागल हो रही थी। और ट्रेन के चलते ही उसे लगने लगा कि पिछले पाँच-छह महीनों में आज का ही दिन सबसे खुशी का है। खिड़की के पास बैठे होने के कारण बाहर की ठंडी हवा उसके गालों को छू रही थी। उसे यह स्पर्श बेहद अच्छा लग रहा था। शहर छोड़कर जब ट्रेन मैदानी इलाके में दौड़ने लगी तब धूप निकल चुकी थी।

सीमा उसकी उल्टी तरफ की खिड़की पर बैठी थी। वह भी बाहर ही देख रही थी। उसकी बगल में सुधा और सुधा के बगल में आलोक एक पैर मोड़कर बैठे हुए थे। वह आँख बंद करके झपकी ले रहे थे। अचानक पार्थ की तरफ देखते हुए कहा - इतनी हड़बड़ी मचाई कि स्टेशन पर चाय भी नहीं पी सका।

पार्थ तिथि के पास बैठकर अखबार पढ़ रहा था। स्टेशन पर ही उसने अंग्रेजी अखबार खरीदा था। उसने आलोक की बात का जवाब नहीं दिया। सुधा ने कहा - घर से चाय पीकर निकले तो थे, फिर क्या है ? नींद लग रही है तो सो जाओ न, किसने

मना किया है ?

अचानक तिथि उत्तेजित होकर पार्थ की बाँह पकड़कर कहने लगी - वो देखो, कास के फूल, दीदी, बड़ी माँ...देखिए कास के फूल...वो देखिए।

सीमा ने उत्सुक होकर खिड़की के बाहर देखा था। तिथि ने पूछा - देखा आपने। कितने सुंदर हैं ना। एकदम तस्वीर की तरह...।

सुधा ने तिथि की तरफ देखते हुए गंभीर होकर कहा - कंघी निकालकर बाल सँवार लो तिथि, बहुत बुरा लग रहा है।

गाँव पहुँचने से दो-तीन स्टेशन पहले सीमा ने अचानक पूछा - क्या होगा माँ। मुझे बहुत डर लग रहा है।

सुधा का भी चेहरा सूख रहा था। इस बार दुर्गा-पूजा का आयोजन उन्हें ही करना था। दुर्गा-पूजा का मतलब कड़ी मेहनत। हालाँकि हर दो साल पर उन पर यह जिम्मेदारी पड़ती है। हर बार वे लोग महालया के दिन ही घर से रवाना होते हैं। इससे पहले जो थोड़ा बहुत काम रहता है वह उनके ससुर करवा लेते हैं। एक बार पहुँचने के बाद ही खरीदारी का सारा काम जहाँ पार्थ को सौंप दिया जाता, इसी तरह पूजा का सारा सामान सजाने का काम उनको दे दिया जाता था। सीमा पूरी मदद करती थी। इस बार सीमा के रजस्वला होने का वक्त आ गया था। लेकिन उन्हें कोई और बात ही अधिक परेशान कर रही थी।

2

गाँव में किसी को पार्थ की शादी के बारे में उतनी जानकारी नहीं थी। उन लोगों ने खुद ही किसी को कुछ नहीं बताया था। मगर अरूप के जान लेने के बाद दूसरे भाइयों को पता चल गया होगा। यह स्वाभाविक भी था। उसकी क्या प्रतिक्रिया हो सकती है? - सुधा इसी बारे में सोच रही थीं। उन लोगों ने बेहला के मकान में तिथि को एक तरह से छिपाकर ही रखा हुआ था। दरअसल शास्त्रों के अनुसार शादी न होने की वजह से वे किसी से तिथि का परिचय बहू के रूप में कराने में शर्मिंदगी महसूस कर रहे थे। हालाँकि इलाके के लोगों से यह बात छिपी हुई नहीं थी, मगर रिश्तेदारों के आने पर सुधा तिथि को अक्सर दोतल्ले पर रुम्पा के घर भेज दिया करती थी। उनकी इच्छा थी कि जिन लोगों को बुलाए बगैर चारा नहीं था उन्हें दावत देकर मामले को सँभाल लिया जाता। आखिर बिना दावत दिए वे किसी को बेटे की शादी के बारे में कैसे बतातीं। आलोक राजी नहीं हुए क्योंकि लोगों को दावत देने की उनकी हैसियत नहीं थी। इस

तरह से पूरा मामला जस का तस फँसा रहा। मगर तिथि के आने के कुछ दिन बाद सुधा ने इलाके की दो-चार महिलाओं को खाने पर बुलाया था। उनके सामने सिंदूर लगवाकर उन्होंने तिथि को अपना लिया था ताकि इलाके में कम-से-कम उनकी जग-हँसाई न हो। पिछले कुछ महीनों से तिथि सबके साथ घुलमिलकर रह रही थी, शांखा-पोला भी पहन रही थी। फिर भी सुधा पूजा में तिथि को गाँव ले जाने को तैयार नहीं हो रही थीं, उन्होंने कहा था - नहीं, नहीं, बहुत हंगामा खड़ा हो जायेगा...उसे... उसे वहाँ ले जाने की जरूरत नहीं है।

पार्थ ने निराश होकर पूछा था - तो उसे किसके यहाँ छोड़कर जाओगी माँ ? आखिर वह कहाँ जा सकती है?

सुधा सोचती जा रही थीं। तिथि दरवाजे पर खड़ी होकर सब सुन रही थी। एक बार पलकें उठाती, फिर झुका लेती। उसे बेहद डर लग रहा था और उसे ठेस भी पहुँच रही थी। बिना किसी अपराध के वह जूरी सदस्यों के फैसले का इंतजार कर रही थी।

आलोक सिर पर हाथ रखकर बैठे हुए थे। बेटे की वजह से उनकी जिंदगी में शांति नहीं थी, लेकिन अभी इन बातों के बारे में सोचने का वक्त भी नहीं था। उन्हें मन ही मन यह लड़की पसंद आ गयी थी, सच बात तो यह थी कि इस लड़की का चेहरा देखकर ही वे पार्थ को घर से नहीं निकाल पाए थे। पत्नी की तरफ देखते हुए आलोक ने लंबी साँस भरते हुए कहा - अरे, सच, तिथि रहेगी कहाँ ? इससे अच्छा होगा, वह हमारे साथ ही चले। पूजा के बहाने सबसे मुलाकात भी हो जायेगी। कह देना कि शादी हो गयी है, और क्या ?

फिर आलोक गुस्से में पार्थ की तरफ देखने लगे - इस लड़की ने गलती जरूर की है, मगर जब तक हम जिंदा हैं तब तक उसे बेसहारा तो नहीं छोड़ सकते।

इसीलिए तिथि पार्थ और अपने ससुरालवालों के साथ अपने कुटुम्ब के बाकी सदस्यों से मिलने जा रही थी। उसका भी दिल घबरा रहा था। सुधा और सीमा बीच-बीच में उसकी तरफ देख रही थीं, जिससे उसका मन बैठा जा रहा था। वह समझ रही थी कि वे लोग उसे लेकर ही परेशान हैं। आलोक का चेहरा नहीं दिख रहा था और पार्थ सो रहा था। तिथि ने देखा कि पार्थ का सिर पीछे की तरफ लुढ़क गया था और मुँह खुल गया था।

तिथि जिस स्टेशन पर उतरी दरअसल वह बहुत पुराना शहर है। शहर से दूर ही अजय और गंगा का संगम है। स्टेशन से रिक्शा स्टैंड जाते वक्त तिथि ने एक बार मुड़कर ट्रेन की तरफ देखा। किसी वजह से नहीं, ऐसे ही। ट्रेन काला धुआँ छोड़ती हुई स्टेशन छोड़कर आगे निकल गयी। उसे लगा - न जाने उस ट्रेन को और कितनी दूर जाना है। वही आजिमगंज तक...कितना सुंदर नाम है। वह जगह कहाँ है ? काश

तिथि वहाँ जा पाती, कितना मजा आता।

सामान रिक्शे पर चढ़ाकर पार्थ और तिथि एक रिक्शे पर बैठ गये। दूसरे रिक्शे में सुधा और सीमा बैठ गयीं। आलोक आसपास दिखाई नहीं दिए, लेकिन उन्हें लेकर तिथि ने किसी को परेशान होते भी नहीं देखा। उसने सुना कि गाँव पहुँचते ही आलोक को रोकना मुश्किल हो जाता है। वह कहीं ठहर ही नहीं सकते। जब पार्थ रिक्शे पर सामान रखवा रहा था, आलोक उसी समय एक रिक्शे पर बैठकर बातें करते हुए आगे निकल गये थे। इस शहर का हर रिक्शावाला उनका दोस्त था।

रिक्शे पर जाते समय तिथि चारों ओर बड़ी उत्सुकता से देख रही थी। पार्थ ने धीमे से कहा - तिथि, घूँघट डालो।

3

किसी जमाने में इस शहर की सारी ऊँची और बड़ी इमारतें मल्लिक परिवार की ही थीं। कुछेक पुश्तों से वे लोग लोहा-लक्कड़, बालू-सीमेंट का कारोबार करने लगे थे। पूरे शहर में उनकी कई दुकानें भी थीं। मगर उनमें से अधिकतर मकान और दुकान अब उनके हाथों से निकल चुके थे। मल्लिक परिवार की हालत अब बेहद खराब हो चुकी थी।

मगर अघोर मल्लिक के पास अब भी इतनी संपत्ति थी कि उनकी गुजर-बसर आराम से हो जाती थी। शहर के बीचोबीच उनका दो तल्ला मकान था, एक हार्डवेयर की दुकान थी और कुछ जमा किए हुए रुपये थे। दुकान बहुत अधिक तो नहीं चलती थी लेकिन उसी से उनके घर के तीन सदस्यों का काम चल जाता था। तीन यानी वे, उनकी पत्नी शिवानी और छोटा बेटा असीम। उनके सात बेटों में से केवल यही एक बेटा उनके साथ रहता था और यह भी इसलिए क्योंकि उसका दिमाग ठीक नहीं था। वह बचपन से ही ऐसा था। शायद अधिक उम्र में पैदा होने की वजह से उनके इस बेटे का मानसिक विकास सही ढंग से नहीं हो पाया था। शायद असीम ठीक होता तो वह खुद दुकान की देखभाल कर सकता था। मगर दुकान चलाने के लिए अघोर को आदमी रखना पड़ा। इस बुढ़ापे में लाठी खड़काते हुए कभी-कभार वे खुद भी दुकान पर चले जाते। असीम से वह घर का कोई काम नहीं करा सकते थे। लेकिन अघोर को पता था कि अगर वह उनके दूसरे बेटों की तरह लायक होता तो वह भी अब तक शादी करके उनसे दूर चला गया होता। वैसे भी उनके सभी बेटे शादी करके दूर-दूर जाकर बस चुके थे। मझले बेटे से उन्होंने कोई रिश्ता नहीं रखा था, यही वजह है कि शिवानी उसे

लेकर अक्सर रोती रहती थी। अघोर ने अपनी पत्नी से कहा था - मँझला बेटा यहाँ नहीं आ सकता, इसे लेकर तुम रोती रहती हो। अगर आ भी जाता तो क्या होता? बाकी के पाँचों बेटे कितने दिन आकर अपने बूढ़े माँ-बाप की खबर लेते हैं ? सिर्फ पूजा के दौरान आ जाते हैं वरना नहीं।

अघोर को पता था कि जब वे मर जायेंगे तब सारे बेटे उनके यहाँ जमा होंगे। उन्होंने सोच रखा था कि मरने से पहले वे मकान बेच जायेंगे और दुकान असीम के नाम कर जाएँगे। उस दुकान की आय और मकान के किराये से माँ-बेटे का गुजारा हो जायेगा और बाकी किसी को कुछ देने की उनकी इच्छा नहीं थी।

इस पुराने शहर में मल्लिक के रिश्तेदार फैले हुए थे। इन रिश्तेदारों का एक दूसरे से कोई नाता नहीं रह गया था । वे लोग केवल पूजा के समय एक दूसरे से मिल लेते। पूजावाला मकान अघोर के मझले भाई के नाम था। मझले भाई का साल-भर पहले निधन हो चुका था। साल-भर उनकी पत्नी ही साँझ के वक्त यहाँ दीप जलाया करती।

भले ही मल्लिक परिवार के पास पहले जैसा धन-दौलत और रुतबा नहीं रह गया था। पर उनकी पूजा बंद नहीं हुई थी। हाँ, रौनक जरूर कुछ कम हो गयी थी। बावजूद इसके मल्लिक लोगों के घर की पूजा ही अब तक शहर की प्रमुख पूजा में से एक थी। पूजा के चारों दिन बरामदे में भक्तों की भीड़ उमड़ी रहती। कुछ साल पहले तक प्रसाद में सबको खिचड़ी दी जाती थी, लेकिन अब सब बंद हो चुका था। प्रसाद में फल दिया जाता। फिर भी लोग इस घर की देवी को प्रणाम करने आते। क्योंकि यहाँ सार्वजनिक पूजा का आयोजन कम ही होता था, अधिकतर घरों में ही पूजा की जाती थी। यहाँ एक नियम का पालन हमेशा किया जाता था। वह ये कि मल्लिक के घर की मूर्ति सबसे पहले विसर्जित की जाती थी। यहाँ तक कि इनकी मूर्ति विसर्जित होने की खबर मिलने के बाद लोग अपनी मूर्तियों को वेदी से उतारा करते थे। बस, मल्लिक लोगों के स्वर्णयुग की यही कुछ यादें रह गयी थीं।

शिवानी पूरे घर में दौड़ रही थी, बेचैन होने पर वे अक्सर ऐसा ही करतीं। वे मोटी नहीं थीं लेकिन मोटे लोगों की ही तरह पैर घसीटकर चलती थीं। उम्र बढ़ने के साथ-साथ उन्हें चलने-फिरने में दिक्कत होने लगी थी। लेकिन वे किसी भी कीमत पर लाठी लेकर चलने को तैयार नहीं थीं। साड़ी भी जैसे-तैसे लपेट लेतीं जिसकी वजह से उनका लंबा आँचल जमीन पर घिसटता चलता। उनके साथ-साथ उनका आँचल भी कमरे से बरामदे, बरामदे से आँगन और आँगन से रसोईघर तक चलता था। साड़ी की चुन्नट भी मिट्‌टी में लोटाती रहती। बीच-बीच में साड़ी पैर में फँसने की वजह से वे गिर भी जाया करती थीं और अधिक चोट लगने पर वह बैठे-बैठे कराहने लगती थीं। बाद में असीम बड़बड़ाते हुए उन्हें उठाकर ले जाया करता था। कभी-कभी तो वह

किसी तरह खुद ही उठकर फिर पूरे घर का चक्कर लगाने लगती थीं।

आज वे इसलिए उत्तेजित थीं क्योंकि उनका बड़ा बेटा आनेवाला था। वह सुबह की ट्रेन से ही आनेवाला था लेकिन अब नौ बज चुके थे और वह अब तक नहीं आया था। शिवानी सोच रही थीं कि अब तक तो उसे आ जाना चाहिए था। देरी की वजह जानने के लिए वे असीम को ढूँढ़ रही थीं। क्योंकि वे पति से ज्यादा बात नहीं करती थीं।

असीम बरामदे में बैठा तेल लगा रहा था। वह एक गंदा सा पाजामा पहने हुए अपने खाली बदन पर तेल मल रहा था। उसके सामने सरसों के तेल से भरी एक छोटी कटोरी रखी हुई थी। वह उसमें दो उँगली डुबाकर पूरे शरीर में तेल लगा रहा था। वह रोज इसी नहाने से पहले पूरे शरीर में इसी तरह से धीरे-धीरे तेल लगाता था।

शिवानी ने उसे देखते ही कहा - अरे, असीम तेरा भइया तो अभी तक नहीं आया।

असीम को सुनायी दिया या नहीं, समझ में नहीं आया क्योंकि वह पहले की तरह तेल लगाने में ही मगन था। शिवानी पैर घसीटते हुए उसके पास पहुँची। हमेशा की तरह उनका आँचल जमीन पर लोट रहा था। उन्होंने परेशान होकर कहा - अरे असीम, नौ बज चुके हैं।

असीम ने पहले माँ की तरफ देखा, फिर जमीन पर बिखरे उनके आँचल को देखते हुए उसने गुस्से में कहा - क्या इसीलिए पूरे घर को आँचल से साफ कर रही हो। क्या तुम साड़ी तक ठीक से नहीं पहन सकती।

शिवानी को बुरा नहीं लगा। असीम उनसे इसी तरह बात करता था। फिर भी उन्हें असीम से बहुत लगाव था क्योंकि एक वही था जिसे वे सीने से लगाये रखतीं। उन्होंने फिर कहा - बड़े बेटे को आखिर आने में इतनी देर क्यों हो रही है।

असीम ने कोई जवाब नहीं दिया तो वह रसोईघर की ओर चल दीं। असीम ने घूमकर नाक से अजीब सी आवाज निकालते हुए कहा - हूँ, नौ बजते ही कैसे बेचैन हो गयी हैं, जैसे कलकत्ता घर के बगल में ही है।

आलोक ग्यारह बजे घर पहुँचे। असीम तब भी तेल मल रहा था। रिक्शा से उतरते ही आलोक ने चिल्लाना शुरू किया। रिक्शावाले से कहा - जरा रुक जा, बाकी के रिक्शे आ जाएँ, मैं एक साथ किराया दे देता हूँ।

सीढ़ी से ऊपर चढ़ते-चढ़ते उन्होंने आवाज लगायी - माँ, ओ माँ...कैसे हो तुम लोग ?...अरे कहाँ हो...?

शिवानी दौड़ती हुई चली आयीं। उन्होंने कहा - अरे बेटा, तुम लोगों ने इतनी देर क्यों लगा दी ? मैं कब से परेशान हो रही हूँ। बड़ी बहू कहाँ है? पार्थ और सीमा कहाँ हैं?

- आ रहे हैं, सब आ रहे हैं। मैं सबसे पहले चला आया। कितने दिन हो गये हैं

तुम्हें देखे हुए। - आलोक ने कहते-कहते माँ को प्रणाम किया। खुशी के मारे शिवानी के आँसू निकल आए। अघोर भी तब तक लाठी के सहारे बरामदे में आकर खड़े हो गए थे। आलोक ने उन्हें भी प्रणाम किया। अघोर ने पूछा - आ गए, सब ठीक तो है ?

आलोक ने सिर हिलाते हुए पूछा - आपकी तबीयत कैसी है ?

- अब तबीयत के बारे में पूछ कर क्या करोगे ? तुम लोगों को हमारी खबर लेने की फुर्सत तो है नहीं। कमर ने तो पहले ही परेशान कर रखा है, अब बुखार भी रहने लगा है।

हमेशा बुखार आना अघोर की पुरानी बीमारी थी। आज की नहीं, बहुत पहले से ही। उन्हें हमेशा यही लगता कि बुखार आ रहा है। सचमुच का बुखार नहीं, यह बुखार उनके मन का वहम हो गया था। वे पाँच-पाँच मिनट तक बगल में थर्मामीटर खोंसे रखते, यह सोचकर कि अधिक देर तक थर्मामीटर लगाए रखने से शायद अधिक तापमान दिखाई देगा। लेकिन पारा सत्तानवे से आगे नहीं बढ़ता था। तब अघोर और दस मिनट तक थर्मामीटर अपने शरीर से लगाए रखते थे। मगर ऐसा नहीं था कि उन्हें बुखार एकदम नहीं होता था। लेकिन वह घबरानेवाली बात नहीं थी। इसलिए आलोक इसे अधिक तरजीह नहीं देते थे। असीम ने अब तेल लगाना बंद कर दिया था। एक ही जगह बैठे हुए वह इधर-उधर देख रहा था। आलोक ने उसकी तरफ देखते हुए पूछा - क्यों रे, तेरा क्या हाल है ?

असीम ने अजीब ढंग से उसकी तरफ देखा। इसमें हैरान होने की बात नहीं थी क्योंकि साल में एक बार ही वह भइया और उनके परिवार से मिलता था। हालाँकि वह इसका अभ्यस्त हो गया था। लेकिन पूजा के दौरान जब एक-एक कर सब आने लगते तो असीम नाराज होने लगता। उसे लगता कि उसकी शांत जिंदगी में बेवजह ये लोग घुसने की कोशिश करते हैं। कइयों को तो वह पहले पहचान भी नहीं पाता था। और इसी दौरान उसका पागलपन बढ़ जाता था। दो-एक दिनों में वह समझौता कर लेता था लेकिन अंदर ही अंदर वह जलता रहता था। क्योंकि उसे लगता था कि उसके माँ-पिताजी और उसके घर में न जाने कौन लोग आकर मनमानी करने लग जाते हैं। उसे लगता था कि उसके भाई जो अपने-अपने संसार में व्यस्त रहते हैं, कुछ दिन आकर अपनापन का महज दिखावा करते हैं। इसलिए जब उसके भाई यहाँ आते, वह माँ से बुरा बर्ताव करने लगता। उसकी बदमाशी देखकर उसके भाई उसे डाँटने लगते और कभी-कभी पिटाई भी कर देते थे। तब असीम माँ का आँचल पकड़कर बड़बड़ाने लगता - हूँ, अभी तो बहुत प्यार आ रहा है। साल-भर में माँ-पिताजी जिंदा हैं कि मर गये, यह जानना भी जरूरी नहीं समझते। सब साले स्वार्थी हैं।

असीम की नजरों में घृणा साफ झलक रही थी जिसे अनदेखा करते हुए आलोक ने कहा - क्या तू अभी नहाने जायेगा। तब तो कल्याण हो जायेगा। खबरदार, बड़े

बाथरूम में तू नहीं घुसेगा। उसमें मैं नहाऊँगा।

असीम ने जोर-जोर से अपना सिर हिलाकर विरोध जताया। गुस्से से उसका मुँह लाल हो गया था। उसने कहा - ऊँ, कहने से ही हो गया। उसमें मैं जाऊँगा। - गुस्से में जब वह बात करता था तब उसके मुँह से थूक निकलने लगती थी।

आलोक ने उसकी तरफ बड़ी-बड़ी आँखें करके देखा तो शिवानी असीम के पास चली गयी। उसने असीम को समझाते हुए कहा - अरे बेटा, क्या बड़े भाई के साथ इसी तरह बर्ताव करते हैं, मेरा लाड़ला बेटा, ऐसा नहीं करते।

अघोर फिर अपने कमरे में चले गये थे। शिवानी यूँ ही घर में हंगामा मचाये रखती थीं और पूजा के समय लोगों के आ जाने से उनकी व्यस्तता कुछ ज्यादा ही बढ़ जाती थी। अघोर को अब कुछ नहीं करना था क्योंकि सारा काम आलोक सँभाल लेते थे। अघोर आरामदायक कुर्सी पर बैठे हुए थर्मामीटर को अपने बगल में लगाए हुए घड़ी देख रहे थे।

आलोक ने शर्ट खोलते हुए कहा - माँ, तुम्हीं ने असीम को दुलार देकर इतना सिर पर चढ़ा रखा है। दो-एक थप्पड़ खाए बिना...।

इतना कहकर वे चुप हो गये। घर आने की खुशी में उन्हें एक जरूरी बात याद ही नहीं रही। उन्होंने देखा कि एक-एक कर पार्थ, सीमा, सुधा सामान लेकर ऊपर आ चुके थे। और उन सबके पीछे सिर पर घूँघट डाले तिथि खड़ी थी।

आलोक ने शर्ट नहीं उतारी थी। उन्होंने देखा कि शिवानी आगे बढ़ रही थीं लेकिन बीच में ही रुक गयीं। वे हैरत-भरी निगाहों से तिथि को ही देख रही थीं। असीम उठ खड़ा हुआ, उसका पाजामा घुटनों तक उठा हुआ था। एक पैर का पाजामा तो नीचे चला आया लेकिन दूसरा घुटने पर ही रहा। नाक से घर्र-घर्र की आवाज निकालते हुए उसने पूछा - हूँ, यह लड़की कौन है ?

3

तिथि उस साल पार्ट वन नहीं दे पायी। लेकिन उसकी परीक्षा भी खत्म नहीं हो रही थी। स्कूल, कॉलेज की परीक्षा नहीं दे पाने या उसमें फेल करने पर वह परीक्षा दोबारा देनी पड़ती है। और जिंदगी की परीक्षा में वह पास हुई है या नहीं यह जाने बगैर ही उसे एक के बाद एक परीक्षा देनी पड़ रही थी जो बेहद कठिन थी।

जिस दिन तिथि घर छोड़कर चली आयी थी उस दिन कालीघाट मंदिर जाकर वह बीमार हो गयी थी। उस दिन पार्थ के पास रुपये भी नहीं थे। मंदिर से निकलते ही

पार्थ ने टैक्सी कर ली। तिथि तब भी काँप रही थी।

तिथि ने मंदिर से निकलते ही अपने गले से जवा की माला उतार दी थी। टैक्सी में बैठते ही उसने माँग में लगे सिंदूर को घिस-घिसकर मिटाना शुरू कर दिया। पार्थ ने उससे कहा - अब और मत घिसो, थोड़ा सा रहने दो।

तिथि सचमुच इतनी चिढ़ी हुई थी कि वह पूरा सिंदूर ही मिटा देना चाहती थी। लेकिन पार्थ की बात सुनकर उसे होश आया।

- तिथि, क्या तबीयत बहुत खराब लग रही है ?

तिथि ने इनकार में सिर हिलाया। उसका सिर टैक्सी की खिड़की पर टिका हुआ था और वह बाहर की ओर देख रही थी। रास्ते पर फैली रोशनी उसे बेमानी लग रही थी।

- दरअसल सारा दिन खाया नहीं है ना, इसीलिए। मैंने एक बार सोचा भी था, फिर लगा कि मंदिर जा रहे हैं, उसके पहले उपवास रहना ठीक ही है। - पार्थ ने फिर जीभ काटते हुए कहा - वहीं पर गलती कर गया। तिथि, बहुत भूख लगी है न ? घर पहुँचते ही कुछ खा लेंगे।

तिथि को कुछ सुनायी नहीं दे रहा था। पार्थ भी शायद अपने-आप से ही कह रहा था। तिथि ने सुना पार्थ कह रहा था - जानती हो तिथि, मैंने ऐसा ही एक सपना देखा था। मैंने यही चाहा था कि जो मुझसे प्यार करे वह अपना सब कुछ छोड़कर मेरे पास चला आए। अपने साथ कुछ भी न लाये।

तिथि को समझ में नहीं आ रहा था कि उसके भीतर ही भीतर क्या चल रहा था। उसके अंदर एक द्वंद्व सा चल रहा था लेकिन उसमें उससे जूझने की थोड़ी भी शक्ति नहीं बची थी। वह इतनी थक चुकी थी कि उसे चक्कर आ रहा था, इसीलिए वह टैक्सी की सीट पर बेसुध पड़ी हुई थी।

अचानक पार्थ तिथि के करीब चला आया। उसने जैसे ही तिथि को अपने सीने के करीब लाना चाहा, तिथि को मानो बिजली का झटका लगा। उसके भीतर उथल-पुथल मची हुई थी। पार्थ के स्पर्श करते ही बेचैन हो उठी। उसने कहा - नहीं, मत छुओ।

पार्थ को अजीब सी हैरानी हुई। उसके चेहरे को देखकर लगा कि वह डर गया था। तिथि ने तो उसकी ही खातिर अपना घर-बार छोड़ा है ना। फिर वह इस तरह क्यों कर रही है।

तिथि ने मना भी इस तरह किया कि वह खुद भी घबरा गयी थी। उसकी आँखों में आँसू आ गये थे। पहली बार उसने तेजी से कहा था, दूसरी बार भी वह उतनी ही वेदना से कह उठी - नहीं, नहीं, तुम मुझे अभी मत छुओ...मुझे कुछ देर अकेले रहने दो...पार्थ...मैं आज अपनी माँ को छोड़कर चली आयी हूँ...मेरी माँ...। यह कहने में तिथि का दम निकला जा रहा था। मानो उसके अंदर बात करने की भी शक्ति नहीं रह

गयी थी। मेरी माँ...कहने में उसे ऐसी तकलीफ महसूस हुई जैसे कोई उसके गले पर तेज हथियार से वार कर रहा हो।

पार्थ ने फिर कुछ नहीं कहा।

घर में सुधा उस वक्त शाम का दीपक जला रही थीं। सीमा नल से पानी भर रही थी। उसके घर तक टैक्सी नहीं जाती थी। कुछ दूरी पर ही रोकनी पड़ती । टैक्सी से उतरकर पार्थ जब जंगल पार करता हुआ तिथि को सीढ़ियों से घर में ले जा रहा था, उस समय चारों ओर घना अँधेरा था। इलाके के लोग तिथि को नहीं देख पाये थे।

पार्थ जब तिथि को लेकर दरवाजा ठेलकर कमरे में गया तब सुधा हाथों में अगरबत्ती लिये हुए एक कमरे से दूसरे में जा रही थीं। सीमा भी नल छोड़कर कमरे में चली आयी थी। दोनों को यह समझने में देर नहीं लगी कि क्या हुआ है। - तिथि के मस्तक पर अभी लाली छायी हुई थी। कुछ तो घिसने की वजह से और कुछ सिंदूर की वजह से। उसके कमीज में भी चिपचिपा सिंदूर लगा हुआ था। उसका बैग पार्थ के हाथों में थैले की तरह झूल रहा था।

- हे भगवान्, सीमा जल्दी ऊपर जाकर रुम्पा की माँ को बुला ला। सुधा ने धीरे से कहा। सीमा की आँखें फटी की फटी रह गयीं। वह हाँफते हुए सीढ़ियाँ चढ़ने लगी।

पार्थ ने हैरान होकर पूछा - रुम्पा की माँ को क्यों ?

सुधा तिथि का मस्तक देखे जा रही थीं। पार्थ की बात सुनकर उसकी तरफ देखे बिना ही बोलीं - तिथि को यहाँ ले आया है न ?

- हाँ, वह घर छोड़कर चली आयी है। वह अब उस घर में नहीं रह सकती। उसकी माँ ने कल उसे मारा भी।

- कुछ भी हो। मुझे सुनने की जरूरत नहीं है। - सुधा ने गंभीर होकर कहा - जब वह यहाँ चली ही आयी है तब वह यहीं रहेगी। लेकिन उसे यूँ ही घर में तो नहीं ले सकती। उसका वरण तो करना होगा ना।

रुम्पा की माँ जल्दी-जल्दी नीचे चली आयीं। उनकी उम्र अधिक नहीं लग रही थी। कोई-कोई ऐसा होता ही है जिसे देखकर सहज ही उसकी उम्र का अंदाजा नहीं लगाया जा सकता है। वे भी ऐसी ही महिलाओं में से थीं। इसीलिए सुधा ने इन्हें बुलाने भेजा था।

रुम्पा की माँ का नाम माधुरी था। इलाके के लोग उन्हें माधु, माधु दी या माधु भाभी कहकर पुकारते। पीठ पीछे रुम्पा की माँ कहते। तिथि अब भी बाहर खड़ी थी। माधवी ने आते ही उसका हाथ पकड़ लिया। - हाँ, हाँ, मैं तो इसे पहचानती हूँ। अरे, इसका चेहरा तो एकदम सूख गया है। खड़ी क्यों हो? बैठ जाओ। अरे सीमा, अपनी भाभी को ले जाकर कहीं बिठा।...अरे बेटी, तुम तो अपने घर ही आयी हो। अपने पति, सास, ससुर के घर। फिर परेशान होने की क्या जरूरत है ?

उनकी आवाज में अपनापन झलक रहा था। उनकी बातें सुनकर तिथि की जान में जान आयी। माधवी ने उसका हाथ पकड़कर उसे कमरे में लाकर बिठाया। बैठने के बाद तिथि को महसूस हुआ कि उसके घुटने काँप रहे हैं।

वह बुत की तरह बैठी रही। यहाँ तक कि उसे पार्थ भी दिखाई नहीं दे रहा था। माधवी और सुधा पास के कमरे में वरण करने का सामान सजाने चली गयी थीं। सीमा भी दिखाई नहीं दे रही थी। अचानक तिथि को लगा कि कुछ लोग दरवाजे के पीछे छिपकर उसे देखने की कोशिश कर रहे हैं। उसमें दरवाजे की तरफ घूमकर देखने की भी शक्ति नहीं रह गयी थी।

सुधा दरवाजे पर आकर खड़ी हो गई। उनके हाथ में पीतल की पूजा की थाली थी। उसमें धूप और दीपक जल रहा था। थाली में सिंदूर का पैकेट और शांखा-पॅला थे। माधवी ही कहीं से फटाफट शांखा-पॅला का जुगाड़ करके लायी थीं। माधवी ने कमरे में घुसकर तिथि के कंधे पर हाथ रखते हुए कहा - उठो तिथि, तुम्हारी सास तुम्हारा वरण करेंगी।

तिथि ने मुँह उठाया। छोटे से दरवाजे पर उसे बेहद भीड़ दिखाई दी। ये लोग कौन हैं और यहाँ कब आये तिथि को कुछ पता नहीं। जरूर इसी इलाके की महिलाएँ थीं, जिन्हें यह भनक लग गयी थी कि इस घर में कुछ हो रहा है, जिसकी खबर लेने के लिए वे यहाँ जुटी थीं। उसने देखा कि उसे कई निगाहें घूर रही हैं। उसका सिर चकराने लगा। इसके अलावा वह अभी तक कालीघाट के भयानक सपने से बाहर नहीं निकल पायी थी। उसे लगा कि फिर वैसा ही कुछ होनेवाला है।

तिथि फिर बेहोश हो सकती थी। हाथों में चेहरा छुपाकर रो भी सकती थी, लेकिन उसने ऐसा कुछ भी नहीं किया। उसने जो किया इसका उसे भी अंदाजा नहीं था। अजीब सा मुँह बनाए हुए उसने एक बार सुधा की तरफ देखा फिर चारों तरफ देखने लगी, शायद पार्थ को खोज रही थी। उसके बाद वह सुधा के सामने जाकर घुटनों के बल बैठ गयी और कहा - बड़ी माँ, आज मैं अपनी माँ को छोड़कर चली आयी हूँ...अब कभी अपनी माँ के पास नहीं जा पाऊँगी...आज मुझे छोड़ दीजिए...मैं यह सब नहीं कर पाऊँगी...मुझे छोड़ दीजिए बड़ी माँ...प्लीज...।

जिस माँ की आवाज को अनसुना करके वह आज सुबह दौड़ते हुए घर छोड़कर चली आयी थी। उसी माँ के लिए आज वह सबसे थोड़ा सा अकेला रहने की भीख माँग रही थी, एकदम अकेलापन। वह अपनी पिछली जिंदगी के बारे में खासकर अपनी माँ के बारे में याद करके थोड़ा सा रोना चाहती थी। उसे वही समय नहीं दिया जा रहा था।

सुधा बुत की तरह खड़ी थी। उनके पीछे की जनता भी चुपचाप खड़ी थी। उत्सुकता से सभी आँखें स्थिर हो गयी थीं। वे लोग एक नये ढंग का नाटक देख रहे थे।

माधवी ने अचानक कहा - ठीक ही तो कह रही है। दीदी, आज यह सब रहने दीजिए। लड़की इस समय काफी परेशान है। माँग में सिंदूर तो है ही। तुम इसे शांखा पॅला पहना दो।

उसने सुधा को इशारा किया और खुद ही सुधा के हाथ से थाल लेकर नीचे रख दिया। उसके बाद औरों से कहने लगीं - ओ, सान्याल मौसी, ओ इला दी - अभी तुम लोग जाओ, भीड़ कम करो। क्या देख रही हो ? मेरी समझ में नहीं आ रहा है। तिथि तो अब यहाँ रहने ही आयी है, तुम लोग उससे दो दिन बाद आकर मिल लेना। देख नहीं रही, उसकी तबीयत ठीक नहीं लग रही है।

उनकी आवाज में आदेश था। भीड़ एकदम से छँट गयी। चुपचाप नहीं, तरह-तरह की बातें करते हुए वे सब चली गयीं। जाते वक्त भी कुछ महिलाएँ झाँककर तिथि को देखना चाह रही थीं। तिथि ने एक को कहते सुना - हे राम, लगता है यह लड़की एक कपड़े में चली आयी है। शाम के समय यह कैसी मुसीबत है?

तिथि उस समय घुटनों के बल फर्श पर बैठी हुई थी। सुधा भी बुत की तरह बैठी थीं। लग रहा था कि उनकी साँस भी नहीं चल रही है, और सोचने-समझने की शक्ति उनमें नहीं रह गयी है। माधवी ने उनके हाथ में शांखा-पॅला देते हुए कहा - अरे दीदी, तुम भी उन लोगों की बातों पर ध्यान दे रही हो। लेकिन उन्हें कैसे पता चला यही सोच रही हूँ । लो...लो...यह पहना दो उसे। उसके बाद बहू को कुछ खाने को दो। मुँह देखकर लग रहा है सारा दिन इसने कुछ नहीं खाया। कैसे माँ, माँ कर रही है। अरे, देखो भी। आज से तुम्हीं इसकी माँ हो।

सुधा ने तिथि को शांखा-पॅला पहना दिया। उसके पतले हाथों के लिए दोनों ही काफी बड़ी थीं लेकिन भारी नहीं थीं। शांखा-पॅला में कोई भी असली नहीं था, दोनों ही प्लास्टिक के थे। तिथि ने सुधा को प्रणाम किया। सुधा ने बड़बड़ाकर क्या कहा, कुछ समझ में नहीं आया। माधवी को भी प्रणाम किया। माधवी ने उसकी ठुड्डी पकड़कर लंबी साँस लेते हुए कहा - अरे, यह तो एकदम बच्ची है।

तिथि का चश्मा आँसुओं से धुँधला हो गया । माधवी ने सुधा की तरफ देखते हुए कहा - यह जरा लेटकर आराम कर ले। क्यों दीदी, ठीक है ना ?

लेकिन तब भी तिथि को आराम करने के लिए वक्त नहीं मिला।

पार्थ इतनी देर तक बगलवाले कमरे में पलंग पर पैर झुलाए बैठा हुआ था। उसने दूसरों को वरण करते हुए देखा था। वह देखना चाहता था कि उसकी माँ तिथि का वरण कैसे करती है लेकिन उसे शर्म आ रही थी। मन ही मन उसे गर्व भी हो रहा था कि उसकी खातिर एक लड़की अपना घर छोड़कर चली आयी थी और उसकी माँ, भाभी और पड़ोसिनें मिलकर उसका वरण कर रही थीं। पूरी घटना उसे फिल्मी लग रही थी। इसके अलावा उसका मन कह रहा था कि अभी उसका उस कमरे में जाना

ठीक नहीं होगा। वहाँ जो कुछ भी होगा वह औरतों का मामला है और तिथि भी अजीब महसूस करेगी। पार्थ ने सोचा कि ऐसे में अगर वह उस कमरे में गया तो मामला और जटिल हो जाएगा और सब उसे हैरत-भरी निगाहों से देखेंगी। बेहतर होगा कि उसकी माँ जो कर रही हैं, उन्हें करने दिया जाये। और फिर माधवी दी तो थीं ही। वे अकेले ही कोई भी काम निपटा लेती हैं।

सबके जाते ही पार्थ खड़ा हो गया। अपना झोला लेकर उसने दूसरे कमरे में घुसते हुए सुना कि माधवी दीदी तिथि को आराम करने की सलाह दे रही हैं। उसने विरोध करते हुए कहा - नहीं-नहीं, तिथि मेरे साथ जरा बाहर जायेगी।

- अरे, अभी कैसे निकल सकती है ? देख नहीं रहा , अभी वह खड़ी भी नहीं हो पा रही है। - माधवी ने कहा।

पार्थ ने बेचैन होकर कहा - नहीं, माधु भाभी, थोड़ी खरीदारी करनी है। तिथि को मेरे साथ जाना होगा, चलो तिथि...। वह एक पल भी अब ठहरना नहीं चाहता था। तिथि का हैरान होने का भी वक्त नहीं था। बल्कि उसे भी लगा कि अभी इस घर से निकलकर उसे थोड़ी राहत ही मिलेगी।

माधवी ने मना किया था, पार्थ ने उनकी बात न सुनते हुए तिथि का हाथ पकड़कर उसे खींचा - ओह, तिथि चलो भी।

सुधा की समझ में सब कुछ आ गया। उन्होंने पार्थ से शांत होकर कहा - रुक, उसे इस तरह से मत खींच। निकलना ही है तो कुछ खाकर निकलो। सीमा, तिथि को एक केला लाकर दे दो।

केला खाते हुए तिथि को लगा कि उसे सचमुच बहुत भूख लगी थी। लेकिन वह जल्दी-जल्दी खा भी नहीं पा रही थी। निगलते वक्त उसके गले में फँस रहा था। पार्थ भी केला खा रहा था, लेकिन तिथि को लग रहा था कि सब उसी का खाना देख रहे थे। अनजाने में ही वह बहुत सचेत हो गयी थी। वह मुँह बंद करके खाने की कोशिश कर रही थी। लेकिन नरम केला भी वह नहीं खा पा रही थी।

पार्थ तिथि को लेकर घर से थोड़ी दूर निकल चुका था। वे रास्ता पार कर मैदान में चल रहे थे। वह मैदान दीवारों से घिरा हुआ था। पार्थ दीवार पर बैठता हुआ बोला - बैठो।

- यहाँ, यहाँ क्यों आए हो ? - तिथि ने चारों तरफ देखते हुए कहा। उस जगह बहुत अँधेरा था और सुनसान भी। थोड़ी दूर डायमंड हार्बर रोड पर लाल हैलोजेन का प्रकाश फैला हुआ था। तिथि का शरीर काँपने लगा।

पार्थ ने सिगरेट सुलगा ली। सिगरेट का कश लगाते हुए वह खाँसने लगा, कहा - थोड़ी देर बैठो ना, उसके बाद हम लोग घर लौट चलेंगे। मच्छर काट रहे हैं क्या ?

- मुझे यहाँ क्यों लाये हो ?

पार्थ फिर भी वहीं बैठा रहा। सिगरेट के कुछ कश लगाने के बाद उसने कहा - तिथि, पिताजी के घर लौटने के बाद घर में कोई न कोई झमेला होगा। मैं उस झमेले से बचना चाहता हूँ। मेरे पिताजी नाराज होने पर होश गवाँ बैठते हैं। तुम पिताजी से पहले मिली नहीं हो, इसलिए तुम्हें अच्छा नहीं लगेगा। अच्छा होगा माँ खुद उन्हें सब कुछ समझा दे, उसके बाद हम चले जायेंगे।

तिथि को घृणा हो रही थी। जब तिथि को यह समझ में आया कि पार्थ उसे घर से बाहर घुमाने के लिए नहीं लाया है, बल्कि घर से भागकर आया है, उसकी आँखों से आँसू नहीं बल्कि आग निकलने लगी। आखिर वह किसके लिए घर छोड़कर आयी है ? कैसे आदमी से वह प्यार करती है ? क्या वह आदमी है भी ? तिथि को अच्छी तरह पता है कि जिस तरह से वह इस घर में आयी है, वह ठीक नहीं है। पार्थ ने उससे शादी तो कर ली है लेकिन वह खुद अपने पिता पर निर्भर है, और उन्हीं से सारी बातें उसने छिपा कर रखी है। शायद इन सारे अपराधों के लिए वह माफ करने के भी लायक नहीं है। लेकिन इन हालातों का मुकाबला करने के बजाय पार्थ का उसे लेकर घर से भाग आना और अँधेरे में छुपकर बैठे रहना उसकी सारी योग्यताओं को उजागर कर रहा था।

तिथि ने किसी तरह से कहा - तुमने तो कहा था कि जो भी होगा तुम उसका सामना करोगे। फिर माँ को अकेले छोड़कर भाग क्यों आए ?

पार्थ ने लाचार होकर कहा - माँ अकेली नहीं हैं, रुम्पा की माँ भी तो है। झमेला सलटाने में माधु भाभी बहुत उस्ताद हैं। वे पिताजी का गुस्सा ठंडा कर देंगी। चिंता मत करो तिथि सब कुछ ठीक हो जायेगा।

तिथि को फिर चक्कर आने लगा। शायद केला पचा नहीं था। उसने डकार दबाते हुए कहा - माधु भाभी तुम लोगों की क्या लगती हैं ?

- कोई भी तो नहीं। वे तो ऊपर रहती हैं। लेकिन वे मुझसे और सीमा से बहुत प्यार करती हैं। माधु भाभी का दिल बहुत बड़ा है। जानती हो उन्होंने घरवालों की मर्जी के खिलाफ सलिल भइया से शादी की थी। इसीलिए माधु भाभी अब भी अपने घर नहीं जा पाती हैं।

तिथि ने सोचा कि अच्छा ही हुआ जो यहाँ अँधेरा था, जिससे वे लोग एक-दूसरे का चेहरा नहीं देख पा रहे थे।

उस दिन आलोक के घर लौटने के बाद माधवी ने ही उन्हें समझा-बुझाकर बात करने की कोशिश की थी। जब कोई बड़ी जिम्मेदारी ले लेता है तो बाकि लोग एक तरफ खड़े हो जाते हैं। सुधा भी चुपचाप एक तरफ खड़ी थीं। सीमा दीवार की ओर मुँह करके लेटी हुई थी। उस समय दौड़कर माधु भाभी को बुलाकर लाने के बाद से ही वह इसी तरह लेटी हुई न जाने क्या सोच रही थी।

आलोक कुछ भी सुनने को तैयार नहीं थे। लेकिन गुस्से में कमरे के एक सिरे से दूसरे तक चलकर वे बेहद थक चुके थे। रात के दस बजे जब तिथि और पार्थ घर लौटे तब भी माधवी नीचे ही बैठी थीं। बरामदे में खड़ी होकर वे पानी पी रही थीं। सुधा रसोई घर में थीं। उन लोगों के भीतर आते ही माधवी ने मुँह फुलाकर इशारा किया कि पिताजी अंदर गुस्से में बैठे हुए थे। उन्होंने धीरे से कहा - तू पहले मत जाना। पहले तिथि को अंदर जाकर उन्हें प्रणाम कर लेने दे।

तिथि को समझ में आ गया था कि पार्थ पहले अंदर नहीं जानेवाला था। इसलिए पहले वही कमरे में गई और आलोक के सामने सिर झुकाकर खड़ी हो गयी। वे पैर झुलाकर पलंग पर बैठे हुए टीवी देख रहे थे। गर्मी होने की वजह से उन्होंने अपनी लुंगी भी समेट रखी थी। अचानक तिथि को देखकर वे चौंक उठे। उसके बाद उन्होंने घुटनों के ऊपर से खींचकर लुंगी नीचे कर ली।

उनकी निगाह तिथि की ओर नहीं थी, बल्कि वे पार्थ को ढूँढ़ रहे थे।

इसी बीच तिथि ने कब उनका पैर छू लिया, उन्हें पता ही नहीं चला। दरवाजे के करीब पार्थ को देख वे चिल्ला उठे - निकल जा...चला जा...मेरी आँखों के सामने से तुरंत दूर चला जा, नामुराद...तू इसी वक्त मेरा घर छोड़कर चला जायेगा।

माधवी दौड़कर उनके पास आयीं और बात को बदलने की कोशिश की। उन्होंने कहा - अरे, यह क्या भइया, तिथि ने आपको प्रणाम किया। आपने उसे आशीर्वाद नहीं दिया। उसकी तो कोई गलती नहीं है।

आलोक पूरी ताकत से चिल्ला रहे थे। माधवी ने अपनी बुद्धि से उन्हें शांत कर दिया। अलोक ने एक नजर तिथि की ओर देखा फिर मुँह फेरकर कहा - हाँ, ठीक कह रही हो। मैं तो...हाँ...ठीक है...हाँ, हाँ...उसे आशीर्वाद क्यों नहीं दूँगा ?...फिर चिल्ला उठे - मगर यह पापी मेरे सामने न आये। मैं इसका चेहरा तक नहीं देखना चाहता।

सुधा रो रही थीं। रोते हुए वे खुद को समझा रही थीं - अब मुझसे बर्दाश्त नहीं होता। आखिर भगवान मुझे किस गलती की इतनी सजा दे रहे हैं ?

पार्थ सिर झुकाए खड़ा था। वह जानता था कि इसी तरह उसकी नैया पार हो सकती है। माधवी ने उसे धकेलते हुए कहा - सिर झुकाए क्या खड़ा है। शादी करके बहू घर लाया है, पिताजी का आशीर्वाद नहीं लेगा ?

उनके कहने में एक इशारा था। पार्थ एक मिनट रुककर थोड़ा आगे बढ़ा। आलोक के पैरों की तरफ झुका। -नहीं, नहीं।...मुझे इसका प्रणाम नहीं चाहिए। - कहते हुए आलोक ने झटके से पैर हटा लिया। उनका पैर पार्थ के घुटने में लगा।

पार्थ एक झटके से खड़ा हो गया। सुधा की तरफ देखते हुए उसने धमकाते हुए कहा - माँ, मेरा बक्सा खाली करके दे दो। हम लोग चले जायेंगे।

सुधा जोर-जोर से रोने लगीं। उसके बाद आलोक के पास जाकर अपना सिर

पीटते हुए कहने लगीं - हाँ, हाँ, चला जा। बाप होकर यही तो करेंगे। जिस दिन बेटा बहू लेकर घर आया, उसी दिन उन्हें घर से निकाल दिया। दो-एक दिन भी ठहरा नहीं गया।

पार्थ ने तिथि को खींचते हुए बरामदे में लाकर खड़ा कर दिया और कहा - तुम यहीं रुको। मैं अभी आया। - घर में घुसकर वह बक्सा निकालने लगा। उसका चेहरा एकदम बदल गया था।

माधवी ने सुधा को पकड़ रखा था। सुधा को सँभालना मुश्किल लग रहा था। माधवी ने घबराकर आलोक से कहा - अरे भइया, आखिर मैंने इतनी देर तक क्या समझाने की कोशिश की। क्या मुसीबत है, कोई भी मेरी बात नहीं सुन रहा है। आखिर आज कुछ अपशकुन न घट जाए। अरे भइया, आपने ऐसा किया तो कहीं इस लड़की को अपनी जान न देनी पड़ जाये।

आलोक को भी कुछ समझ में नहीं आ रहा था। उन्होंने सोचा भी नहीं था कि पार्थ इस नाटक को यूँ अपनी तरफ खींच लेगा। माधवी की बात सुनकर उन्हें जरा होश आया तो उन्होंने कहा - आ .क्या ? मैंने तो सिर्फ उससे निकल जाने को कहा है...उसकी पत्नी से तो कुछ नहीं कहा है। अरे, सुनो। मैंने तुमसे जाने के लिए नहीं कहा है। अरे देखो जरा। तुम्हारा नाम क्या है ? तुम घर में आओ, बैठो। सुना।

वे तिथि को आवाज दे रहे थे। पार्थ ने दूसरे कमरे से धमकी भरे लहजे में कहा - तिथि, खबरदार मत जाना। हमलोग यह घर छोड़कर चले जायेंगे।

तिथि ने नहीं सुना। वह धीरे-धीरे चलकर आलोक के पास पहुँच गयी। साफ शब्दों में कहा - मेरा नाम तिथि है। अगर आप मुझे यहाँ रहने दे रहे हैं, तो प्लीज उसे भी रहने दीजिए। अगर आपने उसे निकाल दिया तो भला मैं यहाँ कैसे रह सकती हूँ।

मुझे अपने पति के साथ ही जाना पड़ेगा।

घर में सन्नाटा छा गया था। तिथि को खुद भी समझ में नहीं आया कि वह यह सारी बातें कैसे कह रही थी। शायद ये उसकी बातें नहीं थीं। ऐसा लग रहा था कि वह रटी-रटाई बातें कह रही थीं। ऐसा लग रहा था कि वह किसी और का अभिनय कर रही थी।

आलोक तिथि को देख रहे थे। माधवी ने अपनी आँखें पोंछते हुए कहा - वह ठीक ही तो कह रही है भइया। अब आप गुस्सा मत कीजिए। शांत होकर उन्हें आशीर्वाद दीजिए। अरे सीमा, पार्थ को बुला ला। दोनों ठीक से माँ-पिताजी को प्रणाम करें।

सीमा दिखाई नहीं दी। लेकिन पार्थ बाहर आया था। उसने तिथि के साथ माँ-पिताजी को प्रणाम भी किया। तिथि ने माधवी को फिर से प्रणाम किया, लेकिन पार्थ ने नहीं किया।

रात गहरा गयी थी। माधवी ऊपर चली गयी थीं। खाने-पीने के बाद आलोक सो

गए थे। सुधा का काम अभी खत्म नहीं हुआ था। तिथि को नींद आ रही थी लेकिन उस दिन अभी तक उसका इम्तहान खत्म नहीं हुआ था। काफी देर से पार्थ बेचैन दिख रहा था। जैसे वह मन ही मन किसी वजह से परेशान था। वह अपनी बेचैनी छिपाकर रखना चाहता था लेकिन नहीं रख पा रहा था। तिथि ने पहले ध्यान नहीं दिया था लेकिन जब पार्थ ने उसकी ओर अजीब नजरों से देखा तो वह सब समझ गयी। सीमा उसके पास बैठकर काले फीते से अपनी चोटी बाँध रही थी। तिथि ने उसकी तरफ देखते हुए पूछा - दीदी, मैं, आप और बड़ी माँ एक साथ सो सकते हैं न ?

सीमा का चेहरा खिल उठा । उसने कहा - हाँ, हाँ, क्यों नहीं। हम लोग उस कमरे में जाकर सो जाएँगे। पिताजी और भइया यहाँ सो जायेंगे।

सीमा मानो तिथि की सहमति का इंतजार कर रही थी। ऐसा लग रहा था कि तिथि उनके साथ काफी दिनों से रह रही थी। सीमा ने दूसरे कमरे में जाते हुए कहा - इस्स, पिताजी उस कमरे में सो चुके हैं। असल में हमने सोचा था कि हम तीनों उस कमरे में सो जायेंगे। रुको मैं पिताजी को उठाकर इस कमरे में भेज देती हूँ। तुम्हें बहुत नींद आ रही है न। रुको मैं अभी इंतजाम करती हूँ।

सीमा के जाने के बाद उस कमरे में पार्थ और तिथि को छोड़कर दूसरा कोई भी नहीं था। पार्थ के चेहरे पर मानों किसी ने कालिख पोत दी थी। तिथि ने कुछ कहा नहीं लेकिन उसे देखकर लग रहा था कि वह कह रही हो - छीः ।

4

सबसे छोटे बेटे से बड़ा बेटा यानी केवल अनिल ही माँ-पिताजी को खत लिखा करता । तीन-चार महीने में ही सही, शिवानी को उसकी चिट्ठी से ही कलकत्ता के बारे में सब पता चलता है। अनिल ने ही उन्हें खत लिखकर बतलाया था कि आलोक के बेटे पार्थ ने छिपकर शादी कर ली है। बहू अरूप की बेटी मौसमी की सहेली है। विस्तार से वह सारी बातें नहीं लिख पाया था। पोस्टकार्ड में वह सारी बातें नहीं लिख सकता था, इसलिए कुछ बातें रह गयी थीं।

जब शिवानी वह खत लेकर अघोर के पास गयीं तब उन्होंने उस मामले को खास तरजीह नहीं दी थी। केवल इतना कहा था कि - अरूप की बेटी की सहेली। यानी अरूप की लड़की शादी करने लायक हो गयी है।

आज बरामदे में लाल साड़ी पहने उस लड़की को देख उन्हें नहीं लगा कि वह पार्थ की पत्नी है क्योंकि उसकी उम्र इतनी अधिक नहीं लग रही थी। आजकल उन्हें

कुछ याद भी नहीं रहता है। उन्होंने पूछा - सुधा यह कौन है ?

कलकत्ता में घर छोड़कर ससुराल पहुँची तिथि को पहले ही दिन जो कुछ झेलना पड़ा, उसने उसे काफी समझदार बना दिया था।

आज इस घर में कदम रखने से पहले उसने खुद को तैयार कर लिया था। फिर भी असीम की बातों से उसे काफी तकलीफ पहुँची। क्योंकि उसे किसी ने नहीं बताया था कि असीम का दिमाग ठीक नहीं है।

तिथि को पता था कि उसका परिचय करने की जिम्मेदारी आलोक या सीमा पर नहीं बल्कि सुधा और पार्थ पर पड़ेगी। लेकिन उन दोनों में से कोई भी आगे बढ़ने को तैयार नहीं था।

सुधा से प्रश्न करते हुए शिवानी तिथि की ओर आगे बढ़ी। दूसरे लोग शांत हो गये थे मानो अपना किरदार निभाना भूल गये हों। लेकिन किसे पता शायद उनकी चुप्पी ही उनकी भूमिका में शामिल हो। तिथि ने देर नहीं की और शिवानी को प्रणाम कर लिया। हालाँकि दूसरे लोग तब भी आगे क्या होगा यह देखने के लिए साँस रोके खड़े थे।

शिवानी धीरे से मुस्कुराई, और पार्थ की तरफ देखते हुए कहा - बेटे, इससे परिचय नहीं कराओगे ?

उनकी इस बात में इतना असर था कि सबकी जान में जान आ गयी। पार्थ ने जल्दी से उन्हें प्रणाम किया और उनके कान में कहा - मैंने शादी कर ली है दादी, तुम नाराज तो नहीं हो ?

- अरे मेरे गोपाल। तुम मेरी बहू लाए हो, भला मैं नाराज कैसे हो सकती हूँ।

- इसका नाम तिथि है माँ, आपकी तबीयत तो ठीक है । सुधा सास का पाँव ढूँढ़ने की कोशिश कर रही थीं। सीमा ने जमीन पर गिरे दादी के आँचल को उठाते हुए कहा - माँ यह लो दादी के पाँव। दादी क्या तुम अपने पैर इसलिए ढककर रखती हो कि उस पर धूल न गिरे। तुम इस तरह अपने पैर छुपाकर रखती हो, और सब तुम्हारे पैरों की धूल ढूँढ़ते रहते हैं। - यह कहते हुए सीमा ने दादी को गले से लगा लिया। दादी को प्यार दिखाते हुए उसने कहा - दादी मैं तुम्हें साड़ी पहना दूँगी। ठीक है न।

- पिताजी कैसे हैं ? सुधा ने मुड़कर पूछा। अघोर तब तक थर्मामीटर से अपना बुखार माप चुके थे। आज भी पारा अट्ठानवे से आगे नहीं गया। इसलिए वे काफी निराश थे। वे उदास चेहरा लेकर बाहर आए।

सुधा ने उन्हें प्रणाम करने से पहले सिर पर अच्छी तरह घूँघट डाल लिया। अभी तक केवल उनका जूड़ा ही ढका हुआ था। प्रणाम करके उन्होंने कहा - पिताजी हमसे एक गलती हो गयी है। शायद आपको पता होगा। आपके पोते ने शादी कर ली है।

तिथि की ओर इशारा करते हुए पार्थ दादाजी की तरफ आगे बढ़ा। अघोर देख

रहे थे। उन्होंने कहा - अच्छा ही तो है। अपने आप शादी कर ली है। कागजी शादी ?

पार्थ ने सिर हिलाया। जब तिथि ने उन्हें प्रणाम कर लिया तब उन्होंने कहा - तुम अरूप की बेटी के साथ पढ़ती थी। तुम्हारे पिताजी का नाम क्या है ?

तिथि ने नाम बताया।

अघोर ने ठंडी साँस भरते हुए कहा - ऊँची जाति की है, फिर भी गनीमत है। तुम लोगों ने किसी को बताया क्यों नहीं ? - उन्होंने यह प्रश्न आलोक से किया था। आलोक ने अपने माथे पर हाथ रख लिया। उन्होंने क्या कहना चाहा यह अघोर की समझ में नहीं आया। लेकिन उन्होंने निराश होते हुए कहा - खैर छोड़ो, तुम सब जाकर हाथ-मुँह धो लो। बाद में बातचीत होगी।

- उफ, बच गए। - सीमा बुदबुदायी। वह तिथि के पास आकर खड़ी हो गई और कहा - चलो, तुम्हें सारा घर दिखाती हूँ।

तिथि भी सीमा के साथ जाने को तैयार हो गयी। पर सुधा ने कहा - अरे यह क्या? पहले नहा-धो लो।

- तीन-तीन बाथरूम हैं। तुम लोग जाकर नहा लो। - सीमा ने फौरन कहा - हमलोग बाद में नहा लेंगे। मुझे देर भी लगेगी। - तिथि की तरफ देखते हुए उसने कहा - तुम भी शायद बाद में नहाओगी ?

गाँव में अपने घर आकर सीमा भी काफी बदली हुई लग रही थी। वह अब शरारती बच्ची जैसी लग रही थी। तिथि को अच्छा लग रहा था। वह घूँघट में हँस रही थी।

बरामदे से जाते वक्त उसकी नजर असीम पर पड़ी। असीम उसी की तरफ देख रहा था। इसी आदमी ने उसे देखकर अजीब सा सम्बोधन किया था। उसने इससे पहले कभी अपने लिए लड़की संबोधन नहीं सुना था। तिथि ने देखा कि वह आदमी अजीबोगरीब हरकतें कर रहा था। मैला पाजामा पहने हुए वह तेल की कटोरी लेकर इस तरह से झुककर खड़ा था मानों खड़े होने की प्रक्रिया अभी पूरी नहीं हुई थी। सीमा ने फिर तिथि के कानों में फुसफुसाकर कहा - मेरे छोटे चाचा हैं। दिमाग ठीक नहीं है। फिर भी तुम इन्हें प्रणाम करो।

उसके बाद उसने असीम की तरफ देखते हुए कहा - क्यों छोटे चाचा। अभी तक नहाने नहीं गए। यह देखो भइया की बीवी, तुम्हें प्रणाम करने आयी है।

तिथि के प्रणाम करते ही असीम पहले घबरा गया। फिर तेल से सने अपने दाहिने हाथ को तिथि के सिर पर रखते हुए कहा - सदा सौभाग्यवती रहो।

सीमा के साथ घूमते हुए तिथि पूरा मकान देख रही थी। मकान काफी बड़ा था और कमरे भी बड़े-बड़े थे। कुछ मध्यम आकार के भी थे। हर कमरे में लकड़ी के सामान थे जो काले पड़ चुके थे। दीवारों पर मोटी फ्रेमवाली तस्वीरें लगी हुई थीं।

अधिकतर तस्वीरों पर धूल की इतनी परतें पड़ चुकी थीं कि किसी को पहचानना मुश्किल था। उन कमरों में तिथि को अजीब सी गंध महसूस हो रही थी। सिर पर लगे पुराने तेल की तरह। थोड़ा मीठा, थोड़ा कड़वा।

दाहिनी तरफ दो कमरे थे जिनमें से एक में अघोर रहते हैं। उसके बाद एक खुला हुआ बरामदा। सीढ़ी से ऊपर आने के बाद तिथि ने पहले यहीं कदम रखा था। बरामदे के करीब आलोक के कमरे के पास ही एक बाथरूम था। यही सबसे बड़ा था। बरामदे के बाद दो छोटे कमरे थे, इन कमरों के पूरब में थोड़ी सी खुली जगह थी। यह भी बरामदे का ही हिस्सा था। दूसरी तरफ का बरामदा थोड़ा छोटा था। इसे घेरकर एक कमरा और भी था। जिसमें असीम के साथ शिवानी रहती थीं। रसोई और खाने का कमरा अलग था और दोनों ही काफी बड़े थे। रसोई में मिट्टी का चूल्हा था। इतना बड़ा चूल्हा तिथि ने पहले नहीं देखा था। अधिक लोग होने पर खाना इसी पर बनता था। रोज के लिए छोटा चूल्हा भी था। दूसरी तरफ पूजा का कमरा था। दादीजी वैष्णवी थीं। पूजाघर में पीतल के झूले पर उनके गोपाल झूलते रहते। इन कमरों के पूरब में लंबे बरामदे थे जो दक्षिण की तरफ पतले होकर त्रिभुज के कोण की तरह मिल गये थे। ये बरामदे उत्तर पश्चिम की ओर चले गये थे जहाँ दो और बरामदे थे।

सीमा बड़े उत्साह के साथ तिथि को पूरा घर दिखा रही थी। उसने कहा - देखा। कितना बड़ा मकान है ? मेरा जन्म यहीं हुआ था। और देखो कलकत्ता में कैसे टूटे-फूटे मकान में हम लोग पड़े हुए हैं। सुनकर कोई विश्वास ही नहीं करता कि गाँव में हमारा इतना बड़ा मकान है। सच, जल्दी से यकीन नहीं आता, बहुत बड़ा मकान है। दूसरे तल्ले के मुकाबले पहले तल्ले में काफी सन्नाटा था। सीमा पीछे की सीढ़ियों से नीचे उतरकर तिथि को वह भी दिखा लाई। वहाँ बड़े-बड़े दरवाजे थे लेकिन कमरे बंद होने की वजह से तिथि का दम घुट रहा था। सीमा ने बताया कि इन कमरों में पुराने बर्तन, बिस्तर और चावल दाल ही नहीं दुकान का सामान रखा हुआ था। थोड़ी देर बाद ऊपर जाते हुए तिथि ने कहा - आओ दीदी। छत पर नहीं जा सकते हैं क्या ?

बरामदे में खड़े होकर तिथि ने देखा मकान में तीन अलग-अलग छतें थीं । छत के किनारे रेलिंग भी नहीं थी। उसे ऊपर जाने के लिए कोई सीढ़ी भी दिखाई नहीं दे रही थी।

सीमा ने कहा - छत पर ? शायद एक सीढ़ी है। उसे लगाकर हम जा सकते हैं। पर मैं कभी गयी नहीं हूँ।

शिवानी व्यस्त होकर काफी दौड़धूप कर रही थीं। घर में खाना बनानेवाली एक महराजिन थी जिसे उन्होंने तरह-तरह के निर्देश देकर व्यस्त कर रखा था। बीच-बीच में वे दो-दो बरामदे पार कर सुधा के पास जा रही थीं। सुधा अभी तक नहाने नहीं जा पायी थीं। तीन बाथरूम थे जिनमें अलोक, पार्थ और असीम घुस गये थे।

पूरा मकान घूमते-घूमते अचानक तिथि और शिवानी का आमना-सामना हुआ । शिवानी का आँचल सीमा ने उनकी कमर में खोंस दिया था। उनके चेहरे पर हँसी थी। तिथि ने ऐसी हँसी पहले नहीं देखी थी। शिवानी के चेहरे पर झुर्रियाँ पड़ चुकी थीं, और हर झुर्री से हँसी टपक रही थी। उन्होंने तिथि को हाथों के इशारे से अपने पास बुलाया।

सीमा ने आगे बढ़कर पूछा - क्या है दादी ?

शिवानी ने हँसते हुए उससे धीरे से पूछा - क्यों रे सीमा, पार्थ ने घर बनवा लिया है क्या ?

- नहीं तो। - सीमा समझ गयीं वह क्या पूछना चाहती थीं। - हम लोग तो किराये के मकान में रहते हैं। घर कैसे बनवा सकते हैं ?

- तो बीवी के साथ किस कमरे में रहता है रे। तुम लोगों के तो केवल दो ही कमरे हैं ?

तिथि के कान गर्म हो उठे। - सीमा ने हँसते हुए कहा - नहीं, वह हमारे साथ ही सोती है। मैं, माँ और तिथि एक कमरे में सोते हैं और पिताजी के साथ भइया दूसरे कमरे में सोते हैं।

शिवानी बेवकूफ की तरह देखती रह गयीं। तिथि को समझ ही नहीं आया कि वह क्या करे। वह बिना वजह घूँघट खींच रही थी और आँचल समेटने की कोशिश कर रही थी। उसे साड़ी पहनने की आदत नहीं थी लेकिन उसे कोई दिक्कत भी नहीं होती। हाँ, गर्मी जरूर लगती है।

शिवानी ने धीरे से कहा - मेरे सामने सिर ढकने की जरूरत नहीं है। क्या तू मेरे पोते से प्यार करती है ? -शिवानी पैर घसीटते हुए तिथि के पास चली आयीं। और धीरे से तिथि के कान में कहा - मुझे सब बताना होगा।

उनके मुँह से पान की गंध आ रही थी। तिथि को हँसी आ गयी।

5

तिथि चारों ओर घूम रही थी, सबसे बातचीत भी कर रही थी। दूसरों की तरह खा-पी रही थी और सो भी रही थी। लेकिन न जाने क्यों उसके अंदर चैन नहीं था। उसे देखकर यह अंदाजा लगाना मुश्किल था कि उसके अंदर क्या चल रहा है। खुद तिथि को भी समझ नहीं आ रहा था कि उसके भीतर इतनी बेचैनी क्यों मची हुई है।

इस घर में आये दो दिन हो चुके थे। मगर तिथि को न जाने कौन सा डर सता

रहा था। उसके साथ कोई बदतमीजी से पेश नहीं आया था। सिर्फ असीम कभी-कभी उसकी तरफ भौंहें तिरछी करके देखा करता था, जैसे उसे पहचान नहीं पा रहा हो। एक दिन उसे बाथरूम जाना था लेकिन अंदर कोई था। वह बरामदे के उस पार दूसरे बाथरूम की ओर जाने लगी। तभी असीम अपने कमरे से चिल्लाने लगा - कौन है रे ? कौन है ? तिथि घबरा गयी। उसे समझ में नहीं आया कि वह जवाब दे या नहीं। उसके बाद रुककर उसने किसी तरह कहा - मैं तिथि।

असीम पहचान नहीं सका। इसलिए गुस्से में कहने लगा - कौन तिथि, तिथि कौन? यहाँ क्यों आयी है ? सुन, इधर आ।

असीम अपने कमरे में खड़ा था, आज भी उसने वही पाजामा पहन रखा था। देह पर हाफ शर्ट डाल रखी थी। तिथि बरामदे के बीच में खड़ी थी। डर के मारे उसे और जोर से हाजत लग गयी, लेकिन उसे डर था कि कहीं वह आगे बढ़ी और पीछे से असीम चला आया तो क्या होगा।

वैसे असीम के कमरे में शिवानी भी सोया करती थीं। लेकिन उस दिन न जाने क्या काम पड़ गया कि वे पूजा घर में सो गयी थीं। असीम दोबारा चिल्लाया तो उनकी नींद टूट गयी। वे असीम के कमरे की तरफ देखने लगी।

- क्या हुआ रे ? ओह तिथि। क्या हुआ ? - शिवानी पूछने के साथ ही समझ गयी कि माजरा क्या है। वे पूजा-घर से निकलकर असीम के कमरे की ओर चल दीं।

- क्या हुआ असीम। तू पार्थ की बीवी से क्या कह रहा है ?

- पार्थ की बीवी। पार्थ की बीवी कहाँ से आ गयी ? अभी तो मेरी शादी नहीं हुई है...

शिवानी उसके सिर पर हाथ रखकर उसे न जाने क्या समझाने लगीं। तिथि फिर वहाँ नहीं रुकी। जल्दी से बाथरूम चली गयी।

लेकिन असीम की तो दिमागी हालत ही ठीक नहीं थी। उसे छोड़कर घर के दूसरे लोगों ने जिस तरह से तिथि को अपनाया था, उसके लिए तिथि को खुद को खुशकिस्मत समझना चाहिए। उसे खुद भी इतनी उम्मीद नहीं थी। फिर भी तिथि को शांति नहीं मिल रही थी। वह केवल यही सोचती कि आखिर वह कहाँ आ गयी है। ये लोग कौन हैं ? वह कौन है ? यह विशाल मकान उसे अपने जाल में फँसाता जा रहा था। इसके कमरों की वह पुरानी सी महक और लाल फर्शवाले बरामदों के साथ इस घर के लोग उसे जन्म-जन्मांतर के सपने जैसे लगते ।

वह खुद को इसलिए भी बेसहारा महसूस कर रही थी क्योंकि यहाँ आने के बाद से वह पार्थ से बिल्कुल बात नहीं कर पा रही थी। पार्थ सुबह होते ही पूजा की खरीदारी करने के लिए बाजार निकल जाता और दोपहर को काफी देर बाद लौटता। खाने-पीने के बाद वह दोबारा निकल जाता और शाम ढलने के बाद घर लौटता।

तीसरे दिन खाना खाने के बाद तिथि पार्थ के पास चली गयी। कमरे में तब तक कोई और नहीं आया था।

उसने शिकायत करते हुए कहा - तुम मुझसे इतना दूर-दूर क्यों रहते हो ?

पार्थ लेटा हुआ था। तिथि की तरफ देखते हुए उसने कहा - नहीं तो। भला दूर क्यों जाऊँगा ? खुद को बहुत अकेला महसूस कर रही हो न ? तिथि की गोद में हाथ रखता हुआ बोला - बहुत काम है तिथि। सब अकेले ही करना पड़ रहा है। हर बार ऐसा ही होता है। दुर्गा पूजा करना बहुत आसान नहीं है।

- मुझे अपने साथ ले लो ना। मैं मदद करूँ ?

पार्थ ने सिर हिलाते हुए कहा - यह सब तुम्हारा काम नहीं है तिथि। सब बाहर के काम हैं। दिन-भर घूमना पड़ता है। बल्कि घर में भी बहुत काम है। माँ ने शायद वह काम शुरू नहीं किया। मैं माँ से कह देता हूँ। तुम माँ की मदद करो।

तिथि ने सिर हिलाया। उसने गोद में रखे पार्थ के हाथ को अपनी उँगलियों से पकड़ रखा था। उसके चेहरे पर एक अजीब सी उदासी छायी हुई थी। पार्थ ने उससे प्यार से पूछा - तिथि, तुम्हारी तबीयत तो ठीक है ?

तिथि ने इनकार किया। लेकिन असल में वह बीमार थी। उसकी जीभ रह-रहकर सूख रही थी और साँस गरम हो जाती थी। हालाँकि उस समय ऐसा कुछ नहीं हो रहा था। लेकिन उसे कमजोरी महसूस हो रही थी। रात को उसे बुखार भी हो जाता था पर उसने पार्थ को नहीं बताया। वैसे भी उसे काम से फुर्सत नहीं थी। ऐसे में अपनी बीमारी के बारे में उसे बताना तिथि को ठीक नहीं लगा। तिथि का मन कर रहा था कि आज दोपहर को पार्थ बाहर न जाये। वह उसकी गोद में सिर रखकर सोना चाहती थी।

रात को सोने में यहाँ काफी देर हो जा रही थी। दक्षिण की ओर बड़े कमरे में सबके एक साथ सोने का इंतजाम था। खिड़की के पास आलोक, उसके बाद सुधा और सीमा। सीमा के बाद तिथि और उसके पास पार्थ सो रहा था। सबके एक साथ सोने की बात पहले तिथि को अच्छी नहीं लगी। लेकिन बाद में उसने सोचा कि पूजा के कारण वैसे भी घर में काफी भीड़ थी। शायद इसीलिए हर परिवार को एक-एक कमरा दे दिया गया था।

सीमा ने जब शिवानी के सवाल के जवाब में उन्हें यह बताया था कि तिथि उनके साथ सोती है, उस समय तिथि शरमा गयी थी। क्योंकि सीमा नहीं समझ पायी थी कि उसे दादी को यह नहीं बताना चाहिए था कि विवाहिता होने के बावजूद तिथि अपने पति के साथ नहीं सोती है। लेकिन तिथि के इस फैसले ने शालीनता का काम किया है, शायद किसी ने यह नहीं समझा। कलकत्ता में अपने घर में शादी के बाद पहले ही दिन पार्थ द्वारा एक साथ रात गुजारने की फरमाइश को कैसे उसने घृणा के साथ अस्वीकार कर दिया था। क्योंकि अगर वह और पार्थ एक कमरे में सो जाते तो आलोक, सुधा

और सीमा को एक कमरे में सोने में दिक्कत होती। उस घर का फर्श इतना नीचा और सीलन भरा था कि फर्श पर कुछ बिछाकर सोना मुमकिन नहीं था। तिथि को यह सोचना भी मंजूर नहीं था कि एक कमरे में उसके सास, ससुर और ननद तकलीफ में सोएँ और दूसरे कमरे में वह और उसका पति आराम से सोए। इसीलिए उसने सुधा और सीमा के साथ सोने का फैसला लिया था। अब भी तीन लोगों को एक बिस्तर पर सोने में तकलीफ होती थी लेकिन तिथि को लगा था कि उसने यह फैसला लेकर सब को एक अशोभनीय ख्याल से आजाद कर दिया था।

उसे खुद भी आश्चर्य हुआ जब उसने देखा कि पिछले पाँच-छह महीनों में सब इस इंतजाम के आदी हो गये थे। सीमा इस इंतजाम से खुश थी, अलोक इस बारे में अपना दिमाग ही नहीं खपाते और सुधा कुछ कहती ही नहीं। हालाँकि अकेले में पार्थ उसे अपना फैसला बदलने के लिए जोर देता था लेकिन उसके पास कोई दूसरा विकल्प भी नहीं था। तिथि भी अपने फैसले पर अड़ी हुई थी।

तिथि को मालूम था कि जो कुछ भी हो रहा था वह ठीक नहीं है। शादी के बाद वह अपने पति के साथ नहीं रहती थी, यह कोई छोटी बात नहीं थी। लेकिन वह कुछ कर भी नहीं सकती थी। शादी के पहले भी उसे पता था कि उनके लिए कोई अलग कमरा नहीं है। इस बारे में उसने शर्म को अनदेखा करते हुए सवाल भी किया था। पार्थ की सांत्वना से उसे राहत मिली थी। लेकिन पार्थ के पास झूठा आश्वासन देने के सिवा कोई दूसरा चारा नहीं था।

इस बीच एक रात पार्थ और तिथि एक साथ सोए जरूर थे लेकिन उनके साथ सुधा भी थी। उस दिन घर लौटने के बाद पार्थ ने दो बार उल्टी की थी। तिथि बेचैन हो गयी थी और सुधा भी। अचानक तिथि ने सुना कि पार्थ सीमा से कह रहा था - आज तू और पिताजी उस कमरे में सो जा। मैं, माँ और तिथि के साथ इस कमरे में सोऊँगा। मेरी तबीयत ठीक नहीं है, रात को उठना पड़ सकता है।

पार्थ ने शायद सच ही कहा था। लेकिन तिथि को शक हुआ था। पार्थ के लिए बेचैन रहनेवाला मन अब शांत हो चुका था। लेकिन उसने जो सोचा था वही सही था। सुधा बिस्तर पर एक तरफ मुँह करके लेटी थी। बीच में पार्थ और दूसरी तरफ तिथि सोयी थी। उस रात मुँह बंद करके उसे सीने में ही नहीं कमर के ऊपर और नीचे न जाने कितनी जलन सहनी पड़ी थी। पार्थ ने उसके शरीर से एक पल के लिए भी अपना हाथ नहीं हटाया था। सुधा भी एक बार के लिए भी इस तरफ नहीं मुड़ी थीं। तिथि ने खुद को समझाने की कोशिश की थी कि यह भी उसकी विवाहित जिंदगी का ही एक हिस्सा है।

पार्थ ने उसे भोर में ही छोड़ा था। वह साड़ी-ब्लाउज ठीक करने के बाद पार्थ के पैरों की तरफ सिमटकर सो गयी थी। पार्थ अब सो सकता था लेकिन उसे तो समय से

बिस्तर छोड़ना ही था। उसके पहले थोड़ा सो लेना जरूरी था।

इस घटना के बाद उसने कई दिनों तक पार्थ से बात नहीं की थी। सीमा ने उससे और पार्थ से बात-चीत बंद कर दी थी। सुधा स्वाभाविक थी। बाद में सब कुछ स्वाभाविक हो गया।

गांव के मकान में एक साथ सोने का इंतजाम देखकर पहले तो तिथि शर्माई थी लेकिन उसे भी ताज्जुब हुआ जब उसे लगा कि अंदर ही अंदर उसे खुशी हो रही है। दरअसल एकदम अनजानी जगह और अनजाने हालात में उसे पार्थ की जरूरत महसूस हो रही थी। लेकिन न जाने क्यों उसे लग रहा था कि पार्थ उससे काफी दूर चला गया है। यही वजह है कि रात-भर पार्थ को अपने करीब पाने का ख्याल अच्छा लग रहा था। भले ही दूसरे लोग भी साथ में थे।

पार्थ ने भी उसे रात में परेशान नहीं किया। शायद उसने बड़ी मुश्किल से खुद को सँभाल लिया था। इसके अलावा दिन-भर की मेहनत ने उसे काफी थका भी दिया था। तिथि तकिए पर से सिर हटाकर धीरे से पार्थ के सीने पर रख देती। पार्थ भी उसके सिर को प्यार से जकड़ लेता। अँधेरे में तिथि को यह महसूस होता कि उसकी बगल में सीमा सोयी नहीं है। लेकिन पार्थ के सीने पर थोड़ी देर तक सोये रहने के बाद तिथि वापस अपना सिर तकिए पर रख देती। पार्थ उस वक्त सोया होता । तिथि उस वक्त सीमा की साँस सुनकर यह महसूस करती कि वह तब भी जगी हुई है।

सीमा पहले दिन जिस उत्साहं के साथ तिथि को पूरा घर दिखा रही थी, दूसरे दिन उसका वह उत्साह नजर नहीं आ रहा था। तिथि को यह अच्छा नहीं लगा। उसने सोचा कि आज की रात वह पार्थ को नहीं छुएगी। लेकिन सारा दिन वह पार्थ का ही इंतजार करती रहती । रात में पार्थ के सीने पर अपना सिर रखने का उसे बेसब्री से इंतजार रहता।

दोपहर का समय हो गया था। पार्थ बाहर जा चुका था। अघोर और असीम अपने-अपने कमरे में सो रहे थे। आलोक भी। शिवानी आज बड़े कमरे में सीमा के पास सो रही थीं। थोड़ी देर पहले सीमा उससे बात कर रही थी लेकिन अब किसी की आवाज सुनायी नहीं दे रही थी। शायद सब सो चुके थे।

तिथि पलंग के एक किनारे बैठकर अपनी साड़ी का आँचल ठीक कर रही थी। नायॅलन की यह साड़ी उसे शिवानी ने दी थी। उनके यहाँ आने के एक दिन बाद शिवानी ने किसी से यह साड़ी मँगवायी थी। तिथि को देते हुए उन्होंने कहा था - तेरी सास अचानक बहू लेकर आ गयी। मुझे कुछ खरीदने का समय भी नहीं मिला। देखो तो तुम्हें यह पसंद है या नहीं।

तिथि को साड़ियों की समझ नहीं है। वह केवल रंग देखती है। हल्का गुलाबी रंग था। उस पर यह रंग नहीं खिलता लेकिन रंग बहुत प्यारा था। उसने सिर हिलाते हुए

कहा - पसंद है। प्रणाम करके वह साड़ी लेकर अपने कमरे में चली आयी। सीमा ने उसे देखते ही कहा - ए राम, दादी का भी जवाब नहीं है। देना ही था तो सूती की साड़ी दे देती, नायॅलन की साड़ी क्या कोई शरीफ औरत पहनती है। शायद दादी ने सोचा होगा कि अभी नायॅलन की साड़ी का फैशन चल रहा है।

तिथि को इतनी समझ नहीं है। ससुराल में भी उसे साड़ी पहननी पड़ती। लेकिन उसके पास इतनी साड़ियाँ नहीं थीं। ऐसे में वह सुधा और सीमा की साड़ियाँ ही पहनती। यहाँ आने से पहले सुधा ने उसे और सीमा को ताँत की दो-दो साड़ियाँ और ब्लाउज खरीद कर दिया था। और अब उसे एक और साड़ी मिल गयी। साड़ी बुरी नहीं थी। लेकिन किनारी में धागे निकल आये थे। उसे वह मोड़ सकती थी। शिवानी से सुई-सूता माँगकर वह किनारी ही सिल रही थी।

सुधा कमरे में नहीं थीं। उन्होंने दरवाजे पर आकर आवाज लगाई - तिथि जरा मेरे पास आना। पूजाघर में चलते हैं। धीरे-धीरे सजाने का काम शुरू करना होगा।

तिथि ने साड़ी रखकर अपना घूँघट ठीक किया और सुधा के साथ चल दी। घर में सब सो रहे थे, उसे सुधा के सामने घूँघट डालने की जरूरत नहीं थी। फिर भी तिथि ने घूँघट डाल रखा था। आदत डाल लेना अच्छा था। दो दिन बाद लोग आने लगेंगे, यहाँ रिश्तेदारों से उसकी मुलाकात होगी। सुधा ने ही उससे कहा था कि उनके सामने घूँघट डालकर रखना होगा। इसके अलावा तिथि को भी पता था कि और लोगों की तरह उसकी शादी स्वाभाविक ढंग से नहीं हुई है। उसे अब भी पूरी तरह से स्वीकार नहीं किया गया था। तिथि उस कमी को पूरी करने की कोशिश कर रही थी।

पूजा का काम करते-करते तिथि कहीं खो गयी। वह आजकल माँ-पिताजी और घर के बारे में सोचना नहीं चाहती। सोचते ही उसे डर लगने लगता। घर छोड़ आने के बाद उसने कभी घरवालों से संपर्क नहीं किया, उनकी कोई खबर उसे नहीं थी। उसके माँ-पिताजी ने भी उसके बारे में जानने की कोशिश नहीं की। यहाँ तक कि मौसमी के घर जाकर भी कुछ पूछताछ नहीं की।

तिथि अपनी पुरानी जिंदगी को पूरी तरह से भूल जाना चाहती थी। उसे लगता था कि उसके जीवन के उन्नीस-बीस साल का अब कोई अस्तित्व नहीं रह गया है। और इस मकान में आने के बाद उसे यह सच लगने लगा था। पूजा का काम करते हुए उसे ध्यान आया कि उसकी माँ और पिताजी के घर दुर्गा-पूजा नहीं होती थी। माँ ने एक बार बातों ही बातों में बताया था कि घर में दुर्गा-पूजा करना या इलाके में हो रही दुर्गा-पूजा में शामिल होना बड़ी किस्मत की बात है। तिथि ने सोचा कि आज उसे अपनी ससुराल में दुर्गा-पूजा में शामिल होने का मौका मिला है। क्या यह जानकर उसकी माँ को थोड़ी भी खुशी नहीं होती।

रंगीन कपड़े से तिथि छोटे-छोटे झंडे बना रही थी। उसे पहले पता ही नहीं था

कि दुर्गा-पूजा में इस तरह के झंडे की जरूरत पड़ती है। सुधा ने उसे कपड़ा मोड़ने का तरीका बता दिया। उसके बाद एक बक्सा खोलकर उसमें से विभिन्न साइज का डिब्बा निकालने लगीं। किसी को हिलाकर तो किसी को खोलकर देखतीं। उन डिब्बों से एक अजीब सी गंध निकल रही थी जो माहौल को भारी बना रहा थी। बाहर अच्छी-खासी धूप थी लेकिन पूजा के कमरे में अजीब सी ठंडक थी। तिथि को अजीब सा लग रहा था। उसकी साँस गरम हो रही थी।

सुधा ने उसकी तरफ मुड़कर पूछा - कर पा रही हो ? हां, ठीक है। ऐसा ही चलेगा। हर बार सीमा ही यह काम करती थी। - सुधा फिर संदूक में ध्यान लगाया और मन ही मन कहने लगीं - न जाने उसे क्या हो गया है ? सिर्फ लेटी रहती है। वैसे उसके मासिक का समय भी हो गया है। - सुधा ने संदूक बंद कर दिया । तिथि की तरफ देखते हुए कहा - सीमा की तबीयत खराब हो गयी तो तुम्हें और मुझे सारा काम सँभालना होगा। देखो सभी आ गये हैं । लेकिन मुझे और सीमा को ही सब कुछ करना पड़ता है। जैसे पूजा सिर्फ हमारी ही है।

तिथि झंडे बना चुकी थी। उसने मुँह उठाकर कहा - मैं आपके साथ सारा काम कराऊँगी माँ जी। हाँ, बड़ी माँ। मुझे काम दीजिए, और क्या करना होगा ?

- आज अब रहने दो। अब उठो, धीरे - धीरे होता रहेगा।

लेकिन तिथि और काम करना चाहती थी । वह खुद को काम में व्यस्त रखना चाहती थी। उसने जिद करते हुए कहा - नहीं बड़ी माँ, काम बताइए। यकीन मानिए मैं कर लूँगी। आप सिखा देंगी तो मैं जरूर कर लूँगी। बोलिए ना, और क्या करूँ ?

सुधा ने तिथि की ओर ध्यान से देखा। वह सचमुच और काम करना चाह रही थी। खुश होकर उन्होंने एक सूप उतारकर उसमें थोड़ा सा धान डाल दिया और कहा - तो इन्हें चुनकर रख दो। धान को चुनकर इस डिब्बे में डाल देना और छिलका सूप में ही रहेगा। ठीक है ?

सुधा के चले जाने के बाद तिथि मन लगाकर धान चुन रही थी। उसका मन बहुत बेचैन था। बेचैन मन को शांत करने के लिए उसे कहीं न कहीं अपना ध्यान लगाए रखना था। बेचैनी को कम करने के लिए तिथि अपनी साँस तक रोक कर रखना चाहती थी।

बुखार आ रहा था। और पूजा के दिन भी करीब आ रहे थे। पहली बार पूजा के समय तिथि को बुखार हो रहा था। पहली बार वह पूजा के समय कलकत्ता से दूर, अपने घर से दूर थी। तिथि ने खुद को सँभाल लिया। घर से उसका इशारा किस ओर था ? क्या उस घर से जिसे वह हमेशा के लिए छोड़कर चली आयी थी ?

6

पूरा घर लोगों से भर गया था। अलोक के सारे भाई आ गये थे। उनके साथ उनकी पत्नियाँ और बच्चे भी आए थे। पूरे घर का माहौल ही बदल गया था। खाली मकान अब शोरगुल, बातचीत, हँसी, लड़ाई और बच्चों की शोर में डूब गया था। कहीं भी यहाँ तक कि तिथि के दिमाग में भी अब पहले की तरह सन्नाटा नहीं था। कुछ ही दिन में उसे न जाने कितने सवालों का जवाब देना पड़ा था, उसे खुद भी याद नहीं है। उसकी शादी के बारे में अब सबको पता चल गया था। और उसे अपने सामने पाकर कोई भी खुद को उससे सवाल करने से रोक नहीं पा रहा था।

पार्थ के छोटे चाचा अमल और अच्छे चाचा अनिल एक ही साथ अपना-अपना परिवार लेकर आये। जब वे लोग पहुँचे तब तिथि बाथरूम में नहा रही थी। बरामदे के पास ही था बाथरूम। जब वह नहाकर निकली तब सभी बरामदे में ही थे।

बाथरूम में तिथि ठीक से साड़ी नहीं पहन पायी केवल लपेट लिया। यह वही साड़ी थी जो उसे शिवानी ने दी थी। उसने अपने बायें कंधे पर भीगी साड़ी, ब्लाउज और गमछा डाल रखा था। दाहिने हाथ में चश्मा था। बाथरूम से निकलते ही इतने सारे लोगों को देखकर वह चौंक गयी। और चश्मे के बगैर उसे सब कुछ धुँधला-सा दिखायी दे रहा था। चश्मे पर पानी के छींटे थे। उन्हें पोंछे बगैर उसे साफ-साफ कुछ दिखाई भी नहीं देता। फिर भी उसने अंदाजा लगाया कि सभी रिश्तेदार आ चुके थे और वे उसी की ओर देख रहे थे। उसने किसी तरह सिर को साड़ी से ढका।

कुछ देर तक छाये सन्नाटे को तोड़ते हुए शिवानी ने हँसते हुए कहा - बताओ तो कौन है ?

उनका सवाल तिथि के लिए नहीं था बल्कि अपने पोते की बहू के लिए था। वे पैर घसीटते हुए तिथि की ओर चली गयीं। जिनसे उन्होंने पूछा था वे जानते थे कि जवाब भी खुद शिवानी ही देगी। वे उसी का इंतजार कर रहे थे।

- यही तो है पार्थ की बीवी। - शिवानी ने तिथि के पास पहुँचकर उसका हाथ थाम लिया। - अनिल ने जब मुझे खत लिखा था तब मुझे यकीन नहीं हुआ था। लेकिन बाद में मैंने देखा कि सचमुच मेरी बहू मेरे सामने थी। लेकिन तुम लोगों ने भी इसे अब तक नहीं देखा था। देखा, मैंने तुम लोगों को बहू दिखा दी।

अमल की पत्नी का नाम दीप्ति है। वे कहने लगीं - इसका मतलब वह खबर सही थी। मुझे भी जब सुमीता ने खत लिखकर बताया था तब मुझे यकीन नहीं हुआ था। उसके बाद मैंने मझले भइया से भी सुना।

दीप्ति बात खत्म करने से पहले ही अघोर के कमरे की तरफ देखकर अचानक चुप हो गयी। इसी बीच अघोर कमरे से बाहर निकल आये थे, फिर अंदर भी चले गये।

लेकिन दीप्ति को लगा कि यहाँ खड़े होकर अरूप लोगों के बारे में बात करना ठीक नहीं होगा।

हालाँकि सुमीता यानी अनिल की पत्नी को ऐसा नहीं लगा। वह तिथि को बड़े ध्यान से देख रही थीं। उन्होंने कहा - ओह, तो यह है मऊ की वह सहेली।

तिथि चश्मा के बगैर सबके अंदाज का अहसास ही कर पा रही थी क्योंकि उसे साफ दिखाई नहीं दे रहा था। शिवानी ने जिसका नाम लिया, तिथि समझ गयी वही पार्थ के अच्छे चाचा हैं। जब वह पार्थ के घर रहने लगी थी तब वे एक बार वहाँ गये थे। वह तब सुधा के साथ रसोई में थी। अचानक सीमा ने आकर बताया था - माँ अच्छे चाचा आये हैं। अब क्या होगा?

सुधा ने आँचल में हाथ पोंछते हुए कहा था - जाकर बिठा, कह मैं आ रही हूँ। और तिथि तुम जल्दी से रुम्पा लोग के घर चली जाओ। मेरे नहीं बुलाने तक तुम नीचे मत आना। तिथि ने वैसा ही किया। ऊपर माधु भाभी के पास बैठे-बैठे उसे ऐसा लग रहा था जैसे वह कोई फरार मुजरिम है।

शिवानी की बात सुनकर तिथि धीरे-धीरे आगे बढ़ी। जैसे ही वह अनिल का पैर छूने के लिए नीचे झुकी उन्होंने कहा - नहीं, नहीं, बाद में करना। नहाकर निकलने के बाद पैर छूने की जरूरत नहीं है।

तिथि रुक गयी। सीधी खड़ी होते हुए सुना। किसी चाची ने उससे पूछा - ऐसे घूँघट क्यों डाल रखा है ? हम ही लोग घूँघट नहीं करते ।

तिथि ने किसी की तरफ नहीं देखा। सिर झुकाकर कहा - बड़ी माँ ने यहाँ घूँघट डालने को कहा है...अच्छा मैं जाती हूँ। बाद में आकर प्रणाम करूँगी।

भीगे कपड़ों के बोझ से उसका हाथ दुखने लगा था। शिवानी ने कहा - ठीक है जा। साड़ी ठीक करके, बाल सँवारने के बाद सिंदूर लगाकर आना।

तिथि ने वहाँ से आते हुए एक और प्रश्न सुना - बड़ी माँ कौन है ? - वह जल्दी से बरामदे में भीगे कपड़े रखकर अपने कमरे में घुसी और दरवाजा बंद कर लिया। खुद को तैयार करने के लिए उसे थोड़ा वक्त चाहिए था।

उसके बाद और दो चाचा आ गए। अरुण और अशोक। अरुण अकेले ही आए थे। उनकी पत्नी बच्चों को लेकर अपने मायके गयी थीं। अशोक की पत्नी का नाम मल्लिका है। दीप्ति, सुमीता और मल्लिका ने पिछले कुछ दिनों में तिथि को एकदम अकेला नहीं रहने दिया।

- तुम तो अपना घर छोड़कर भाग आयी थी ना ?

- भागकर नहीं आयी, चली आयी।

सुमीता अपने सवाल और तिथि के जवाब में कोई अंतर नहीं समझ सकीं। लेकिन उन्होंने अगला सवाल कर डाला।

- बड़ी दीदी यानी तुम्हारी सास ने तुम्हें कुछ नहीं दिया ?

अब तिथि उनके सवाल का मतलब नहीं समझ पायी। वह सुमीता की तरफ देखने लगी। उसने देखा कि सवाल करने के बाद सुमीता उसे घूर-घूर कर देख रही हैं। तिथि सवाल समझ नहीं पायी तो मल्लिका ने उसकी व्याख्या करते हुए कहा - तुमने कान, गले या हाथ में कुछ भी नहीं पहन रखा है, यानी तुम्हें सोना वगैरह नहीं दिया है क्या?

तिथि की आँखों के सामने अँधेरा छाने लगा। उसने कभी सोचा ही नहीं था कि उसे ऐसे अजीब प्रश्नों के जवाब देने होंगे । और जवाब में उसे क्या कहना होगा, यह भी उसे नहीं पता था। उसने अपने दोनों हाथ देखे जिनमें लोहा और प्लास्टिक के शांखा पॅला थे। सुधा ने ये चूड़ियाँ उसे गाँव आने से पहले पहनाई थीं। वह भी कान में कुछ नहीं पहनती थीं। माँ के घर वह कान में सोने की जो रिंग पहनती थी, वह उसने वहीं छोड़ दिया था। कुछ दिन पहले सीमा ने उसे लाल पत्थर के दो टॉप्स पहनने को दिए थे। उसका गला अभी भी खाली था। लेकिन इन चीजों के लिए उसने कभी खुद से भी सवाल नहीं किया था। इतनी सारी निगाहों के सामने आज उसे अहसास हुआ कि क्या वह नंगी है। क्या उसके शरीर पर कोई आवरण नहीं है ? उसके शरीर पर मानों उनकी निगाहें चुभ रही थीं।

उसका उदास चेहरा देखकर दीप्ति ने उससे सहानुभूति जताते हुए सुमीता की तरफ देखते हुए कहा - ओहो...। लेकिन उसकी आँखों में जरा भी उदासी नहीं झलक रही थी। मल्लिका ने लंबी साँस भरते हुए अब इस मामले को खत्म करते हुए कहा - रहने दो। छोड़ो भी। लेकिन तुम यूँ उदास रहो, यह भी तो ठीक नहीं है। अपनी इच्छा से जब शादी की है तो खुश रहो। सबसे बातचीत करो। -- फिर मल्लिका ने हँसते हुए कहा - तुम्हारा पति तो बहुत अच्छा लड़का है। अब उससे कहो कि वह नौकरी वगैरह करे।

तिथि अपना चेहरा झुकाए हुए थी। दीप्ति ने उसकी ठुड्डी उठाते हुए कहा - उसका मन तो खराब होगा ही। जरूर माँ-पिताजी की याद आ रही है। है ना।

तिथि से अब बर्दाश्त नहीं हो रहा था। उसे लगा कि जैसा चल रहा है, वैसा ही चले। अब उसे उसके माँ-बाप की याद क्यों दिलायी जा रही है। वह तो उसकी पिछली जिंदगी की बातें हैं जिन्हें वह भूल जाना चाहती है। मल्लिका ने भी उदास होते हुए कहा - हाँ, ठीक कह रही हैं आप। इस बार उसके माँ-पिताजी पूजा में बहुत कष्ट पायेंगे।

हे भगवान् - तिथि को लग रहा था कि अब वह पागल हो जायेगी। वह जिन बातों को भूल जाना चाह रही थी। ये लोग मिलकर उन्हीं बातों को कुरेदे जा रही थीं। वह माँ-पिताजी के साथ नहीं रहना चाहती थी। उसे पार्थ के साथ रहना था। उसने अपना सिर अपने सीने पर झुका रखा था। उसके चारों तरफ वे लोग क्या बातें कर

रही थीं, और न जाने क्या सवाल किये जा रही थीं, उसे कुछ सुनाई नहीं दे रहा था। ऐसा लग रहा था कि वह बुखार में चिल्लाए जा रही थी - पार्थ, पार्थ, तुम कहाँ हो...? मुझसे अब बर्दाश्त नहीं हो रहा है, मुझे बचाओ वरना मैं मर जाऊँगी।

यहाँ आने के बाद तिथि एक बार भी बाहर नहीं गयी थी। निकलने का मौका ही नहीं मिला था। वह बाहर जाकर मूर्तियाँ बनता हुआ देखना चाहती थी। पूजा-घर में भी मूर्ति बनाई जा रही थी। लेकिन वह कमरा मझले भाई के कमरे के पास था। पार्थ को वहाँ दो बार जाना पड़ता था। तिथि ने एक बार पार्थ से भी कहा था, लेकिन पार्थ ने कहा - मैं सीधे पूजा-घर में नहीं जा रहा हूँ। पहले बाजार जाऊँगा उसके बाद पुरोहित के घर। फिर न जाने कहाँ-कहाँ भटकना पड़े। उसके बाद शायद मैं पूजा-घर जाऊँ। लेकिन थोड़ी देर बाद फिर निकल जाना पड़ेगा। ऐसे में मैं तुम्हें कैसे ले जा सकता हूँ। अच्छा होगा तुम बाद में चली जाना।

फिर भी तिथि का मन नहीं बदला। वह सोच रही थी कि इस बारे में वह और किससे कह सकती है। वह सीमा से कह सकती थी लेकिन उसे यह लग रहा था कि वह उसे नजरअंदाज कर रही थी। उससे ज्यादा बात भी नहीं कर रही थी। शायद रात को जो कुछ भी हुआ, उसी की वजह से वह ऐसा कर रही हो। या हो सकता है कि उसकी तबीयत ठीक नहीं है इसलिए वह काम नहीं कर पा रही थी। और सुधा पूजा के काम में तिथि की मदद ले रही थी जिसकी वजह से भी सीमा दुखी थी। वह सीमा को कभी ठीक ढंग से नहीं समझ पायी। उसका स्वभाव कुछ जटिल था।

चाचा के बच्चों के साथ तिथि की दोस्ती हो गयी थी। उनमें से ज्यादातर उससे छोटे ही थे। दो-तीन उसके बराबर थे या थोड़े बड़े। इनमें से छोटे चाचा की बेटी बंटी से उसकी ज्यादा दोस्ती हो गयी थी। बंटी तिथि से एक साल छोटी थी। इस साल वह अंग्रेजी आनर्स में भर्ती हुई है। बंटी के साथ मुलाकात होते ही तिथि ने कहा - बंटी, तुम पूजा-घर का रास्ता जानती हो।

हाँ, लेकिन आप क्यों पूछ रही हैं भाभी?

- चलो ना, मैं पूजा-घर में मूर्ति बनते हुए देखना चाहती हूँ।

- माई गॉड। बंटी ने हैरान होते हुए कहा - पूजा से पहले पूजा घर की हालत बहुत खराब रहती है। अँधेरा रहता है, भीतर जाने में डर लगता है। इसके अलावा रास्ता पहचानती तो हूँ लेकिन वहाँ जाना हो तो अपने साथ चाचा या ताऊ को लेकर जाना होगा।

तिथि ने फिर कुछ नहीं कहा । चाचा या ताऊ से कुछ उम्मीद करना बेकार था। उनसे तिथि की बहुत दूरी बनी हुई थी। इसके अलावा यहाँ आने के बाद वे लोग आपस में ही बातचीत करते रहते हैं। ताश खेलते हैं और खा-पीकर सो जाते हैं। तिथि को बहुत हैरानी होती थी। जिनके घर में पूजा हो रही है, वे लोग पूजा के प्रति इतने

उदासीन क्यों हैं। केवल पार्थ अकेले अपनी जान दे रहा है।

पूजा-घर के सामने छोटे बरामदे में तिथि तांबा और पीतल के बर्तनों को इमली से घिसकर माँज रही थी। पूजा-घर के कमरे में रखे बक्से के अंदर से इन बर्तनों को निकालकर सुधा नीचे गयी थीं। बर्तनवाला कमरा खोलकर वह पीतल के बड़े-बड़े गमले, थालियाँ और लकड़ी के संदूक निकलवाने गयी थीं। उन्हें साँस लेने की भी फुर्सत नहीं थी। तिथि अपनी आँखों से नहीं देखती तो शायद उसे यकीन नहीं होता। लेकिन सच यही था कि इतने लोग होने के बावजूद पूजा के काम में कोई हाथ नहीं बँटा रहा था। हालाँकि हर चाची को देखकर यही लगता था कि वे लोग अपने नहाने का पानी गर्म करने से लेकर अपने बच्चों के काम में काफी व्यस्त हैं। फिर भी उन्हें बातें करने का मौका कैसे मिल जाता है, यह वही जानती हैं। सीमा या तो सारा दिन उदास अपने कमरे में पड़ी रहती है या दादी से बातें करती रहती है। तिथि ने देखा कि सीमा या सुधा के साथ कोई भी चाची और उनके बच्चों का कोई लगाव नहीं था। शायद आलोक की आर्थिक हालत की वजह से ही वे ऐसा कर रही थीं। एक अच्छे चाचा को छोड़ तिथि ने कभी किसी को पार्थ के घर जाते नहीं देखा है। अरूप या मीता भी उनके घर अधिक नहीं जाया करते थे, फिर भी उन लोगों से उनकी घनिष्ठता बनी हुई थी। शायद मीता चाची के स्वभाव की वजह से ही ऐसा हो। तिथि को महसूस हुआ कि पढ़ाई-लिखाई ही नहीं स्वभाव में भी वह सबसे अच्छी थी। तिथि ने ठंडी आह भरी क्योंकि मीता चाची लोगों को इस घर में आने की इजाजत नहीं थी।

चाचियों की आँख से भी यह छुपा नहीं रहा कि सीमा तिथि से दूरी बनाए हुए थी। तिथि को पता था कि उन लोगों ने सीमा से भी उसके बारे में पूछताछ की होगी। कल ही की बात है, वह पूजा-घर में बैठकर दीपक जलाने के लिए बाती बना रही थी, उससे पहले उसने मिट्टी के दीपक धोकर उन्हें सूखने के लिए बरामदे में रख दिया था। बाती बनाना खत्म हो जाने पर वह दीपक को सीधा करके रखने आयी ताकि अंदर से भी वह सूख जाएँ। वह बैठकर दीपक सीधे करके रख रही थी कि उसने सुना - कुछ भी कह, लड़कियों का इतना लंबा होना ठीक नहीं है, है ना सीमा ?

- अरे धीरे बोलो, सुन लेगी।

यह आवाज मल्लिका और सुमीता की थी। तिथि ने सुनते हुए भी न सुनने का दिखावा किया। बरामदे के कोने में ये बातें हो रही थीं। थोड़ी देर बाद उसने देखा वहाँ कोई नहीं था।

वह सुबह की इन घटनाओं को भूल चुकी थी। लेकिन शाम को ही जब सुमीता ने उससे पूछा - सीमा से तुम्हारी लड़ाई हुई है क्या ?- तिथि मन ही मन जल उठी। उसने सीमा को देखते हुए कहा - नहीं, झगड़ा क्यों होगा।

- तो फिर वह तुम्हारे साथ बात क्यों नहीं करती है ?

- दीदी की तबीयत खराब है। - तिथि यह कहकर चली आ रही थी। तभी सुमीता ने कहा - तबीयत खराब नहीं है, उसका मन उदास है। तुम्हें समझ में नहीं आता, उसकी शादी जो नहीं हो रही है। तुमसे ठीक बर्ताव तो करती है ना?

तिथि की फिर तबीयत खराब होने लगी। उसका सिर चकराने लगा था, कान गर्म होने लगा था। उसे लगा कि फिर बुखार होगा। यह बुखार ही उसे अकेले में रहने का मौका दिला देता था। बुखार आते ही उसका खून गर्म होने लगता है, वह काँपने लगती है और उसे कुछ सुनाई भी नहीं देता ।

तिथि बर्तन धोते हुए इन बातों को मन से निकालने की कोशिश कर रही थी। उसके सामने अचानक छाया होते ही उसने देखा कि उसके सामने बंटी खड़ी है।

- हाय भाभी। - बंटी उसके सामने बैठते हुए बोली । - थोड़ी इमली दे दो।

तिथि ने दाहिने हाथ से इमली की कटोरी उसकी तरफ बढ़ाते हुए कहा - मेरा हाथ गंदा है। तुम इमली का क्या करोगी?

- करना क्या है। खाऊँगी। - बंटी ने जीभ निकालते हुए कहा - यह देखो काला नमक भी है। दादी से किसी तरह मैनेज किया है। माँ से मत कहना। क्योंकि इमली खाने से मुझे खाँसी होती है।

तिथि ने चिंतित होते हुए कहा - फिर क्यों खा रही हो। और उसमें से लेकर मैं बार-बार इन बर्तनों को माँज रही हूँ। तुम उस इमली को मुँह में डालोगी।

- रहने भी दो। इमली देखते ही मैंने सोच लिया कि खाना ही होगा। उफ्फ, न जाने कितने दिनों से नहीं खाया । माँ अभी नहाने गयी है, उन्हें निकलने में कम से कम पैंतालीस मिनट लगेगा। उसके पहले ही मुझे खा लेना होगा।

बंटी एक मुट्ठी इमली लेकर चली गयी। थोड़ी देर बाद ही तिथि को किसी औरत के चिल्लाने की आवाज सुनाई दी। उस समय भी वह बर्तन माँज रही थी। उसे लगा कि बंटी पकड़ी गयी होगी। लेकिन वह समझ नहीं पा रही थी कि इतनी सी बात पर कोई इस तरह चिल्ला सकता है। लेकिन चिल्लाने की आवाज बढ़ती ही जा रही थी। थोड़ी देर में तिथि को लगा जैसे घर में तूफान आ गया है।

बंटी की माँ दीप्ति ही चिल्ला रही थीं, लेकिन वे बंटी पर नहीं असीम पर चिल्ला रही थीं। घर में लोगों के बढ़ते ही असीम का पागलपन बढ़ गया था। रोज ही कुछ न कुछ झमेला होता रहता। वह बाथरूम का दरवाजा बंद करके घंटों बाथरूम में बैठा रहता । घर में इतने लोग थे। बिना वजह कोई इस तरह बाथरूम में बैठा रहे तो परेशानी तो होनी ही थी। इसे लेकर सुबह से शोरगुल मचने लगता। लेकिन आज कुछ ज्यादा ही हंगामा हो रहा था।

मामला कुछ ऐसा था, असीम रोज सुबह बाथरूम में घुसकर बैठ जाता था। इसीलिए मौका देखकर दीप्ति आज असीम का तेल लगाना खत्म होने से पहले ही ढेर

सारे कपड़े लेकर बाथरूम में घुस गयी थीं। इससे असीम नाराज हो गया था। लेकिन उसने कुछ नहीं कहा। दीप्ति ने कपड़े धोने और नहाने में बहुत वक्त लिया। तब तक असीम ने इंतजार किया। दीप्ति धुले हुए कपड़े एक बाल्टी में डालकर बाहर आ गयीं। उन्होंने अभी एक कपड़ा ही सुखाया था कि अचानक असीम ने धुले हुए कपड़े आँगन में बिखेरकर बाल्टी उठाते हुए कहा - यह मेरे नहाने की बाल्टी है। तुमने इसमें हाथ क्यों लगाया। - सिर्फ यही नहीं, असीम ने दीप्ति को इतने जोर से धकेला कि वे गिर पड़ी थीं।

लेकिन जब तिथि उस जगह पहुँची तो उसने देखा कि दीप्ति नहीं असीम फर्श पर गिरा हुआ था। चारों तरफ भीगे कपड़े बिखरे पड़े थे और आँगन भी गीला था। तिथि ने सोचा कि आखिर इतना पानी कहाँ से आ गया। क्या चाची ने कपड़े धोकर उन्हें निचोड़ा नहीं था।

आँगन में भीड़ जमा हो गयी थी। तिथि ने भीड़ में से देखा कि अमल असीम पर कूद पड़े थे और उनके हाथ में चप्पल था। असीम ने खुद को बचाने के लिए अपना चेहरा अपने हाथों में छुपा लिया था।

तिथि ने भी अपनी आँखें बंद कर ली थीं। मारने की आवाज उसे सुनाई दे रही थी। और अमल के चिल्लाने की भी। ऐसा लग रहा था कि आज वे उस पागल को मार डालेंगे। उसकी हिम्मत कैसे हुई कि उसने उनकी पत्नी पर हाथ उठाया। दीप्ति भी उस पागल के वंश का उद्धार करने के लिए लगातार चिल्लाए जा रही थीं। लेकिन हैरत की बात थी कि इतनी मार खाने के बाद भी असीम कोई आवाज नहीं कर रहा था।

शिवानी भागती हुई आयीं। उनके चिल्लाने और रोने की आवाज सुनकर तिथि ने अपनी आँखें खोली। शिवानी असीम को बचाने के लिए उससे लिपट गयी। उनकी साड़ी उनसे अलग हो गयी थी। सिर्फ कमर से गाँठ बँधी होने की वजह किसी तरह साड़ी लगी हुई थी। साया और ब्लाउज पहने हुए ही वे असीम को बचाने की कोशिश कर रही थीं। और दूसरे लोग भी तब अमल को छुड़ाने की कोशिश करने लगे। तिथि को लगा कि असीम नहीं, मारते-मारते अमल ही पागल हो गये हैं। वे रुकने का नाम ही नहीं ले रहे थे। बचाने के चक्कर में शिवानी भी मार खा गयीं। तिथि बेचैन हो उठी। आखिर घर में इतने लोग हैं, कोई कुछ नहीं कर पा रहा है। आखिर कोई अनहोनी न हो जाए।।

शिवानी चिल्लाते हुए कह रही थीं - मुझे मार, मुझे मार, अमल तू मुझे मार। उसे अब मत मार। मर जायेगा। बहू पागलों पर इतना गुस्सा नहीं करते हैं। अरे मुझे मार डालो...हे भगवान, यह क्या हो रहा है ?

तिथि की आँखों में आँसू भर गये। उसका मन हुआ कि वह जाकर शिवानी से

लिपट जाये। उसने देखा कि शिवानी ने अमल के पैर पकड़ लिये थे।

तिथि कुछ देर शांत खड़ी रह गयी। उसकी साँस रुक गयी थी। थोड़ी देर बाद वह वहाँ से हट गयी। देखने के अलावा वह कुछ कर भी नहीं सकती थी। इसीलिए सब सिर्फ देख रहे थे। लेकिन उससे देखा भी नहीं जा रहा था। तिथि को लगा कि वह कोई बुरा सपना देख रही है।

तिथि वहाँ से हट जरूर गयी थी, लेकिन वह दृश्य अब भी उसकी आँखों के सामने घूम रहा था। तिथि अपने मझले बेटे के पैर पड़ रही थी, तिथि को लगा कि वह यह दृश्य कभी नहीं भूल पायेगी। हो सकता है कि बाद में उसे ऐसा लगे कि ऐसा कभी हुआ ही नहीं था, और सारी बातें उसकी दिमाग की उपज मात्र हों।

भले ही तिथि इस घटना को बहुत बुरे ढंग से ले रही थी लेकिन शिवानी के पास दूसरा कोई उपाय भी नहीं था। अगर वह खुद भी शिवानी जैसी स्थिति में होती तो ऐसा ही करने को मजबूर होती।

यहाँ आने के बाद वह देख रही थी कि असीम की वजह से शिवानी हमेशा आतंकित रहती थीं। एक बार उसकी वजह से हंगामा होने पर उन्होंने असीम के सिर पर हाथ फेरते हुए उसे समझाया था और किसी तरह पैर घसीटकर वह हर बहू के पास गयी थी और सबसे हाथ जोड़कर माफी माँगी थी। शायद पूजा का वक्त उनका सबसे बुरा वक्त था। इसी दौरान उन्हें अधिक परेशानी का सामना करना पड़ता था। लेकिन ऐसा नहीं भी हो सकता है शायद यही उनका सबसे अच्छा वक्त था।

उनके सात बेटे हैं, एक भी लड़की नहीं है। बड़े होने के बाद वे उनसे इतनी दूर चले गये थे कि वह उन तक नहीं पहुँच पाती थी।

सिर्फ छोटा बेटा ही उनके पास रह गया था। और उसकी उम्र भी मानो नहीं बढ़ी हो। आज भी वह बच्चे की ही तरह अपनी माँ पर निर्भर है। पक्षी की तरह वह अपने पंख फैलाकर बेटे को हर मुसीबत से बचाती थी। तिथि सोच रही थी कि उनका एक बेटा पागल था तो यह शायद उनके लिए अच्छा ही था। क्या वे भी ऐसा ही सोचती होंगी ? असीम का पागलपन बढ़ने पर वह एक छोटे बच्चे की तरह उसे नहलाकर, बाल बनाकर, उसे खिलाकर उसका मुँह धोया करती थीं। यह पागल लड़का ही शायद उनके मातृत्व को सुकून देता था। उनके दूसरे बेटे जो ज्ञान, बुद्धि और ऊँचाई की वजह से उनकी पहुँच से दूर चले गये थे, असीम को बचाने के लिए उनके पैर पकड़ना शिवानी के लिए नामुमकिन नहीं था। बल्कि शिवानी के लिए ही मुमकिन था।

तिथि की समझ में नहीं आ रहा था कि आखिर यह मामला कैसे निपटेगा। वह छोटे आँगन को पारकर बरामदे के उत्तर में चली गयी थी। वह उस जगह से बहुत दूर चली जाना चाहती थी। जब तक तिथि वहाँ थी, अघोर अपने कमरे से बाहर नहीं निकले थे। वे अक्सर इन बातों में अपना दिमाग नहीं लगाते पर आज उन्हें हस्तक्षेप करना पड़ा था।

तिथि बाहर देख रही थी। बाहर कुछ खास नहीं था। जहाँ तक नजर जा रही थी केवल पुराने मकान और उनकी छतें दिखाई दे रहे थे। पेड़-पौधे भी अधिक नहीं थे। दक्षिण की ओर पूरब से पश्चिम तक कोलतारवाला लंबा रास्ता दिखाई दे रहा था। वह रास्ता सीधे गंगा तक जाता था। तिथि की इच्छा होती कि वह उस रास्ते से गंगा देखने जाए। लेकिन आज तक वह पूजा का घर ही नहीं देख पायी थी। रात को शायद बुखार आने की वजह से ही उसे कमजोरी महसूस होने लगती, तब वह चुपचाप आँखें बंद किए पड़ी रहती थी। उसे सुनाई देता, रात को कुछ लोग गाते हुए उसी रास्ते से जाते रहते - "राई जागो, राई जागो, शुकसारी"...शायद वे लोग उतनी सुबह गंगा स्नान करने जा रहे होते थे। उसे अच्छा भी लगता और दुख भी होता। तिथि तब दोनों हाथों से मुड़े हुए कागज की तरह सिमटे अपने मन को सीधा करके उड़ा देती । तिथि समझ गयी थी कि मन बोझिल हो जाने पर उदास होना ही सही है।

अभी उसका मन सफेद कागज की तरह हवा में उड़ रहा था। अचानक उसे सचमुच अँधेरा दिखाई देने लगा। किसी ने पीछे से आकर उसकी आँखें बंद कर दी थीं।

उसके घबराते ही उसे पीछे से हँसी की आवाज सुनाई दी। - पार्थ।

तिथि ने खुशी से पार्थ को जकड़ने जा रही थी लेकिन किसी तरह खुद को रोक लिया। साँस रोकते हुए कहा - तुम।

- अरे बाप रे, घर में इतना गोलमाल क्यों हो रहा है ? जरूर छोटे चाचा को लेकर हो रहा होगा। किसके साथ हुआ ?

तिथि ने उसके सवाल का कोई जवाब नहीं दिया। उसने पूछा - तुम कहाँ से आ रहे हो ?

- पूछो मत ? अब मुझसे अकेले नहीं सँभाला जा रहा है। लगता है तुम्हें ही हेल्प करनी होगी।

- सचमुच। - तिथि नाच उठी।

- इसीलिए तो आया हूँ। - पार्थ ने सिर हिलाया। - पूजा के कपड़े खरीद लाया हूँ। इस घर का नियम है कि नए कपड़े भी गंगाजल में धोकर सुखाने पड़ते हैं, उसके बाद ही उसे माँ को पहनाया जाता है।

- गंगा में। - तिथि को यकीन नहीं हो रहा था। वह जाने को तैयार थी लेकिन कुछ बर्तन धोने बाकी थे। पार्थ को यह बात बताने पर उसने कहा - अरे वह सब आकर करना। अब जल्दी चलो। पीछे की सीढ़ी से चलो। सामनेवाली सीढ़ी पर बहुत भीड़ है।

पीछे की सीढ़ियों पर तिथि साड़ी उठाकर कूदते हुए नीचे उतर रही थी। अचानक आजादी के ख्याल से उसका मन खुशी से नाच रहा था। उसे ऐसा लग रहा था जैसे वह राक्षस के यहाँ कैद थी और उसका राजकुमार पार्थ उसे छुड़ाकर ले जा रहा था।

उसे लगा कि वे दूसरों की आँखों में धूल झोंककर भाग रहे थे। तिथि को लग रहा था जैसे रिक्शा नदी की तरफ उड़नेवाला था।

7

इस बार पूजा का मुहूर्त एकदम सुबह का निकला था। सुधा सोच में पड़ गयीं। उन्हें लग रहा था कि इससे पहले पूजा इतनी जल्दी कभी नहीं हुई थी। षष्ठी के दिन फिर भी थोड़ा समय मिल जाता। उस दिन पूजा सात बजे से थी। उसके बाद पूजा का समय आगे बढ़ गया था। एकदम भोर में उठकर पूजा के लिए सब सामान सजाकर रख देना होगा। सारा काम समय से हो पायेगा या नहीं, सुधा इसी बारे में सोच रही थीं।

तिथि बहुत खुश थी। पूजा बहुत भोर में करना पड़ेगी इसलिए तय किया गया है कि कुछ दिन पूजा-घर में ही रहा जायेगा। वहाँ पार्थ, सुधा और वह रहेंगे। और कोई नहीं होगा। हालाँकि सीमा के नहीं रह पाने की वजह से तिथि को बुरा लग रहा था। बेचारी उनके साथ नहीं रह पायेगी क्योंकि उसकी माहवारी शुरू हो गई थी। सप्तमी-अष्टमी से पहले उसे मुक्ति नहीं मिलनेवाली। इसलिए वह रो रही थी। वह पूजा की जगह भी नहीं जा सकेगी। यहाँ तक कि अंजलि भी नहीं दे पायेगी। तिथि को बड़ा अफसोस हो रहा था। उसने अपने घर में अपनी माँ को इतनी सारी बातें मानते हुए नहीं देखा था। अदिति इन दिनों में भी भगवान को जल चढ़ाती थीं और पूजा भी करतीं। तिथि को भी कुछ छूने से मना नहीं किया था। वे कहती थीं कि मन और शरीर साफ रखकर कभी भी भगवान की पूजा की जा सकती है। मासिक होना लड़कियों के लिए स्वाभाविक बात है, भगवान ने ही यह नियम बनाया है। इसलिए उस समय लड़कियों को अछूत मानने की कोई वजह ही नहीं है। लेकिन पार्थ के घर में कोई इन बातों को नहीं मानता । और यह तो गाँव का घर था।

दुर्गा माँ का चेहरा पीला था, एकदम अतसी के फूल की तरह। उनके होंठों पर हँसी नहीं थी लेकिन पूरे चेहरे पर एक अजीब सी हँसी बिखरी हुई थी। माँ दुर्गा और उनके बच्चों यहाँ तक कि शेर की सजावट भी बहुत चमक रही थी। शेर के सिर पर भी एक छोटा सा मुकुट लगा हुआ था।

पार्थ तिथि के पास ही खड़ा था। उसने अचानक तिथि का हाथ पकड़ते हुए कहा - तिथि, यही वो माँ हैं जिन्होंने तुम्हारा हाथ मेरे हाथों में दिया है। - उसने गंभीर आवाज में कहा - माँ से कहो, कि पृथ्वी की कोई शक्ति भी हमें अलग न कर पाये।

माँ दुर्गा के सामने खड़े होकर उनके चेहरे की ओर देखते रहने में तिथि को

अजीब सा अनुभव होने लगा। उसे लग रहा था कि अचानक वह बहुत शांत हो गयी थी। इस समय उसे पार्थ की बातें बहुत बेमानी लग रही थीं। वह बेवजह भगवान से अलग होने की बात क्यों करने लगी। वह तो पार्थ के पास आ ही गयी थी। तिथि बहुत देर तक हाथ जोड़कर मूर्ति के सामने खड़ी रही । इस तरह से प्रणाम करना उसे अच्छा लग रहा था, लेकिन कुछ माँगने की इच्छा नहीं हो रही थी।

पूजा-घर बहुत पुराना था। मल्लिक परिवार के पूर्व पुरुषों के जमाने का । हमेशा पूजा होती रहती इसलिए इसकी रँगाई-पुताई भी होती रहती । लेकिन इससे इसकी प्राचीनता कम नहीं हुई .। पूरा मकान एक विशाल मंडप लग रहा था। बाहर बहुत चौड़ा दरवाजा था और उसके दोनों ओर बैठने की जगह थी। दरवाजे से अंदर घुसते ही कमरे के दूसरे छोर पर मंच की तरह एक ऊँची जगह बनी हुई थी। यह पूजा की वेदी थी। वेदी पर प्रतिमा स्थापित की गयी थी। वेदी से पाँच-छः सीढ़ी नीचे उतरने के बाद एक आँगन, आँगन के बाद फिर कुछ सीढ़ियाँ उतर आयी थीं, घर के फर्श तक। इसी फर्श पर खड़े होकर आम लोग पूजा करते। फर्श के दोनों तरफ लंबे चबूतरे बने हुए थे जो पूजा की वेदी से मिल गये थे। चबूतरे के दोनों तरफ दो छोटे कमरे थे। इन कमरों के ऊपर भी दो कमरे थे जिनकी सीढ़ियाँ चबूतरे तक चली आयी थीं। पूजा की वेदी, आँगन और चबूतरों पर से ऊँचे-ऊँचे खंभे छत को छू रहे थे। तिथि ने सिर पीछे झुकाकर चेहरा ऊँचा करते हुए देखा कि ऊँचे छत के बीचोबीच एक झाड़फानूस लटका हुआ था। लेकिन उसमें एक भी दीपदान नहीं था। पूरे घर में हल्का सा अँधेरा छाया हुआ था। हर कोने में और खंभों के पीछे अँधेरा था। लेकिन छत के पास कहीं से हल्का प्रकाश प्रवेश कर रहा था। तिथि ने ध्यान से देखा दोनों तरफ की दीवारों में ऊपर की तरफ कतार से छोटी-छोटी खिड़कियाँ बनी हुई थीं। खिड़कियों में रंगीन शीशे लगे हुए थे जिनमें से काफी टूट चुके थे। इन्हीं खिड़कियों से होकर प्रकाश आ रहा था जो रंगीन शीशे से होकर आने के कारण एक मोहक वातावरण बना रहा था। तिथि आश्चर्यचकित हो गई। पूरे घर में एक अजीब सी भीगी हुई गंध भरी हुई थी।

यह मकान पार्थ की मझली दादी का था। मझले दादा बहुत दिन पहले ही स्वर्गवासी हो गये थे। सुधा और पार्थ के साथ तिथि पंचमी की सुबह ही मझली दादी के घर गयी थी। मझली दादी के घर जाने का तजुर्बा भी बहुत विचित्र था।

पूजाघर के एक तरफ आँगन और चबूतरे के संगमस्थल पर एक ओर कमरे से बाहर जाने का दरवाजा था जिस पर तिथि ने पहले ध्यान नहीं दिया था। इस दरवाजे से बाहर निकलकर एक गली थी। यह गली मकान के अंदर जाती थी। दोनों तरफ ऊँची-ऊँची दीवारें। तिथि खाली पैर चल रही थी। इसलिए गली का पक्का फर्श पैरों में बहुत ठंडा लग रहा था। चलते-चलते वह काफी आगे निकल गयी थी। बायीं तरफ पशुओं को रखने का बाड़ा था जहाँ एक बछड़ा बँधा था। बाड़े में गोबर और बिचाली की

गंध भरी थी। गाँव के मकान में आकर तिथि की सूँघने की शक्ति काफी तेज हो गयी थी। उसे लगा कि बाड़े की यह गन्ध बहुत शांत और परिचित है। कुछ और आगे जाकर एक बड़ा कुआँ था। यह सब मकान के अंदर था। इनके अलावा कई चबूतरे, कई सीढ़ियाँ, कितने आँगन पार कर इधर-उधर के बरामदों से होते हुए दोनों ओर दो दरवाजे खोलकर एक बगीचे के अंदर से होती हुई तिथि जब मझली दादी के घर पहुँची तो जैसे मोहाच्छन्न हो चुकी थी। यह पूरा रास्ता इतना सुनसान लग रहा था कि यह विश्वास करना मुश्किल था कि यहाँ कोई रहता भी है। उसने किसी से सुना था कि इस विशाल मकान में केवल मझली दादी और उनका अविवाहित बेटा विलास, दो लोग ही रहते हैं। पूजा के अलावा अन्य समय विलास भी बाहर ही रहता था। एक तरफ के तीन-चार कमरों में मझली दादी का निवास था। बाकी का पूरा मकान खाली पड़ा था। वे रोज शाम को इसी रास्ते से होकर पूजावाले मकान में जाकर दीप-बाती जलाती थीं।

पार्थ ने फुसफुसाकर कहा - मझली दादी, बहुत गुस्सेवाली हैं। कड़े स्वर में बात करती हैं। उनका नाम ज्ञानदा पूरी तरह सार्थक है।

सुधा ने दबी हुई आवाज में धमकाते हुए कहा - चुप रहो। बातें क्या करेंगी। हम लोगों से तो साल में एक बार मिलना होता है। उनके पास कहने के लिए क्या होगा ?

पार्थ फिर फुसफुसाया - तिथि, डर लग रहा है। अगर मझली दादी ने पीछा किया तो इस रास्ते से भाग सकोगी न ? - वह हँस रहा था।

तिथि सिहर उठी। मझली दादी के पीछा करने के डर से नहीं। इस रास्ते से अकेले जाने की बात सोचकर। यह तो किसी जादूगर का महल लगता है। रहस्यमय और भूलभुलैयों से भरा। इस रास्ते को पहचानकर अकेले जाना उसके वश का नहीं है। कलकत्ता के बड़े रास्तों पर भी एक दिन जाने के बाद अगले दिन वह रास्ता भूल जाती थी। मझली दादी ज्ञानदा ने तिथि को भगाया नहीं। केवल उससे दो-चार बातें कीं। उन्होंने पूछा - घर छोड़कर चली आयी हो ? पढ़ाई पूरी कर सकोगी ?

तिथि ने कहा - इस बार पार्ट वन की परीक्षा नहीं दे पायी। अगले साल जरूर दूँगी।

मझली दादी ने कहा - काफी मुश्किल है। जो भी हो, पढ़ाई मत छोड़ना।

बस इतना ही। उन्होंने तिथि से इसके अलावा और कोई बात नहीं की। वे कम बोलती थीं। तिथि ने देखा इस वृद्धा का व्यक्तित्व काफी प्रभावशाली है और उन्हें किसी बात का कौतूहल भी नहीं है।

वहीं मझली दादी के बेटे विलास से तिथि का परिचय हुआ। यही वह बीलू चाचा थे जिनसे कुछ साल पहले पार्थ का झगड़ा हुआ था। बीलू चाचा भी सबसे दो-एक बातें कर रहे थे। ऐसा लगा कि उस झगड़े की बात याद नहीं रखी थी। उनकी आवाज काफी गंभीर थी। तिथि ने सुना कि बीलू चाचा काफी सैर करते हैं। पहाड़ों पर भी जाते

हैं। केवल पूजा के समय घर लौटते हैं। तिथि की बड़ी इच्छा हो रही थी कि उनसे पूछे कि वे किस-किस पहाड़ पर गये हैं। लेकिन इस संबंध में कोई बात नहीं हुई। तिथि ने सिर उठाकर देखा बीलू चाचा काफी लंबे हैं। उम्र चालीस-पैंतालीस की होगी लेकिन शरीर गठा हुआ था। कुर्ता पाजामा पहनकर वह खड़े-खड़े बात कर रहे थे। हाथ में एक किताब थी। शायद पढ़ते-पढ़ते उठकर चले आये थे। किताब के पन्नों के बीच उंगली रखी हुई थी। तिथि को लगा कि मल्लिक परिवार में यह व्यक्ति सबसे अलग है।

पूजा से पहले ही काम की कोई कमी नहीं थी। लेकिन पूजा शुरू होने के बाद समझ में ही नहीं आ रहा था कि कैसे क्या किया जाये। हालाँकि तिथि को यह कड़ी मेहनत अच्छी लग रही थी। वह पूछ-पूछ कर काम ले रही थी और बहुत मेहनत कर रही थी।

कुछ नशे की चीजें होती हैं जो शरीर में फुर्ती ला देती हैं। तिथि को भी शायद ऐसा ही कोई नशा हो गया था। उसे कोई थकावट नहीं हो रही थी। आराम के बारे में सोचने में उसे डर लग रहा था। लगातार काम करते रहने से मन और मस्तिष्क शांत रहते हैं।

पूजा के मकान में प्रकाश की व्यवस्था कर दी गयी थी। ढाकी भी आ गये थे। रात गुजरते ही पूजा शुरू होनेवाली थी । सारा काम खत्म होते-होते ग्यारह बज गये। सुधा ने बाजार से खरीदकर लाये गए फूलों को धोकर उन्हें भीगे कपड़े से ढककर रख दिया। कल भोर तक यह फूल ताजे रहेंगे। पार्थ आँगन के एक तरफ चादर ओढ़कर सोया पड़ा था। अब यहाँ बेहद ठंड पड़ रही थी। तिथि कुछ देर पहले सुधा के साथ ही थी। अब वह पूजा की वेदी पर आल्पना बना रही थी।

सुधा ने आवाज देकर उसे बुलाया - तिथि। अब रहने दो। अब सो जाओ। कल बहुत भोर में उठना पड़ेगा।

तिथि ने ऊपर देखकर कहा - तुम सो जाओ बड़ी माँ। मैं थोड़ी देर बाद सोऊँगी।

सुधा ने थोड़ा परेशान होकर कहा - और कितनी देर करोगी ? और आल्पना बनाने की जरूरत नहीं है। भगवान के सामने की जगह पर तो बना ही चुकी हो। और क्या बाकी है ?

तिथि आल्पना बनाती जा रही थी। बिना देखे ही उसने कहा - बस, थोड़ा सा और बड़ी माँ। अभी हो जायेगा।

सुधा सो गयी। अजीब सूनी रात थी। तिथि का मन सोने को नहीं कर रहा था। उसका मन कर रहा था कि वह सारी रात आल्पना बनाकर इस आँगन को भर दे।

तिथि को अचानक लगने लगा कि वह एक शांत समुद्र में नीचे बैठी हुई है। शांत, लेकिन इस शांति में भी एक अजीब सी आवाज थी। उसे लग रहा था कि यह शांति भी झमझम आवाज कर रही थी। तिथि ने स्थिर रहने की कोशिश की। उसे फिर बुखार

आने लगा। उसे रोज बुखार आ रहा था। और वक़्त होता तो शायद वह बिस्तर छोड़ कर नहीं उठ पाती। लेकिन अब यह बुखार ही उसका नशा बन गया था, जो उसे पागलों की तरह काम करने की शक्ति देता था। इसी से उसे कोई भी काम करने की शक्ति मिल रही थी। तिथि ने महसूस किया था कि उसकी साँसें जितनी गर्म होती जा रही थीं, उसकी एकाग्रता भी उतनी ही बढ़ती जा रही थी।

सुधा ने करवट बदलते हुए उसे और एक बार आवाज लगायी - तिथि, अब तक नहीं सोई ?

तिथि ने चौंककर कहा - हाँ, आ रही हूँ बड़ी माँ। आप सोई नहीं ?

सुधा ने फिर कोई जवाब नहीं दिया। तिथि ने कुछ देर तक उनकी तरफ देखा और फिर कटोरी में कपड़ा डुबो दिया। उसके सीने में खून का उफान तेज हो रहा था। वह बेहद अकेलापन महसूस कर रही थी। यह अकेलापन उसे बेहद रोमांचक लग रहा था। पंचमी की यह रात कितनी अजीब है, कितनी अजीब है यह जिंदगी ? वे दोनों लोग जो सोए हुए हैं, वे कौन हैं ? लोगों को उजले घर में सोते हुए देखने पर वे अजनबी जैसे लगने लगते हैं। जो लड़की आल्पना बना रही है वह कौन है ? कहाँ आल्पना बना रही है वह ? कल उसके किस जन्म की पूजा होनेवाली है ?

धीरे-धीरे तिथि एकदम बेसुध सी हो गयी। उसी हालत में वह बड़ी तेजी से पूजा के मकान में आँगन से लेकर चबूतरे तक, उसके बाद सीढ़ियों से वापस कमरे में आल्पना करती चली जा रही थी। रात गुजरते ही पूजा शुरू हो जायेगी। तिथि चाहती थी कि उसके अंदर जितनी शक्ति है, उसे वह आल्पना बनाने में लगा दे।

वह सोना नहीं चाहती थी लेकिन आखिर में वह सो गयी। भले ही नींद नहीं आयी थी, वह कुछ समय तक आँखें मूँदे लेटी रही। अचानक एक झटके से जब उसकी आँख खुली तो उसने चश्मा पहनकर देखा कि सुधा और पार्थ तब भी सो रहे थे। लेकिन तिथि को लगा कि अब भोर होनेवाली थी। पार्थ को घड़ी पहनने की आदत नहीं थी। घर से आते वक़्त तिथि अपनी घड़ी पहनना भूल गयी थी। कल रात को पार्थ आलोक की घड़ी ले आया था। उसकी कलाई में वह तब भी बँधी थी। वह बाएँ हाथ को अपने सिर पर रखकर सोया हुआ था। पार्थ ने कहा था कि पाँच बजे उठने से भी हो जायेगा।

थोड़ी देर बाद तिथि उठ गयी। सुबह पहनने के लिए तीनों के कपड़े लाकर रखे हुए थे। तिथि साड़ी-ब्लाउज उठाकर चुपचाप दरवाजा खोलकर बाहर निकल गयी। मझली दादी के घर जाने के रास्ते में एक बाथरूम है। सुधा ने दिखाते हुए उसे कहा था कि जब तक वे लोग यहाँ हैं, वे इसी बाथरूम में नहा सकते थे।

बाहर पैर रखते ही तिथि को ठंड लगने लगी। कल रात पड़ी ओस की बूँदों से गली भीगी हुई थी। अभी भोर नहीं हुई थी लेकिन अँधेरा छँट चुका था। थोड़ी देर खड़े

रहने के बाद वह धीरे-धीरे आगे बढ़ने लगी। उसे बाथरूम जाना जरूरी था।

तिथि को यकीन नहीं था कि वह रास्ता पहचानकर जा सकेगी। लेकिन अँधेरे में वह जैसे गंध सूँघकर आगे बढ़ रही थी। गौशाला के करीब पहुँचते ही उसे जानी-पहचानी खुशबू ने रोक लिया। बछड़ा भी जग गया था, तिथि को देखकर या उसके पैरों की आवाज सुनकर उसने आवाज लगायी। उसके बाद वह कुएँ के पास पहुँची। फिर एक लंबा चबूतरा पार करने के बाद वह दरवाजे के पास पहुँच गयी। दरवाजे के करीब रुककर तिथि एक बार घबराई। वह सोचने लगी कि यही वह दरवाजा है या नहीं। डरते हुए उसने साँकल खोली। नहीं, वह ठीक जगह ही पहुँची थी। दरवाजे के उस पार चबूतरा, और चबूतरे के एक तरफ बाथरूम था। दूसरी तरफ बगीचे में जाने का दरवाजा था।

बाथरूम में घुसने के बाद तिथि को अँधेरे में कुछ भी दिखाई नहीं दे रहा था। चबूतरे पर साड़ी और चश्मा रखकर तिथि बाथरूम में जाकर दीवार पर कुछ खोजने लगी। अँधेरे में चश्मा पहनना और न पहनना बराबर था। कल सुधा के साथ आयी थी इसलिए उसे पता था कि नल कहाँ है। हाथ आगे बढ़ाते ही उसने नल को छू लिया और उसे खोल दिया। पानी इतना ठंडा था कि वह काँप उठी।

उस बर्फ जितने ठंडे पानी से तिथि ने नहाया। इससे पहले उसने कभी इतने ठंडे पानी से नहीं नहाया था। जम जाने का डर खत्म होते ही तिथि को अच्छा लगने लगा।

लेकिन नहाना खत्म होते ही वह काँपने लगी। उसने साड़ी को धोकर उसी से अपना बदन पोंछ लिया। उसके बाद उसे लपेटकर बाहर निकली और चबूतरे पर रखी सूखी साड़ी पहन ली। वह खुद को बहुत पवित्र महसूस कर रही थी। आज पूजा है, पूजा की पहली सुबह। उसने आज सुबह सबसे पहले स्नान कर लिया था। तिथि ने एक लंबी साँस ली। उसे लगा कि उसके चारों तरफ फूल, अगरबत्ती और चंदन के साथ न जाने किन चीजों की सुगंध फैली हुई है। उसे लगा कि इस इमारत से ही वह खुशबू आ रही थी। वह खुशबू इतनी हल्की थी कि उसे लगा कि अभी उसी की नींद पूरी नहीं हुई है। आखिर किस चीज की सुगंध है यह ? क्या यह पूजा की सुगंध है ?

तिथि ने बगीचे में जाने का दरवाजा खोला। बगीचे में अजीब सी खामोशी थी। पेड़-पौधों पर कुहरा जमा हुआ था। अँधेरा थोड़ा-थोड़ा छँटने लगा था, और प्रकाश फैलने लगा था। जब तिथि बगीचे में आकर खड़ी हुई तब उसे वह सुगंध फिर से आने लगी। अचानक उसे एक अजीब से अहसास ने घेर लिया। उसने देखा कि जहाँ वह खड़ी थी वहाँ उसके चारों तरफ शिउली के (हरसिंगार) फूल बिखरे हुए थे, जिससे पूरी जमीन सफेद हो गई थी।

उसने सिर उठाकर देखा कि वह शिउली के पेड़ के नीचे खड़ी थी। उसके सिर और कंधे पर फूल गिर रहे थे।

8

पार्थ की पत्नी के बारे में अघोर सोचना नहीं चाहते थे। और सोचकर भी क्या करते ? अपनी पसंद की शादी करना तो आजकल का रिवाज बन चुका था। लड़की शायद अपना घर छोड़कर चली आयी थी। छोड़ आयी हो। उसके सास-ससुर ने उसे अपना लिया था। और एक लड़की के लिए उसकी ससुराल ही अपना घर होता है। लड़की कायस्थ थी, जाति बुरी नहीं थी। भले ही लड़की देखने में सुंदर नहीं थी। खैर, पार्थ ने जो ठीक समझा, उसने किया। लेकिन अघोर ने देखा था कि पार्थ की बीवी मेहनती थी और बातचीत में बुरी नहीं थी। इससे ज्यादा जानने में उन्होंने कोई दिलचस्पी नहीं दिखाई।

लेकिन इसी बीच एक ऐसा वाकया हुआ कि वे उस लड़की के बारे में सोचने लगे। उस दिन की घटना है जिस दिन असीम ने अमोल की बीवी के हाथ से बाल्टी छीन कर हंगामा खड़ा किया था। झमेला इतना बढ़ गया था कि उन्हें हस्तक्षेप करना पड़ा था। अगर वे बीच में नहीं आते तो शायद अमोल उस पागल को जान से ही मार डालता।

झमेला खत्म होने के बाद हर कोई अपने कमरे में दरवाजा बंद करके खुसुर-फुसुर कर रहा था। ऐसा ही होता है। असीम मार खाकर बेहोश हो गया था। अरुण और अनिल उसे कमरे में पहुँचा गये थे। शिवानी तब भी रोए जा रही थी और असीम के सिर और आँखों पर पानी छिड़ककर उसे होश में लाने की कोशिश कर रही थीं। केवल सीमा उनके साथ थी जो पंखे से असीम को हवा कर रही थी। अघोर अपने कमरे में वापस लौट गये। इस घटना के बाद पूरे घर में सन्नाटा छा गया था। थर्मामीटर लगाकर अघोर अपने कमरे में झपकी लेने लगे थे।

आँख खुलने के बाद उन्हें लगा कि वे सो गये थे। पूरे घर में अब भी खामोशी छायी हुई थी। अघोर को याद आया कि उनकी नींद कोई आवाज सुनकर टूटी थी। थोड़ी देर बाद उन्हें छत से आहट सुनायी दी। शायद कोई छत पर चल रहा था।

अघोर छड़ी लेकर बाहर निकले तो देखा कि दरवाजे के पास ही सीढ़ी लगी हुई थी। छत पर चढ़कर पार्थ और तिथि पूजा के कपड़े सुखा रहे थे।

अघोर ने कल्पना भी नहीं की थी कि वे ऐसा दृश्य देखेंगे। अघोर ने चिल्लाते हुए कहा - पार्थ, तुम्हारी हिम्मत कैसे हुई जो तुम बहू को छत पर ले आये।

हर कमरे का दरवाजा खुल गया। बरामदे में फिर से भीड़ जुट गयी।

तिथि हैरान होकर खड़ी रह गयी। उसकी समझ में नहीं आया कि छत पर आकर उसने क्या गलती कर डाली है।

पार्थ ने भी हैरान होकर पूछा - क्या हुआ ? पूजा के कपड़े ही तो सुखा रहे हैं।

अघोर ने लाठी ऊँची करते हुए कहा - क्या हुआ है ? पूछ रहे हो क्या किया है? आ, मैं पूछता हूँ किसी ने आज तक मल्लिक परिवार की किसी बहू को छत पर कपड़ा सुखाते हुए देखा है ? तुम्हीं इसे यहाँ लाये हो। क्यों। कपड़े सुखाने के लिए और कोई नहीं मिला ?

तिथि का कपड़े सुखाने का काम लगभग खत्म हो गया था। सिर्फ एक-दो कपड़े बाकी थे। गंगा से कपड़े धोकर लौटने के बाद दोनों ने मिलकर तीनों छतों पर कपड़े सुखाए थे। इस तरफ अघोर के कमरे की छत पर सबसे आखिर में चढ़े थे। इतने कपड़े सुखाने के लिए छत के सिवा दूसरी कोई जगह भी नहीं थी। उन लोगों ने कपड़े फैलाकर ईंट से उन्हें दबा दिया था। हर छत पर ईंटें पड़ी थीं। तिथि के हाथ से ईंट का टुकड़ा गिर गया था जिसकी आवाज से अघोर की नींद टूट गयी थी।

पार्थ ने तिथि को उतर जाने का इशारा करते हुए कहा - जाओ, मैं इन कपड़ों को सुखा देता हूँ।

तिथि सावधानी से साड़ी सँभालकर सीढ़ियों से उतरने लगी। अघोर उसे आश्चर्य से देख रहे थे। कितनी अजीब बात है। किसी औरत को सीढ़ियों से इस तरह उतरते हुए वह पहली बार देख रहे थे। साड़ी फँसते ही तो मुसीबत हो सकती थी।

लेकिन ऐसा कुछ नहीं हुआ। तिथि ने सीढ़ियों से उतरते ही घूँघट कर लिया और अघोर के सामने आकर खड़ी हो गयी। थोड़ी देर बाद उसने कहा - सॉरी दादाजी। मुझे नहीं पता था कि छत पर जाना मना है। दरअसल वे अकेले ही सारा काम कर रहे थे। मैंने ही उनसे कहा था कि मैं सहायता करूँगी।

अघोर ने देखा कि उन्हें जितना गुस्सा आना चाहिए था उतना नहीं आ रहा था। उनकी आवाज भी धीमी हो गयी। उन्होंने कहा - नहीं, नहीं, काम करना तो अच्छी बात है। लेकिन छत पर जाने से कौन, कहाँ से देख लेगा, फिर मुश्किल हो जायेगी।

तिथि ने हँसते हुए कहा - मुश्किल क्यों होगी दादाजी। देख भी लेंगे तो क्या होगा। मुझे तो इस बात का गर्व है कि मैं इस घर की पूजा का काम कर रही हूँ।

तिथि समझ गयी थी कि बरामदे में खड़े लोग उसकी बात सुन रहे हैं। उसने सहज होते हुए कहा - लेकिन अगर मैंने आपको दुख पहुँचाया हो तो उसके लिए मैं बहुत शर्मिंदा हूँ। मुझे माफ कर दीजिए।

अघोर को समझ नहीं आया कि वे क्या जवाब दें। पहले उन्हें गुस्सा जरूर आया था, लेकिन पार्थ की पत्नी न जाने कैसे बात कर रही थी कि उनका गुस्सा खत्म होता जा रहा था। यहाँ तक कि उन्हें लगने लगा कि वह लड़की सच ही तो कह रही है। उन्होंने सहमति में सिर हिलाते हुए कहा - ठीक, ठीक। पूजा का काम है। तुम तो बड़ी समझदार लड़की हो। मैं खुद भी कई दिनों से देख रहा हूँ। लेकिन बेटा, छत-वत पर जाने की जरूरत नहीं है। यह सब लड़कों का काम है, उन्हें ही करने दो।

अघोर फिर अपने कमरे में चले गये। पार्थ भी तब तक नीचे उतर आया था। अचानक बंटी दौड़कर तिथि के पास गयी और उससे हाथ मिलाते हुए कहा - कांग्रेट्स, अ ग्रेट विन ओवर एज ओल्ड प्रोहिबिशंस। - बंटी लगभग चिल्ला उठी - अरे, तुम लोग सब चुप क्यों हो ? कहो - थ्री चियर्स फॉर मिसेज तिथि मल्लिक, हिप-हिप...

पार्थ हँस रहा था। हँसते हुए उसने कहा - चुप, चुप। गनीमत है कि दादाजी को तिथि के गंगा घाट जाने की बात पता नहीं है।

इस बार पूजा का मुहूर्त इतनी सुबह पड़ा था कि किसी की पूजा में जाने की इच्छा नहीं थी। और षष्ठी का दिन जो मानो पूजा के दिनों में ही नहीं पड़ता हो। उस दिन जब सुबह पूजाघर में षष्ठी की पूजा हो रही थी, उस समय कइयों की नींद अभी नहीं टूटी थी। सिर्फ अरूप और आलोक पूजा देखने आये थे। दो-एक घंटे के बाद जब और लोगों की आँख खुली थी और वे चाय पी रहे थे, तब पूजा के मकान से वापस लौटकर आलोक ने उन्हें बताया था कि पार्थ की पत्नी ने इतनी सुंदर आल्पना बनाई है कि देखने लायक।

- अरे, तब तो रूप में लक्ष्मी और गुण में वह सरस्वती हुई। - सुमीता ने कहा।

बंटी ने कहा - ऐसे क्यों कह रही हो, अच्छी चाची ? मऊ दी ने मुझे बताया था कि भाभी बहुत सुंदर चित्रकारी करती हैं।

-अरे बाप रे। - सुमीता ने आँख नचाते हुए कहा - मैंने ऐसा क्या कहा कि तुझे तकलीफ हो रही है ?

- बंटी शायद नयी भाभी की फैन हो गयी है। है ना बंटी ? - मल्लिका ने मजाक किया।

बंटी ने फिर कुछ नहीं कहा । उसका चेहरा देखकर लग रहा था कि उसे चाचियों पर गुस्सा आ रहा था।

हालाँकि अरुण ने तिथि की आल्पना के बारे में गंभीरता से ही कहा था। भले ही वह बात सबको पसंद न आयी हो, लेकिन उसके बारे में काफी देर तक बातें होती रहीं। यहाँ तक कि यह बात अघोर के कानों तक भी पहुँच गयी।

भले ही इस बारे में तिथि को मालूम नहीं हुआ। सुबह नहाने के बाद वह पूजा के मंच के बगलवाले कमरे में फल काटने गयी थी लेकिन अभी तक वहाँ से उसे बाहर निकलने का मौका नहीं मिला था। फल काटना, चावल धोना, थालियों में पान और बाकी सामान सजाने से लेकर एक सौ आठ बेल पत्र सजाने में ही वह व्यस्त रही। बीच-बीच में एक-दो बार उसे रोना भी आया, भले ही आँखों में आँसू न आए हों। उसने सोचा था कि उसकी आल्पना देखकर कम से कम पार्थ ही कुछ कहता। कुछ नहीं भी कहता, लेकिन थोड़ी देर उसकी आल्पना देखने के बाद वह केवल जरा सा मुस्कुरा

देता, क्या इतनी उम्मीद करना भी गलत था ?

पार्थ ने कुछ नहीं कहा लेकिन सुधा ने कहा था। तिथि जब आँचल में शिउली फूल भरे हुए पूजा के मकान में लौट रही थी तब भी पार्थ सोया हुआ था। सुधा उठ गयी थी और शायद इधर-उधर तिथि को ही ढूँढ़ रही थीं। तिथि ने उनसे खुश होते हुए कहा - बड़ी माँ देखो, कितने सारे शिउली के फूल।

सुधा ने थोड़ा नाराज होते हुए देखा, शायद उनकी नींद अभी टूटी नहीं थी। उन्होंने कहा - इतनी भोर में तुम बाल भिगोकर नहा आई हो। बुखार आ गया तो क्या होगा ?

तिथि इसके लिए तैयार नहीं थी, वह चुप हो गयी। सुधा साड़ी ठीक करते हुए उठ खड़ी हुईं। उन्होंने कहा - सब काम थोड़ा सोच-समझकर किया करो। सारे घर में तो आल्पना बनायी है, फिर सोयी कब ? इतनी लापरवाही ठीक नहीं है।

तिथि धीरे-धीरे छोटे कमरे में चली आयी। आँचल के फूल एक थाली में रखते हुए उसने सुना कि सुधा कह रही थीं - उन फूलों को पूजा की थाली में तो नहीं रख दिया। मिट्टी में पड़े थे ना। धो लो। धोए हुए फूलों के साथ मिलाना मत।

पार्थ ने उठने में देरी कर दी। सुधा ने उसे आवाज लगाते हुए कहा - अरे पार्थ उठ। जल्दी से नहा ले। पंडितजी अभी चले आयेंगे।

तिथि ने फूलों को सजाकर रखते हुए सोचा कि पार्थ जरूर आल्पना देखकर खुश होगा। उससे आकर कहेगा कि सुंदर बना है। लेकिन पार्थ उसके पास नहीं आया। नहाकर धोती और चादर लपेट ली। इसी बीच पंडितजी भी आ गये। ढाकी भी पहुँच गये। पूजा के एक कमरे में ही उनके रहने का इंतजाम किया गया था। लेकिन पूजा के मकान में उनके आने का रास्ता बाहर से था, घर के भीतर से नहीं। ढाकियों के ढाक के बजते ही तिथि के सीने में बेचैनी होने लगी। सुधा भी तब तक नहा चुकी थीं। केले के पेड़ को नहलाने से पहले सुधा ने पार्थ और पंडितजी का वरण किया। उसके बाद पार्थ केले का पेड़ लेकर पंडितजी के साथ गंगा की ओर चल दिया। उनके पीछे-पीछे ढाकी भी ढाक बजाते हुए चल दिये।

तिथि थालियों को सजाकर पूजा की वेदी के पास रखती जा रही थी। सुधा उन्हें पूजा की जगह रख रही थी। पूजा शुरू होने के बाद पार्थ एक आसन बिछाकर पंडित के पास ही बैठ गया। तिथि ने देखा कि अरुण और आलोक आ गए थे। मझली दादी और विलास भी पहुँच गए थे। ढाकी नाचते हुए ढाक बजा रहे थे। और किसी को वह देख नहीं पायी। मझली दादी इधर-उधर धूपदानी नचाते हुए उसमें मुट्ठी-मुट्ठी धुनो डाल रही थी। धुएँ से पूजा की वेदी और पूरे चबूतरे में धुँधलका छा गया था। चारों तरफ धूनो की गंध फैल गयी थी। तिथि को यह गंध बहुत पवित्र और अद्भुत लगी।

तिथि पूजा खत्म हो जाने के बाद चबूतरे पर खड़ी होकर पार्थ को ढूँढ़ रही थी।

देख नहीं पा रही थी। शायद पार्थ फिर कहीं निकल गया था। चबूतरे की सीढ़ी पर मझली दादी, आलोक और विलास बैठे हुए थे। अरुण अब दिखाई नहीं दे रहे थे। तिथि निराश होकर फिर कमरे में आ गयी। सुधा कटे हुए फल सजा रही थीं, सबको प्रसाद जो देना था।

तिथि ने सबसे पहले आलोक को प्रसाद दिया। आलोक ने प्रसाद खाने से पहले छः बार जय माँ कहा। तिथि मझली दादी की ओर बढ़ी। मझली दादी आँख बंद करके बैठी थीं। तिथि ने धीरे से कहा - दादी, प्रसाद। - ज्ञानदा ने आँखें खोलकर प्रसाद लिया और उसे सिर से छुआया, लेकिन कुछ कहा नहीं। विलास चबूतरे के एक किनारे सीढ़ियों पर बैठे हुए थे। तिथि उनके सामने पहुँची तो उन्होंने सिर उठाकर देखा। तिथि ने कहा - प्रसाद लीजिए।

- बहुत सुंदर आल्पना बनाई है।

विलास की सहज गंभीर आवाज तिथि के कानों को अच्छी लगी। उसका मन हुआ कि वह पूछे कि उन्हें कैसे मालूम पड़ा कि उसने बनाई है। लेकिन वह चुप रही और मुस्कुरा दी। विलास ने भी हँसते हुए कहा - इस पूजा घर में पहले किसी ने ऐसी आल्पना नहीं बनाई थी। तुमने कमरे के फर्श पर भी आल्पना बनाई है। वहाँ तो लोग खड़े होंगे, सब मिट जायेगा। हालाँकि सीढ़ियों और चबूतरे पर बनी आल्पना को भी बचाए रखना मुश्किल ही है।

तिथि जोर से हँसने लगी। वह भी जानती है कि मिट जायेगी। उससे पहले वह केवल अपनी तारीफ ही सुनना चाहती थी। उसे बहुत खुशी भी हुई लेकिन फिर रोना भी आया। पार्थ ने उससे कुछ भी नहीं कहा। क्या वह इतना व्यस्त है, शायद होगा। तिथि ने सोचा कि वह और थोड़ा धैर्य रख सकती है।

शाम के वक्त आरती के समय पूजा के मकान में काफी भीड़ हो गयी। असीम को छोड़ तकरीबन घर के सभी लोग आए थे। अघोर और शिवानी भी। मल्लिक परिवार के दूसरे हितैषी भी आए। सुधा परिचय कराए जा रही थी और तिथि मशीन की तरह सबको प्रणाम किये जा रही थी। आज तो षष्ठी थी, इसके बाद सप्तमी से नवमी तक और भी लोग आएँगे। तिथि को भी प्रणाम करते रहना होगा। सिर्फ इतना ही।

सबके पैरों में लगकर अधिकतर आल्पना मिट गयी। तिथि के मन से भी । जो दोपहर से लेकर शाम तक पार्थ का इंतजार ही करती रह गयी। दोपहर में उस मकान में खाने के वक्त उसकी पार्थ से मुलाकात हुई, बातें भी हुईं। लेकिन आल्पना के बारे में कोई बात नहीं हुई। पार्थ इतना व्यस्त था। यह सोचकर तिथि को भी घमंड हो गया। उसने भी इस बात का जिक्र नहीं किया।

शाम को पूजा के मकान में पूजा खत्म होने के बाद तिथि बर्तन धोने में व्यस्त थी। बंटी ने आकर कहा - भाभी, दादाजी बुला रहे हैं। तुमने इतनी सुंदर आल्पना बनाई है।

दादाजी एकदम फ्लैट हो गये हैं।

तिथि ने सिर उठाकर देखा। बंटी ने बहुत सुंदर चूड़ीदार पहन रखा है। सजी-धजी भी थी। देखने में बहुत सुंदर लग रही थी। तिथि ने कहा - बंटी, तुम बहुत सुंदर लग रही हो, फैंटेस्टिक।

बंटी ने खुश होते हुए कहा - थैंक्स, लेकिन तुम तो एकदम नहीं सजती । पूजा में थोड़ा सजना चाहिए। चलो, चलो, दादाजी इज वेटिंग फॉर यू।

अघोर प्रतिमा की ओर देखते हुए चुपचाप खड़े थे। उनके चारों तरफ सब खड़े होकर बातें कर रहे थे। तिथि वहाँ आकर खड़ी हुई, उसे नए कपड़ों की गंध महसूस हुई। यह भी पूजा की ही गंध थी। चाचियों के बदन पर गहने चमक रहे थे। तिथि को देखकर सब चुप हो गये। बंटी ने कहा - दादाजी, यह रही भाभी।

अघोर ने घूमकर देखा। तिथि की तरफ थोड़ी देर तक फिर भगवान की तरफ मुँह मोड़ लिया और कहा - सुबह ही मैंने सुना कि तुमने बहुत सुंदर आल्पना बनाई है। उस समय तो नहीं आ पाया। लेकिन देखकर मन खुश हो गया है।

तिथि सिर झुकाए खड़ी थी। उसकी खुशी में भी एक अजीब सी उदासी थी। अघोर ने फिर कहा - तुम तो बहुत गुणी लड़की हो। बहुत अच्छे। किससे सीखा है ?

तिथि बेसुध होकर खड़ी थी। अघोर का प्रश्न सुनकर वह चौंक उठी। उसके बाद अनजाने में ही उसके गले से आवाज निकली। उसने रुककर कहा - अपनी...माँ से...।

भीड़ में फुसफुसाहट शुरू हो गयी। दीप्ति कह रही थी - सचमुच पिताजी, देखिए कितनी अधिक आल्पना बनाई है। कब बनाई ? भई मैं तो किसी तरह लक्ष्मी पूजा में माँ लक्ष्मी के पैर बना पाती हूँ।

- मैं भी। दरअसल हमारे फ्लैट में मोजाइक का फर्श है, इसलिए आल्पना देने की जगह ही नहीं बचती है। - मल्लिका ने अफसोस करते हुए कहा।

ज्ञानदा भी पास ही खड़ी थीं। उन्होंने थोड़ा गंभीर होकर कहा - यह सब शिक्षा-दीक्षा पर निर्भर करता है। पार्थ की बीवी का परिवार कैसा है, यह उसकी आल्पना को देखकर अंदाजा लगाया जा सकता है।

अचानक तिथि ने देखा कि सीमा चबूतरे पर उदास खड़ी है। उसने एक बार भी तिथि की तरफ नहीं देखा।

सप्तमी का दिन भी बहुत जल्दी बीत गया। अष्टमी की रात अचानक तिथि को लगा कि उसका मासिक धर्म शुरू हो गया है। यह समय तो नहीं था, लेकिन हमेशा ठीक भी नहीं रहता है, कभी-कभार गड़बड़ भी हो जाती है। तिथि ने मन ही मन हिसाब लगाया,

उसे सत्रह-अठारह दिन पहले ही मासिक हुआ था। इतनी जल्दी फिर कैसे शुरू हो गया ?

तिथि ने उठकर देखा कि सचमुच उसकी साड़ी में खून लग गया था। एक ही पल में उसका मन उदास हो गया। अब कुछ नहीं कर सकती। लेकिन अचानक उसे लगा कि चलो अब सीमा से उसकी दोस्ती हो जायेगी।

प्लेटफार्म के इस तरफ एकदम प्रकाश नहीं था। कोई आदमी भी नहीं था। एकदम खाली। केवल एक सीमेंट की बेंच पर दो लोग आसपास बैठे हुए थे। वे लोग आपस में कोई बात भी नहीं कर रहे थे।

प्लेटफार्म के सामने रेल लाइन थी। उसकी दूसरे तरफ ढाकुरिया लेक में शिरीष और राधाचुड़ा के लम्बे-लम्बे पेड़ खड़े थे। उनके भी परे कहीं दूर से रोशनी दिखाई दे रही थी। साथ ही ढाक की आवाज भी आ रही थी। स्पष्ट लेकिन धीमी सी। आज महाष्टमी थी।

अचानक कोई खाँसने लगा। एक बार, दो बार। तीसरी बार खाँसते ही उसके साथ बैठे दूसरे ने कहा - चादर को गले में लपेट लो। लेकिन फिर भी खाँसने की आवाज आती रही। रुक-रुककर, लेकिन बार-बार। फिर कोई बात सुनाई नहीं दी। उसके बाद ढाक की आवाज न जाने कब थम गयी। सामने के पेड़ों और जंगल से झींगुरों की आवाज आने लगी। ठंड भी बढ़ने लगी। तब एक ने दूसरे से कहा - चलो, चलते हैं।

दोनों धीरे-धीरे घर की ओर चल पड़े। गनीमत है कि अभी भी इस शहर में ऐसी गलियाँ हैं जहाँ पूजा नहीं होती। इसीलिए उत्सव के दौरान भी छिपकर कहीं घूमा जा सकता है।

घर लौटकर अदिति रसोई में घुस गयी। उन्होंने प्रेशर कुकर में चावल में आलू और कुम्हड़ा डाल दिया। तिथि के जाने के बाद उन्हें खाने की इच्छा नहीं होती थी। विश्वनाथ भी चुपचाप चावल और उबला हुआ आलू खा लेते थे। दरअसल उन्हें अब जीने की ही इच्छा नहीं थी। इस बार पूजा में तमाल भी घर नहीं आया था। उसपर शायद काम का बहुत बोझ था। लेकिन अदिति और विश्वनाथ को पता था कि तमाल जान-बूझकर नहीं आया था। उसे भी बड़ा झटका लगा था। भले ही वह हमेशा बहन के पीछे पड़ा रहता था, लेकिन मन ही मन अपनी बहन से बहुत प्यार करता था। उसने सपने में भी कभी नहीं सोचा था कि तिथि ऐसा कर सकती थी। घर न आकर उसने एक तरह से अच्छा ही किया। अदिति और विश्वनाथ के पास भी घर छोड़कर भागने के अलावा कोई और उपाय नहीं था। वरना, पूजा के दौरान उन्हें लेक गार्डेंस के सूने प्लेटफार्म पर चुपचाप अँधेरे में बैठने की क्या जरूरत थी।

तिथि जिस दिन अदिति का हाथ छुड़ाकर चली गयी थी, उन्हें पता था कि अब

वह घर नहीं लौटेगी। सारा दिन अपने दिल पर बोझ लिये हुए बैठी रहीं। शाम को बेचैन होकर उठ खड़ी हुईं। आठ बज गये, नौ, साढ़े नौ। अदिति को पता ही नहीं चला कब उनकी आँखों से आँसुओं की धारा बह चली थी। पता नहीं कौन सा बाँध टूटा कि पानी बहता ही जा रहा था।

विश्वनाथ को इसके बारे में कुछ भी पता नहीं था। सुबह की घटना के समय वे मार्निंग वाक से नहीं लौटे थे। साढ़े नौ बजे घड़ी की तरफ देखकर वे उछल पड़े - तिथि अब तक नहीं लौटी ?

अदिति ने कोई जवाब नहीं दिया। विश्वनाथ ने गुस्से में बकना शुरू किया - इतनी रात गुजरने के बाद भी उसे घर लौटने का होश नहीं है। बदतमीजी की कोई हद नहीं है। - चिल्लाते हुए कमरे की चौखट पार कर वे बरामदे में चले गये।

एक पल में अपने आँसू पोंछते हुए अदिति ने ठंडी आवाज में कहा - कमरे में चलो। - केवल इतना कहकर वे खुद ही अपने कमरे में चली गयीं।

विश्वनाथ तब भी बरामदे में खड़े होकर कह रहे थे - आज वह घर आए। अब मुझे ही कुछ करना होगा। कल मार खाकर भी उसे बुद्धि नहीं आयी। आज वह जरा आ जाए।...

अदिति ने विश्वनाथ का हाथ खींचते हुए धीरे से कहा - अरे, मैं कह रही हूँ कि कमरे में चलो। बरामदे में नाचने से क्या होगा ?

- क्या मैं नाच रहा हूँ ? - विश्वनाथ ने कमरे में जाते हुए दुखी होकर कहा। अदिति तब भी उन्हें खींच रही थीं।

- क्या हुआ ? - विश्वनाथ ने परेशान होकर कहा - खींच क्यों रही हो ?

अदिति ने दरवाजे की सिटकनी चढ़ा दी। विश्वनाथ का चेहरा बदल गया था। वे हैरान होकर अदिति को देख रहे थे। अचानक पूछ बैठे - तिथि नहीं लौटेगी ?

अदिति ने सिर हिलाकर ना कहा और अपने चेहरे को हाथों में छिपा लिया। रो-रोकर उनका हाल बुरा हो गया था।

काफी बुद्धिमान होने के बावजूद विश्वनाथ भी अपने परिवार के हर मामले में अपनी पत्नी पर निर्भर थे। यहाँ अदिति का फैसला ही उनका फैसला था। लेकिन उन्हें भी यकीन नहीं था कि अदिति चुपचाप इस घटना को बर्दाश्त कर लेगी। वह मान लेना भी तो न मानने जैसा ही था। अदिति अजीब ढंग से चुप हो गयीं। उन्होंने कोई बात नहीं की। लगातार दो दिनों तक नहाई भी नहीं, कुछ खाया भी नहीं। मरे हुए आदमी की तरह दिन-भर बिस्तर पर पड़ी रहीं। उतने दिन विश्वनाथ पागलों की तरह तड़पते रहे लेकिन उन्हें क्या करना चाहिए, यह तय नहीं कर पाये। सिर्फ अपनी नौकरानी से इतना ही कह पाए - तुम्हारी भाभी की तबीयत ठीक नहीं है। इसलिए तुम पाँच-छः रोटियाँ बनाकर चली जाना। - दोपहर में विश्वनाथ ने खुद ही चावल बनाकर आलू

उबाल लिया था। अन्नदा रोटियाँ बनाकर दो बैगन भी तल गयी थी।

दो दिन इसी तरह गुजर गए। लेकिन तीसरे दिन विश्वनाथ ने अदिति को झकझोर कर उठाते हुए कहा - सुनती हो, सुन रही हो। इस तरह बिना खाए-पिए सोए रहने से क्या होगा ? कुछ तो करना पड़ेगा ?

अदिति ने आँखें मलकर उनकी तरफ देखा। परेशान होकर विश्वनाथ ने कहा - तिथि की खबर तो लेनी चाहिए।...तमाल को भी एक खत लिखना चाहिए।

- वह कहाँ गयी है, तुम्हें नहीं मालूम ?- अदिति ने पूछा। - वह अपनी इच्छा से वहाँ गयी है, मैं या तुम कुछ नहीं कर सकते।

उनकी बातों में कोई भी भाव नहीं था। सिर्फ सच्चाई थी। विश्वनाथ ने थोड़ी देर चुप रहने के बाद कहा - मौसमी के यहाँ से एक बार पार्थ के घर का पता...

- नहीं। - अदिति की आँखें जल उठीं। - उन्होंने कहा - जब वह हमें इस तरह छोड़कर चली गयी है तो हमें मान लेना चाहिए कि उसे हमारी कोई जरूरत नहीं है। मैं भी उसके बारे में कुछ पता नहीं करूँगी।

विश्वनाथ को रोना आ रहा था। लेकिन उनके कई सालों का भरोसा उनसे कह रहा था कि अदिति ठीक कह रही थी।

अदिति उठकर बैठ गयी। थकी हुई आवाज में कहा - तमाल को लिख दो। लेकिन परेशान होने से मना करना। आने के लिए कहने की जरूरत नहीं है। और सुनो...लोग तो पूछेंगे ही...किसी से झूठ कहने की जरूरत नहीं है...कहना कि...कहना...तिथि अपनी मर्जी से शादी करके चली गयी है।

उनकी आवाज लड़खड़ाने लगी थी। उन्होंने किसी तरह से खुद को सँभाला। विश्वनाथ की तरफ देखते हुए कहा - बाथरूम जाऊँगी, जरा मुझे पकड़ोगे। सिर चकरा रहा है...

विश्वनाथ के उनका कंधा पकड़ते ही वे उनकी बाँहों में मुँह छिपाकर रोने लगीं। रोते हुए कहा - वह ऐसा कैसे कर पायी। बहुत तकलीफ हो रही है...तुम्हें भी हो रही है ना ?...लेकिन क्या करूँ...? वह सुख से रहे...ठीक से रहे...

विश्वनाथ का भी रोने का मन कर रहा था। फिर अचानक वे सोचने लगे कि आखिरी बार अदिति उनसे लिपटकर कब रोई थी। उन्हें याद नहीं आया।

चिट्ठी मिलते ही तमाल चला आया था। भले ही विश्वनाथ ने उसे आने से मना किया था। पहले उसे यकीन ही नहीं आया। घर आकर जब उसने देखा तो वह भी निराश हो गया। उसने कोई कड़वी बात नहीं की, बदला लेने की बात भी नहीं की। बल्कि उसे देखकर लग रहा था कि वह अकेले में रो रहा था। बार-बार कह रहा था - तिथि ने ऐसा किया ? - निराश होकर इधर-उधर देखते हुए उसने कहा - उसने एक बार भी अपने कैरियर के बारे में नहीं सोचा। - लेकिन उसने एक बार भी पार्थ का नाम

नहीं लिया। कलकत्ते में तीन दिन रहने के बाद वह दिल्ली लौट गया। उसे इस मकान में रहना अच्छा नहीं लग रहा था।

जाने से पहले अदिति ने उससे कहा - मन लगाकर अपना काम करना। इस बारे में अधिक सोचने की जरूरत नहीं है। उसकी कोई खबर नहीं है, इसलिए मान लेना होगा कि वह ठीक है।

अपने जूते का फीता बाँधते हुए तमाल ने गुस्से में कहा - हाँ, ठीक से रहने ही तो गयी है। लेकिन अपना भला देखने के चक्कर में उसने दूसरों का भला नहीं सोचा, इसी बात का दुख है। स्वार्थी कहीं की। - तमाल ने एक झटके में अपना बैग उठाते हुए कहा - अच्छा माँ-पिताजी मैं चलता हूँ। तुम लोग भी जरा इससे उबरने की कोशिश करो। आफ्टर ऑल इट्स हर लाइफ एंड हर डिसिशन। उसके लिए तुम लोगों को इतना दुखी होने की जरूरत नहीं है।

अदिति ने हँसने की कोशिश करते हुए कहा - सावधानी से जाना।

तमाल जल्दी से सीढ़ियों से नीचे उतर गया। उसे ट्रेन पकड़ने की जल्दी थी।

इन पाँच-छह महीनों में इलाके के लोग और रिश्तेदारों को सब कुछ पता चल गया था। अदिति या विश्वनाथ ने किसी से कुछ नहीं छिपाया। इलाके के लोगों से वैसे भी उनकी बहुत अधिक बोलचाल नहीं थी। रिश्तेदारों के साथ भी बहुत अधिक आत्मीयता नहीं थी। इसका कारण था कि अदिति और विश्वनाथ दोनों ही अधिक बातें करना पसंद नहीं करते थे। उन लोगों ने हमेशा से खुद को दूसरों की निंदा करने से दूर रखा था जो रिश्तेदारों और पड़ोसियों का प्रमुख काम होता है। तिथि के जाते ही चारों तरफ हल्ला मच गया।

महीने के आखिर में किराया देते वक्त नीचले तल्ले के विश्वास साहब ने दुख जताते हुए कहा - सब सुना, मिसेज मित्र। सैड। बड़े दुख की बात है। आप लोग कुछ नहीं कर पाये ?

अदिति ने रुपये हाथ में लेकर गिनना शुरू कर दिया। ऐसा करने में उन्हें बहुत तकलीफ हो रही थी। खासकर जिसने रुपये दिये हैं, उसी के सामने रुपये गिनना उन्हें अच्छा नहीं लग रहा था। चेहरा नीचे झुकाए रखने के लिए उनके पास दूसरा कोई उपाय भी नहीं था।

- लड़का करता क्या है ?

अदिति ने चेहरा उठाते हुए कहा - मुझे ठीक पता नहीं है ?

- अरे, यह क्या। मतलब आप कुछ नहीं जानतीं ?

- मुझे सिर्फ इतना पता है कि तिथि ने घर छोड़ने के बाद किसी से अपनी मर्जी से शादी कर ली है। आप अगर इससे अधिक जानना चाहते हैं, तो मुझे दुख है कि मैं आपको और कुछ नहीं बता पा रही हूँ।

विश्वास साहब हैरान होकर देखते रह गये। लड़की भाग गयी है, फिर भी यह रूखा सा जवाब दे रही है, कैसी माँ है ?

लेकिन ऐसा नहीं है कि इस तरह का बर्ताव करके अदिति को सबसे मुक्ति मिल गयी। उनकी अपनी दीदी घर आकर शोर मचाते हुए कहने लगी - तुम लोगों ने थाना - पुलिस की मदद भी नहीं ली ?

- तुम बेवजह चिल्ला रही हो दीदी, इस साल सितंबर में तिथि बीस की हो जायेगी। दो साल पहले ही वह अठारह की हो गयी थी, अब वह बालिग हो चुकी है...।

- चुप रह। - दीदी ने आँखें दिखाते हुए कहा - इकलौती बेटी ने अपना सर्वनाश कर लिया, और तू बैठी-बैठी देखती रही। कैसी पत्थर दिल माँ है रे तू ?

कोई जबाब देने की इच्छा अदिति की नहीं हुई। इन बातों का वे क्या जवाब दे सकती थीं। उनकी दीदी अकेली नहीं थीं। बार-बार उन्हें ऐसी बातों का सामना करना पड़ रहा था। इसके अलावा और भी कई सवालों से जूझना पड़ रहा था। तिथि की उस लड़के से शादी होगी भी या नहीं ? वह लड़का उसे छोड़कर चला तो नहीं जाएगा ? अदिति से कुछ लोगों ने ऐसा शक भी जाहिर किया। अदिति को यह भी पता था कि पीठ पीछे उन लोगों ने और भी बातें बनाई होंगी। अदिति का मन अचानक अपनी माँ के पास जाने को करने लगा। जो माँ उन्हें बहुत पहले छोड़कर जा चुकी थी। तिथि के जन्म से भी दस महीने पहले। उसके दो साल बाद पिताजी भी चले गए। अदिति अपने माँ-पिताजी को याद करके रोना चाहती थीं।

विश्वनाथ का चेहरा देखकर भी अदिति को बहुत तकलीफ होती थी। कुछ दिनों में ही जैसे विश्वनाथ एकदम बूढ़े हो गये थे। दाढ़ी भी नहीं बनाते थे। चेहरे पर सफेद काली दाढ़ी बढ़ गयी थी। आँखों में कीचड़ लगा हुआ था, लेकिन उन्हें इन चीजों का कोई होश तक नहीं था।

- दाढ़ी क्यों नहीं बनाते ? लगता है बिल्कुल टूट गये हो। - अदिति ने उन्हें सँभालने की कोशिश की। ऐसा हमेशा थोड़े ही चल सकता था। उन दोनों को सख्त होना पड़ेगा।

विश्वनाथ ने कोई जवाब नहीं दिया। एक लंबी साँस भरते हुए वे अदिति के सामने से हट गए। पति-पत्नी में भी बातचीत लगभग बंद हो चुकी थी। दोनों ही घंटों चुपचाप बैठे रहते। अदिति कुछ कहतीं भी तो विश्वनाथ का जवाब नहीं मिलता था। अदिति को पता था कि विश्वनाथ की इस चुप्पी में उनका स्वाभिमान झलक रहा था। अदिति को पता था कि विश्वनाथ सोच रहे होंगे कि वे किसी भी वक्त कह बैठेंगी - तिथि ने जो किया, सो किया। चलो हम लोग उसे माफ कर देते हैं। हम उसी से उसकी शादी करा देते हैं। - लेकिन विश्वनाथ चुप रहते । उन्हें पता था कि उनमें अदिति के

स्वाभिमान को छूने की शक्ति नहीं थी। इसलिए उन्होंने अपने मन की बात भी नहीं कही।

अदिति को भी नहीं पता था कि तिथि ने पार्थ से शादी की भी थी या नहीं। लेकिन वे अलग से शादी के बारे में इतनी गंभीरता से नहीं सोचना चाहती थीं। दो बालिग अगर एक दूसरे से शादी करना चाहें तो ऐसा करने में उन्हें कितनी देर लगेगी। और अगर वे ऐसा नहीं भी करते हैं तो उनका क्या जाता है। अदिति को नहीं लगता था कि अदिति ने गलत समय में गलत पात्र के साथ जाकर जो गलती की है, वह गलती केवल शादी करा देने से सुधर जायेगी। उनका दिल ये बातें सोचकर चकनाचूर होता जा रहा था। वे मन ही मन भगवान से यही प्रार्थना कर रही थीं कि वह जहाँ कहीं भी है, वहाँ सुख से रहे। - लेकिन किसी कोने में यह ख्याल भी उभर रहा था कि पार्थ को छोड़कर कभी न कभी तिथि उनके पास ही चली आएगी।

अदिति के दिल में अजीब सी उथल-पुथल मची हुई थी। वे बदलने लगी थीं या इसे बदलाव नहीं कहा जा सकता। उन्होंने अब तक खुद को जिस ढंग से सहेजकर रखा था, अब उसे बदल देना चाहती थीं। बचपन में अदिति जिस माहौल में बड़ी हुई थीं, विश्वनाथ से शादी करने के बाद उसमें पूरा बदलाव आ गया था। अमीर परिवार की लाडली बेटी की जगह उन्होंने अपने को एक क्लर्क की बीवी के रूप में ढाल लिया था। प्यार ही किसी को बदलने की इतनी शक्ति दे पाता है। पति, बच्चों और परिवार के प्रति उमड़ता प्यार। विश्वनाथ की हालत में काफी सुधार आया था और उनके लिए अदिति भी काफी बदल गयी थीं। दरअसल, बच्चों को सही ढंग से पालने के लिए दोनों ने एक दूसरे की तरफ इतना ध्यान ही नहीं दिया। तिथि द्वारा उस प्यार की उपेक्षा करके जाते ही अदिति ने अपनी तरफ देखा। उन्होंने सोचा कि आखिर किसके लिए खुद को इतना सहेज कर रखा है। आखिर इससे उन्हें क्या लाभ हुआ ? उन्होंने तिथि को जिस ढंग से पाला-पोसा था, उसे नजरअंदाज कर वह कैसे जा सकी ? और अगर यही होना था तो फिर उन्हें क्या पड़ी है कि वे खुद को इस परिवार से जोड़े रखें ? अदिति फिर पहले जैसी हो गयीं। शादी के पहले उनके बाल छोटे-छोटे थे। उन्होंने फिर से बाल कटवा लिये। उन्होंने माँग में एक बिंदू से अधिक सिंदूर कभी नहीं लगाया था, उसे भी लगाना बंद कर दिया। विश्वनाथ ने हैरान होकर पूछा - नाराज हो ?

- असल में मैंने इन चीजों पर कभी यकीन नहीं किया था। तुमसे शादी करने के बाद मैं नहीं चाहती थी कि कोई झमेला हो, इसलिए समझौता कर लिया था। इतने दिन मानती भी आयी थी। सोचा था कि अपने परिवार को एक आदर्श परिवार बनाऊँगी। वहाँ कोई अशांति नहीं होगी। हमारे-तुम्हारे बीच भी नहीं, और हमारे बच्चों में भी नहीं। मुझे इस बात का गर्व भी था कि मैं वैसा परिवार बना पायी थी। अब समझ में आया कि दरअसल मैं कुछ नहीं कर पायी। इसलिए यह सब खोल दिया है। आज से मैं अपने

ढंग से जीऊँगी।

अदिति ने एक साँस में बोलने के बाद लंबी साँस ली। विश्वनाथ को देखकर पता नहीं चल रहा था कि वे कुछ समझे भी थे या नहीं। वे आश्चर्य से अदिति को देख रहे थे। अदिति ने कहा - सोच रही हूँ कि रोज सुबह तुम्हारे साथ टहलने जाया करूँगी। घर में बैठे रहना अब अच्छा नहीं लगता...

विश्वनाथ ने सिर हिलाते हुए कहा - ठीक है। चलना। लेक में बहुत से कृष्णचूड़ा (गुलमोहर) के पेड़ हैं, तुम्हें अच्छा लगेगा।

अदिति को उम्मीद नहीं थी कि विश्वनाथ ऐसा जवाब देंगे। उनकी आँखों में कृतज्ञता के आँसू छलक पड़े।

पहली बार पूजा के दिनों में घर में तिथि और तमाल में से कोई नहीं था। अदिति को समझ में नहीं आ रहा था कि पूजा कैसे बीतेगी। पूजा की हवा में न जाने यह कैसा दोष है कि पूजा के दौरान घर के लोगों को अपने करीब नहीं पाकर मन तड़पने लगता है। इससे पहले उन्हें ऐसा कभी महसूस नहीं हुआ था। घर के पीछे ही मुहल्ले की पूजा हो रही थी। सुबह से शाम तक माइक बजता रहता। अदिति और विश्वनाथ दोनों में से कोई भी पंडाल में पूजा देखने नहीं गया। शाम को टीवी पर प्रतिमा देखकर प्रणाम किया। उसके बाद सूती चादर लपेटकर घर में ताला बंद कर दोनों बाहर निकल गये।

मूर्तियाँ देखने नहीं, लेक गार्डेंस स्टेशन की तरफ। अँधेरे में सुनसान प्लेटफार्म पर बैठे रहने में अजीब सी शांति थी। पूजा के दौरान सिर्फ इसी स्टेशन पर कोई भीड़ नहीं थी, प्रकाश भी नहीं था और कोई आवाज भी नहीं। बीच-बीच में दो-एक ट्रेनें आ-जा रही थीं लेकिन फिर खामोशी छा जाती थी।

पूजा के बाद अदिति एक दिन बाजार से लौट रही थीं। आजकल बहुत कम सामान खरीदतीं। इसलिए अदिति पैदल आ रही थीं। शायद कुछ अन्यमनस्क भी थी। अचानक मोनालिसा सेलून के करीब एक रिक्शे के सामने आकर रुकते ही वे किनारे हट गयीं। सेलून के सामने एक नीली मारुति खड़ी थी। अदिति उस गाड़ी के करीब से होकर चली आयीं। ठीक उसी समय गाड़ी से मीता उतरीं। एकदम से सामना हो जाने की वजह से नजरअंदाज करने का सवाल ही नहीं था।

अदिति को हमेशा ही यह डर रहता था। मौसमी का घर उनके घर से केवल दस मिनट के फासले पर था। बाजार जाते वक्त दाहिनी ओर एक गली मुड़ गयी है, उसमें घुसते ही मौसमी का घर है। हालाँकि उसके घर के लोग गाड़ी लेकर बड़े रास्ते से ही आते-जाते थे, उस गली से कम ही गुजरते थे। नौकर वगैरह ही बाजार से सामान ले आया करते थे। फिर भी कहीं न कहीं मिलने की सम्भावना तो थी ही। आज इस तरह मुलाकात होने की वजह से अदिति खुद को लाचार महसूस कर रही थीं।

अदिति से ज्यादा मीता चौंकी थीं। पहले तो वे अदिति को पहचान ही नहीं पायी

थीं। तिथि की माँ के रूप में वे जिससे मिली थीं, वह बेहद घरेलू किस्म की थी। उस अदिति से इस महिला का कोई मेल नहीं था। लेकिन छोटे बाल या सिंदूर नहीं लगा होने के कारण किसी व्यक्ति को न पहचाननेवाली कोई बात भी नहीं थी। मीता का चेहरा थोड़ी देर बाद ही लाल हो उठा। उन्होंने एक बार हँसने की कोशिश की मगर हँसी नहीं आयी। अरूप ड्राइवर की जगह बैठे थे। गाड़ी से उतरते ही उनकी नजरें मीता से मिलीं। उसके बाद उन्होंने पूछा - कैसी हैं आप ?

थोड़ा समय लेकर अदिति ने कहा - ठीक हूँ, आप लोग ?

मीता ने आँखें झुका ली थीं। ऐसा लग रहा था जैसे वे अदिति से आँखें मिलाकर बात नहीं कर पा रही थीं। उन्होंने धीरे से पूछा - असल में हमलोग आपसे क्या कहकर माफी माँगें, यह समझ में ही नहीं आ रहा है।

अदिति थोड़ी बेचैन हो गयीं, पर उन्होंने कुछ कहा नहीं। अरूप ने मीता का समर्थन करते हुए कहा - ठीक कह रही हो, वी मस्ट अपोलोजाइज। लेकिन हमें कुछ पता...

- मैंने तो आप लोगों से कुछ नहीं कहा ।

मीता और अरूप ने हैरान होकर अदिति को देखा। अरूप कहने लगे - नहीं, नहीं, हमलोग अपनी रेसपॉन्सिबिलिटी महसूस कर रहे हैं। दरअसल...

- लेकिन मुझे ऐसा नहीं लगता। अदिति ने उन्हें रोकते हुए कहा । उन्होंने बहुत शांत होकर कहा - यकीन मानिए, अगर मुझे ऐसा लगता तो इतने दिनों में मैं खुद आपके यहाँ चली जाती।

मीता अदिति को देखे जा रही थीं। अरूप भी। अदिति ने बैग एक हाथ से दूसरे हाथ में लेते हुए कहा - तिथि ने जो भी किया, वह खुद उसकी जिम्मेवारी है। उसके लिए मैं आप लोगों को कैसे दोषी ठहरा सकती हूँ। छीः, ऐसा सोचकर मैं खुद को ही बहुत छोटा महसूस करूँगी।

अरूप ने अचानक भावुक होकर कहा - मिसेज मित्र, मुझे समझ में नहीं आ रहा, मैं क्या कहकर आपका शुक्रिया अदा करूँ ? हमलोग सचमुच खुद को दोषी मान रहे हैं। मैं आपको सबकुछ बता सकता हूँ। तिथि अभी...

अदिति ने एक झटके में अरूप की तरफ से अपना चेहरा घुमाकर मीता की ओर देखते हुए कहा - मौसमी ठीक है ? और उसका भाई ? - ,उनकी आवाज काँप रही थी।

मीता की आवाज में आँसू छलक आए थे। उन्होंने कहा - मऊ को बहुत तकलीफ पहुँची है। हमें भी। तिथि को हम बहुत चाहते हैं। देखिए हम आपकी मदद करना चाहते हैं।

अदिति ने सिर हिलाते हुए कहा - मुझे नहीं लगता इससे कोई लाभ होगा। मैं

अपनी बेटी को अच्छी तरह जानती हूँ। मुझे नहीं लगता कि इस तरह से उसे वापस लाया जा सकता है।

अदिति आगे बढ़ते हुए अचानक रुक गयीं। उन्होंने हँसते हुए कहा - अब ये बातें रहने दीजिए। विजया के बाद मिले हैं, और कोई अभिवादन भी नहीं किया। शुभ विजया।

मीता जल्दी से कोई जवाब नहीं दे पाईं। अरूप ने कहा - हाँ-हाँ, शुभ विजया। फिर मिलेंगे।

विजया कुछ दिन काफी व्यस्तता रही। लक्ष्मी-पूजा से पहले ही उन्हें विजया के लिए जहाँ-जहाँ जाना था, वहाँ हो आए। लक्ष्मी-पूजा के बाद कुछ दिनों तक लोगों के आने-जाने का सिलसिला लगा रहा। बार-बार उस एक प्रश्न और आरोप का सामना करना पड़ा कभी जवाब देकर और कभी बिना जवाब दिए। इसके अलावा अदिति के पास दूसरा कोई चारा भी नहीं था। वे हर बार विजया के दिन तरह-तरह की मिठाइयाँ बनाती थीं, उसके साथ ही कचौरियाँ, घुघनी और आलू-दम भी बनाती थीं। इस बार उन्होंने खरीदी हुई मिठाइयों से अतिथियों का स्वागत किया जो उन्हें उतना पसंद नहीं आया।

काली-पूजा के पहलेवाले दिन सुबह को अचानक उत्तर की ओर से तेज हवाएँ चलने लगीं। तिथि के कमरे में उत्तर की ओर दो खिड़कियाँ हैं। उसके जाने के बाद अदिति केवल एक बार उसके कमरे में गयी थीं। उसका बिखरा हुआ बिस्तर ठीक करने के बाद उन्होंने वह कमरा बंद कर दिया था। काम करने वाली लड़की अन्नदा रोज इस कमरे को झाड़-पोंछ दिया करती थी। अदिति इस कमरे में नहीं आती थीं। आ ही नहीं पाती थीं। अंदर आते ही उनके सीने में तकलीफ होने लगती थी। आज उत्तर से बह रही हवाओं के कारण किसी तरह से खिड़की का एक पल्ला खुल गया था। बार-बार आवाज करने लगा। अदिति वह खिड़की बंद करने के लिए आज तकरीबन छः महीने बाद इस कमरे में आई थीं। खिड़की बंद करते समय उन्होंने देखा कि उसकी सिटकिनी नहीं लग रही थी। शायद वह खिड़की ठीक से बंद ही नहीं हुई थी, इसीलिए आज अचानक खुल गयी थी।

अदिति सिटकिनी गिराने की कोशिश कर रही थीं। लेकिन वह बहुत सख्त हो चुकी थी। बाहर से बेल बजने की आवाज आयी। अदिति ने मुख्य दरवाजे की चाभी उठायी। साढ़े ग्यारह बज गये थे, अन्नदा के आने का वक्त था। अदिति ने बरामदे से देखकर चाभी उछाल दी, जिसे अन्नदा ने लपक लिया। यही इस घर का नियम बन गया था। अदिति ने ड्राअर से एक छोटा हथौड़ा निकाला। सिटकिनी को उससे ठोकना होगा। वे तिथि के कमरे की ओर जा रही थीं। अचानक अन्नदा ने सीढ़ी चढ़ते हुए कहा - अरे बाप रे, आज कैसी बदहवास सी हवा चल रही है। अब ठंड पड़ेगी। ओ भाभी,

ये लो चपरासी नीचे चिट्ठी डाल गया है।

अदिति ने हाथ बढ़ाकर चिट्ठी ले ली। उनका सीना धक से रह गया। शरीर में खून तेज गति से दौड़ने लगा। उसके बाद शिराओं से होकर नीचे उतरने लगा। चिट्ठी पर उन्हीं का नाम लिखा था। उस पर की लिखावट उनके लिए बहुत जानी-पहचानी सी थी।

10

तिथि तेज कदमों से दौड़ रही थी और चिल्लाए जा रही थी।

मस्तक पर ठंडा स्पर्श पाते ही उसकी आँखें खुल गयीं। माधु भाभी का हाथ था। माधवी अपना सिर झुकाकर तिथि के चेहरे के पास ले जाकर बोली - अब कैसी तबीयत है ? थोड़ी ठीक है ?

तिथि ने कंधा उचकाया। हँस दी। माधवी ने कहा - सोयी रह। असल में तुझे आराम की जरूरत है। इतनी मेहनत, उसके बाद इतनी सारी चिंता। इतना सोचा मत कर। माँ को चिट्ठी लिख दी है न ? बस। अब सब ठीक हो जायेगा।

तिथि ने फिर आँखें बंद कर लीं। आँखें बंद करते ही उसे लगा कि वह फिर डूबती जा रही है। थकान, बहुत अधिक थकान लग रही थी। उसने आँख बंद करके सुना - तू सो, मैं जाती हूँ। - माधवी कमरे से निकल गयी।

सुबह और दोपहर के बीच का समय था। कमरे की खिड़की बंद थी, बाहर तेज हवा चल रही थी। बंद खिड़की से हल्की सी रोशनी आ रही थी। तिथि ने फिर आँखें खोलकर देखा, कमरे में कोई नहीं था। किसी की आवाज सुनाई नहीं दे रही थी। पार्थ जा चुका था। आलोक भी ऑफिस चले गये थे। सुधा जरूर रसोई में होंगी, सीमा दिखायी नहीं दे रही थी। तिथि को याद है, सुबह सीमा कुछ देर उसके पास बैठी थी। उसके बाद वह न जाने कहाँ चली गयी।

...पूजा के मकान का चबूतरा। बहुत जोर से ढाक बज रहा था। दशमी की शाम। वेदी से प्रतिमा उतारी जा रही थी। थोड़ी देर पहले ही माँ को सिंदूर लगाया गया, हाथ में पान देने की रस्म पूरी की गयी, उसके बाद सभी आपस में सिंदूर लगाने का खेल खेल रही थीं। सभी मतलब सभी। शिवानी, सुधा, दीप्ति, सुमिता, मल्लिका और भी कई बहुएँ। सभी सिर, मस्तक, नाक और गालों पर अबीर की तरह सिंदूर लगा रही थीं। लेकिन उसे सिंदूर लगाने की बात किसी को याद ही नहीं रही। उसे भी इस भीड़ में होना चाहिए था। लेकिन वह खुद को बंटी लोगों के खेमे का मान रही थी। जो किताबों

में रखने के लिए पूजा के फूल चुन रहे थे। अचानक सुमिता उसके पास आकर बोली - बेचारी, सिंदूर नहीं खेल पाई, शादी के बाद पहली बार ही...

अचानक एक अपरिचित महिला जाते- जाते रुक गयीं, और पूछ बैठीं - कौन ?

सुमिता की तरफ देखते हुए कहा - क्यों, क्या उसे...?

सुमिता ने आँखें मटकाते हुए, धीरे से कहा - उसे मासिक हो रहा है...।

तिथि चबूतरे से नीचे उतरकर खड़ी हो गयी।

पंडितजी की देह बहुत गोरी थी, एकदम ब्लाटिंग पेपर की तरह। अच्छी कद काठी थी। हल्की सी धोती पहन रखी थी, वे तिथि की ओर देखकर धीरे से हँसे। पान खाने की वजह से उनके काले दाँत दिखाई दे रहे थे। उन्होंने सुधा की तरफ देखते हुए कहा - ओ भाभीजी, आपकी इस बहू ने बैठे-बैठे ही सारा समय बिता दिया। आपने, पार्थ ने और सीमा ने बहुत मेहनत की। बहू क्या सोचती है कि पति के पुण्य से ही सती को भी पुण्य लाभ हो जाएगा ?

तिथि ने घबराकर दोनों कानों पर हाथ रख लिया और वहाँ से दौड़ती हुई निकल गई। उसे पता नहीं था कि रास्ता कौन सा है या वह कहाँ जा रही है।

शायद यह मझली दादी के घर जाने का रास्ता था। लेकिन रास्ते में काफी अँधेरा था। अभी शाम भी नहीं हुई थी इसलिए इतना अंधकार तो होना नहीं चाहिए था। तिथि पागलों की तरह दौड़ रही थी और उसका पीछा कर रही थी ढाक की आवाज, पुरोहित के पान से रँगे दाँतों की हँसी और भी न जाने क्या-क्या। उसे लगा मानो सभी जोर-जोर से हँस रहे थे, आपस में एक दूसरे से कह रहे थे - देखो उसे मासिक हुआ है। सब और जोर से हँसते हैं...अचानक तिथि ने देखा उसके सामने वही बछड़ा खड़ा है। उसके सिर पर सिंदूर पुता हुआ था और गले में जवा के फूलों की माला पड़ी थी। उसे लगा जैसे बछड़ा भी गंभीर आवाज में कह रहा हो 'तुम्हारे लिए क्या पति के पुण्य से ही सती का पुण्य हो जाता है ?'

चारों तरफ जोर-जोर से ढाक बजने लगे और कांसी (कांसे के घंटे) की आवाज भी। क्या यह आवाज विसर्जन के लिए है।

या बलि के लिए ? बलि या विसर्जन ? विसर्जन या बलि ? तिथि चिल्ला उठी - नहीं, नहीं, नहीं, ओ माँ, ओ माँ...

उसी समय उसने मस्तक पर ठंडा स्पर्श अनुभव किया - माधु भाभी का।

उस दिन पुरोहित का उतने बुरे ढंग से बात करना उसे बहुत बुरा लगा था। अपना रोना छुपाने के लिए ही वह पूजा के मकान से बाहर निकल आयी थी। मझली दादी के घर जाने के रास्ते में एक चबूतरे पर बैठकर उसने न रोने की कसम खायी थी, लेकिन उसकी आँखों में आँसू अपने-आप चले आ रहे थे। उसने कुछ पाने के मकसद से तो काम नहीं किया था। लेकिन इसीलिए वह झूठी बात भला कैसे बर्दाश्त

कर सकती थी। सुधा या किसी ने भी इस बात का विरोध नहीं किया। तिथि ने खुद को समझाने की कोशिश की। विरोध करके क्या वह बता सकते थे कि उसे पीरियड हुआ है, इसीलिए वह काम नहीं कर रही है। इस तरह से भला कहा जा सकता है ? उस पान खानेवाले पुरोहित को देखकर यह अंदाजा लगाया जा सकता था कि वह अशिक्षित है। अगर उसे पता चलता तो शायद वह और कोई गंदी बात कह डालता। उसने शायद यह समझ लिया था कि वह इस घर में अनचाही मेहमान है। भले ही कोई ऊपर से उसे नजरअंदाज नहीं कर पा रहा हो, लेकिन मन से उसे किसी ने नहीं अपनाया है। यह सबके बर्ताव से ही जाहिर हो चुका था।

इसीलिए उस आदमी को उसका अपमान करने का साहस हुआ। न जाने क्यों वह जानता था कि इस बर्ताव के लिए कोई उसकी निंदा नहीं करेगा बल्कि मन ही मन समर्थन ही करेगा। तिथि ने चश्मा खोलकर घुटनों में मुँह छुपा लिया। पार्थ की व्यस्तता अभी कम नहीं हुई थी। वह विसर्जन के लिए लकड़ियाँ जुटाने निकला था। तिथि ने यह जानते हुए भी बड़बड़ाते हुए कहा - पार्थ तुम कहाँ हो ? वह आदमी बिना वजह मुझे न जाने क्या - क्या कहे जा रहा है। पार्थ तुम ही बताओ क्या मैंने काम नहीं किया ?

- मुझे पता था कि तुम यहीं होगी।

तिथि अचानक चौंक उठी। सीमा हँस रही थी - पुरोहित थोड़ा अधिक ही बोलते हैं। इस तरह से मुँह लटकाकर मत बैठो। देवी जा रही हैं, चलकर देखो।

पूजा के दिनों में पार्थ कुछ बदल सा गया था। काम में व्यस्त, जिम्मेदार। उसे नहीं पाने का दर्द भुलाकर तिथि को मन ही मन उसके लिए गर्व का अनुभव कर रही थी। अंदर ही अंदर पार्थ के प्रति उसका आकर्षण बढ़ रहा था और पार्थ की उदासीनता इस आकर्षण को और बढ़ा रही थी।

मासिक शुरू होने के बाद तिथि पूजावाले मकान में नहीं गयी। वह रात को शिवानी के पास ही सोया करती थी। बिस्तर के एक तरफ अलोक और दूसरी तरफ शिवानी और वह। सीमा अष्टमी से पूजा के मकान में चली गयी थी।

पूजा खत्म होने के बाद सबके उस मकान में वापस लौटते ही सोने की पुरानी व्यवस्था लागू हो गयी। पार्थ के पास सोने जाते हुए तिथि को अपने शरीर में अजीब रोमांच का अनुभव हुआ। कमरे की बत्ती बुझाकर सुधा बिस्तर पर आ गयीं। उनके सोते ही तिथि ने महसूस किया कि पार्थ के हाथ बेकाबू हो गये थे। उसने पार्थ का हाथ दबाने की कोशिश की तो उसकी चूड़ियाँ खनक उठीं। उसे डर था पार्थ अपने होश न गँवा बैठे।

द्वादशी से घर खाली होने लगा। चाचियाँ जाने लगीं । क्योंकि सभी अपने-अपने घर में लक्ष्मी-पूजा करती थीं। चतुर्दशी तक सभी चले गये। घर में केवल शिवानी, अघोर, असीम और तिथि का परिवार रह गया था। चतुर्दशी के दिन जब दोपहर में सब

लोग सो रहे थे, तिथि बरामदे के एक कोने में अकेली खड़ी थी। उसकी साँसें गरम थीं। कंधे पर किसी का स्पर्श पाते ही उसने चौंक कर देखा उसके पीछे पार्थ खड़ा था। तिथि ने साँसें रोकते हुए कहा - सोए नहीं?

- नहीं, सबके सोने का इंतजार कर रहा था।

तिथि का सीना धड़कने लगा। उसने पूछा - क्यों ?

- चलो। - पार्थ ने धीरे से उसका हाथ खींचते हुए कहा ।

एक खाली कमरे में दोनों एक दूसरे को जकड़े हुए थे। पार्थ ने कहा - ओह, कितने दिनों बाद तिथि। कितने दिनों बाद। तुम मुझे इतनी सजा क्यों दे रही हो ? क्यों? क्यों? क्यों? जानती नहीं मैं पागल हो गया हूँ। तुम्हें नहीं पाकर मैं पागल हो जाता हूँ तिथि...

पार्थ एक साँस में न जाने क्या-क्या कहता जा रहा था। तिथि के पास कहने के लिए भी कुछ नहीं था। उसे समझ में ही नहीं आ रहा था कि वह अपने शरीर का क्या करे।

लक्ष्मी-पूजा में तिथि फिर से काम करने लगी । उसने आल्पना भी बनायी थी। सीमा को लेकर वह थोड़ी डरी हुई थी। दोपहरवाली बात उसे यकीनन मालूम नहीं पड़ी होगी। लेकिन रात में उसने चूड़ियों की आवाज तो सुनी ही थी। लेकिन तिथि हैरान रह गयी जब उसने देखा कि सीमा उसके साथ मिलकर काम कर रही थी। सीमा का मन अब ठीक था, तिथि बेवजह अपराध-बोध से ग्रस्त थी।

लक्ष्मी-पूजा के दूसरे दिन वे लोग कलकत्ता आ गए। ट्रेन का वक्त रात को था। आते वक्त जब उसने अघोर और शिवानी को प्रणाम किया, अघोर ने कुछ नहीं कहा। शिवानी ने उसकी ठुड्डी पकड़ते हुए कहा - अगले साल गोद में बेटा लेकर आना। - तिथि थोड़ा शर्मा गयी। असीम शाम से सो रहा था। आते वक्त उसकी किसी से मुलाकात नहीं हुई।

ट्रेन में चढ़ते हुए तिथि को लगा कि वे लोग सचमुच चले जा रहे थे। उसका यह जाना वास्तव में जाना था। हमेशा के लिए। उसे हैरत हो रही थी कि अपने माँ-पिताजी को छोड़कर आते वक्त उसे ऐसा अनुभव नहीं हुआ था। यहाँ न जाने वह कितनी यादें छोड़कर जा रही थी। तिथि का दिल रो उठा। उसे क्यों लग रहा था कि वह दोबारा यहाँ नहीं आ सकेगी ?

तिथि ने गाँव के मकान में एक दिन रसोइये के मुँह से सुना था। रसोई बनानेवाली बाई ने उससे कहा - झिकिमिकि थी जब चूल्हा मैंने सुलगाया था और अब इतनी रात हो गई तब जाकर सबका खाना-पीना समाप्त हुआ। मेरे बदन में अब बिल्कुल जान नहीं है।

तिथि ने पार्थ से पूछा था - झिकिमिकि का क्या मतलब होता है ?

पार्थ ने कहा - मतलब गोधूलि...

कलकत्ता लौटने से पहले उसके बुखार के बारे में किसी को कुछ पता ही नहीं लगा। लेकिन घर पहुँचते ही सफर की थकान से या किसी और कारण से, तिथि को लगा कि अब वह खड़ी नहीं हो पा रही थी। घर के अंदर पहुँचते ही वह दीवार के सहारे फर्श पर बैठ गयी। माधवी घर की चाभी देने के लिए नीचे आ गयी थीं। तिथि को उस तरह बैठते देख वह दौड़कर उसके पास पहुँच गयीं। उसके माथे पर हाथ रखते ही उन्होंने कहा - हे भगवान, तिथि का बदन तो बुखार से तप रहा है।

तिथि हाँफ रही थी। सुधा ने कहा - मैंने उसी समय कहा था, इतनी सुबह ठंडे पानी से मत नहाओ, बर्दाश्त नहीं होगा। मेहनत भी बहुत करनी पड़ी है। उतना करने की आदत भी नहीं है, मना करने पर भी इसने नहीं सुना।

दूसरे दिन सुबह तिथि बिस्तर नहीं छोड़ पायी। उसे लेटे रहना पड़ा। उसे बहुत बेचैनी हो रही थी। दिन-भर इस तरह सोए रहने के लिए भी हिम्मत की जरूरत थी। तिथि में वह नहीं थी। जिस तरह कोई अपराधी अपना अपराध कबूल करने की कोशिश करता है, उसी तरह तिथि बार-बार उठकर बैठने की कोशिश कर रही थी। लेकिन नहीं सफल नहीं हो रही थी। ऐसा लग रहा था कि सिर पर दस मन पत्थर का बोझ लदा था।

आलोक ने घर में झाँककर देखा। तिथि को लगा कि अलोक ने कमरे से बाहर जाकर धीरे से कहा था - अरे सीमा, क्या हुआ तिथि को ?

- बुखार हुआ है, कल सुना नहीं। - सीमा ने चिढ़ते हुए कहा। - आप इस तरह से हैरान क्यों हो रहे हैं ?

- अपने भइया से कह कोई डाक्टर-वाक्टर दिखाए। - अलोक ने दबी आवाज में थोड़ा घबराते हुए कहा - लड़की को यहाँ लेकर तो चला आया। लेकिन थोड़ा भी होश नहीं है।

- यह बातें मुझसे क्यों कह रहे हैं ? - सीमा ने झिड़कते हुए कहा - झूठमूठ को परेशान मत होइए। उसे बुखार हुआ है। हम उसकी देखभाल कर रहे हैं।

बरामदे से उसे सब सुनायी दे रहा था। तिथि शर्म से मरी जा रही थी। हे भगवान्, वह कैसे बेशर्म की तरह अब तक सोई हुई है। नहीं, आज सिर पर ठंडा पानी डालने के बाद कुछ खाते ही वह ठीक हो जायेगी।

पार्थ पास के कमरे में बैठा चाय पी रहा था। तिथि के धीरे-धीरे वहाँ जाकर खड़े होते ही पार्थ ने अपने होंठों से चाय का कप हटाते हुए कहा - अरे, उठ गयी। चाय पियोगी ?

- अपनी बीवी से सज्जनता दिखा रहे हो। - तिथि ने हँसते हुए कहा - क्या मैं चाय पीती हूँ ?

पार्थ ने उसका हाथ पकड़ने की कोशिश करते हुए कहा - देखूँ, लगता है अब बुखार नहीं है।

तिथि ने इस बात का कोई जवाब नहीं दिया। पार्थ को अपना हाथ भी नहीं छूने दिया। दरवाजे के सहारे खड़ी होकर बोली - बड़ी माँ रसोई में हैं। दीदी कहाँ हैं ?

- सीमा नल पर पानी भर रही है। क्यों ?

- दीदी ने सुबह मेरे सिर पर हाथ फेर दिया था। - तिथि थोड़ा रुक गयी। - उसका सिर भारी लग रहा था। दरवाजे पर अपना सिर टिकाते हुए बोली - तुम तो मेरे पास जरा भी नहीं बैठे।

- बैठा तो था। तुम सोई थी इसलिए तुम्हें पता नहीं चला।

- मैं सोयी थी, जरा भी नहीं सोयी थी। तिथि ने गहरी साँस भरी, हल्की सी गर्म थी। उसने प्यार से कहा - तुम मेरे पास थोड़ी देर के लिए बैठ जाओ तो मेरी तबीयत ठीक हो जायेगी। मेरी तबीयत बहुत खराब लग रही है।

पार्थ उठ गया। चाय का कप नीचे रखते हुए कहा - चलो आता हूँ। मुझे थोड़ी देर बाद निकलना पड़ेगा।

तिथि ने बच्चों की तरह रोते हुए कहा - कहाँ जाओगे, नहीं प्लीज...

- एक एडिटिंग का काम है। कलकत्ता लौटकर ही उनसे संपर्क करने की बात हुई थी। लगता है कि काम मिल जायेगा। ऐसे मत करो, चलो चलकर सो जाओ।

तिथि पार्थ के सहारे चल रही थी। एक कमरे के पैसेज से दूसरे कमरे में जा रही थी। आलोक नल के पास से दौड़ते हुए आये। रोज ऑफिस जाने से पहले वे इसी तरह दौड़ते थे। किसी तरह वह समय से तैयार नहीं हो पाते। नल पर बैठकर नहाने के बाद वे भीगी हुई लुंगी में आज भी दौड़कर आ रहे थे। ऊपर से ठंड भी लग रही थी। तिथि और पार्थ को देखकर वे रुक गये।

- कितना बुखार है। सवाल उन्होंने तिथि से नहीं पार्थ से किया था। पार्थ ने उसे थाम रखा था। तिथि ने उसके कंधे से सिर उठाने की कोशिश की। आलोक ने तिथि की हालत देखते हुए पार्थ से गुस्से में कहा - कहे देता हूँ, इसके लिए एक डाक्टर-वाक्टर का इंतजाम कर। - उनकी आवाज में चेतावनी थी।

तिथि डर गयी। उसे उम्मीद नहीं थी कि आलोक इस तरह से चिल्लाने लगेंगे। अपने कंधे से पार्थ का हाथ हटाते हुए उसने कहा - मुझे अधिक बुखार नहीं है पिताजी।

आलोक ने तिथि की तरफ नहीं देखा। पार्थ को घूरते हुए कहा - हूँ, शादी की है।

झमेले के डर से सुधा रसोई से निकल पड़ीं। वे आलोक के लिए चावल निकाल रही थीं। उनके बायें हाथ में एक मुट्ठी आलू की भुजिया और दाहिने हाथ में एक कटोरी थी। यहाँ चम्मच का प्रयोग कम ही होता था। सब्जी वगैरह हाथ से ही निकाल

लिया जाता था। सुधा ने परेशान होकर पूछा - क्या हुआ ? तुम क्या कह रहे हो ?

वे आलोक से पूछ रही थीं। सुधा की आवाज सुनकर आलोक कमरे में घुस गये। अचानक पार्थ ने ऊँची आवाज में कहा - सुबह से आप इतनी बात क्यों सुनाते जा रहे हैं ? क्या आप मुझे चैलेंज कर रहे हैं ? आपको लगता है कि मेरे पास डॉक्टर दिखाने के लिए रुपये नहीं हैं।

आलोक ने भीगी हुई लुंगी पर शर्ट पहनते हुए धमकी की आवाज में कहा - जा, जा, चैलेंज। सिर्फ बड़ी-बड़ी बातें। रुपये की बात करने में शर्म नहीं आती है। बाप के पैसे पर तो बैठे-बैठे खाता है। ऊपर से बड़ी-बड़ी बातें करता है।

पार्थ फिर कुछ कहने जा रहा था। तिथि ने किसी तरह से उसका हाथ दबाते हुए कहा - नहीं, प्लीज।

सुधा चिल्ला पड़ीं - तुम इतनी बातें आखिर क्यों सुना रहे हो ? क्यों झमेला खड़ा कर रहे हो ? तिथि को बुखार हुआ है। क्या करना है, वह हम सोचेंगे। चावल निकाल दिया है, चलकर खा लो।

आलोक ने शर्ट पैंट पहन ली थी। वे दौड़कर खाना खाने बैठ गये। पार्थ बड़बड़ाते हुए चप्पल पहन रहा था। वह कंधे पर झोला लेकर तैयार हो गया था। उसका गुस्सा देखकर आलोक ने नाक से आवाज निकाली - हूँ।

सुधा भी पार्थ को देख रही थीं, उन्होंने कहा - जा रहा है क्या ? खाकर नहीं जायेगा ? लौटेगा कब ?

पार्थ सुधा के दूसरे सवाल के इंतजार में था। बाकी सवालों के उसने जवाब भी नहीं दिये। उसने कहा - ये बातें सुनने के बाद भी क्या खाने की इच्छा हो सकती है ? - भड़ाक से दरवाजा खोलते हुए वह निकल गया।

सुधा कुछ देर तक दरवाजे की तरफ देखती रहीं। फिर तिथि की तरफ मुड़ीं। तिथि ने डरते हुए कहा - मैं नहाकर आती हूँ बड़ी माँ। नहाने से तबीयत ठीक हो जायेगी।

पार्थ ने कहा था कि माधु भाभी उनकी कोई नहीं लगती। लेकिन तिथि ने देखा था, वे इस परिवार का ही एक हिस्सा थीं। एक तल्ले पर वे अपने पति और बेटी के साथ रहती थीं। घर का काम निबटाकर वे अधिकतर नीचे ही रहती थीं। खासकर सुबह पति के ऑफिस और बेटी के स्कूल चले जाने के बाद। सलिल रात को लौटते और रुम्पा शाम को। उस समय माधवी नीचे चली आतीं। माधवी अपना परिवार बहुत अच्छे ढंग से चलाती थीं। तिथि ने उनके घर में जाकर देखा था, कमरे में साधारण चीजें भी बहुत सलीके से रखी हुई थीं। भले ही उसकी माँ की तरह नहीं, लेकिन घर देखकर लगता

था कि गृहस्थी सही ढंग से चल रही थी। वह अनजाने में ही तुलना कर बैठती। किसी और चीज से नहीं, उसे लगता कि उनके घर में इस चीज की कमी थी। सब कुछ इस तरह से बिखरा हुआ था कि तिथि का दम घुटने लगता था। वह उन्हें सहेजना चाहती।

यहाँ कोई आलमारी भी नहीं थी। कपड़े आलना पर ही पहाड़ की तरह रखे जाते। बाहर जाने के कपड़े, धोने के बाद तहकर बिस्तर के नीचे रख दिये जाते। और जिन कपड़ों को पहना नहीं जाता, उन्हें बक्से में बंद कर दिया जाता। तिथि ने उस दिन आलना सजाने की कोशिश की। सारी दोपहर बैठकर आलना सजाती रही। एक-एक करके उसने सारे कपड़े तह किये। घर में रहने पर उसने माँ की डाँट सुनकर कुछ-कुछ काम करना सीखा था। हर वक्त काम करने का मन भी नहीं करता था, माँ के ऊपर गुस्सा भी आता था। फिर भी अदिति उससे जबरन काम कराया करती थीं। छोटे-मोटे काम के साथ खाना भी बनवाती थीं। वे कहती थीं - काम सीखने के बाद ही तुम आजादी से रह सकोगी। दूसरों पर निर्भर नहीं रहना पड़ेगा। काम जानने का मतलब आत्मविश्वास का बढ़ना है। तिथि को आज वे सारी बातें याद आ रही थीं। तकलीफ भी हो रही थी। किसी तरह माँ के जैसा क्यों नहीं हो रहा था। आखिर में जब उसका काम खत्म हुआ तो उसने घूमकर देखा सुधा सो रही थीं। सीमा उनकी बगल में लेटकर सानंदा के पन्ने उलट रही थी जो वह माधवी से माँग कर लायी थी। तिथि ने धीरे से फुसफुसाते हुए उससे कहा - दीदी, देखिए मैंने आलना सजाया है।

सीमा ने एक झलक देखकर कहा - अच्छा लग रहा है, लेकिन ढूँढ़ने पर कुछ मिलेगा नहीं।

- क्यों दीदी ?- तिथि को बुरा लगा।

- तुमने ऐसे सजाया है कि कौन सा कपड़ा है, पता ही नहीं चल रहा। - सीमा ने किताब बंद कर दी और ऊँघते हुए कहा - अब थोड़ा सो जाओ। आज तुम्हें बुखार तो नहीं आया।

शाम को माधवी ने आते ही चिल्लाकर कहा - अरे वाह, यह जरूर तिथि का काम है। आलना कितना सुंदर लग रहा है ? चलो अब दीदी और सीमा का काम कुछ आसान हो जायेगा।

सीमा ऊपर के कमरे में रुम्पा को पढ़ा रही थी। सुधा ने रसोई में जाते हुए कहा - माधु, जरा रसोई में आना। सीमा की खिचड़ी चढ़ाई है। मुझे जरा इधर बैठना पड़ रहा है।

माधवी ने उधर जाने की इच्छा नहीं जतायी। खाट पर बैठते हुए कहा - ओह, आज तो सोमवार है ना। सीमा ने उपवास किया है। पता नहीं उसकी शादी कब होगी? दीदी दमदमवाले रिश्ते का क्या हुआ ?

सुधा ने रसोई में बैठे हुए ही जवाब दिया - उससे नहीं होगा। लड़का बहुत नाटा

है। सीमा को पसंद नहीं है।

माधवी ने तिथि की ओर देखते हुए धीरे से कहा - पता है, सीमा बहुत बड़ी भूल कर रही है। बार-बार रिश्ते तोड़ना ठीक बात नहीं है। मैं दो रिश्ते लायी थी, दोनों ने सीमा को भी पसंद कर लिया था। लेकिन सीमा तैयार नहीं हुई। एक की उम्र चालीस थी और दूसरा काफी दूर बड़ोदा में रहता था इसलिए। तू ही बता, ऐसा करना ठीक है?

तिथि का इस बारे में कुछ भी कहना ठीक नहीं था, इसलिए वह चुप्पी साधे रही। उसे भी लग रहा था कि सीमा का ऐसा करना ठीक नहीं था। सीमा हर सोमवार को उपवास करती थी । शिव की पूजा करने के बाद एकदम रात को सूजी की खिचड़ी खाती थी। लेकिन किसी को पसंद नहीं करती थी, जबकि समय गुजरता जा रहा था। हालाँकि तिथि ने इस घर में आने के बाद देखा था कि पार्थ के घरवाले ज्योतिष पर बहुत भरोसा करते थे। सुधा अक्सर एक ज्योतिषी के यहाँ जाया करती थी। उस ज्योतिषी ने कह रखा था कि अगले सावन में सीमा की शादी होगी। वह बात याद आते ही तिथि ने कहा - माधु भाभी, इस सावन में सीमा दीदी की शादी हो जायेगी।

- धत्त, जाने दे। - माधवी ने चिढ़ते हुए कहा - उस ज्योतिषी ने कहा है न? सुना है कि वह पिछले पाँच सालों से यही कह रहा है। फिर भी दीदी उसकी बात पर भरोसा करती हैं। - माधवी के कंधे पर एक मच्छर बैठा था। तिथि की समझ में नहीं आता था कि शाम को दरवाजा, खिड़की बंद करने के बावजूद इतने मच्छर कहाँ से चले आते थे। माधवी ने जैसे ही मच्छर को मारा, उसका जूड़ा खुल गया। उसे बांधते हुए माधवी ने तिथि की ओर देखते हुए कहा - तेरी तबीयत कैसी है ?

- ठीक नहीं है, माधु भाभी। बार - बार बुखार आ रहा है।

माधवी ने परेशान होते हुए कहा - यह ठीक नहीं लग रहा, कहीं मलेरिया-वलेरिया तो नहीं है। यहाँ इतने मच्छर भी तो हैं। लगता है तुझे किसी अच्छे डॉक्टर को दिखाने की जरूरत है।

तिथि ने उदास होकर कहा - नहीं, नहीं, मलेरिया नहीं है। मुझे तो बर्दवान जाने के बाद से ही बुखार आ रहा है। डॉक्टर को दिखाने की जरूरत नहीं है। यह तो ऐसे ही है।

माधवी ने भौहें टेढ़ी करके पूछा - बर्दवान जाकर मतलब। ठीक से बता तो कब से हो रहा है बुखार।

तिथि ने चोरी पकड़ी जाती देखा तो होंठ काटते हुए कहा - पूजा के पहले से। लेकिन सच इसके लिए डॉक्टर को दिखाने की जरूरत नहीं है।

माधु भाभी कुछ देर तक उसे देखती रहीं, फिर कहा - ठीक है, वह मैं समझूँगी।

तिथि खुद को असहाय महसूस कर रही थी। आखिर उसने माधु भाभी को

बुखारवाली बात क्यों बता दी। यह सच है कि उसे बहुत दिनों से बुखार आ रहा था। उसे डर भी लगने लगा था। शरीर दिन-ब-दिन कमजोर होता जा रहा था और उसे कुछ भी अच्छा नहीं लग रहा था। और बुखार आने पर तो कहना ही नहीं था, सिर उठाने तक की शक्ति नहीं रह जाती थी। उस समय वह अकेले ही पड़ी रहती। सीमा बीच-बीच में उसके पास आकर बैठ जाती। सुधा भी सिर और बदन को छूकर देख जाती थीं। तिथि ने अलोक को फिर कुछ कहते नहीं सुना। और पार्थ तो काफी व्यस्त था। उसे एक काम मिला था। इस घर में तिथि के आने के बाद उसे यह पहला काम मिला था। सात आठ दिनों से वह लगातार एडिटिंग का काम किये जा रहा था। तिथि ने अपनी तबीयत के बारे में पार्थ को छोड़कर और किसी से नहीं बताया था बल्कि वह ऐसा बर्ताव करती थी जैसे उसे कुछ भी नहीं हुआ, और उसे ऐसा अक्सर होता रहता है। वह मन ही मन चाह रही थी कि पार्थ का काम जल्दी खत्म हो जाये। काम खत्म होते ही उसे पैसे जरूर मिलेंगे। तिथि उस दिन तक इंतजार करना चाहती थी। लेकिन नहीं कर पायी। माधु भाभी के पास जाकर वह रोने लगी। तिथि को खुद से नफरत हो रही थी।

- तुझसे एक बात कहती हूँ सुन, तेरी माँ के घर में फोन है ?

तिथि को अचानक माधवी के इस प्रश्न का मतलब समझ में नहीं आया। उसने सिर हिलाकर कहा - फोन। नहीं, क्यों ?

- तो फिर माँ को एक चिट्ठी ही लिख दे। - माधवी ने प्यार से कहा - माँ को तेरी शादी के बारे में भी पता नहीं है न। सारी बातें लिखकर बता दे। और माँ-पिताजी को विजया का प्रणाम भी तो करना चाहिए।

थोड़ी देर बाद तिथि रोने लगी। आँचल से मुँह दबाकर आँसुओं को रोकने की कोशिश की। माधवी ने उसे सांत्वना नहीं दी। - उदास होकर कहा - तेरी बीमारी की जड़ क्या है, मुझे यह जानना बाकी नहीं है।

आखिर में माधवी ही तिथि को डाक्टर के पास ले गयीं। तिथि के विरोध के बावजूद। सुधा ने कुछ नहीं कहा। पार्थ ने कहा - माधु भाभी मैं चुका दूँगा।

उसकी बात तिथि को इतनी चुभी कि उसने हैरत-भरी निगाहों से पार्थ को देखा। पार्थ तब भी माधवी की तरफ देखकर कहे जा रहा था - आप मुझे फीस और दवा का दाम मिलाकर बता दीजिएगा।

- बकवास मत कर। पता नहीं तिथि मेरी बहन है। माधवी ने उसे बीच में ही रोकते हुए कहा - इस संसार में जो लड़कियाँ प्यार की खातिर अपना घर छोड़कर आती हैं, वे सभी एक दूसरे की बहनें होती। है ना तिथि ?

डॉक्टर ने तिथि का चेकअप करने के बाद उसे ठीक से खाना नहीं खाने के लिए बुरी तरह डाँटा। उसमें खून की बहुत कमी थी। बुखार वाइरस के संक्रमण की वजह

से हो रहा था। शरीर कमजोर होते ही बुखार पकड़ लेता था। उन्होंने तिथि को आराम करने के साथ ठीक से खाने-पीने की सलाह दी। उन्होंने कहा कि ये दोनों बातें ही दवा का काम करेंगी। इसके अलावा उन्होंने और तीन दवाएँ खाने की भी सलाह दी। इनमें एक नींद की गोली थी। उसके बाद से ही तिथि सोने लगी थी।

नींद में भी उसका मन घूमता रहता था। बर्दवान में उनके गाँव के मकान से लेकर उसकी माँ के घर तक। बार- बार अनगिनत तस्वीरें उसकी बंद आँखों की दीवारों से टकरा रही थीं।

इतने दिनों में माँ को चिट्ठी जरूर मिल गयी होगी। माँ ने जरूर डाइनिंग टेबल के पास अपनी प्रिय खिड़की के पास खड़ी होकर उस चिट्ठी को कई बार पढ़ा होगा। हालाँकि उसने बहुत सारी बातें नहीं लिखी थीं। माँ, पिताजी और भाई को उसने प्रणाम लिखा था। उसने रजिस्ट्री और इस घर के बारे में लिखा था। लेकिन अपनी बीमारी के बारे में नहीं लिखा था। - लिखा था मैं ठीक हूँ, बहुत खुश हूँ।

पार्थ ने ही उसे इनलैंड लाकर दिया था और उसी ने चिट्ठी पोस्ट कर दी थी। इस घर में सभी जानते थे कि तिथि ने अपनी माँ को खत लिखा है। सीमा ने कहा था - तुम्हारी माँ बहुत गुस्सैल हैं ना ? मुझे ही डर लग रहा है। खत मिलते ही वे जरूर नाराज हो जायेंगी।

पार्थ को इनलैंड देने से पहले एक-दो पल के लिए तिथि झिझकी थी। उसके बाद चिट्ठी की उल्टी तरफ इस मकान का पता लिख दिया था। पार्थ ने हँसते हुए कहा था - पता लिख रही हो, अगर तुम्हारी माँ यहाँ आकर तुम्हें ले गयी तो ?

तिथि ने पार्थ की तरफ देखकर हँसते हुए कहा - डर लग रहा है क्या ? डरो मत। मेरे यहाँ चले आने के दिन ही माँ सब समझ गयी थी। माँ जानती हैं कि मुझसे जोर-जबर्दस्ती कुछ भी नहीं कराया जा सकता।

माधु भाभी के कमरे से बाहर जाते ही तिथि सो गयी थी। माधवी कहकर गयी थी - माँ को चिट्ठी लिख दी है। अब सब ठीक हो जायेगा। - उसे लगा कि माधु भाभी के उन शब्दों से एक गीत बन गया है। वह गाना कौन सा था यह लाख याद करने पर भी उसे याद नहीं आ रहा था। बार-बार उसकी धुन याद आती और कहीं खो जातीं। तिथि गाने की धुन में खोने लगी, बहुत अंदर। वहाँ चली गयी जहाँ उसकी माँ अपनी प्रिय खिड़की के पास बैठी हुई हैं और उनकी गोद में गीतों की किताब है। तिथि बहुत दिनों के बाद अपनी माँ का गाना सुन रही थी। बचपन से वह माँ के मुँह से जिन गीतों को सुनती आ रही थी, यह गीत तो उन्हीं में से एक था। मन प्यासा है रे...। तिथि ने माँ के साथ सुर मिलाया।

काली-पूजा खत्म होते ही ठंड पड़ने लगी।

दिन में भी रसोईघर में अँधेरा था और मच्छर भी बहुत थे। तिथि आराम से बैठ

नहीं पा रही थी। सुधा कढ़ाई में कुछ बना रही थीं। उन्हें भी मच्छर काट रहे थे लेकिन उन्हें देखकर कुछ समझ में नहीं आ रहा था। मच्छर का काटना सहने की उनकी आदत हो चुकी थी। सुधा ने तिथि से कहा - बहुत मच्छर काट रहे हैं न ? ढककर बैठो।

तिथि सब्जी काट रही थी। बुखार से उठने के बाद वह हमेशा सीमा की एक चद्दर ओढ़े रहती थी। चादर आधी सूती और आधी रेशम (पशम) की थी। शुरुआती ठंड में काफी आरामदायक थी। तिथि ने अब भी उसे ओढ़ रखा था। लेकिन हाथ निकालकर सब्जी काटने से चादर ढीली हो जाती रही और मच्छर फिर उसे काटने लगते थे। ठंड भी लग रही थी।

आलू काटने के बाद तिथि ने उन्हें पानी में भिगोकर रखते हुए कहा - बड़ी माँ बैंगन के टुकड़े छोटे होंगे या बड़े।

- नहीं, छोटे-छोटे टुकड़े ही काटो। - सुधा ने कड़ाही में पानी डाला। थोड़ा छिटककर तेल गर्म होने लगा। सीमा ने रसोईघर के दरवाजे पर खड़ी होकर पूछा - माँ, मेरी बोरोलीन कहाँ रखी है ? मिल नहीं रही है।

सुधा ने मुड़कर कहा - मैं कैसे बताऊँ। जाकर देख तकिया वगैरह में चली गई हो।

सीमा रोज रात को हाथ में बोरोलीन लेकर सोती। सोते हुए वह कोहनी और होंठों पर बोरोलीन लगाती थी। तिथि ने याद करने की कोशिश की। आज सुबह उसने ही बिस्तर समेटा था। उसे लगा कि उसने ट्यूब देखी थी। अचानक याद आते ही उसने कहा - हाँ, दीदी मैंने उसे ड्रेसिंग टेबल पर रख दिया था। सुबह बिस्तर साफ करते हुए मिली थी।

सीमा ने कोई जवाब नहीं दिया। चली गयी। लेकिन उसके चेहरे पर नाराजगी थी। किसी खास कारण से नहीं। बल्कि उसका मन उदास था। तिथि को याद आया कि पंद्रह बीस दिनों के अंतर पर उसका मन यूं ही खराब होता रहता है। इस दौरान वह घर में सुधा को छोड़ और किसी से बात नहीं करती थी।

आलोक ने नल के पास हड़बड़ी मचा रखी थी। खाली बदन पर तेल लगाते हुए जप रहे थे - जय गुरु, जय गुरु, जय गुरु, जय श्री राम...कृष्ण। यह सुनते हुए तिथि को लग रहा था जैसे कोई पेस बॉलर गेंदबाजी कर रहा हो। आलोक तेजी से तीन-चार बार जय गुरु, जय गुरु बोलते, जैसे गेंदबाज दौड़ रहा हो, उसके बाद जय श्री रामकृष्ण कहते हुए मानो वे तेजी से गेंद फेंक देते।

उस दृश्य की कल्पना करते ही तिथि को हँसी आ गयी। सर्दी के अलावा आलोक में इतनी भक्ति दिखाई नहीं पड़ती थी। नाम जपने से शायद ठंड कम लगती थी।

रसोई में आने से पहले तिथि ने देखा था कि पार्थ कंबल ओढ़कर सोया हुआ था।

आजकल वह फिर बेकार हो गया था। काम नहीं रहने पर पार्थ को उठने की कोई जल्दी नहीं रहती। जब मन करता सोकर उठता, मन करता तो बाहर जाता वरना घर में ही रहता था।

सीमा के रसोईघर से जाते ही पार्थ की आवाज सुनाई दी - क्या एक कप चाय मिल सकती है ? उसने सीमा से यह सवाल किया था। सीमा ने कोई जवाब नहीं दिया था।

- पार्थ ने रसोई में देखते हुए कहा था - सीमा का इंजन फिर खराब हो गया है क्या ?

- बिगड़ने दे, उससे तेरा क्या ? सुधा ने धमकाते हुए कहा - उसे उसकी तरह रहने दे। पीछे लगने की जरूरत नहीं है।

- पीछे कहाँ पड़ा हूँ ? मैं तो चाय माँग रहा था। मिलेगी ?

- रुक बाबा, अभी तक चावल - सब्जी नहीं बनी है। तेरे पिताजी का नहाना हो गया है। हाथ खाली होते ही बना कर देती हूँ।

तिथि ने प्यार से कहा - मैं बना दूँगी, बड़ी माँ।

पार्थ ने हँसते हुए वहीं खड़े होकर कहा - तो माँ आजकल तिथि तुम्हारे साथ काम-वाम कर रही है ?

सुधा चावल की हाँडी उतारने लगीं, उन्होंने कोई जवाब नहीं दिया। तिथि को बहुत गुस्सा आ रहा था। वह काम नहीं करेगी तो क्या करेगी ? इसमें पार्थ के इतना खुश होने की क्या जरूरत है। उसने परेशान होकर कहा - तुम जाओ, मैं चाय लेकर आती हूँ।

तिथि सुबह उठकर दोनों कमरों का बिस्तर ठीक करती। यह एक बहुत मुश्किल काम था। ठंड के दिनों में चादर और रजाइयों की संख्या बढ़ जाती है। उन्हें और मच्छरदानी को वह समेटकर रखती । तकिए को झाड़कर रखने के बाद वह चादर को खींचकर बिछा देती। सुधा उस वक्त पूजा में लगी रहतीं। तिथि बिस्तर लगाकर बाथरूम में चली जाती। सुधा सुबह के कपड़े धोकर रखतीं। आँख-मुँह धोकर तिथि बरामदे में उन कपड़ों को सुखाकर रसोई में आती । सुबह काफी चाय बनती थी। आलोक बाजार जाते। सामान आने के बाद ही खाना बनता। खाना सुधा ही बनाती थीं, तिथि सारा सामान तैयार करके देती। आजकल सुबह के समय सीमा रसोई में नहीं होती थी। उसने कुछ ट्यूशन शुरू कर दिए थे। दो-तीन बच्चे घर में पढ़ने आया करते थे, वह सुबह नौ बजे तक उन्हें ही पढ़ाती रहती। इसलिए सुबह पानी भरने का काम भी तिथि को करना पड़ता था। शाम को भी अक्सर वही पानी भरती। सुबह का खाना बन जाने के बाद भी वह चुपचाप नहीं बैठ पाती थी। काम खोजती रहती थी। खोज-खोजकर गंदे कपड़े धोने बैठ जाती थी। इसके अलावा कमरे की सफाई का काम बहुत झमेले का

था। झाड़ू देते समय दीवार का चूना झड़ने लगता था। घर सजाने के बाद भी उसे शांति नहीं मिलती थी। कुछ ही देर में सजाया हुआ आलना अस्त-व्यस्त हो जाता था। पार्थ की टेबल पर कागजों का ढेर लगा हुआ था लेकिन वह उसमें हाथ नहीं लगाने देता था। उसका कहना था कि उसके जरूरी कागज खो सकते थे। तिथि जबरन टेबल सजा देती तो वह दो-तीन दिनों में फिर उसे पुरानी शक्ल में ले आता था। तिथि ने देखा कि इस घर में किसी को भी सामान को सही जगह पर रखने की आदत नहीं थी। आलोक का खोला हुआ कुर्ता और लुंगी जहाँ - तहाँ पड़े रहते, जब तक तिथि उन्हें उठा नहीं लेती थी। पार्थ का झोला, सीमा के बालों का रीबन, सिलाई का डिब्बा, पानी का ग्लास, मुड़ी की कटोरी जैसी किसी चीज की कोई निर्दिष्ट जगह नहीं थी। जहाँ जी चाहा फेंक दिया। तिथि सारा दिन उन्हें समेटने में लगी रहती थी।

शाम को माधवी के अलावा इलाके की दूसरी महिलाएँ बातें करने जमा होती थीं। तिथि ने देखा था कि सीमा, माधवी या सुधा कोई भी इनके साथ ढंग से बात नहीं कर पाती थी, वे केवल सुनती रहती थीं। सीमा अक्सर दोपहर को रुम्पा को पढ़ाने ऊपर चली जाती थी, बातचीत में शामिल नहीं होती थी। माधवी थोड़ी बहुत बातें कर लेती थी लेकिन सुधा की आवाज सुनायी नहीं देती थी। दरअसल इलाके की वे महिलाएँ अपनी खबरें सुनाने और फैलाने आती थीं। खबर यानी मुहल्ले का कौन सा लड़का शादी के बाद अपने माँ-बाप की देखभाल नहीं करता था, किस पति-पत्नी में अधिक झगड़ा हुआ, किस लड़की को किसके साथ घूमते देखा गया है, यही सब बातें। इतने दिनों तक इनकी केंद्रबिन्दु तिथि थी। लेकिन अब उनका उत्साह ठंडा पड़ गया था। इलाके की कोई औरत आती थी तो वह उस कमरे में नहीं जाती थी। उसे लगता था कि यह इलाका थोड़ा ग्रामीण था। जबकि वह जिस इलाके में बड़ी हुई थी वह इसके मुकाबले कहीं अधिक आधुनिक था।

जिस दिन शाम को घर में इस तरह का अड्डा जमता था, उस दिन वह पास के कमरे से निकलती नहीं थी। आलोक बिस्तर पर लेटे हुए टीवी देखते रहते और तिथि फर्श पर बैठकर कपड़े इस्त्री करती रहती या खोजकर पुराने या फटे हुए कपड़े सिलाई करती।

आलोक उससे कोई बात नहीं करते थे, टीवी देखते-देखते उन्हें झपकी आ जाती थी और वे सो जाते थे। इलाके की औरतें जब चली जाती थीं तब सुधा के साथ तिथि रसोई में चली जाती थी। किसी दिन तिथि आटा सानकर रोटियाँ बेल दिया करती थी, सुधा रोटियाँ सेंक दिया करतीं। तो कभी सुधा आटा सानकर रोटियाँ बेल दिया करतीं और तिथि सेंक दिया करती थी।

तिथि हर पल काम ढूँढ़ती रहती थी। वह हमेशा इसी कोशिश में रहती कि कैसे वह इस परिवार का जरूरी हिस्सा बन जाए। इस घर में मिले आश्रय के बदले में वह

कड़ी मेहनत करना चाहती थी। पार्थ को कोई फर्क नहीं पड़ता था लेकिन तिथि को अपमानित होकर रहना अच्छा नहीं लगता था। पार्थ की अयोग्यता को ढकने के लिए वह दिन-भर काम में लगी रहती थी, जैसे वह इस परिवार में प्रायश्चित कर रही हो।

सुधा दोपहर में सो गयीं। सीमा थोड़ी देर पहले माधवी के पास गयी थी। पार्थ आज बाहर नहीं निकला था। टीवी पर क्रिकेट मैच देख रहा था। तिथि की नजरें टीवी पर थीं, लेकिन उसका मन मैच में नहीं था। उसने सोचा कि वह पार्थ से पूछे कि कुछ दिन पहले उसने जो काम किया था उसका पैसा मिला या नहीं ? लेकिन संकोच की वजह से पूछ नहीं पा रही थी।

पार्थ बिस्तर पर लेटा हुआ टीवी देख रहा था। तिथि बिस्तर से लगकर बैठी हुई थी। पार्थ ने कहा - अरे, ऊपर बैठ जाओ।

तिथि की सोच में खलल पड़ गया। उसने पार्थ की तरफ शरारती नजरों से देखते हुए कहा - इस्स, तुम चाहते क्या हो ?

पार्थ तिथि को चूमने लगा।

- अरे, पासवाले कमरे में माँ है।

- माँ सो रही हैं। - पार्थ का हाथ तिथि के गले से नीचे उतरने लगा।

- छोड़ो, दीदी ऊपर गयी हैं, अभी चली आयेंगी।

- दरवाजा बंद कर दो...कहते हुए पार्थ ने खुद ही दरवाजा बंद कर दिया।

तिथि ने डरते हुए कहा - क्या कर रहे हो तुम ? दोपहर में दरवाजा बंद करके? बड़ी माँ और दीदी क्या सोचेंगी ? नहीं, अभी ऐसे मत करो।

- अभी नहीं तो कब करूँ ? - पार्थ ने ठंडे फर्श पर ही तिथि को लिटा दिया। - कौन क्या सोचेगा ? सोचेगा कि बीवी के साथ बैठा हूँ। इसमें बुरा क्या है ?

तिथि ने रोकने की कोशिश की लेकिन रोक नहीं पा रही थी। उसे भी अच्छा लग रहा था। यह सुख किसी शरारती बिल्ली से कम नहीं था, वह उसे जितना दूर करने की कोशिश करती वह उसके उतने ही करीब चला आता।

बाहर कुछ आवाज होते ही तिथि घबरा गयी। लेकिन पार्थ ने उसकी चोटी ऐसे पकड़ रखी थी कि वह हिल नहीं पा रही थी। तिथि अपना सिर नहीं हिला पा रही थी। वह विनती करते हुए कहने लगी - दीदी चली आयी, प्लीज मुझे छोड़ दो। क्या कर रहे हो ? प्लीज छोड़ो...

पार्थ के छोड़ने से पहले ही उसका बदन सिमट गया था। किसी तरह कपड़े ठीक करते हुए तिथि ने उठकर दरवाजा खोल दिया। पास के कमरे में उसने झाँककर देखा कि सुधा अब तक सो रही थी। सीमा भी नहीं आयी थी। हँसते हुए पार्थ के पास आकर उसने कहा - बड़ी माँ सोकर उठी नहीं हैं। पता नहीं यह किसकी आवाज थी। उफ्फ, मैं तो डर ही गयी थी।

पार्थ तब भी लेटा हुआ था। तिथि घुटने मोड़कर बैठ गयी और पार्थ के गाल पर उँगली फेरते हुए बोली - सच, ऐसे कब तक चलेगा ? तुम कोई इंतजाम क्यों नहीं करते ?

- क्या इंतजाम करूँ ? - पार्थ अपने सीने पर हाथ फेर रहा था।

- इंतजाम मतलब। - तिथि को बहुत बुरा लग रहा था । - हमारा कोई कमरा नहीं है।

पार्थ तिथि को देख रहा था। अफसोस करते हुए बोला - यह कमरा हमारा हो सकता था। अगर तुम वह गलत जिद नहीं करतीं तो। शादी कर ली लेकिन अपनी पत्नी के साथ नहीं रह सकता। - पार्थ उठकर बैठते हुए बोला - इसके अलावा अब तो ठंड पड़ रही है। उस कमरे के बिस्तर पर पिताजी, माँ और सुधा आराम से सो सकते हैं। उन्हें तकलीफ नहीं होगी।

फिर भी तुम कुछ नहीं करोगे ? - तिथि की आवाज में आक्रोश था, उसने नाराज होकर पार्थ की ओर देखा।

- तुम क्या करने को कह रही हो ?

- मैं कुछ नहीं कह रही हूँ। मुझे नहीं पता। लेकिन इस तरह से कितने दिन तक चलेगा ? - तिथि एक-दो पल के लिए चुप रही लेकिन फिर अपने होंठ भींचते हुए कहा - तुमने जो काम किया, उसका कोई रुपया नहीं मिला ?

-रुपया ? इतनी जल्दी ? - पार्थ जैसे आसमान से गिरा। निराश होकर बोला - इतनी जल्दी रुपये नहीं मिलते। कम से कम कुछ महीने लग जायेंगे।

तिथि घुटती जा रही थी। यह कैसी बात है ? काम करने के बाद भी रुपये नहीं मिलते। जबकि वह मन ही मन काफी उम्मीदें बाँधकर बैठ गयी थी। पार्थ को काम मिलने के बाद उसे कुछ भरोसा हुआ था। उनके टूटकर चकनाचूर होते ही तिथि का मन बोझिल हो गया। उससे उबरने की कोशिश करते हुए वह सोचने लगी कि अब क्या किया जाये।

घर छोड़कर आते समय वह अपने साथ जो किताबें लेकर आयी थीं, वे न जाने कहाँ थीं। पार्थ की टेबल सजाते वक्त तो वे किताबें वहाँ नहीं दिखीं। सुबह रसोई का काम खत्म करने के बाद तिथि उन किताबों को ढूँढ़ रही थी। माधवी एक कटोरी सब्जी लेकर आयी थी।

- तिथि तेरी बड़ी माँ कहाँ हैं। यह देख चिंगड़ी (झींगा मछली) और फूल गोभी की सब्जी बनायी है। तुझे पसंद है न ?

- बड़ी माँ बरामदे में हैं। - तिथि ने सब्जी में कोई दिलचस्पी नहीं दिखाई। माधवी अक्सर कुछ न कुछ बनाकर यहाँ ले आती थीं, लेकिन बदले में यहाँ से कुछ नहीं ले जाती थी। ले भी कैसे जाती ? आलोक की कमाई पर इतना बड़ा परिवार जो चलता

था। यह बात सोचते ही तिथि शर्मिंदगी महसूस कर रही थी।

- तू क्या ढूँढ़ रही है ? क्या खो गया है ?

- अपनी किताबें माधु भाभी। खोयी नहीं हैं, यहीं कहीं होंगी। मिल जायेंगी।

माधवी बरामदे की ओर जाती हुई रुक गयीं। पूछा - पढ़ाई करेगी क्या?

- हाँ भाभी। मुझे किसी भी कीमत पर परीक्षा देनी ही होगी।

माधवी ने गंभीर होकर तिथि को देखा। तिथि मुड़कर हँसी, बोली - ग्रेजुएट होने में अभी बहुत देर है। उससे पहले तो नौकरी मिलेगी नहीं। बेवजह एक साल बर्बाद किया।

- वो सब मत सोच। तू जरूर कर सकेगी। - माधवी ने बरामदे की ओर जाते हुए कहा - घर से कोई चिट्ठी नहीं आयी, क्या रे ?

तिथि को थोड़ी तकलीफ हुई। दाँत पीसते हुए उसने कहा - नहीं, मुझे जरूरत भी नहीं है।

12

दरवाजे पर भारी सा पुराना पर्दा टँगा हुआ था। पर्दे के एक ओर खड़े होकर वह थोड़ा घबरा रही थी। अगले साल परीक्षा देने से पहले कुछ क्लास करनी जरूरी थी। खासकर प्रैक्टिकल क्लासेज। उस बारे में उसे विभागाध्यक्ष से बात करने की जरूरत थी। लेकिन हमेशा की तरह विभागाध्यक्ष के कमरे में घुसते हुए उसका दिल धड़क रहा था। यह उसकी पुरानी बीमारी है। स्कूल में भी हेडमिस्ट्रेस या किसी भी टीचर से बात करने में उसकी जीभ सूख जाती थी।

तिथि ने नाइलॉन की वही साड़ी पहन रखी थी और लाल ब्लाउज। माँग में सिंदूर और शाखा-पॅला। इसी वेश में विभागाध्यक्ष के कमरे के बाहर उसकी पुरानी सहेली दीपान्विता ने उसे देखा।

-माई गॉड। तू। ये क्या हाल बना रखा है यार ?

तिथि ने चौंककर देखा कि दीपान्विता उसे हैरत-भरी निगाहों से देख रही थी। बाद में दो-एक और लोगों ने तिथि को घेर लिया। अतसी, वृन्दा और एक लड़की थी जिसका नाम उसे याद नहीं आ रहा था, शायद संयुक्ता।

पार्ट वन का रिजल्ट निकलने के बाद क्लासें शुरू हो गई थीं। कालेज में किसी को भी तिथि का पता मालूम नहीं था। उसने परीक्षा क्यों नहीं दी और उसके बाद इतने दिनों तक कहाँ थी ? इसके बारे में उसके दोस्त सोच तो रहे थे लेकिन तिथि के साथ

किसी की इतनी दोस्ती नहीं हुई थी जो उसके घर जाकर कुछ पता लगाता। दोस्ती का समय भी नहीं मिला था क्योंकि शुरू से ही तिथि अनियमित थी। इसलिए कइयों ने मान लिया था कि उसने कॉलेज छोड़ दिया है।

आज तिथि को देखते ही कॉलेज में शोरगुल मच गया।

- तिथि तूने शादी कर ली है। इसीलिए परीक्षा नहीं दी।

उन लोगों ने इतनी जोर से बात करनी शुरू कर दी कि तिथि विभागाध्यक्ष के कमरे से थोड़ी दूर आकर खड़े होने को मजबूर हो गयी। कुछ पूछताछ करने के बाद उन लोगों ने ही तिथि की मदद की। तिथि को अकेले जाने की हिम्मत नहीं हो रही थी इसलिए उसके साथ दो-तीन लड़कियाँ विभागाध्यक्ष के कमरे में चली गयीं।

विभागाध्यक्ष ब्रतती सेन गंभीर थीं लेकिन गुस्सेवाली नहीं। वे एक किताब पढ़ रही थीं, उनके कमरे में घुसते ही उन्होंने चश्मा खोलकर पूछा - क्या चाहिए?

अतसी ने आगे बढ़ते हुए कहा - मैम, हमारी सहेली तिथि ने शादी कर ली है। वह पार्ट वन नहीं दे पायी थी, अगले साल देना चाहती है। वह बहुत अच्छी लड़की है मैम, क्लास करना चाहती है।

तिथि संकोच में सिर झुकाए खड़ी थी। ब्रतती ने उसकी ओर देखते हुए कहा - इतनी जल्दी शादी, माँ-पिताजी ने करा दी या खुद ही...

- नहीं मैम, उसने खुद ही...मतलब उसके माँ-पिताजी ने स्वीकार नहीं किया है। - अतसी ही तिथि की प्रवक्ता बनी हुई थी।

- बहुत खूब। शादी की इतनी जल्दी थी कि पढ़ाई पूरी होने का इंतजार नहीं कर सकी ?

तिथि को समझ रही थी कि अतसी का उसकी तरफ से सारी बातें करना ठीक नहीं है। उसने धीरे-धीरे कहा - मैडम, मैं पढ़ाई पूरी करना चाहती हूँ। मैं क्लास करूँगी, और प्रैक्टिकल...

ब्रतती सेन फिर किताब पढ़ने लगीं। चश्मा ठीक करते हुए बोलीं - जो करना चाहती हो करो। क्लास करना चाहती हो तो करना, उसमें क्या आपत्ति हो सकती है ? प्रैक्टिकल या फील्ड वर्क जो भी बाकी है कर लेना। बता दूँगी।

तिथि की जान में जान आयी। इसी से उसका काम हो जायेगा। उसके लिये यह परमिशन ही जरूरी थी। बाकी मेहनत वह कर ही लेगी।

लेकिन विभागाध्यक्ष के कमरे से निकलकर उसकी सहेलियों ने उसे नहीं छोड़ा। खबर पाते ही और भी लड़कियाँ चली आयीं। सिर्फ ज्योग्राफी ऑनर्स की लड़कियाँ नहीं थीं। कइयों को तिथि जानती तक नहीं थी।

- दिस इज अनफेयर तिथि। शादी कर ली लेकिन किसी को बताया तक नहीं। न्यौता देना तो दूर की बात है।

- अरे उससे ऐसे मत बोलो। पता नहीं उसने घर से भागकर शादी की है।

- रजिस्ट्री। माँ - पिताजी अभी तक नहीं माने हैं।

- तुझमें बड़ी हिम्मत है तिथि, हम लोग ऐसा नहीं कर पाते।

- बॉलीवुड ब्लॉक बस्टर। लेकिन यह हीरोइन जैसी नहीं लग रही है।

- तेरा पति क्या करता है ? देखने में कैसा है ?

- अरे देखा नहीं है ? कितनी बार कॉलेज आया है, दाढ़ीवाला। इंटलेक्चुअल। तिथि, जर्नलिस्ट तो नहीं है ?

- तुझे शाखा-पॅला पहनना पड़ता है। लगता है तेरे ससुरालवाले बहुत कंजर्वेटिव हैं ?

- इस्स, तू सलवार कमीज भी नहीं पहन सकती।

- चल-चल खिला। शादी कर ली और कुछ खिलायेगी नहीं, ऐसा नहीं हो सकता। चल कम से कम सबको चिकेन रोल ही खिला दे।

तिथि ने मन ही मन गिना। पार्थ से वह केवल दस रुपये लेकर निकली थी। उसने कहा - फिर किसी दिन। आज मैं कुछ लेकर नहीं आयी हूँ। इसके अलावा घर भी जल्दी लौटना है।

भीड़ छँटने लगी थी। तिथि ने सुना एक लड़की दूसरी से कह रही थी - कैसी शादी है रे ? शादी के बाद और भी मुरझाई सी लग रही है।

तिथि ने रोज क्लास करना शुरू कर दिया। क्लास नोट्स ही उसका सहारा थे। उसके पास अधिक किताबें नहीं थीं। हालाँकि वह लाइब्रेरी की एक-दो किताबें घर ले जा सकती थी। गनीमत थी कि लाइब्रेरी का कार्ड उसके बैग में ही था।

लेकिन तिथि को परेशानी किसी और चीज में होने लगी। इतने दिनों बाद केवल क्लास करना ही काफी नहीं था। घर में ठीक से पढ़ाई नहीं कर पाने की वजह से तिथि का मन उदास था। हमेशा से वह कमरे का दरवाजा बंद करके पढ़ती आयी थी। पढ़ाई के समय अगर उसके आसपास कोई चलता रहता या बातें करता तो वह पढ़ नहीं पाती थी। यहाँ पढ़ने के लिए उसे वैसा माहौल कहाँ से मिल सकता था ? सुबह कॉलेज आने से पहले वह घर का सारा काम करती। रसोई में भी जितना हो सकता सुधा की मदद करती। पूरे दिन घर में नहीं रहती थी इसलिए जितनी देर रहती थी उस कमी को पूरा करने की कोशिश करती थी। शाम को लौटने के बाद एक कमरे में टीवी चलता रहता और दूसरे में बातें होती रहती थीं। उसके बाद रसोईघर। इसी वजह से रात को सबके सोने से पहले तिथि को पढ़ने का वक्त नहीं मिलता था। जिस कमरे में वह सोती, वहाँ बत्ती जलने से सीमा को असुविधा होती थी। शायद सुधा को भी होती थी लेकिन वे कुछ कहती नहीं थीं। तिथि भी उन्हें तकलीफ क्यों देती ? सीमा की परेशानी और सुधा का थका हुआ चेहरा देखकर वह कहती - पैसेज में बत्ती जलाकर

पढ़ लूँ, बड़ी माँ। दरवाजा भिड़ा दूँगी, प्रकाश नहीं आयेगा।

पैसेज में फर्श पर बैठी हुई तिथि मच्छरों का काटना सहती हुई किताब में नजरें गड़ाए रहती। लेकिन उसकी पढ़ाई नहीं होती थी। सिर्फ रोना आता। किताब के काले-काले अक्षर उसकी आँखों के सामने मच्छरों की तरह भिनभिनाते रहते। सब अनजाना सा लगता। वह कुछ नहीं जानती, उसके दिमाग में कुछ नहीं घुस रहा था। क्या इतने दिनों में वह सब कुछ भूल गयी है? तिथि को डर लगता कि वह शायद अब पढ़ाई नहीं कर पायेगी। उसका दिमाग सख्त होने लगा।

यह सोचते ही तिथि बुत बन गयी। पढ़ाई नहीं कर पायी तो वह परीक्षा कैसे देगी? अभी तो सिर्फ पार्ट वन में है, उसके बाद भी क्या वह पढ़ाई जारी रख पायेगी? पास करने के बाद उसे नौकरी जुटानी होगी। उसे कुछ करना ही होगा। यानी पैसे कमाने होंगे। पार्थ पर निर्भर रहने का कोई फायदा नहीं था। लेकिन वह तो बहुत बाद की बात थी। वह तो एक कदम आगे नहीं बढ़ पा रही थी। ठंडे दिमाग से एक लाइन भी नहीं पढ़ पा रही थी।

पार्थ कमरे से बाहर आया। उसकी आँखें बोझिल थीं। वह पास से गुजरा तो तिथि ने देखा कि वह बाथरूम जा रहा है।

बाथरूम से लौटकर पार्थ ने एक गिलास पानी पिया। तिथि उसे अन्यमनस्क होकर देख रही थी। पार्थ ने उसके सामने खड़े होकर कहा - बहुत रात हो गयी है, सोओगी नहीं ?

तिथि ने सिर हिलाया। वह आज किसी भी तरह एक चैप्टर खत्म करके रहेगी, भले ही कितनी भी देर हो।

पार्थ कमरे में नहीं गया। तिथि के सामने घुटने के बल बैठकर कहा - यहाँ तो बहुत मच्छर हैं तिथि, तुम पढ़ाई कैसे कर पाती हो ?

- मुझे पढ़ना ही होगा पार्थ, मैं सब भूल गयी हूँ।

- परीक्षा में तो अभी बहुत देरी है। इतनी टेंशन क्यों ले रही हो ?

तिथि कुछ देर तक पार्थ की तरफ देखती रही। धीरे-धीरे कहा - मैं टेंशन न करूँ तो क्या करूँ ? तुम्हें तो कोई टेंशन ही नहीं है। इतने दिन हो गये हैं तुम अच्छा सा काम भी नहीं जुटा पाये। लेकिन ऐसे तो नहीं चल सकता पार्थ। मुझे एक नौकरी करनी ही होगी।

पार्थ ने एक लंबी साँस लेते हुए कहा - मैं नौकरी-वौकरी नहीं कर सकता। लेकिन काम मैं करूँगा। दरअसल इस लाइन में अच्छा काम मिलना बहुत मुश्किल है। मैं कोई भी काम नहीं कर सकता। मिनिंग फूल, और गंभीर काम न हो तो मैं नहीं कर सकता। किसी गन्दे कॉमर्शियल का काम मैं नहीं कर सकता। आज एक नये प्रोजेक्ट के सिलसिले में...

कमरे के अंदर से आलोक की आवाज सुनाई दी - अरे, रात को इतनी बक-बक क्यों शुरू कर दी है ? सारे दिन मेहनत करने के बाद रात को आराम से सोना भी मुश्किल है।

पार्थ ने मुँह बनाया। अपमान से तिथि का मन दुखी हो गया। सचमुच रात होने की वजह से उनकी आवाज जोर से सुनायी दे रही थी। उसे पार्थ पर गुस्सा आ गया। उसी ने तो बात करनी शुरू की थी। उसे क्या जरूरत थी दया दिखाने की ? प्यार उमड़ पड़ा है।

पार्थ ने फुसफुसाते हुए कहा - सो जाओ। अभी पढ़ने की जरूरत नहीं है।

- तुम्हें मेरे बारे में सोचने की जरूरत नहीं है। तिथि ने चिढ़ते हुए कहा - परेशान मत करो। जाओ। - गुस्से और दुख से उसका जीना दूभर हो गया था।

इस घर में पार्थ की कोई इज्जत नहीं थी। मौका मिलते ही आलोक उसे उठते-बैठते अपमानित करते रहते थे। वह उससे इस तरह से बात करते थे जिसमें केवल घृणा और नफरत होती थी। घर के नौकर से भी लोग इस तरह का बर्ताव नहीं करते हैं। सच कहा जाये तो तिथि को पता ही नहीं था कि एक आदमी दूसरे से इस तरह बात कर सकता है। लेकिन वह सिर्फ आलोक को ही दोषी नहीं ठहरा सकती। अगर वे पार्थ को आदमी नहीं समझते तो उनकी धारणा को गलत नहीं कहा जा सकता।

उसने पार्थ को कभी इस अपमान से खुद को अपमानित महसूस करते नहीं देखा। इसी वजह से उसे और तकलीफ होती थी। आलोक ,जब पार्थ से उस तरह से बात करते, उस समय शर्म से तिथि को मिट्‌टी में मिल जाने का मन करता। लेकिन पार्थ के चेहरे पर उसे कोई शर्म नहीं दिखाई देती। उल्टा वह उसके बदले माँ की सहानुभूति जुटाने में लग जाता। सुधा के स्नेह को ब्लैकमेल करता। तिथि को यह देखकर बहुत घृणा होती थी।

पार्थ के कमरे में जाने के बाद तिथि यही बातें सोच रही थी। उसके सामने अँधेरा छाने लगा था। उसने अँधेरे में छलांग जरूर लगायी थी लेकिन खाई में गिरने के बाद वह और नीचे ही धंसती जा रही थी। जिस भरोसे वह कूदी थी वह सच नहीं हुआ। उसे किसी ने नहीं लपका। उसे अपने सहारे ही उठकर खड़ा होना होगा। लेकिन खाई में इतनी फिसलन थी कि खड़ा होना तो दूर की बात थी, वह कहीं रुक भी नहीं पा रही थी।

पार्थ की तरह माधवी का परिवार भी इस मकान में किराये पर ही रहता था। मकान की हालत देखकर ही अंदाजा लगाया जा सकता था कि मकान मालिक ने इसे खर्च के खाते में ही डाल रखा था। उसे यह सोचकर ही हैरानी होती होगी कि उसमें अभी तक किरायेदार रह रहे थे। भले ही कम ही सही, किरायेदार खुद उसे भाड़ा दे

आया करते थे। इसके अलावा उसका इस मकान से और कोई संपर्क नहीं था।

माधवी का परिवार पार्थ के कमरे के ऊपर ही रहता था। इसी तरफ रहने लायक कमरा था। दूसरी तरफ की हालत बहुत खराब थी। उस तरफ का मकान काफी झुक गया था। दरवाजे और खिड़कियों में पल्ले तक नहीं थे। बरामदे और कमरों में जंगल बन गया था। दोतल्ले के बरामदे से दो साल पहले ही रेलिंग टूटकर गिर चुकी थी। उसे उसी हाल में छोड़ दिया गया था। फिर भी दोतल्ले पर लोग रहते थे। पर पूरे हिस्से में नहीं। माधवी के कमरे की उल्टी तरफ एक बैचलर लड़का रहता था। वह सारे दिन घर में नहीं रहता था, केवल रात को सोने आता। उसके बगलवाला कमरा खाली ही पड़ा था।

माधवी ने मकान मालिक से बात की । दोतल्ले पर जो कमरा खाली पड़ा था उसमें तिथि के पढ़ने का इंतजाम किया गया।

माधवी ने ही सुधा से कहा था - वे लोग बहुत अच्छे हैं दीदी। मैंने उन लोगों से तिथि के बारे में कहा। लड़की को पढ़ने की जगह नहीं मिल रही थी, जानते ही वे तैयार हो गये। किराये की बात भी नहीं की। सिर्फ कहा कि उनको जरूरत पड़ी तो कमरा खाली कर देना होगा। - माधवी ने हाथ हिलाते हुए कहा - उन्होंने सिर्फ कहने के लिए ही यह बात कही है। यह कमरा भला उनके किस काम आएगा ? सिर्फ जरा अपना भाव बढ़ाकर रखा और क्या ? लेकिन वे अच्छे लोग हैं। तिथि, अब तेरा इंतजाम हो गया है।

तिथि सोच रही थी कि वह माधवी को प्रणाम करे या नहीं। जब वह प्रणाम करने के लिए नीचे झुकी तो माधवी ने उसे रोकते हुए कहा - अरे, देखो इस लड़की को। पैर क्यों छू रही है ? पास करके नौकरी पाकर कुछ खिला देना। अब ऊपर चल। चलकर देखते हैं कमरे की हालत क्या है ?

हालाँकि तभी कमरे में नहीं जाया जा सका। ऊपर रहनेवाले लड़के का नाम हिमांशु था। भले ही वह एक कमरे में रहता था पर उस तरफ के पूरे हिस्से के बाहर वही ताला लगाता था। माधवी ने सोचा कि रात को जब वह लौटेगा तब उससे बात करेगी। तय हुआ कि अब वह सिर्फ अपने कमरे में ताला लगाएगा। बाहर के दरवाजे के लिए माधवी ने अपने घर से छोटा सा ताला लाकर दे दिया और कहा कि इसकी चाभी तिथि के पास रहेगी।

इससे पहले तिथि ने कभी हिमांशु को नहीं देखा था। वह तो यह भी नहीं जानती थी कि इस तरफ कोई रहता भी है। हिमांशु के कमरे में एक कम पावर का बल्ब जल रहा था। उसके अलावा कहीं कोई रोशनी नहीं थी। हिमांशु ने उन्हें बताया कि पास के कमरे में भी इलेक्ट्रिक लाइन और स्वीच है।

माधवी ने कहा - तिथि मेरे ख्याल से हमें अभी उस कमरे में नहीं जाना चाहिए।

इसकी जो हालत है, कोई साँप-बिच्छू भी काट सकता है। कल सुबह आकर देखना।

हिमांशु के कमरे की रोशनी से समझ में आया कि पूरे पैसेज में कूड़ा भरा था।

पार्थ काफी देर से लौटा। उसके लौटते ही तिथि ने खुश होकर कहा - पता है, माधु भाभी ने ऊपर एक कमरे का इंतजाम कर दिया है। कल से मैं वहाँ पढ़ाई करूँगी। सिर्फ एक बल्ब लगाना पड़ेगा।

पार्थ के चेहरे पर कोई खुशी नहीं उभरी। उस पर थकान और निराशा उभरी हुई थी। तिथि ने परेशान होकर पूछा - अरे, क्या हुआ तुम्हें ? तुम ऐसे क्यों लग रहे हो ?

कंधे से झोला फेंकते हुए पार्थ ने कहा - कुछ नहीं हुआ है। कुछ नहीं।

- क्या नहीं हुआ ?

- वही प्रोजेक्ट। तुम सोच नहीं सकती तिथि। पता है आखिर में वह प्रोजेक्ट किसे मिला ? जिसकी योग्यता, डेडीकेशन और सीनियरिटी सब मुझसे कम है।

- किसे ?

- सपन। वह इतना धंधेबाज है मुझे पहले पता नहीं था। जरूर उसने अंदर ही अंदर प्रोड्यूसर से समझौता कर लिया था। उस पर इतनी हिम्मत कि मुझे उसे एसिस्ट करने का ऑफर दिया। सोचो।

तिथि ने बिना कुछ सोचे कहा - तुमने क्या कहा ?

- कहा, मैंने डायरेक्टर की हैसियत से इस काम को जिस तरह से करने का सपना देखा था । एसिस्टेंट डाइरेक्टर के रूप में उस काम को अपनी आँखों के सामने मरते हुए नहीं देख सकता। मेरे लिए यह संभव नहीं होगा।

पार्थ बेचैन होकर अपने बालों में उँगली फेर रहा था, तिथि ने मशीन की तरह कहा - हाथ-मुँह धोकर आओ और खाना खा लो।

दूसरे दिन पार्थ और आलोक के जाते ही तिथि चाभी लेकर दोतल्ले पर चली गयी। हिमांशु अपने कमरे में ताला लगाकर चला गया था। पास के कमरे में पैर रखते ही तिथि ने देखा कि वह किसी छोटी सी सभ्यता का अवशेष मात्र था। पूरे घर में कूड़ा था। फटे हुए कागज, फटे हुए कपड़ों के टुकड़े, टूटी हुई शीशी-बोतलें, चेयर-टूल, पैकिंग बॉक्स, फटा हुआ पिचबोर्ड, प्लास्टिक के पैकेट वगैरह। दीवारों पर लटकी झोल। बाहर का पैसेज भी उतना ही गंदा था। किसी तरह पैसेज के कूड़े को पार करते हुए बाथरूम के पास जाकर उसने देखा बाथरूम का दरवाजा टूटा हुआ है। दोनों पल्ले टूटकर पड़े हुए थे। बाथरूम में पॉटी करने की जगह थोड़ी ऊँची थी। वहाँ दूसरा दरवाजा था। यह दरवाजा उतना टूटा हुआ नहीं था। बाथरूम में दो बाल्टियाँ और एक मग रखा हुआ था। भले ही नल में पानी नहीं था। हिमांशु इसी बाथरूम का इस्तेमाल करता था।

उस दिन तिथि कॉलेज नहीं गयी। कड़ी मेहनत करके कमरा और पैसेज के

सामनेवाला हिस्सा करती रही। पूरा पैसेज साफ नहीं किया जा सका क्योंकि तिथि को घर का पूरा कूड़ा फेंकने की हिम्मत नहीं हुई। पता नहीं इनमें मकान मालिक के काम का कोई सामान हो। लेकिन कमरे को उसने पूरा साफ कर लिया था। सारी दीवार, सिलिंग, खिड़की और दरवाजों को झाड़ने के बाद उसने कमरे को पोंछकर साफ कर दिया था। नीचे से लोहे की बाल्टी में पानी भरकर लाने में वह हाँफ गयी थी, लेकिन फिर भी उसे थकान नहीं लग रही थी। वह बड़े उत्साह से काम कर रही थी। कितने दिनों बाद उसे अपना एक कमरा मिला था। वह कमरा भी पूरी तरह उसका नहीं था बल्कि दूसरे की दया से मिला था। फिर भी भिक्षा में मिला यह कमरा उसका सपना पूरा करने का पहला सहारा था।

माधवी ने सुबह एक बार कमरे में झाँककर देखा था, उस समय तिथि धूल से सनी हुई थी। उसने माधवी को कमरे में नहीं आने दिया। माधवी तिथि का हाथ बँटाना चाहती थी। यह समझकर ही तिथि ने कहा था - प्लीज माधु भाभी, तुम इस गंदगी में हाथ मत डालो। मैं कर लूँगी।

माधवी ने हँसते हुए कहा - ठीक है, ठीक है, तुम्हारा कमरा है, तुम ही सँभालोगी। लेकिन यह एक दिन का काम नहीं है। नहाएगी कब ? खाएगी कब?

लेकिन तिथि को लगा था कि वह पूरा कमरा साफ किए बगैर नहा-खा नहीं सकेगी। इसलिए उसने माधवी से कहा कि वह सुधा से कह दे कि वह सारा काम करके ही नीचे उतरेगी। इसलिए वे लोग खा पी लें।

उन ध्वंशावशेषों में तिथि को एक अच्छी सी कुर्सी मिली। लकड़ी की वह कुर्सी काफी चौड़ी और नीची थी। बहुत हद तक सोफे जैसी, लेकिन उसमें गद्दी नहीं थी। वह कुर्सी उल्टी पड़ी थी। तिथि ने उसे सीधा करते हुए देखा कि उसका एक पैर हिल रहा था बाकी सब ठीक था। बहुत पुरानी चेयर थी, उसकी हालत बेहद खराब हो चुकी थी। लेकिन तिथि इसे पाकर काफी खुश हुई। उसने कुर्सी धोकर दीवार के करीब रख दी। अरे, यह तो बहुत अच्छी लग रही है। खाली कमरे में उस इकलौते सामान से मानो जान आ गयी थी। चेयर के उस पैर में कील ठोकने से ही वह ठीक हो सकती थी।

एक खिड़की के दोनों पल्ले टूटे हुए थे और डोरी के सहारे छड़ों से बँधे हुए थे। इस खिड़की को खोला नहीं जा सकता था। हालाँकि कमरे में एक और खिड़की भी थी। तिथि ने उसे खोल दिया। वह कमरा बरामदे से लगा हुआ था। बरामदे की ओर वाला दरवाजा खोलते ही तिथि काँप उठी। उसने देखा कि दरवाजे के सामने का बरामदा झूल रहा था क्योंकि सीमेंट का सहारा ढह चुका था। खुद को सँभालने के बाद उसने सोचा - उसे बरामदे से क्या मतलब है ?

तिथि ने जब कमरे को साफ कर लिया तब सुधा ऊपर आयीं। उन लोगों ने खाना खा लिया था। सुधा कह रही थीं - तिथि और कितनी देर करोगी ? अभी - अभी तो

बुखार से उठी हो। - कमरे में घुसते ही उनकी बोलती बंद हो गयी। तिथि का काम देखकर उनके मुँह से आवाज नहीं निकल रही थी। अचानक वे चिल्ला पड़ीं - ये तुमने क्या किया ? हे भगवान्, उन लोगों का सामान हटाकर तुमने कमरे को एकदम खाली कर दिया है।

तिथि उनके चिल्लाने का कारण नहीं समझ पायी, खुश होकर कहा - हाँ, बड़ी माँ। कमरे की जो हालत थी, तुम बिना देखे यकीन नहीं कर सकोगी।

- तुम्हें क्या लगता है, उन लोगों ने तुम्हें कमरा दे दिया है ? - सुधा ने मुँह बनाते हुए कहा - दो दिन के लिए कमरा दिया है, किसी भी दिन निकाल बाहर कर सकते हैं। उसके लिए इतना सब करने की क्या जरूरत थी ?

तिथि ने निराश होते हुए कहा - कमरा बहुत गंदा था बड़ी माँ। गंदे कमरे में मैं पढ़ाई कैसे करती ?

सुधा के चिल्लाने की आवाज सुनकर माधवी चली आयीं। दरवाजे पर खड़ी होकर कहा - क्या हुआ दीदी, तिथि को डाँट क्यों रही हो ?

- तुम ही बताओ माधु। सुधा ने उससे पूछा - इसका दिमाग देखो, किसने कहा था इससे कि बक्सा-वक्सा निकालकर कमरे को पूरा साफ कर दो ?

तिथि पत्थर की तरह खड़ी थी, उसका सारा शरीर धूल से सना हुआ था। माधवी सुधा की बगल से होती हुई कमरे में आई और कहा - तूने अभी तक स्नान नहीं किया? अरे, तेरे हाथों में जादू तो नहीं है तिथि। ओ दीदी देखो, कमरे को कैसे चमका दिया है इसने।

सुधा बड़बड़ाए जा रही थीं - तुम लोगों की बातें समझ में ही नहीं आती हैं। जिसका जैसे मन करे रहे। लेकिन दो दिन बाद जब वे आकर निकाल देंगे तब क्या होगा, कौन सँभालेगा ?

माधवी ने हँसते हुए चारों तरफ देखा और कहा - अरे, अपमान क्यों करेंगे? कमरा खाली करने को कहा तो करना पड़ेगा। लेकिन रहने के लिए कमरे की सफाई तो करनी ही होगी न ?

सुधा नाराज होकर नीचे चली गयीं। माधवी की बात सुनकर तिथि को हिम्मत मिली। वह सोच रही थी, उन लोगों ने भले ही थोड़े दिन के लिए उसे यह कमरा दिया है, लेकिन वह उतने दिनों में कमरे को थोड़ा सजा लेगी। माधवी की तरफ उसने हँसते हुए देखा और कहा - माधु भाभी, देखो वह कुर्सी यहाँ थी। एक पैर टूटा हुआ है। दो कीलें और एक हथौड़ी मिल जाए तो मैं ही उसे ठीक कर सकती हूँ। तुम्हारे पास है ?

- हथौड़ी तो है। कीलें खोजनी पड़ेंगी। वह सब बाद में होगा। पहले इस कमरे में रोशनी का इंतजाम करना होगा। तू नीचे जा और नहा-धोकर खा ले। मैं देखती हूँ क्या किया जा सकता है। - माधवी ने कमरे से निकलते समय चिंतित होकर तिथि की ओर

देखा। उन्होंने कहा - सुन तिथि, मैं सोच रही थी कि जब तुझे रहने के लिए यह कमरा मिल ही गया है तब तुम और पार्थ दोनों इसी कमरे में रहो। मेरे पास एक फोल्डिंग पलंग है, जिसे तेरे सलिल भइया शादी से पहले इस्तेमाल करते थे। उसे इस कमरे में लाकर रख दे। ठंड में फर्श पर सोना ठीक नहीं है।

नहाते वक्त तिथि ने महसूस किया कि उसे साँस लेने में तकलीफ हो रही है। कमरे की सफाई करते समय उसके नाक-मुँह में काफी धूल चली गयी थी। नाक में धूल जाने से तिथि को परेशानी होती थी। लेकिन उसे आज किसी कमजोरी का ख्याल ही नहीं आया । अब भी तिथि साँस की तकलीफ की तरफ ध्यान नहीं दे रही थी। बहुत दिनों बाद उसे उम्मीद की एक किरण दिखाई दे रही है। इतने दिनों में उसे और पार्थ को एक अलग कमरा मिला है।

उस कमरे में वह मन लगाकर पढ़ाई करेगी। पास करने के बाद नौकरी करते हुए वह इसी कमरे में अपना संसार बसाएगी। भले ही सुधा कितनी भी नाराज हों, वह साबित करेगी कि वह भी इसी परिवार का हिस्सा है। पार्थ के बदले वही सारे फर्ज पूरे करेगी। सीमा की पसंद से उसकी शादी कराएगी। आलोक पार्थ की कितनी भी बुराई कर लें, वह पार्थ की सारी बुराइयों को ढक देगी।

नहाने के बाद रसोई में जाकर तिथि ने देखा कि उसके लिए चावल ढककर रखा हुआ है। नहाने के बाद तिथि को यह अहसास हो रहा था कि उसे बहुत भूख लगी थी। दाल, सब्जी और चावल लेकर वह खाने लगी। इस घर में मछली बहुत कम ही बनाई जाती थी । हालाँकि तिथि को मछली खाना पसंद नहीं था। घर में माँ उसे जबर्दस्ती मछली खिलाया करती थीं, आधे दिन वह छोड़कर उठ जाया करती थी। इसे लेकर हंगामा मचता था। यहाँ उसके खाने-पीने को लेकर कोई हंगामा मचानेवाला नहीं था। तिथि ऐसे ही कम खाती थी, और आजकल उसका खाना और कम हो गया था। जब सुधा खाना परोसतीं तब कड़ाही में ही हिस्से करके सबकी थाली में सब्जी डाल देतीं । भात की हांड़ी के पास एक छोटा सा चम्मच रहता था। जब खाने के बीच में सुधा पूछतीं - और चावल दूँ। - तिथि ने एक-दो बार सिर हिलाकर हामी भरी थी। सुधा दो-तीन चम्मच चावल डालकर दोबारा पूछती थीं - और दूँ। - तिथि सिर हिला देती थी - नहीं, नहीं, और नहीं। दरअसल, वह चम्मच इतनी छोटी थी कि उससे पाँच-छः बार देने पर एक बड़े चम्मच जितना चावल होता था। लेकिन तिथि दो चम्मच से ज्यादा चावल किसी कीमत पर नहीं ले पाती थी, वह शर्म से सिमटी रहती थी। आजकल वह उतना भी नहीं लेती। आज उसने चावल का एक-एक दाना चुनकर खाने के बाद पानी पिया। जाड़े के दिनों में पानी पीकर उसे बहुत राहत मिलती थी।

नल के पास जूठे बर्तन रखकर तिथि ने हाथ-मुँह धोया। काम की बाई दिन में एक बार आकर बर्तन माँज जाया करती थी। रसोई में खाने की जगह पोंछकर जब

तिथि कमरे में आयी तो उसने देखा सुधा सो रही थीं। सीमा बिस्तर पर खिड़की के किनारे बैठी एम्ब्रायडरी करने में व्यस्त थी। उसने तिथि को देखकर उससे कहा - तुम्हारी एक चिट्ठी आयी है। - सीमा ने पिछले दो-तीन दिनों से फिर तिथि से बात करने लगी थी।

चिट्ठी शब्द सुनते ही तिथि काँप उठी। उसकी चिट्ठी ?

तिथि ने देखा चिट्ठी पलंग पर रखी हुई थी। इस घर में कोई लेटर बॉक्स नहीं था। पोस्टमैन खिड़की से चिट्ठी फेंक जाया करता। सीमा ने सुई में धागा पिरोते हुए कहा - अभी-अभी आयी है। जरूर तुम्हारी माँ की चिट्ठी है। लिफाफे पर इस घर के किसी का नाम नहीं लिखा है। डाकिए ने पूछा कि यहाँ तिथि मित्र नाम का कोई रहता है या नहीं। सीमा ने तिथि की तरफ देखते हुए कहा - तुम शादी के बाद मल्लिक हो गयी हो, यह ध्यान नहीं आया ?

तिथि को कुछ भी सुनाई नहीं दे रहा था। इसमें कोई दो राय नहीं थी कि यह उसकी माँ की चिट्ठी थी। वह दौड़कर उस पीले लिफाफे के पास जाना चाहती थी लेकिन उसके पैर नहीं उठ रहे थे। उसे डर लग रहा था, न जाने उसकी माँ ने क्या लिखा होगा ?

तिथि ने जाकर धीरे से वह लिफाफा उठा लिया। इससे पहले माँ ने उसे कभी खत नहीं लिखा था, क्योंकि जरूरत ही नहीं पड़ी थी। माँ को छोड़कर वह कहीं रही भी तो नहीं थी। लिफाफा फाड़ते वक्त उसके हाथ काँप रहे थे। मन में अजीब से ख्याल उमड़ रहे थे। वह चिट्ठी पढ़कर इस घर में रोना नहीं चाहती थी। लेकिन उसे समझ में नहीं आ रहा था कि माँ ने ऐसा क्या लिखा होगा जिसे पढ़कर उसे रोना आ जायेगा।

लिफाफा खोलते ही अपने लिए लिखे गये संबोधन को पढ़कर उसका गला भर आया। उसमें लिखा था - प्रिय तिथि। - होंठ भींचते हुए तिथि जल्दी से चिट्ठी पढ़ गयी। एक बार नहीं दो-तीन बार। अपने आँसुओं से भीगे चेहरे को पोंछते हुए तिथि ने सीमा से कहा - दीदी, माँ ने मान लिया है, सब मान लिया है।

- फिर क्या है ? निश्चिंत हो जाओ। - सीमा एम्ब्रायडरी पर झुक गयी। तिथि चिट्ठी हाथ में लिये दौड़कर बाथरूम की तरफ चली गयी। दरवाजा बंद करने के बाद दीवार के सहारे खड़ी होकर उसने कहा - पार्थ, माँ ने हमें घर बुलाया है। पार्थ। - अधिक रोने की वजह से तिथि को फिर साँस लेने में तकलीफ हो रही थी।

रात को पार्थ के आने तक तिथि बेचैन थी। माधवी ने हँसते हुए कहा - पार्थ चौंक जायेगा। उसने सोचा था कि खत मिलते ही तेरी माँ तुझे यहाँ से खींचते हुए ले जायेगी। जबकि तेरी माँ ने तुम दोनों को दावत दी है। देखना पार्थ को यकीन ही नहीं होगा।

तिथि को भी विश्वास नहीं हो रहा था। उसकी जिंदगी में आज यह कैसा अजूबा हो गया। लेकिन इतनी खुशी के बावजूद उसे राहत क्यों नहीं मिल रही थी। माधवी ने सुधा से उसके और पार्थ के ऊपर रहने की बात की थी। सुधा ने विरोध किया था, लेकिन माधवी ने ऐसे तर्क दिए कि वह कुछ बोल नहीं पायीं। ये बातें तिथि के सामने नहीं हुई थीं। मगर तिथि ने सुन लिया था। माधवी के तर्क सुनकर उसे शर्म आ गयी थी, लेकिन उसका तर्क गलत नहीं था। उसके बाद से सुधा का चेहरा मुर्झा गया था और सीमा के चेहरे पर उदासी छा गयी थी। तिथि समझ नहीं सकी कि इसकी वजह क्या है ?

माधवी ने कमरे में बल्ब लगाने की व्यवस्था कर दी। तिथि ने अपनी किताबें ले जाकर दीवार में बने रैक पर रख दीं। फोल्डिंग पलंग भी बिछा गई । पलंग में लगे नायलॉन के फीते कमजोर होकर झूल गये थे। माधवी ने ही सुधा से उस पर बिछाने के लिए चादर माँग ली थी। सुधा ने चादर तो दे दी लेकिन उनका चेहरा एकदम बुझा हुआ था।

रात को पार्थ ने कमरे में आते ही कहा - वाह, यह कमरा तो शानदार है।

- तुमने तो देखा ही नहीं कमरे की क्या हालत थी। सब मैंने साफ किया है। नाक में इतनी धूल घुस गयी कि एलर्जी हो गई।

- हमारी सुहागरात तो आज ही है। पार्थ ने तिथि के कंधे पर हाथ रखते हुए कहा।

तिथि ने पार्थ के गले लगते हुए उसके कंधे पर अपना सिर रखकर कहा - लेकिन बड़ी माँ बेहद नाराज हो गयी हैं।

- तुम्हारी माँ का गुस्सा खत्म हो गया है और मेरी माँ को गुस्सा आ गया है। दिस इज लाइफ। फॉरगेट अबाउट इट। - पार्थ तिथि को जकड़कर पलंग पर सो गया। चादर सिमट गई। तिथि ने पार्थ को चूमते हुए पूछा - हम लोग माँ के पास कब जाएँगे?

- जाएँगे, जाएँगे। - पार्थ तिथि के शरीर से साड़ी-ब्लाउज अलग करने लगा। तिथि ने फुसफुसाते हुए कहा - दरवाजे में सिटकिनी नहीं लगायी है। लगाकर आओ और बत्ती बुझा दो।

एक दूसरे को जकड़ते हुए अचानक तिथि ने कहा - अरे, बहुत बड़ी भूल हो गयी। नीचे से ओढ़ने के लिए चादर लाना तो भूल ही गयी। रात को ठंड लगेगी।

- चादर कल लाने से भी काम चल जायेगा। आज ठंड लगने का सवाल ही नहीं उठता। - पार्थ अपने शरीर के नीचे तिथि के शरीर को दबाने लगा और तेज साँस लेते हुए बोला - आज हम सारी रात प्यार करेंगे।

तीसरा अध्याय

1

साँझ ढलते ही अदिति ने कमरे में आकर बरामदे का दरवाजा बंद कर दिया। अब शाम होते ही अँधेरा छा जाता है, ठंड भी बढ़ने लगती है। बरामदे में अधिक देर तक बैठना मुश्किल हो गया था। कमरे में आकर अदिति ने अगरबत्ती जलाई। दीवार में लगी एक रैक ही उनके पूजा करने की जगह थी जिस पर एक छोटे से बेंत के सिंहासन पर भगवान राम की तस्वीर थी। कोई और देवता नहीं थे। कई सालों से अदिति भगवान राम की ही पूजा करती आ रही थीं। बंगाली हिंदुओं के घर आम तौर पर पूजा के जो कायदे-कानून माने जाते हैं, अदिति उन्हें नहीं मानतीं। शाम होने पर वे अगरबत्ती जलाकर काफी देर तक भगवान के सामने चुपचाप बैठी रहतीं। आज भी बैठी हुई थीं। बैठक से टीवी की आवाज आ रही थी। कोई हिंदी फिल्म चल रही थी। विश्वनाथ हिंदी के कार्यक्रम नहीं देखते थे, लेकिन रविवार को उनके पास कोई चारा नहीं रहता था। उस दिन शाम से ही टीवी पर हिंदी का वर्चस्व रहता था। उसके सामने आत्मसमर्पण न करने पर उनका समय कटना मुश्किल था।

अदिति आँखें बंद किए बैठी थीं। तभी बेल बजने की आवाज आई। आजकल बेल बजते ही अदिति मन ही मन बेचैन हो जाती थीं। इस समय तो किसी के आने की बात नहीं थी।

अदिति ने बरामदे से झाँककर देखा। रास्ते में बत्तियाँ नहीं जली थीं, आजकल अक्सर नहीं जलती थीं। गली में अँधेरा था। वहाँ दो व्यक्ति खड़े थे। अदिति ने बेचैनी छिपाते हुए पूछा - कौन ?

- माँ, मैं हूँ।

एक-दो पल ठहरने के बाद अदिति ने लंबी साँस भरते हुए कहा - रुको, आ रही हूँ। - नीचे जाकर पहले उन्होंने टीवी बंद कर दिया। विश्वनाथ ने हैरान होकर पूछा - क्या हुआ, टीवी बं...?

- तिथि आयी है। अदिति का सारा शरीर काँप रहा था।

विश्वनाथ का भी ।

तिथि ने आज सुधा की दी हुई ताँत की साड़ी पहन रखी थी। पूजा में एक दिन पहनने के बाद उसने इसे तह करके रख दिया था। आज इसे पहनते हुए वह बार-बार सोच रही थी कि अगर माँ को इतना गाढ़ा और चमकता हुआ रंग पसंद नहीं आया तो? उसने बदन पर कोई गर्म कपड़ा डाला नहीं था। सोचा था कि जरूरत नहीं पड़ेगी। मगर रास्ते में निकलने के बाद ठंड लग रही थी। पार्थ ने पंजाबी कुर्ते के ऊपर आलोक की पुरानी सी शॉल ओढ़ रखी थी। कई सालों से बक्से में बंद रहने के कारण चादर में सलवटें पड़ी हुई थीं।

दरवाजा खोलते ही अदिति को एक जोर का झटका लगा। क्या यह तिथि है, या तिथि की परछाईं ? तिथि को न जाने कितने दिनों तक नहीं देखा था, आठ महीने। इतने समय में एक लड़की इतना बदल सकती है ? एकदम दुबली, शरीर का काला रंग और भी मलीन हो गया था, बाल काफी लंबे हो गये थे, कसकर जूड़ा बांधा गया था और माँग से लेकर मस्तक तक सिंदूर लगा हुआ था। मस्तक पर भी सिंदूर की बिंदी लगी हुई थी। प्रसाधनों के अभाव में तिथि ने सिंदूर को ही अपना प्रसाधन बना लिया था। दोनों हाथ में शाखा-पॅला और ब्रोंच की चूड़ियाँ पहन रखी थीं। कान और गला खाली था। तिथि कभी भी सजती-सँवरती नहीं थी, लेकिन वह उसकी उदासीनता थी। लेकिन आज की यह तिथि मानो गरीबी की मूरत थी। अदिति के सीने में हर नस सिकुड़ने लगी थी, फिर भी उन्होंने पार्थ को देखकर हँसते हुए कहा - आओ।

अदिति जितनी देर तक तिथि को देखती रहीं, तिथि भी उतनी ही देर हैरान नजरों से अदिति को देखती रही। उसने पहले कभी अदिति को छोटे बालों में और खाली हाथ नहीं देखा था। लेकिन आज पहली बार में भी उसे लगा कि वह इस तरह ज्यादा अच्छी दिख रही हैं। अगले ही पल उसने पार्थ की तरफ हैरान होकर देखा। पार्थ के मस्तक पर बल पड़ गये थे। तिथि ने सोचा - क्या पार्थ के चेहरे पर थोड़ी सी नरमी नहीं झलक सकती थी ?

इस घर में आते समय तिथि के मन में कई तरह की बातें थीं। लेकिन यहाँ पहुँचते ही उसने देखा कि उसे बहुत अच्छा लग रहा है। वही पुरानी सीढ़ी, लैंडिंग की काँच की खिड़कियाँ, लैंडिंग के किनारे टब में लगे पेड़, इन सब चीजों को तो वह हमेशा के लिए छोड़कर चली गयी थी। आज कुछ पल के लिए ही सही इन चीजों को पाने का अहसास कितना मीठा था ? सीढ़ियों से ऊपर आने के बाद चप्पल उतारकर अदिति बैठक के सामने आकर रुकीं और उन लोगों से कहा - आओ।

अचानक तिथि को एक झटका लगा, उसने देखा कि अदिति उन्हें मेहमान की तरह बैठक में आने के लिए कह रही थीं। उसने चारों तरफ देखा, यह घर, इसके हर कमरे में उसकी साँसें जमी हुई थीं, उसके पैरों में एक परिचित अहसास उमड़ आया

था और उसी घर के लिए अब वह बाहर की हो गयी थी। अपने होंठ काटते हुए तिथि कमरे में चली गयी। कमरे में विश्वनाथ खड़े थे। उनके खड़े रहने में ही इतनी दयनीयता झलक रही थी कि तिथि का चश्मा धुँधला गया। उसने जैसे ही विश्वनाथ के पैर छुए, विश्वनाथ ने लंबी साँस लेते हुए कहा - अरे, बेटी,...आओ, कैसी हो ?

- तुम लोग कैसे हो ? तिथि ने अदिति के पैर छुए। पार्थ विश्वनाथ के पैर छू रहा था। विश्वनाथ ने अपने दोनों हाथ मस्तक से छुआए लेकिन कुछ भी नहीं कहा। जब पार्थ अदिति के सामने आकर झुका, तब तक तिथि ने अपना प्रणाम पूरा नहीं किया था। अदिति ने दोनों के सिर पर हाथ रखते हुए कहा - अरे, रहने दो। सुखी रहो।

तिथि के आँसू अब थम नहीं पाए। उसके टूटते ही अदिति ने उसे गले से लगा लिया। पार्थ भी थोड़ा परेशान हो गया। अदिति पार्थ की ओर देखते हुए हँसीं और प्यार से कहा - बैठो पार्थ, चाय पीओगे ?

रोना कम होते ही अदिति ने तिथि की पीठ पर हाथ फेरते हुए कहा - तिथि, मुझे अब रसोई में जाना होगा। थोड़ी देर के लिए अपने पिताजी के पास बैठ। तेरे पिताजी ने इतने दिन रोते हुए ही गुजार दिए।

तिथि ने आँखें पोंछते हुए कहा - बैठूँगी। लेकिन उसके पहले तुम्हारे साथ रसोई में चलती हूँ। क्या बनाओगी ? हमलोग अधिक नहीं खायेंगे।

- तुझे रसोई में नहीं जाना होगा। भाजी और तले हुए बैंगन के साथ पराठे खा लेना। अभी बन जायेगा।

तिथि ने हँसते हुए सिर हिलाया। पार्थ की तरफ देखते हुए कहा - माँ, बहुत अच्छे पराठे बनाती हैं। खाकर पागल हो जाओगे। छोटे-छोटे, कुरकुरे, फर्स्ट क्लॉस।

पार्थ के चेहरे पर कोई उत्सुकता नहीं झलकी। वह उदासीन चेहरा लिये हुए विश्वनाथ से बातें कर रहा था। विश्वनाथ कह रहे थे - इस बार कलकत्ता में ठंड बहुत जल्दी पड़ने लगी। जवाब में पार्थ ने जोर देते हुए कहा - यह जल्दी नहीं है, बल्कि ठंड पड़ने का यही सही वक्त है। साधारण तौर पर ठंड देर से आती है।

अदिति या विश्वनाथ में से किसी ने भी तिथि से पढ़ाई के बारे में नहीं पूछा। खाते हुए तिथि ने खुद ही थोड़ा डरते हुए कहा - माँ, मैं क्लॉस कर रही हूँ। अगले साल परीक्षा दूँगी। इस साल तो दे नहीं पायी...किताबें ले जाऊँ।

तिथि समझ गयी कि उसके माँ - पिताजी ने सोच लिया था कि वह अब आगे पढ़ाई नहीं करेगी। चिट्ठी में भी उसने परीक्षा नहीं देने की बात ही लिखी थी। उस समय वह पढ़ाई शुरू नहीं कर पायी थी इसलिए उसने और कुछ नहीं लिखा था। उसकी बात सुनकर अदिति ने हँसते हुए कहा - चलो, तिथि यह सुनकर अच्छा लगा । हम लोग तो कुछ पूछ नहीं सकते। तूने खुद ही जब फैसला लिया है तो भला इससे अच्छी बात और क्या हो सकती है ? - अदिति की हँसी में भी दुख की परछाईं थी।

उन्होंने कहा - तू ही बता यह सुनकर मेरे और तेरे पिताजी से अधिक खुशी और किसे होगी ?

तिथि ने सिर झुकाकर कहा - जानती हूँ। भइया ने तो सोचा था कि मुझसे कुछ नहीं होगा, है ना ?

- ऐसे मत बोल। तेरे इस तरह चले जाने से उसे कम तकलीफ नहीं पहुँची है। - अदिति ने अचानक बात बदलते हुए पार्थ से कहा - तुम बहुत धीरे-धीरे खा रहे हो पार्थ। मैंने कुछ और भी तल रखे हैं, दूँ।

तिथि ने हँसते हुए कहा - माँ वह बहुत धीरे ही खाते हैं। घर में भी ऐसे ही खाते हैं।

- ओह यह बात है। मैंने सोचा कि शायद खाना अच्छा नहीं लग रहा है। - अदिति ने शंकित होकर पूछा।

- नहीं-नहीं, माँ, बहुत अच्छा बना है। अच्छा क्यों नहीं लगेगा ? - तिथि ने विरोध करते हुए कहा - उफ्फ कितने दिन बाद यह पराठे खा रही हूँ।

पार्थ का चेहरा रूखा होता जा रहा था - उसने कहा - मैं तली हुई चीज कम ही पसंद करता हूँ।

विश्वनाथ इतनी देर से चुप ही बैठे थे। पार्थ की बात सुनकर वे व्यस्त होते हुए कहने लगे - अरे हाँ, ठीक ही तो है। तला हुआ खाना, ए,हे...- विश्वनाथ ने अदिति से शिकायती लहजे में कहा - तुम और कुछ नहीं बना सकी।

अदिति ने कोई जवाब नहीं दिया। वे अन्यमनस्क थीं। तिथि ने चौंकते हुए पार्थ को देखा और कहा - अरे, तुम तला हुआ खाना नहीं खाते, यह तो मुझे पता नहीं था। तुम तो तली हुई चीजें खाना पसंद करते हो। क्या वे चीजें तली हुई नहीं होतीं ?

पार्थ गंभीर होकर पराठे उलट-पुलट रहा था। विश्वनाथ हैरत भरी निगाहों से एक बार बेटी की तरफ और एक बार पार्थ की तरफ देख रहे थे। अचानक अदिति ने लंबी साँस लेते हुए कहा - तुमने बदन पर गर्म कपड़े नहीं डाले हैं। बाहर तो बहुत ठंड है।

तिथि ने उनकी तरफ देखा लेकिन कुछ नहीं कहा। उसकी निगाहों में न जाने क्या था कि अदिति ने याद करते हुए कहा - अरे हाँ, तेरे सारे कपड़े मैंने तह करके रखे हुए हैं। उन्हें आज लेती जाना।

- एक साथ सब्र नहीं ले जाऊँगी। आज कुछ चूड़ीदार और कार्डिगन ले जाऊँगी। साड़ी पहनकर कॉलेज जाने में दिक्कत होती है। - तिथि ने पार्थ की तरफ देखे बगैर ये बातें कहीं।

अदिति ने उठते हुए कहा - तो चल देख ले क्या-क्या ले जाएगी। मैं निकाल देती हूँ।

तिथि ने सोचा था कि वह सारे कपड़े एक साथ न ले जाकर उस घर में थोड़े-थोड़े करके अपनी किताबें और कपड़े ले जायेगी। लेकिन अदिति ने जब आलमारी खोला तो तिथि का सर घूम गया। यह देखकर कि उसके पास इतने कपड़े थे कि आलमारी का एक रैक उसी के कपड़ों से भरा था। अदिति ने सारे कपड़े एक जगह रख दिये थे। तिथि एकटक देखे जा रही थी। उसके मन में कई बातें घूमने लगीं। अब तक वह यह सोचती थी कि उसके पास बहुत कम कपड़े हैं। मौसमी के अनगिनत कपड़ों के सामने उसके कपड़े बहुत कम थे। हालाँकि यह सोचकर उसे कभी दुख नहीं हुआ था क्योंकि वह मौसमी की प्रतिद्वंद्वी नहीं थी। लेकिन आज उसके उस ख्याल को गहरा धक्का लगा। उसने देखा कि उसके कपड़े पार्थ के घर के लिए बहुत ज्यादा थे। यहाँ तक कि उन्हें वहाँ रखने की पर्याप्त जगह भी नहीं थी।

अदिति भी उसके कपड़े देखते हुए कह रही थीं - तेरी चिट्ठी मिलते ही मैंने सारे कपड़े सजाकर रख दिये थे। तू तो बिना कुछ लिये ही चली गयी, बता तो मैं कितने दिनों से इन चीजों को सहेजकर रखे हुए हूँ ? अब सारे कपड़े ले जा। ठहर, मैं स्वेटर निकाल देती हूँ।

- तिथि ने धीरे से कहा - इतने कपड़े नहीं ले जा सकती।

- जितने ले जा सकती है, आज ले जा। बाकी बाद में ले जाना।

- नहीं माँ। वहाँ इतने कपड़े रखने की जगह नहीं है।

- मतलब। अदिति को कुछ समझ में नहीं आ रहा था।

तिथि को रोना आ रहा था, उसने अपने आँसू रोकते हुए किसी तरह कहा - कहाँ रखूँगी ?

- इसका क्या मतलब है ? वे लोग कपड़े कहाँ रखते हैं ?

- दो-तीन बक्से हैं, सारे भरे हैं।

- बक्से। अदिति ने दोहराया। - बक्से ? कपड़े बक्से में रखते हैं ? आलमारी नहीं है ?

तिथि ने गुस्सा होते हुए कहा - नहीं है तो नहीं है, उससे क्या हुआ ? तुम तो ऐसे कह रही हो जैसे बक्से में कपड़े नहीं रखे जा सकते ?

अदिति स्तब्ध रह गयीं। अब उनके कहने के लिए कुछ नहीं रह गया था। आज दरवाजा खोलते ही वे समझ गयी थीं कि तिथि कैसे रह रही होगी, लेकिन इस बारे में उन्होंने कुछ भी पूछा नहीं। उन्होंने सोच रखा था कि वे कुछ नहीं पूछेंगी और न ही कोई टिप्पणी करेंगी। लेकिन अपने आप ही जो बातें सामने आ गयीं उससे जाहिर हो गया कि तिथि कैसे परिवार में रह रही थी। उनका दिल रो उठा लेकिन उन्होंने खुद को सँभालने की कोशिश की।

तिथि ने कुछ कपड़े निकालकर प्लास्टिक के पैकेट में रख लिये। अदिति उसके

पतले हाथों को देख रही थी। क्या उसकी कलाई इतनी पतली थी। शांखा-पॅला एकदम ढीले थे। तिथि ने उन्हें हाथ में फँसाए रखने के लिए थोड़ा ऊपर उठाया तो कुहनी में जाकर अटक गये। वे कहना नहीं चाह रही थीं लेकिन उनके मुँह से निकल ही गया - तू यह सब पहनकर कॉलेज जाती है ?

तिथि ने उनकी तरफ देखे बगैर ही कहा - हाँ, क्यों।

- तुम एक स्टूडेंट हो तिथि। तुम्हें शांखा वगैरह पहनने की क्या जरूरत है? माथे तक इतना फैलाकर सिंदूर लगाने की भी क्या जरूरत है ? ठीक ढंग से भी तो लगाया जा सकता है।

तिथि मन ही मन घबरा रही थी लेकिन उसने अपनी घबराहट दबाते हुए कहा - लगाया है तो क्या बुरा किया है ?

अदिति शांत होकर कह रही थीं, लेकिन उनकी आँखें चमक रही थीं - गलत नहीं है, कुछ भी गलत नहीं है। लेकिन देखने में अच्छा नहीं लग रहा है। कम से कम मुझे तो नहीं लग रहा। मेरे ख्याल से तुम्हें भी इस तरह सजने का शौक नहीं था -

- तुमने सिंदूर क्यों नहीं लगाया है ? चूड़ियाँ क्यों खोल दी हैं ? क्या मुझे भी तुम्हारी तरह होना पड़ेगा ?

अदिति काफी देर से इसी सवाल का इंतजार कर रही थी। एक अजीब सी हँसी हँसते हुए कहा - मैंने सिंदूर लगाना क्यों बंद कर दिया और चूड़ियाँ क्यों खोल दी हैं, वह इतने कम समय में मैं तुझे नहीं समझा सकती लेकिन तेरे जाने के बाद ही मैंने तय कर लिया कि अब इन बातों को नहीं मानूँगी। सच पूछ तो मैं मन से कभी यह नहीं मान पायी थी कि लड़कियों को विवाहिता होने के बाद ऐसे चिह्न पहने रहना चाहिए। - अदिति ने गहरी साँस भरते हुए कहा - लेकिन वह मेरा मानना था, पर विभिन्न कारणों से मैं वैसा कर नहीं पायी थी। लेकिन उसे मानकर ही चलना चाहिए था। तुमसे भी मैं यही कहूँगी। मेरी तरह क्यों, तुम किसी की तरह मत होना। तुम सिर्फ अपनी तरह बनना। सिर्फ अपनी तरह।

तिथि हैरान होकर अदिति को देख रही थी। उसने कभी माँ को ऐसी बातें कहते नहीं सुना था। उसने सोचा था, माँ कहेगी - मैंने अपनी इच्छा से सिंदूर नहीं लगाया। - वह भी कहती - मैंने अपनी इच्छा से इस तरह से सिंदूर लगाया है। - अदिति ने वैसी ही बात की थी लेकिन तिथि को लगा कि उनकी बातों में अंतर था। इच्छा और विश्वास दो अलग चीजें थीं। तिथि सोचने की कोशिश कर रही थी। अदिति की आखिरी बातों ने उसे झकझोर कर रख दिया था। यह सच था कि वह अपने ढंग से जीना चाहती थी। क्या अदिति को लग रहा है कि वह अपने ढंग से नहीं जी रही है। तिथि अपने आप से ही बातें कर रही थी, उसने मुँह से कुछ नहीं पूछा।

कार्डिगन पहनकर वह जैसे ही बैठक में गई पार्थ ने उठते हुए कहा - चलो

तिथि, देर हो रही है।

विश्वनाथ ने अदिति की तरफ देखा। अदिति ने कहा - कहो, तुम ही कहो।

तिथि को समझ में नहीं आ रहा था कि उसके माँ - पिताजी क्या कहना चाह रहे थे। विश्वनाथ ने पार्थ से कहा - थोड़ी देर बैठो। तुम लोगों से कुछ जरूरी बात करनी है।

- हाँ, कहिए। - पार्थ ने खड़े-खड़े ही कहा। उसे देखकर लग रहा था जैसे वह किसी भी बात का जवाब देने के लिए पूरी तरह तैयार था। तिथि को बुरा लग रहा था।

विश्वनाथ ने कहा - तुम लोगों ने तो रजिस्ट्री की है। लेकिन क्या तुम्हारे घर से कोई आयोजन हुआ है। मतलब, रिश्तेदारों को सूचित करने के लिए।

पार्थ के चेहरे का भाव बदल रहा था। उसने कहा - हाँ-हाँ, बिल्कुल हुआ है। माँ ने उसका वरण किया था। सिंदूर भी लगाया । रिश्तेदारों को पता है।

विश्वनाथ कुछ देर तक पार्थ की तरफ देखते रहे। फिर उसे समझाते हुए बोले - अच्छी बात है। हमलोगों ने सोचा है कि एक रिसेप्शन का आयोजन करेंगे। तुमलोगों ने शादी कर ली है यह बात बताने के लिए सबको दावत देंगे।

अदिति बीच में कह उठी - किसी तरह का दिखावा नहीं होगा। उपहार वगैरह नहीं लिये जायेंगे। सिर्फ सब लोग आकर तुमलोग से मिलेंगे। सबसे मतलब कुछ घनिष्ठ लोगों से है...

विश्वनाथ ने समर्थन करते हुए कहा - हाँ-हाँ, एकदम छोटा सा आयोजन होगा। मुझे लगता है इसे मिलकर करना ही अच्छा होगा। तुमलोगों ने भी शायद रिसेप्शन नहीं किया है। दोनों तरफ से एक ही साथ कर लिया जायेगा। तुम्हारे रिश्तेदार भी आ जायेंगे और हमारे भी...

तिथि को बहुत खुशी हो रही थी। उसने ऐसी बात के बारे में सपने में भी नहीं सोचा था। उसे पता था कि ऐसा कोई आयोजन न होने की वजह से ही पार्थ के रिश्तेदारों ने उसे सामाजिक ढंग से नहीं अपनाया है, बल्कि उसकी अनदेखी ही की जाती है। आज अचानक इस बात के उठते ही वह खुश हो गयी। पार्थ का हाथ पकड़ते हुए उसने कहा - सच, कितना अच्छा होगा, है ना? यही सबसे अच्छा हो...

तिथि अपनी बात पूरी नहीं कर पायी। पार्थ ने उसे रोकते हुए गंभीर होकर कहा - नहीं। आपलोग जो करना चाहते हैं कीजिए। हमारे घर से अलग आयोजन किया जायेगा। एकसाथ करने की जरूरत नहीं है।

कमरे में तनाव का माहौल कायम हो गया। अदिति ने कहा - तो हम लोग दिन तय कर ले रहे हैं। तमाल को कब छुट्टी मिलती है, देखते हैं। उसके बाद हम सूचित करेंगे।

पार्थ ने चप्पल पहन ली थी। तिथि का जूता फटने लगा था इसलिए उसे पहनने

में समय लग रहा था। उसने कहा - माँ, मेरा वह काला जूता है ना। मैं उसे बाद में आकर ले जाऊँगी।

अदिति ने सिर हिलाया। उनकी बहुत इच्छा हो रही थी कि वे उस रात तिथि को रोक लें।

तिथि ने सीढ़ियों से उतरते हुए कहा - माँ, पिताजी, जा रही हूँ। आप लोगों ने नहीं कहा लेकिन मैं फिर आऊँगी। - उसकी बातों में बचपना था। अदिति के दिल को यह बात छू गयी। अदिति ने कहा - ऐसा नहीं बोलते। अपने घर में भला क्यों नहीं आओगी ? जब मन करे चली आना। हम लोग तो अकेले ही पड़े हुए हैं। हालाँकि पार्थ को अलग से कहना जरूरी है। उन्होंने कहा - पार्थ, फिर आना।

पार्थ ने जवाब नहीं दिया, दरवाजा खोलकर बाहर निकल गया।

घर लौटते वक्त पार्थ और तिथि ने कोई बात नहीं की। घर लौटने के बाद तिथि ने हैरान होकर देखा कि पार्थ फिर खाने बैठ गया था। सुधा उसे भी खाने को दे रही थीं, लेकिन तिथि ने कहा - नहीं बड़ी माँ, मैं और नहीं खाऊँगी। माँ के घर से खाकर आये हैं।

हाथ-मुँह धोकर तिथि ने अलोक के लिए खाट पर मच्छरदानी लगा दी। मच्छरदानी का किनारा खोंसते हुए तिथि बार - बार यही सोच रही थी कि माँ ने पार्थ की थाली में पाँच पराठे डाले थे। पराठे इतने छोटे भी नहीं थे कि घर आते-आते भूख लग जाती । फिर पार्थ खाने क्यों बैठ गया ?

तिथि ऊपर आकर सो गयी। वह जानती थी कि पार्थ के आने में आज काफी देर होगी। सुधा जरूर जानना चाहेंगी कि आज तिथि के घर क्या-क्या हुआ और वह न भी जानना चाहें तो पार्थ बताएगा ही। तिथि सोने की कोशिश कर रही थी लेकिन उसे नींद नहीं आ रही थी। वह भी पार्थ से कुछ पूछना चाहती थी।

तिथि को नींद आ गयी थी। तभी पार्थ ने आकर दरवाजा खटखटाया तो वह दरवाजा खोलने के लिए उठ गयी। पार्थ कमरे में आकर दरवाजा बंद करके जैसे ही बत्ती बुझाने लगा, तिथि उससे पूछ बैठी - तुमने न क्यों कहा ?

पार्थ ने चौंक कर पूछा - किस बात के लिए न कहा ?

- एक साथ रिसेप्शन हो जाता तो अच्छा ही होता।

पार्थ ने बत्ती नहीं बुझाई। स्विच से हाथ हटा लिया। कुर्सी पर बैठते हुए कहा - न क्यों कहा, समझ में नहीं आया ?

- नहीं तो, क्यों ? - तिथि ने हैरान होकर कहा।

- तुम्हारे और हमारे घर में बहुत अंतर है। खासकर तुम्हारी माँ की वजह से। बड़ी अजीब महिला हैं। पहली बार जब देखा था तब ठीक-ठाक थीं, लेकिन इस बार तो एकदम अजीब लग रही थीं। पिताजी जीवित हैं, फिर भी सिंदूर नहीं लगाया था। यह

सब देखकर मेरे माँ-पिताजी और रिश्तेदारों पर क्या गुजरेगी, कुछ सोचा है ?

तिथि एकदम हैरान रह गयी। उसके होंठ हिल रहे थे लेकिन आवाज नहीं निकल रही थी। आँखें खुली हुई थीं लेकिन नजरें शून्य में थीं।

पार्थ की बातें अभी खत्म नहीं हुई थीं। शायद नीचे एक बार इस बारे में बातचीत हो जाने की वजह से सारी बातें उसकी जुबान पर सज गयी थीं। वह कह रहा था - सब सोचेंगे कि मैंने मुसलमान या ईसाई लड़की से शादी कर ली है। अगर वह सच होता तो मैं किसी बात की परवाह नहीं करता। लेकिन हिंदुओं की अपनी एक संस्कृति है। मेरी माँ को ही देख लो, माँग में सिंदूर, हाथ में शांखा-पॅला, बड़ा सा जूड़ा, कितना पवित्र चेहरा है। बुरा मत मानना तिथि लेकिन तुम्हारी माँ को देखकर वह माँ जैसी एकदम नहीं लगीं। तुम्हारे पिताजी फिर भी ठीक हैं। लेकिन वह भी तुम्हारी माँ से कुछ क्यों नहीं कहते, यह मेरी समझ में नहीं आया। हालाँकि लगता है कि तुम्हारी माँ बहुत स्वाभिमानी हैं...

तिथि चिल्ला उठी - पार्थ, तुमने बहुत कुछ कह दिया। अब और कुछ मत कहना।

पार्थ ने विनम्र होते हुए कहा - सॉरी तिथि। तुम्हें बुरा लगना ही स्वाभाविक है। लेकिन तुमने अच्छा ही किया जो मेरे पास चली आयीं। अपनी माँ जैसी नहीं हुई। अगर कुछ दिन और उस घर में रहतीं तो तुम्हारा सर्वनाश हो जाता। - पार्थ उठा । बत्ती बुझा दी। तिथि अब भी खाट पर जड़ होकर बैठी हुई थी। पार्थ ने जम्हाई लेते हुए पूछा - सोओगी नहीं ? डरो मत, परेशान होने की जरूरत नहीं है। मेरे ख्याल से तुम्हारा अपनी माँ के यहाँ अधिक जाना ठीक नहीं होगा, समझी ? चलो अब सो जाओ। - पार्थ ने तिथि को खींचा। तिथि तब भी एकदम जड़ थी। पार्थ उसके शरीर पर चढ़ गया तब भी उसने विरोध नहीं किया। उसे कुछ महसूस ही नहीं हो रहा था। कुछ देर बाद उसने थककर कहा - अब भी नहीं हुआ ?

पार्थ के घर के करीब जब अदिति सहित तीनों गाड़ी से नीचे उतरे उस समय सुबह के आठ बज रहे थे। पता पूछते हुए ही वे इतनी दूर पहुँचे थे, आगे भी पूछते हुए ही जाना था।

तमाल ने गाड़ी का इंतजाम किया था। कलकत्ता लौटने के बाद से वह दौड़-धूप कर रहा था। एक दोस्त के भाई के प्रेस से उसने रात-भर में कार्ड छपवा लिये थे। आज सारे कार्ड लेकर वे लोग निमंत्रण देने निकले थे। उनलोगों ने एक दिन में सारे कार्ड बाँटने की योजना बनाई थी। हाथ में अधिक समय भी नहीं था, परसों ही रिसेप्शन था। एक मकान किराये पर ले लिया गया था, कैटिरंग सर्विस का भी इंतजाम हो गया था।

अदिति काफी देर से घबरा रही थीं। जिन गली कूचों से होकर गाड़ी आगे बढ़ रही थी, उसे देखकर अंदाजा लगाया जा सकता था कि यह जगह काफी पुरानी और

गंदी है। पतली-पतली गलियों के किनारे खुले हुए नाले और उनके चारों ओर सब्जियों के छिलके और मच्छरों का झुंड। अधिकतर मकान अधूरे थे। अदिति हर मकान देखकर सोच रही थी, तिथि क्या इस मकान में रहती है ? पार्थ के मकान के बारे में उनके मन में एक चित्र बना हुआ था।

आखिर में वह मकान मिल गया जिसे देखकर अदिति स्तब्ध रह गयी। उन्होंने बड़े कष्ट से तिथि की ससुराल का एक संभावित चित्र अपने मन में बनाया था लेकिन यह मकान उसकी परछाईं भी नहीं लग रहा था। यह घर था या उसकी प्रेतात्मा ? अदिति को लगा जैसे यह झुका हुआ मकान नहीं था बल्कि कोई प्राचीन जानवर था जो झुककर बैठा हुआ था। ठंड में भी उनके मस्तक पर पसीना आ गया। वह इतने मकान पार कर आयी थीं, तिथि उनमें से किसी एक मकान में भी तो रह सकती थी। लेकिन ऐसा नहीं था बल्कि तिथि इस भयावह मकान में ही रहती थी, यह मान लेने में तिथि को काफी तकलीफ हो रही थी। उन्होंने किसी तरह से कहा - यह मकान ? - उनके सवाल में हैरत झलक रही थी।

विश्वनाथ भी चौंक गये थे। वह उस मकान को आश्चर्य से देख रहे थे। तमाल को देखकर लग रहा था कि वह जबरन सख्त रखने की कोशिश कर रहा था। उसने अदिति से कहा - फोर्टिन सी, यही लग रहा है। आप लोग रुकें, मैं पूछ कर आता हूँ।

तमाल घास, जंगल पार करता हुआ एक तल्ले के बरामदे में जाकर खड़ा हुआ, थोड़ी देर संकोच में पड़ा रहा। लेकिन फिर उसने बरामदे में कदम रख दिया। बरामदे का दरवाजा आधा खुला हुआ था। अदिति ने देखा, तमाल किसी से बात कर रहा था। थोड़ी देर बाद तमाल ने उन्हें इशारा करके बुलाया। अदिति ने एक बार विश्वनाथ की तरफ देखा, उनकी आँखों में अविश्वास और कष्ट झलक रहा था। अदिति ने धीरे से कहा- यही मकान है, चलो।

उनके बरामदे में कुछ दूर चलते ही तिथि दौड़कर उनके पास चली आयी। उसके बाल बिखरे हुए थे, साड़ी भी किसी तरह लपेटी हुई थी। उसके बायें हाथ में एक कटोरी थी, और दाहिने हाथ में हल्दी लगा हुआ बैगन का टुकड़ा। वह रसोई में बैगन में हल्दी लगा रही थी, जब सीमा ने उससे हाँफते हुए आकर कहा - तिथि जल्दी चलो, तुम्हारे माँ- पिताजी आए हैं, और भइया भी।

तिथि ने बरामदे में एकदम बच्चे की तरह उछल- कूद शुरू कर दी। उसके चेहरे पर खुशी साफ दिखाई दे रही थी। वह बार - बार कह रही थी - अरे माँ, मैंने तो सोचा ही नहीं था कि तुमलोग चले आओगे, भइया तुम कब आए ?

उस दिन पार्थ के साथ जाने के बाद तिथि फिर अपने माँ - पिताजी के घर नहीं गयी। उसे इस बारे में कुछ भी नहीं पता था कि तमाल कब आया और रिसेप्शन का दिन कब तय किया गया।

सुधा ने स्वागत करते हुए कहा - आइए, आइए। सीमा ऊपर से कुर्सियाँ ले आ तो। तिथि हाथ धो आओ।

अदिति ने कहा - कुर्सी की क्या जरूरत है ? हम यहीं बैठ जाते हैं। - कहते हुए तीनों बिस्तर पर ही बैठ गये। विश्वनाथ कुछ भी नहीं कह रहे थे। तमाल भी चुप बैठा था। शादी के बाद वह तिथि को पहली बार देख रहा था, अभी तक वह झटके से उबर नहीं पाया था।

अदिति ने सुधा की तरफ देखते हुए कहा - आप खड़ी क्यों हैं ? बैठिए। देखिए ना हम सम्बंधी तो बन गये हैं लेकिन अभी तक एक दूसरे से परिचय ही नहीं हुआ है। मैं तिथि की माँ, ये तिथि के पिता, और वह तिथि का भाई तमाल है, नमस्ते।

सुधा सोच रही थीं कि इस तरह से बताने की क्या जरूरत थी ? क्या उन्हें समझ में नहीं आ रहा था कि कौन क्या है ? अदिति को नमस्कार करते देख वे चौंक गयीं। बदले में नमस्कार करने की बात उनके दिमाग में ही नहीं आयी।

अदिति वगैरह के आने से पहले सीमा बच्चों को पढ़ा रही थी। उन्हें बिठाने के बाद वह हड़बड़ाते हुए माधवी के पास चली गयी। पार्थ तब भी ऊपर के कमरे में सो रहा था। उसे जगाते हुए तिथि ने कहा - अरे उठो। माँ, पिताजी और भइया सब आए हैं। लगता है रिसेप्शन का दिन तय कर लिया है। तुम जल्दी नीचे आओ। मैं जा रही हूँ।

पार्थ जल्दी से उठ कर बैठ गया। तिथि तब तक नीचे चली आयी थी। उसके कमरे में आते ही अदिति ने कहा - तिथि तुम नहीं थी इसलिए हमने खुद ही अपना परिचय दे दिया।

विश्वनाथ ने कहा - लगता है मिस्टर मल्लिक घर में नहीं हैं ?

- वे तो बाजार गये हैं। - सुधा ने कहा। अदिति ने उनकी तरफ देख कर कहा - आपलोगों को परेशानी में डाल दिया न ? सुबह सभी काफी व्यस्त रहते हैं। असल में हमलोगों ने एक ही दिन में सबको निमंत्रण देने की सोची है। परसों ही रिसेप्शन है...। - अदिति ने कार्ड निकालते हुए तिथि से पूछा - पार्थ कहाँ है ?

तिथि भी सोच रही थी कि पार्थ इतनी देर क्यों कर रहा है ?

माधवी सीमा के साथ दो कुर्सियाँ लेकर नीचे आयी। तिथि ने आगे बढ़कर कहा - आओ दीदी, आओ माधु भाभी..मेरे माँ, पिताजी और भइया। माँ, यह मेरी दीदी हैं और यह माधु भाभी।

माधवी ने हँसते हुए कहा - तो आप लोग बेटी के घर आ ही गये ? मुझे पता था सब ठीक हो जायेगा। लेकिन सोच - सोच कर तिथि ने अपनी तबीयत खराब कर ली है। - माधवी बैठने जा रही थी लेकिन उठते हुए कहा - आप लोग बैठिये, मैं चाय लेकर आती हूँ।

- नहीं, नहीं, हम लोग चाय पीकर ही आए हैं। - विश्वनाथ ने परेशान होते हुए कहा - आज रहने दीजिए। आज थोड़ी जल्दी है। मिस्टर मल्लिक से मुलाकात हो जाती तो अच्छा ही होता। लेकिन शायद उन्हें देरी...

अदिति ने कार्ड निकाल कर सुधा को देना चाहा। लेकिन सुधा ने कहा - वे आते ही होंगे। उन्हें ही कार्ड दें तो अच्छा रहेगा। आप लोग थोड़ी देर और इंतजार कर लीजिए। - सुधा दरवाजे के पास जाकर खड़ी हो गयीं। उनके चेहरे पर परेशानी झलक रही थी।

तिथि ने कहा - माँ, मैं माधु भाभी को निमंत्रण दूँगी। मुझे एक कार्ड दो।

अदिति ने हँसते हुए कहा - जरूर। तुम्हारे लिए पाँच कार्ड अलग से रखे हैं। तुम जिसे बुलाना चाहो बुला लेना।

तिथि ने कार्ड लेकर एक पर नाम लिखते हुए कहा - माधु भाभी तुम्हारा ही नाम लिख रही हूँ। माधु भाभी ऐण्ड फैमिली। तुम्हें,

सलिल भइया और रुम्पा सभी को मेरी शादी का न्यौता। - तिथि हँस रही थी।

तभी आलोक हड़बड़ाते हुए कमरे में घुसे। उनके हाथ में झोला था। उन्होंने कहा - अरे, आप लोग कब आए ? मुझे तो कुछ पता ही नहीं था। बस अभी - अभी बाजार से आया हूँ।...

उन्हीं के साथ पार्थ भी कमरे में घुसा। सुधा ने कहा- तुम्हें कैसे पता चला?

- अरे पार्थ ने ही तो बाजार जाकर मुझे खबर दी। मैं तो कच्ची मिर्च का भाव लगा रहा था, और वह जाकर मुझे खिंचने लगा। दौड़ते हुए आ रहा हूँ। बाप रे। इन लोगों को चाय नहीं दी। जाओ, जाओ चाय बनाओ। इनके साथ मुझे भी दे देना। -

- नहीं , नहीं, हमलोग चाय नहीं पीयेंगे। - अदिति ने कार्ड आलोक की तरफ बढ़ाते हुए कहा - कृपा करके आप सब आइएगा। परसों, वृहस्पतिवार...

माधवी चाय बना कर ले आयीं। उनके हाथ में दो कप थे और सुधा के हाथ में दो। विश्वनाथ ने कहा - अरे आप लोगों ने चाय बना ही ली ?

- लीजिए, सिर्फ चाय और बिस्कुट। तिथि दोनों कुर्सियों को आगे बढ़ा दे, उस पर रख दूँ। - माधवी ने आलोक की तरफ देखते हुए कहा - भइया आधा कप अधिक बनी है, वही आपकी है।

तिथि ने खुश होते हुए कहा - माँ, चाय लेकर ऊपर चलो। चल कर देख लो मैं कहाँ रहती हूँ। बड़ी माँ, माँ को ले जाऊँ ?

सुधा इतनी देर से दीवार के सहारे खड़ी थीं, कुछ बोल नहीं रही थीं। उनके कुछ कहने से पहले ही आलोक ने कहा - हाँ, हाँ, जरूर ले जाओ। जाइए आप लोग उसके साथ ऊपर चले जाइए।

पार्थ ने भी कमरे में आने के बाद कुछ नहीं कहा था। तिथि ने कुछ समझते हुए

पार्थ की तरफ देखा। पार्थ का चेहरा सख्त था। उसके बाद उसने तमाल की ओर देखा जो पार्थ की तरफ ही देख रहा था। उसकी नजर में घृणा साफ झलक रही थी। तिथि ने आगे बढ़कर पार्थ का हाथ पकड़ा और कहा - अरे, तुम्हारा तो भइया से परिचय ही नहीं हुआ। आओ...- तिथि ने पार्थ का हाथ पकड़कर उसे तमाल के सामने लाकर खड़ा करते हुए कहा - यही हैं मेरे भइया। भइया, पार्थ।

तमाल ने खुद को सँभालते हुए अपना हाथ आगे बढ़ाया। तिथि को लगा था कि पार्थ हाथ नहीं बढ़ायेगा। लेकिन थोड़ी देर बाद उसने तमाल से हाथ मिलाकर तुरंत हाथ छुड़ा लिया। उराकी तीखी नजरों गें कोई परिवर्तन नहीं हुआ था। - तिथि ने कहा - चलो हम लोग ऊपर चलते हैं। भइया चलो।

- माँ-पिताजी को ले जा। मैं नहीं भी गया तो क्या ? - तमाल ने कहा - मैं यहीं बैठता हूँ।

विश्वनाथ चाय पीने में लगे हुए थे, लेकिन अदिति की नजरों से कुछ नहीं छिपा। उन्होंने कहा - हाँ, वह जाकर क्या करेगा ? चलो पार्थ हम चलते हैं।

तिथि अदिति और विश्वनाथ को लेकर ऊपर चली गयी। साथ में पार्थ भी गया। सुधा और आलोक भी कमरे से बाहर निकल आये।

सीमा उससे पहले बगलवाले कमरे में पढ़ाने चली गयी थी। तमाल खुद को सहज रखने की कोशिश कर रहा था। पार्थ के प्रति अपने असंतोष की वजह से वह दाहिने हाथ के अँगूठे का नाखून चबाता जा रहा था। अचानक माधवी कह उठीं - बहन से बहुत प्यार करते हो ना ?

तमाल अपने आँसू छिपाने के लिए दरवाजे से बाहर देखने लगा।

माधवी ने कहा - चिंता मत करो। ऐसा न जाने क्या कुछ होता रहता है। तिथि बहुत अच्छी लड़की है। वह सब सँभाल लेगी। इस बार पास कर गयी तो...

तमाल ने एक झटके में अपना कंधा घुमाकर माधवी की तरफ देखते हुए कहा - आपको नहीं पता, तिथि ब्रिलियंट स्टूडेंट है। वह जरूर पास करेगी, उसे कोई नहीं रोक सकता।

माधवी ने हँसते हुए कहा - ऐसी बात है।

तिथि ने कमरे में आते ही खिड़की खोल दी। बिस्तर में सलवटें पड़ी हुई थीं। उसे साफ करते हुए तिथि ने कहा - आओ माँ, आइए पिताजी। मैं इसी कमरे में रहती हूँ। मतलब हम लोग...

अदिति ने खुद को सँभालते हुए कमरे में प्रवेश किया था। वे चुपचाप चारों तरफ देख रही थीं। विश्वनाथ ने पार्थ की तरफ देखते हुए कहा - ओह, क्या यह कमरा किराये पर लिया है ? खाली ही था ?

पार्थ ने कहा - हाँ, यही खाली था, पास के कमरे में एक लड़का रहता है।

तिथि ने कहा - नहीं-नहीं, हमें किराया नहीं देना पड़ता। मकान-मालिक ने ऐसे ही रहने के लिए दे दिया है। माधु भाभी ने ही सारा इंतजाम कर दिया है। माँ देखो, सोने के लिए यह पलंग भी हमें माधु भाभी ने ही दिया है।

तिथि खुश होकर यह बातें बता रही थी। अदिति की साँसें रुक गयीं। उनकी नजर फोल्डिंग पलंग पर थी जिसपर से बिस्तर झूल रहा था। उन्हें समझ में नहीं आ रहा था कि इतने छोटे पलंग पर दो लोग कैसे सो सकते हैं। कमरे के एक कोने में एक कुर्सी पर तिथि के कपड़े मोड़कर रखे हुए थे जिसका रंग उड़ा हुआ था। दीवार पर बने रैक पर तिथि की किताबें और कॉलेज जाने का बैग रखा हुआ था। अदिति परेशान होने लगीं। वे सोच रही थीं कि इस घर में किसी दंपति के रहने का कोई सामान ही नहीं था। पार्थ के कपड़े तक नहीं थे। उन्होंने गहरी साँस को छिपाते हुए कहा - वाह, बहुत अच्छा कमरा है। हम लोग धीरे-धीरे तुम्हें जो सामान देंगे, उसे इस कमरे में रखोगी ना ?

अदिति ने तिथि की ओर देखते हुए बात शुरू की थी लेकिन यह सवाल पार्थ की तरफ देखते हुए किया था। इतनी देर में पार्थ के चेहरे पर हँसी आयी थी। उसके सिर झुकाते ही तिथि ने हँसते हुए कहा - तुम लोग दोगे मतलब ? क्या दोगे ?

- अरे, ऐसे क्यों बोल रही है ? - अदिति ने तिथि की ओर हँसकर देखते हुए कहा - लड़की की शादी में उसके घरवाले क्या देते हैं ? जिस चीज की उसे जरूरत होती है - जैसे, पलंग-बिस्तर, एक आलमारी।

- नहीं, एकदम नहीं। - तिथि अचानक अस्वाभाविक हो गयी। उसे सब हैरत से देखने लगे, पार्थ भी। लेकिन पार्थ की नजरों में हैरत के साथ नाराजगी भी झलक रही थी।

तिथि ने बात काटते हुए कहा - मेरी शादी क्या तुम लोगों ने कराई है जो तुम्हें वह सामान देने पड़ेंगे। मैं तुम लोगों से कोई सामान नहीं लूँगी। - तिथि ने रुककर अपने सूखे होठों पर जीभ फेरने के बाद कहा - इसके अलावा हमें किसी भी दिन इस कमरे से निकलना पड़ सकता है। क्योंकि हम इसका किराया भी नहीं देते हैं। वैसे भी यहाँ पलंग और आलमारी कहाँ रखेंगे ? जो है, ठीक है। हमें किसी चीज की जरूरत नहीं है। - वह जोर-जोर से अपना सिर हिला रही थी।

अदिति चुपचाप खड़ी थीं, उन्हें कुछ सूझ नहीं रहा था। पार्थ का चेहरा गुस्से से लाल होता जा रहा था, यह देखकर अदिति ने कहा - ठीक है, वह सब बाद में देखा जायेगा। आज हमलोग चलते हैं, बहुत जगह जाना है। हाँ सुन, क्या तू कल रात वहाँ ठहरेगी ? उस दिन के बाद तो गयी भी नहीं...

तिथि ने खुद को सँभालने की कोशिश करते हुए कहा - समय नहीं मिला माँ, परीक्षा को लेकर चिंतित हूँ। ठीक से पढ़ाई नहीं हो रही है। कल...बड़ी माँ से पूछकर

देखती हूँ।

अदिति और विश्वनाथ नीचे चले आये। तिथि चाहकर भी सुधा से कुछ पूछ नहीं पायी। कुछ सोचते हुए कहा - नहीं माँ रहने दो। मैं यहाँ नहीं रही तो वहाँ जाकर उन्हें अजीब सी परिस्थिति का सामना करना पड़ेगा। उससे अच्छा होगा मैं यहीं से उनके साथ ही जाऊँ।

उनके जाते वक्त सुधा रसोई से बाहर निकलकर आयीं। इसी बीच आलोक नहाने चले गये, भीगी हुई लुंगी पहने हुए वे काँपते-काँपते कहा - फिर आइएगा, हम लोग परसों जरूर जायेंगे।

माँ, पिताजी और भइया के जाने के बाद अचानक तिथि को अपने दिमाग में बहुत खालीपन महसूस होने लगा। अचानक उसके सीने में कई सवाल उभरने लगे। उसे पार्थ के साथ कई समझौते करने थे। लेकिन अभी वह वक्त नहीं आया था। उसे कॉलेज जाना था। शायद पार्थ भी कहीं निकलनेवाला था। तिथि रसोई के दरवाजे पर खड़ी होकर बोली - बड़ी माँ, चावल बन गया है। बैंगन तल दूँ।

सुधा ने अनमनी सी होकर कहा - मैं कब का बैंगन तल चुकी हूँ। तुम्हें कुछ करने की जरूरत नहीं है। पिताजी खाने बैठेंगे। गिलास में पानी वगैरह डाल सको तो डाल देना।

तिथि अपराधियों की तरह गिलास में पानी भरने जा रही थी। सच आज वह रसोई का एक भी काम नहीं कर पायी थी। सारा काम सुधा को अकेले करना पड़ा था। गिलास में पानी भरकर लाते हुए उसने सुना सुधा कह रही थीं - सुबह-सुबह कोई किसी के घर इस तरह जाता है। बाप रे क्या हंगामा मच गया था। तिथि को सामने खड़ी देखकर सुधा ने उससे पूछा - तुम्हारी माँ ने अपने घर में इंतजाम न करके बाहर मकान किराये पर क्यों लिया ?

तिथि ने जरा सोचकर कहा - हमारा घर बहुत छोटा है बड़ी माँ, उतने लोगों के लिए पर्याप्त नहीं है।

- हमने तो हमेशा यही देखा है कि घर की छत पर पंडाल बनाकर ही ऐसे आयोजन किये जाते हैं।

तिथि ने अपने होंठ काटते हुए कहा - यह हमारी शादी का आयोजन नहीं है बल्कि रिसेप्शन है। माँ-पिताजी हमारी शादी नहीं करा रहे हैं।

तिथि यह कहने के बाद रुकी नहीं। आलोक के सामने पानी का गिलास रखकर बाथरूम में नहाने चली गयी। उसे दिमाग को ठंडा करना जरूरी लगा।

रात को नीचे का काम खत्म करने के बाद तिथि एक बाल्टी पानी लेकर ऊपर चली गयी। रोज ऊपर के बाथरूम में पानी रखना पड़ता था, जरूरत पड़ सकती थी। हिमांशु अपने कमरे में लौटकर सो चुका था। तिथि कमरे में घुसकर दरवाजा भिड़ाने के

बाद पढ़ने बैठ गयी। हालाँकि वह कुछ भी नहीं पढ़ पाई। उसके दिमाग में दिन-भर आग जलती रही थी। वह सोचने की कोशिश कर रही थी कि वह इतनी परेशान क्यों है। सोचते हुए उसे लग रहा था कि उसे पार्थ से झगड़ने की जरूरत थी। ऐसा नहीं हो पा रहा था इसीलिए उसके मन में बातों का पहाड़ जमता जा रहा था। वह पहाड़ ज्वालामुखी बनता जा रहा था। और दिन-रात उसके दिमाग में गर्म हवाएँ चलती थीं। उस गर्मी से उसका साँस लेना मुश्किल हो रहा था। लावा नहीं फटने तक शांति मिलने की कोई संभावना भी दिखाई नहीं दे रही थी।

तिथि चेयर पर बैठी हुई थी। पार्थ के ऊपर आकर दरवाजा बंद करते ही उसने भी किताब बंद करके रख दी। पार्थ ने उसे देखकर पूछा - पढ़ोगी नहीं। बत्ती बुझा दूँ?

- नहीं, मुझे तुमसे कुछ बात करनी हैं।

पार्थ ने बिस्तर पर बैठते हुए पूछा - क्या बात है ? जो कहना है जल्दी कहो। मैं बहुत थका हुआ हूँ। - पार्थ ने जम्हाई ली लेकिन उसकी आँखों में सतर्कता थी।

तिथि सोच रही थी कि वह कहाँ से शुरू करे। उसने सोचते हुए कहा - नहीं पार्थ, मुझे थोड़ा समय लगेगा। तुमने मुझे कभी वक्त नहीं दिया। आज मुझे समय चाहिए। हो सकता है सारी रात लग जाए। मुझे कई सवालों के जवाब चाहिए।

- इसका क्या मतलब है ? सोने के समय ये कैसी बातें कर रही हो ?

- सोने के समय के अलावा तुम मुझे मिलते ही कब हो, पार्थ ? कोई बात भी नहीं होती है। तुम सारा दिन मेरी कोई खबर नहीं लेते । मैं कैसी हूँ, क्या कर रही हूँ ? तुम्हें इससे कोई मतलब नहीं रहता। मैं तुमसे कुछ कहना भी तो चाह सकती हूँ। जिन बातों को मैं किसी और से नहीं कह सकती। एक दूसरे से करने की बातें जो कमरे में ही की जा सकती हैं। लेकिन तुम सोने के

अलावा और किसी वक्त इस कमरे में आते ही नहीं हो। क्यों ?

पार्थ ने कंधे उचकाते हुए कहा - आश्चर्य है, क्या तुम चाहती हो कि मैं सारे दिन तुम्हारे साथ इस कमरे में बैठा रहूँ ?

- मैं तो यह नहीं कह रही हूँ। तुम अच्छी तरह जानते हो कि मैं खुद भी सारे दिन इस कमरे में बैठी नहीं रहती। मैं कहना चाहती हूँ कि तुम इस कमरे में रहते नहीं हो। सिर्फ रात को मेरे साथ सोने आते हो। यह बेहद अपमानजनक लगता है। मैं तुम्हारी पत्नी हूँ पार्थ। मेरा रिश्ता सिर्फ तुम्हारे साथ सोने का नहीं है।

- चुप हो जाओ। बकवास मत करो। - पार्थ ने धमकाते हुए कहा - क्या बके जा रही हो। मैं तुम्हारा बहुत सम्मान करता हूँ। तुम खुद ही अपना अपमान कर रही हो।

तिथि को हर पल यह डर लग रहा था कि शायद वह अब रो देगी, लेकिन वह काफी सँभलकर बोल रही थी। उसने शांत होकर कहा - चिल्लाओ मत। बगल में कोई रहता है। सम्मान देने की बात कहकर तुम क्या समझाना चाहते हो ? मुझे नहीं पता।

इस घर में तो तुम्हारी ही इज्जत नहीं है, तुम मुझे क्या सम्मान दोगे ? खैर जाने दो, लेकिन एक लड़की जिस तरह अपना घर बसाती है, मैं तो वैसा नहीं कर पा रही हूँ। यह एक कमरा मिल जाने के बाद भी तुम मेरे साथ इसमें नहीं रहते हो। ऐसा लगता है जैसे मैं बाहर की कोई हूँ...जैसे...कोई और...तुम अपना एक कपड़ा तक यहाँ नहीं रखते।

- तुम ही मिलजुलकर नहीं रह पा रही हो। सब कुछ ठीक ही तो चल रहा था। अचानक तुमने जिद पकड़ ली कि मेरे साथ नहीं सोओगी। उसके बाद बड़ी चालाकी से ऊपर का कमरा हासिल किया। तुम्हें क्या लगता है ? माँ को इससे दुख नहीं पहुँचा है। अगर मैं अपना सारा सामान यहाँ लाकर रख दूँ तो माँ पर क्या गुजरेगी ?

और कोई दिन होता तो शायद तिथि स्तब्ध हो जाती या रोने लग जाती। लेकिन आज वह भी लड़ने को तैयार थी, उसने दाँत भींचते हुए कहा - ओह, मैं चालाकी से अलग हुई हूँ ? तुम्हारे ऊपर आने से बड़ी माँ को तकलीफ होती है? तो मेरे साथ सोते क्यों हो ? मत आना। मैंने तो वैसा ही इंतजाम किया था, तब क्या तुम मुझे कम परेशान करते थे ? नीचे उन दो कमरों में उस तरह बेशर्मी से सोना ठीक था ? शादी की है लेकिन एक कमरे का इंतजाम नहीं कर सके हो। तुम्हें मैं क्या कहूँ ? बेशर्म या नासमझ ?

पार्थ चिल्ला पड़ा - समझ रहा हूँ, अब मैं तुम्हें अच्छा नहीं लगता। तुम बहुत अच्छा कर रही हो तिथि। मैंने देखा है अपनी माँ से मिलते ही तुम्हारा रवैया बदल जाता है।

- तुम मेरी माँ के बारे में एक भी शब्द नहीं कहोगे। शर्म नहीं आती है। माँ ने जैसे ही पलंग और आलमारी की बात की, तुमने सहमति में सिर हिला दिया। छीः, उस पर से ऐसी बातें कर रहे हो।

पार्थ थोड़ा शांत हो गया। बाद में चिल्ला उठा - जरूर कहूँगा। क्यों नहीं कहूँ। लड़की की शादी में सभी देते हैं। देना पड़ता है। सीमा की शादी होने पर हमें भी देना पड़ेगा। इसमें शर्म की क्या...?

- बस, बस, बस। तुम सभी लोग एक ही भूल कर रहे हो। मेरी शादी मेरे माँ-पिताजी की इच्छा से नहीं हुई है। मैंने अपनी मर्जी से शादी की है। याद है जिस दिन मैं चली आयी थी, उस दिन तुमने मुझसे क्या कहा था। तुमने कहा था कि तुम भी चाहते थे कि मैं तुमसे प्यार करती हूँ इसलिए मैं एक कपड़े में तुम्हारे पास चली आऊँ। मैं तो वैसे ही आयी हूँ पार्थ। बिना कुछ लिए आयी हूँ। लेकिन इसका मतलब यह नहीं कि अपनी सारी जरूरतें मैं छोड़ आयी हूँ। उतना, जितना जीने के लिए जरूरी होता है। वह तो तुम्हें ही देना चाहिए। क्योंकि मैं खुद करना चाहूँ तो उसके लिए मुझे अपनी पढ़ाई पूरी करनी होगी। तुमने मुझे वह समय भी नहीं दिया। आज भी मेरे पढ़ने की

जगह का इंतजाम माधु भाभी ने किया है। यहाँ तक कि इस कमरे का बल्ब तक उनका लगाया हुआ है। तुमने एक भी जिम्मेदारी निभाई है ? और तुम चाहते हो कि मेरे माँ-पिताजी हमें सब सामान दे दें और तुम उसका लाभ...

- खबरदार तिथि, मुँह सँभालकर...

- रुको, रुको। मुँह बाद में सँभालूँगी। पहले तुमसे एक बात तो पूछ लूँ। तुमने दीदी की शादी के साथ मेरी शादी की तुलना कैसे की ? अच्छा तुम ही बताओ, क्या तुम अपने जैसे पात्र से दीदी की शादी करा दोगे ? क्या तुम्हें तब नहीं लगेगा कि ऐसे लड़के के साथ अपनी बहन की शादी करने से अच्छा है कि उसका हाथ-पैर बाँधकर उसे कुएँ में फेंक दिया जाये ? लेकिन शायद तुम्हें ऐसा नहीं लगे, लेकिन बड़ी माँ और पिताजी को लगेगा...- तिथि की आँखों से आँसू बहने लगे, उसने चिढ़ते हुए कहा - अपनी तरफ देखो पार्थ, बेकार में मेरी माँ के बारे में बुरी बातें मत कहो।

पार्थ जवाब सोच रहा था। उसका चेहरा लाल हो गया था। वह उठने की भरसक कोशिश कर रहा था, तिथि ने उस पर फिर से आक्रमण करते हुए कहा - आज सुबह उस तरह भाग क्यों गये ?

- भाग गया था ? - पार्थ ने पूछा - मैं कब भागा ?

- बातें मत बनाओ। माँ - पिताजी के आते ही मैंने तुम्हें आवाज दी थी। तब तुम किसी को बताए बिना...

- मैं पिताजी को बुलाने गया था। नहीं तो पिताजी से उनकी मुलाकात नहीं होती।

- मुझे पता था तुम यही कहोगे। लेकिन यह झूठ है। ऐसा होता तो तुम एक बार माँ-पिताजी से मिलकर भी जा सकते थे। वैसा ही करना चाहिए था।

पार्थ ने तर्जनी दिखाते हुए कहा - सुनो तिथि, मुझे मत समझाओ कि उचित क्या है। पिताजी को बुलाकर लाना ही मेरा पहला कर्त्तव्य था। पता है मैंने बाजार में उन्हें ढूँढ़ कैसे निकाला ?

तिथि ने हँसते हुए कहा - पहला फर्ज ? तुम फर्ज का मतलब भी समझते हो ? मुझे तो यकीन नहीं हो रहा। आज तुम्हें सबसे पहले पिताजी की बात याद आयी। उनके प्रति तुम कौन सा फर्ज निभाते हो ? अगर तुम्हें अहसास होता तो शादी करके अपनी बीवी की जिम्मेदारी उन पर लादकर तुम चुपचाप नहीं बैठे होते। वह उठते-बैठते तुम्हारा अपमान करते हैं, जिससे मुझे तकलीफ होती है। लेकिन तुम्हें उससे कोई फर्क नहीं पड़ता...

- नहीं तिथि। पिताजी मेरा कोई अपमान नहीं करते। एक परिवार में रहने पर ऐसे झगड़े होते ही रहते हैं। तुम्हारे ही पेट में दर्द होता है, मैं उसका बुरा नहीं मानता।

- नहीं मानते, मुझे पता है। ऐसा नहीं करने से तुम्हारा गुजारा भी नहीं होगा, यह भी जानती हूँ। इसीलिए खुद को बचाने की खातिर पिताजी को बुलाने गये थे।

- तिथि, तुम हद पार करती जा रही हो। खुद को बचाने का क्या मतलब। तुम्हारे माँ-पिताजी मुझे मारेंगे क्या ?

- वो क्यों मारेंगे ? डर तो उन्हें नहीं है। डर तो तुम्हें है। इसीलिए तुम भाग रहे हो। माँ के सामने खड़े नहीं हो पाते हो। उनसे खराब बर्ताव करते हो। उनसे झूठ बोलते हो।

- शट अप। - पार्थ एकदम से चिल्ला पड़ा।

तिथि ने होंठ पर उँगली रखते हुए कहा - चिल्लाओ मत। ये बातें तुम्हारे और मेरे बीच की हैं। और किसी को सुनाने की ज़रूरत नहीं है। तुम खुद ही सोचकर देखो तुमने कैसा बुरा बर्ताव किया है। माँ के साथ, भइया के साथ भी। उस दिन मेरे घर पराठा खाते वक्त तुमने कहा कि तुम तली हुई चीज नहीं खाते। हालाँकि तली हुई चीजें देखकर तुम्हारे मुँह में पानी आता है। उसके बाद घर आकर तुमने दोबारा खाना खाया। तुमने साबित करना चाहा कि मेरी माँ ने कुछ खाने को नहीं दिया।

- ऐसी कोई बात नहीं है। घर में नहीं खाता तो माँ को दुख होता...

इतनी देर बाद तिथि का धैर्य टूट गया। उसने दोनों कानों पर हाथ रखते हुए कहा - उफ्फ, उफ्फ। माँ को तकलीफ होती ? एक ही बात कहते जा रहे हो। तुम्हारे यहाँ आने से माँ को दुख होगा। तुम हमारे घर खाना खाओगे तो माँ को दुख होगा। - कहते-कहते वह पार्थ के सामने आकर खड़ी हो गयी। और ऊँची आवाज में कहने लगी - तुम अभी मेरे पास हो, इससे बड़ी माँ दुखी होंगी न ? जाओ - जाओ । तुम मेरे साथ अभी सो सकते हो या नहीं, यह पूछ कर आओ। जाओ। - बात खत्म होते ही उसने पार्थ को धकेलते हुए कहा।

पार्थ इसके लिए तैयार नहीं था। खुद को सँभालते हुए उसने उठकर तिथि के गाल पर एक थप्पड़ मारा। उसका चेहरा हिंसक हो गया था। उसने गुस्साते हुए कहा - गंदी लड़की कहीं की। जैसी माँ, वैसी बेटी। उस माँ की शिक्षा से ऐसी ही तो बनेगी। कहे देता हूँ इस घर में यह सब नहीं चलेगा। और एक बात भी कही तो...- पार्थ ने फिर थप्पड़ मारने के लिए हाथ उठाया।

तिथि उससे दूर होकर खड़ी हो गयी। हाथ से शांखा-पॅला खोलकर फेंक दिया। उसका चेहरा आँसुओं से भीग गया था लेकिन उसकी आँखों में ज्वाला भभक रही थी। उसका गला भी काँप रहा था। उसने कहा - तुम मुझे नहीं जानते पार्थ। जरा भी नहीं पहचानते। तुम्हारे लिए मैंने खुद को बहुत बदला है, अब और नहीं। अब मैं अपने ढंग से जीउँगी। देखती हूँ तुम क्या कर लोगे ?

उसके सारे शरीर से ऐसा तेज निकल रहा था कि पार्थ उसकी तरफ बढ़ने का साहस नहीं कर पा रहा था। अपना हाथ नीचे करते हुए वह काफी देर तक तिथि को देखता रहा। उसके चेहरे पर क्रूरता झलक रही थी फिर भी तिथि जानती थी कि वह

उसका कुछ नहीं बिगाड़ सकता। तिथि भी उसकी आँखों में आँखें डालकर देखती रही। अचानक पार्थ बत्ती बुझाकर कंबल ओढ़कर सो गया।

तिथि तब भी खड़ी-खड़ी काँप रही थी। सुबह जब तिथि नीचे उतरी तब वह बाहर से ही नहीं अंदर से भी काफी बदल गयी थी।

घर से सलवार कमीज लाने के बाद भी उसने एक दिन भी उन्हें पहना नहीं था। पार्थ ने उससे कहा था कि शादी के बाद अगर उसने साड़ी के अलावा कुछ पहना तो सुधा को दुख पहुँचेगा। तिथि को बुरा लगा लेकिन उसने कुछ नहीं कहा था। आज उसे देखकर सुधा हैरान रह गयीं, सीमा भी। आलोक अभी सोकर नहीं उठे थे।

- अरे यह क्या ? - सुधा ने घबराकर पूछा - तुमने शांखा-पॅला क्यों खोल दिया है ?

तिथि हर बात का सामना करने के लिए तैयार थी। उसने धीरे से कहा - मैंने खोल दिया है बड़ी माँ, अब मैं नहीं पहनूँगी। सिर्फ यह लोहा और चूड़ी ही रहेगी।

- मतलब ? नहीं पहनोगी का क्या मतलब ? ऐसे ही खोल दिया ? पार्थ का अहित हो गया तो ?

- इससे कोई अहित नहीं होगा बड़ी माँ। - तिथि ने सामान्य होकर कहा - माधु भाभी भी तो बीच-बीच में शांखा-पॅला खोल कर रख देती हैं।

बात सच थी। सुधा अचानक कोई जवाब नहीं दे पायीं। उसके बाद ऊँची आवाज में कहने लगीं - जिसकी जो इच्छा हो करे, लेकिन तुमने मुझसे पूछे बगैर कैसे खोल दिया ?

- दरअसल कल रात को ही मैंने यह फैसला लिया है न, इसलिए आपको बता नहीं सकी।

- और ये कैसे कपड़े पहन रखे हैं ? मनमौजी लड़की की तरह जो जी में आयेगा करोगी ? आखिर यह सब क्या हो रहा है ?- सुधा को कुछ समझ में ही नहीं आ रहा था। - तिथि की इस हिम्मत को देखकर उनका खून खौल रहा था लेकिन उसको शांति से जवाब देते देख वे कुछ कर भी नहीं पा रही थीं।

- यह भी मैंने कल ही सोचा। अब से मैं सलवार कमीज ही पहना करूँगी। साड़ी भी पहन लूँगी, लेकिन कभी-कभी। - तिथि ने गहरी साँस लेते हुए कहा - बड़ी माँ, तुम खुद सोचकर देख लो, साड़ी के मुकाबले सलवार कमीज सभ्य पोशाक है। इसके अलावा मेरे पास कई चूड़ीदार हैं। उस घर से ले आयी तो काफी समय तक मेरे लिए कपड़े भी नहीं खरीदने पड़ेंगे।

तिथि आज हर सवाल का जवाब इतने नपे-तुले ढंग से दे रही थी कि उनसे उसका विरोध करते नहीं बन रहा था। सुधा उसकी बात काट नहीं पा रही थीं, इसलिए गुस्से में भुनभुनाए जा रही थीं। सीमा भी स्तब्ध रह गयी थी लेकिन उसके मुँह से भी

कोई आवाज नहीं निकल रही थी।

आलोक लुंगी सँभालते हुए कमरे से बाहर निकल आए। सोकर उठते ही शोरगुल सुनकर वे चिढ़ गये और परेशान होकर पूछा - अरे, हो क्या रहा है ? सुबह - सुबह इतना शोरगुल क्यों मच रहा है ? - उन्होंने सुधा से सवाल किया।

इस बार सुधा चिल्ला उठीं - चिल्लाऊँ नहीं तो और क्या करूँ। देखो, जरा उधर तो देखो । क्या शौक उमड़ आया है। शांखा-पॅला खोलकर रख दिये हैं। क्यों न खोले? आखिर लड़की किस घर की है । कल उसकी माँ को देखकर ही समझ में आ गया...

तिथि का चेहरा कठोर हो गया, लेकिन उसने अपने होंठ भींच लिये। बेकार में शक्ति बर्बाद करने का कोई फायदा नहीं था। उसे इसका सामना करना ही पड़ेगा। और सामना करने के लिए धैर्य की जरूरत थी।

आलोक ने तिथि को देखा फिर सुधा से कहा - वह बुरी तो नहीं लग रही है। बच्ची है। मऊ वगैरह आजकल की लड़कियाँ ऐसे ही कपड़े पहनती हैं।

सुधा यह सुनकर जल-भुन गयीं - बच्ची ! बच्ची ऐसी होती है ? शांखा खोलकर बेटे का अहित करने चली है। ऊपर से जुबान लड़ा रही है, यह बच्ची है...

आलोक ने लुंगी में गाँठ बाँधते हुए कहा - हूँ, बेटे का बुरा होगा। तुमको क्या लगता है कि बहू के शांखा-पॅला पहनने से बेटे का कल्याण हो जायेगा। कलमुँहा कहीं का। चलो, चलो, चाय दो। - आलोक बाथरूम की ओर चले गये।

तिथि रसोई की तरफ पैर बढ़ानेवाली थी। सुधा गुस्से से उबल रही थीं। उन्होंने अपना गुस्सा आलोक पर उतारा - बच्ची, मुझे इस उम्र में बच्चे हो गये थे। क्यों बच्ची समझकर तुमने और तुम्हारे माँ-बाप ने कभी मुझ पर तो दया नहीं दिखाई।

तिथि ने ध्यान दिया कि इतनी देर बाद सीमा का चेहरा देखकर लग रहा था कि उसे तिथि का यह बर्ताव बर्दाश्त नहीं हो रहा था। लेकिन धीरे-धीरे वह स्वाभाविक हो रही थी। उसने कहा - अरे माँ अब चुप भी हो जाओ। अभी बच्चे मुझसे पढ़ने आ जायेंगे।

सुधा अपनी पराजय मान नहीं पा रही थीं। तिथि ने बहुत सहज ढंग से सीमा से कहा - दीदी तुम कभी चूड़ीदार क्यों नहीं पहनती। मेरी सलवार-कमीजें हमलोग बाँट कर पहन लिया करेंगे, ठीक रहेगा न। फ्री साइज हैं, तुम्हें भी आ जायेंगे...

- नहीं, सीमा वह सब नहीं पहनती । - सुधा चिल्ला उठीं।

सीमा ने सुधा के गुस्से की परवाह नहीं की। उसके चेहरे पर हँसी दिखाई दी, उसने थोड़ा झिझकते हुए पूछा - सभी तो पहनते हैं, लेकिन क्या मुझ पर जँचेगा?

- बहुत खिलेगा दीदी। देखना बड़ी माँ भी हैरान रह जायेंगी।

- सीमा । - सुधा समझ नहीं पा रही थीं कि सीमा उनके साथ इस तरह विश्वासघात कैसे कर सकती थी। उनकी आवाज में गुस्से के साथ उदासी भी झलकी

- ओह, तुम सब एक दल में हो गये हो। मेरी बात कोई नहीं मानेगा।

- बड़ी माँ। - तिथि कुछ समझाने जा रही थी। तभी सीमा चिल्ला उठी - ठीक है, मैं नहीं पहनूँगी। अब ठीक है। एक दल का क्या मतलब ? मैं किसी दल में नहीं हूँ। मैं अकेली हूँ। - सीमा पैर पटकती हुई कमरे में चली गयी। सुधा ने आँचल से आँखें पोंछीं।

तिथि कुछ मिनट तक खड़ी रहने के बाद रसोई में चली गयी। कल सारी रात वह एकदम नहीं सो पायी। ठंडे फर्श पर लेटने की वजह से ठंड लग गयी थी। सिर दर्द से फटा जा रहा था। उपर से यह झमेला। लेकिन तिथि ने देखा उसे मन ही मन अजीब सी शांति मिल रही थी। क्या यह बुरी बात है ? क्या वह चाहती है कि उसके लिए इस परिवार की शांति नष्ट हो ? तिथि खुद को समझ नहीं पा रही थी। वह खौलते हुए पानी की तरफ एकटक देखे जा रही थी। अचानक उसे अपने आप से घृणा करने का मन कर रहा था।

लेकिन हैरत इस बात की थी कि वह अपने आप से घृणा नहीं कर पा रही थी।

अदिति ने तिथि का कमरा देखने के बाद उसे पलंग, आलमारी वगैरह कुछ जरूरत का सामान देने के बारे में सोचा था लेकिन उन्होंने रीति रिवाज के मुताबिक बेटी को साड़ी और गहने देने के बारे में नहीं सोचा। अव्वल, उन्होंने खुद गहनों को इतना जरूरी नहीं समझा। उनका मानना था कि तिथि ने शादी कर ली है, इसीलिए उन्हें वे सब चीजें देनी होंगी, इसका कोई मतलब नहीं होता है। उन्हें जो देना है वह बाद में ही देंगी। लेकिन रिसेप्शन के दिन तिथि को देखकर अदिति को झटका लगा। उन्हें देखकर वे सोचने लगीं कि क्या तिथि और पार्थ को उन्हें कुछ दे देना चाहिए था।

तिथि समय से पहले ही पहुँच गयी थी। माधवी का परिवार नहीं आ सका, कल रात से ही रुम्पा को बुखार हो गया था। अदिति ने सबका स्वागत करते हुए देखा, तिथि आज भी वही साड़ी पहनकर आयी है जो उसने उस दिन पहन रखी थी। लेकिन आज उसके हाथों में शांखा-पॅला नहीं था। माँग का सिंदूर भी मस्तक तक फैला हुआ नहीं था। अदिति को आश्चर्य भी हुआ और खुशी भी। लेकिन उसके बाद ही उनका मन उदास हो गया। उस दिन तिथि का घर देख आने के बाद भी उन्होंने यह नहीं सोचा था कि तिथि आज भी वही साड़ी पहनकर चली आयेगी। पार्थ ने भी बहुत साधारण सा पंजाबी कुर्ता और पैंट पहन रखा था। उसके सूती पंजाबी कुर्ते के नीचे पहना हुआ हरा स्वेटर दिखाई दे रहा था। तिथि ने आज भी कोई गर्म कपड़ा नहीं ले रखा था। सुधा, आलोक और सीमा की पोशाक भी बहुत साधारण थी।

आलोक आते ही विश्वनाथ के साथ बातों में लग गये। सुधा और सीमा का चेहरा उदास था। और पार्थ के चेहरे पर कठोरता थी। अदिति ने इस लड़के को कभी हँसते हुए नहीं देखा।

उन्होंने तिथि को एक तरफ ले जाकर उससे पूछा - क्यों रे, आज भी तू यही साड़ी पहनकर आयी ?

- क्यों माँ, बुरी लग रही हूँ ?

- नहीं, वह बात नहीं है, लेकिन -

- जानती हूँ माँ। माधु भाभी ने सजधज कर जाने के लिए कहा था। साड़ी, सोने का हार वगैरह निकालकर उन्हें पहनने को कहा था। लेकिन मैंने नहीं लिया। शायद सब मुझे देखकर हँसेंगे और तुम्हारी इज्जत भी नहीं रह जायेगी। लेकिन मैं क्या करूँ बताओ ? सच तो यही है तिथि ने अपनी तरफ देखते हुए कहा - यही मेरी सबसे अच्छी साड़ी है, बड़ी माँ ने पूजा में दी थी...।

अदिति को रोना आ रहा था - मैंने तुझे दिया क्यों नहीं वह तुम...

- मैं जानती हूँ। मैं इन सब चीजों के बारे में नहीं सोचती। मैं जिस तरह से तुम लोगों को छोड़कर चली गयी थी, उसके बाद तुमलोगों का स्वीकार कर लेना ही काफी है। तुम कुछ देना भी चाहो तो मैं नहीं लूँगी। - तिथि ने हँसते हुए कहा - मत सोचो माँ। मैं ठीक हूँ। मैं खड़ी होने की कोशिश कर रही हूँ। देखना, जरूर खड़ी हो जाऊँगी।

- तिथि - अदिति कुछ कहने जा रही थीं लेकिन कह नहीं पायीं। अतिथि आने लगे थे। तिथि के बड़े मामा यानी अदिति के भइया अपने परिवार के साथ अंदर आये।

तिथि हँसते हुए आगे बढ़ी - आइए बड़े मामा, मामीजी आइए। - वह हँसते हुए अपने पति, सास, ससुर और ननद से सबका परिचय करा रही थी। मामा, मामी और ममेरे भाई के चेहरे पर हैरत के भाव उभर रहे थे, वे सभी एक दूसरे की ओर ताक रहे थे। वे पार्थ, सुधा, आलोक, सीमा से लेकर अदिति के बारे में ही सोच रहे थे। तिथि ने परवाह नहीं की। अदिति ने भी। तिथि ने हँसते हुए कहा - इस्स, आप लोगों से कितने दिनों बाद मुलाकात हो रही है, कैसे हैं आप लोग...?

उस रात के बाद से पार्थ के साथ तिथि की बातचीत बंद हो गयी थी, और दूसरे दिन सुबह के बाद से सुधा भी उससे बात नहीं कर रही थीं। यहाँ तक कि सीमा भी अपनी गलती भाँप कर तिथि की अनदेखी करने लगी थी। आज तिथि को डर लग रहा था कि कहीं पार्थ रिसेप्शन में जाने से इनकार न कर दे। ऐसा होने पर उसके माँ-पिताजी को काफी शर्मिंदगी उठानी पड़ती। लेकिन अलोक की वजह से ऐसा कुछ नहीं हुआ। तिथि को पता है कि वे बिना दावत के भी कहीं जाकर खा आते थे। भोग की खिचड़ी उन्हें बच्चों की तरह पसंद थी। वे आज दोपहर से ही जाने के लिए तैयार होकर बैठ गये थे। तिथि की आशंका के परे बाकी लोगों ने भी जाने से मना नहीं किया।

पार्थ सबसे ज्यादा गंभीर होकर बैठा हुआ था। तिथि को आज हँसना ही था।

3

- पार्थ, पार्थ, पार्थ, तुम मुझसे जरा भी प्यार नहीं करते ? पार्थ, क्या तुमने मुझसे कभी प्यार किया था ?- तिथि के होंठ नहीं हिल रहे थे, लेकिन वह लगातार बोलती जा रही थी। ये बातें कोई नहीं सुन पा रहा। मानो वह डूबते-डूबते इतनी दूर निकल आयी हो, जहाँ से किसी के साथ संपर्क स्थापित नहीं किया जा सकता।

तिथि समझ नहीं पा रही थी कि उसे हुआ क्या है। वह मानसिक अशांति से घिरती जा रही थी। रोज सुबह नींद से उठने के लिए जितने उत्साह की जरूरत होती है वह भी खो चुकी थी तिथि। उसकी आँखों पर चश्मा नहीं था, वह छत की तरफ देख रही थी। लेकिन उसके सामने अंतहीन घटनाओं का सिलसिला उभरता जा रहा था। यह सारी घटनाएँ घट चुकी थीं और उन्हीं के धक्के से तिथि गिर पड़ी थी, लेकिन उन्हीं घटनाओं ने उसके दिमाग पर अपना काबू करके उसे थके हुए पक्षी की तरह अपने बस में कर रखा था।

कल रात से तिथि इस कमरे में अकेले सोई हुई थी। पार्थ कल रात ऊपर नहीं आया था। अभी तक कमरे के खिड़की-दरवाजे सब बंद थे। काफी देर पहले सुबह हो चुकी थी । अब दोपहर होनेवाली थी। तिथि ने बिस्तर नहीं छोड़ा था और न ही नीचे उतरी थी। सुबह से उसे लगभग सभी बुला चुके थे - सुधा, माधवी, पार्थ। बिना चश्मे के ही तिथि ने सुधा का परेशान चेहरा, माधवी का करुण चेहरा और पार्थ का गुस्सैल चेहरा देखा था। उनकी बातें मानों किसी महासमुद्र के पार से बहकर आ रही थीं, तिथि को कुछ भी सुनाई नहीं दे रहा था।

हालाँकि यह सच नहीं था कि तिथि एक बार भी बिस्तर छोड़कर नहीं उठी थी। भोर में उठते ही वह एक बार बाथरूम गई थी। तिथि ने तभी महसूस किया था कि उसे कोई परेशानी हो रही है। उसका सिर हल्का होते हुए भी भारी लग रहा था, उसका शरीर उसके नियंत्रण में नहीं था, वह चल नहीं पा रही थी।

किसी तरह बाथरूम की नाली तक पहुँचकर घुटने के बल बैठकर तिथि ने खुद को मुक्त कर लिया। कल रात को वह पानी भी नहीं लायी थी, लेकिन बाथरूम में हिमांशु की बाल्टी में पानी था, उसी से काम चलाया । बाद में वह उसकी बाल्टी भर कर रख देगी। यह सोचते-सोचते उसे लगा कि वह बाथरूम में अकेली नहीं है। कोई और भी है। उसने मुड़कर देखा की शौचालय का दरवाजा बंद है, दरवाजे के नीचे से पायदान पर पैर दिख रहे थे। अंदर हिमांशु था।

तिथि को लगा कि वह बेहोश हो जायेगी। लेकिन नहीं हुई। उस समय वह पेशाब कर रही थी जिसे बीच में रोकना उसके वश में नहीं था। उसे आखिर तक इंतजार करना पड़ा और वह पानी ढालकर चली आयी। कमरे में आकर लेटने के बाद उसे

लगा कि बेहोशी आने पर ही वह इस दुस्वप्न को भुला पाएगी।

- मैंने तुमसे कभी कुछ नहीं माँगा पार्थ और कभी माँगूँगी भी नहीं...

तिथि ने होंठ हिलाए बगैर ही कहा । उसकी दाहिनी आँख से गर्म पानी की धारा बहने लगी।

कमरे के एक कोने में एक छोटा-सा ट्रंक पड़ा हुआ था, जिसे पार्थ ने खरीदा था। तिथि ने पार्थ से इसे माँगा था ताकि वह अपनी माँ के घर से कपड़े लाकर इसमें रख सके। वह आलमारी वगैरह का सपना नहीं देखती। कॉलेज के होस्टल में उसने अपनी सहपाठी रुम्की के कमरे में ऐसा ही एक ट्रंक देखा था। बहुत मुश्किल से वह पार्थ से यह कह पायी थी - सोच रही थी कि घर से अपने कपड़े ले आऊँ, मेरे लिए एक छोटा सा बक्सा खरीद दोगे।

- बक्सा। - पार्थ ने हँसते हुए कहा - तिथि इस समय तो मेरे पास बक्सा खरीदने के पैसा नहीं हैं।

तिथि इस जवाब के ही इंतजार में थी। उसे संदेह होने लगा कि आजकल पार्थ खुद को जितना बेकार साबित करना चाह रहा था, असल में वह उतना बेकार नहीं था। इस बीच उसमें काफी जिम्मेदारी का अहसास जाग चुका था।

जिंदगी में तिथि ने जो कभी नहीं किया था, वही किया। पार्थ पर दबाव डाला। जिद करते हुए कहा - प्लीज। एक बक्से की भला कितनी कीमत होगी। कुछ दिन बाद ही ला देना। नहीं तो तुम्हीं बताओ मैं कपड़े कहाँ रखूँगी।

पार्थ को देखकर लगा जैसे वह काफी मुश्किल में पड़ गया हो। तिथि ने देखकर भी नहीं देखा। इतने दिनों से तो वह यही देखती आ रही थी। कुछ नहीं माँगने की वजह से ही आज उसकी यह हालत थी। आज जब उसने एक बार माँग लिया था, तब वह पीछे नहीं हटनेवाली थी। देखा जाय, कुछ होता है या नहीं।

तिथि ने इसके बाद दो सप्ताह तक इस बारे में कोई बात नहीं की। पार्थ ने भी कुछ नहीं कहा। शायद वह भूल गया था। आखिर में एक रात तिथि ने रोते हुए कहा - तुम इतना भी नहीं कर सके।

इस घटना के दो दिन बाद, परसों घर लौटकर तिथि ने देखा कि पार्थ उसका इंतजार कर रहा है। उसे देखते ही बोल उठा - चलो, तुम्हारा बक्सा ले आते हैं।

तिथि बहुत थकी हुई थी। लेकिन पार्थ का यह प्रस्ताव उसकी थकान दूर करने के लिए काफी था। उसने कृतज्ञ होकर देखा और कहा - सच ।

दोनों निकलकर बस में चढ़ गये, तिथि को बहुत अच्छा लग रहा था। उसे लगा - इस्स, वो दोनों कितने दिन घूमने नहीं निकले थे। इस घर में आने के बाद एक दिन भी नहीं। इससे पहले वे लोग न जाने कितनी गलियों में घंटों एक दूसरे को छूते हुए घूमते रहे थे। अब जैसे वैसा करने की बात सोच भी नहीं पाते थे। क्यों नहीं सोच सकते।

तिथि का मन उदास होने लगा। क्या वो दिन उनकी जिंदगी से हमेशा के लिए दूर जा चुके थे। क्या वे लोग एक दूसरे के लिए इतने पुराने हो गये हैं। पहले प्यार की वह अनुभूति उन्हें फिर महसूस नहीं होगी।

तिथि को लेडिज सीट पर बैठने की जगह मिल गयी थी। पार्थ को जगह नहीं मिली थी। बस में बहुत भीड़ थी। बस के हैंडल में पार्थ के हाथ को छोड़कर तिथि कुछ नहीं देख पा रही थी। उसी तरफ देखती रही वह, मानों उसका हाथ पकड़कर उसे दुलार कर रही हो।

दुकान में जाकर पार्थ ने जो ट्रंक पसंद किया, उसे देखकर तिथि हैरान रह गयी। उसने धीरे से कहा - इसमें कपड़े नहीं आएँगे।

पार्थ ने कहा - आ जाएँगे। तुम्हारे पास कितने कपड़े हैं जो नहीं आएँगे। - दुकानदार की तरफ देखते हुए उसने कहा - इसकी राउंड कीमत मान कर चलिए। एक सौ बीस नहीं एक सौ रुपये ही दूँगा।

दुकानदार ने ना-नुकुर करने के बाद आवाज दी - अरे, इसे जरा उतारना। और जरा पोंछ दे। आप इधर आइए भइया, बिल लिख देता हूं...पाँच रुपये अधिक दे दीजिएगा। वह पाँच रुपये ही लाभ हैं...

- अच्छा, हमें मत बनाओ। पाँच रुपये का लाभ कमाकर व्यापार कर रहे हो, कहने से ही हो गया। - पार्थ ने दुकानदार के साथ आगे बढ़ते हुए कहा। तिथि के पैर आगे नहीं बढ़ रहे थे। दुकान में वह बच्चा नौकर उनका पसंद किया हुआ ट्रंक पोंछ रहा था। तिथि चुपचाप देख रही थी। पूरी घटना इतनी तेजी से घट गयी, उसे अनदेखा करते हुए कि उसे कुछ बोलने का मौका ही नहीं मिला।

लौटते वक्त रिक्शा पर बैठते हुए पार्थ ने पूछा - क्यों, अब खुश हो ना ।

तिथि के पास जवाब नहीं था। पार्थ ने उसके घुटने को दबाते हुए कहा - उफ्फ, तुम्हें समझाना बहुत मुश्किल है। देखना इसमें सारे कपड़े आ जाएँगे।

- आ जाएँगे ना। - तिथि ने ऐसे पूछा मानो पार्थ की बात सच होगी। तिथि को मालूम था कि उसके सारे कपड़े क्या अधिकतर कपड़े इस ट्रंक में नहीं आयेंगे। फिर भी वह पार्थ की बात पर यकीन करना चाह रही थी।

- आ जाएँगे, आ जाएँगे। मैं कह रहा हूँ ना, भरोसा न हो तो हम कल ही तुम्हारे घर चलते हैं, और सारे कपे लेकर आते हैं। दरअसल तुम्हें कोई आइडिया ही नहीं है...

तिथि नाराज होना चाही लेकिन नहीं हो पायी। पार्थ जब इतने दावे से कह रहा है तो शायद वह सही ही हो। सच में उसे इन बारे में ज्यादा पता नहीं है। अंदाजा लगाने के बजाय उसका यह बात मान लेना ही बेहतर होगा। तिथि ने खुश होने की कोशिश की। यह उनका पहला सामान था, इसी तरह एक-एक करके वे अपना सारा सामान जुटाकर अपनी दुनिया बसायेंगे।

घर में घुसते ही तिथि ने सुधा को आवाज लगायी - ओ, बड़ी माँ। देखो हमने एक बक्सा खरीदा है। - उसके मन में कोई बात नहीं थी बल्कि वह खुश थी। लेकिन सुधा ने जो प्रतिक्रिया दिखाई उससे वह एक धक्के में सपनों की दुनिया से निकलकर हकीकत के धरातल पर आ गिरी।

सुधा तीखी नजरों से बक्से को देख रही थीं। उसके बाद तिथि की ओर न देखकर पार्थ से पूछा जो मिला सब लुटाकर आ गये ना। अच्छा किया है। अब इसे तो ऊपर ही ले जाकर रखोगे ना।

पार्थ कोई जवाब न देकर बाथरूम में चला गया। दो पल के लिए तिथि की तरफ देखने के बाद वह भी कमरे में चली गयीं। ट्रंक पैसेज के पास रखा हुआ था। उस तरफ देखते हुए तिथि खड़ी रह गयी। सीमा कमरे से बाहर आयी और कल की ओर जाते हुए कहा - रास्ते के बीच में यह क्या रख दिया है, हटाकर नहीं रख सकती हो।

रिसेप्शन के बाद महीने-भर में तिथि अपनी माँ के यहाँ कई बार गयी। हर बार अकेली कॉलेज से लौटते वक्त। एक दिन भी वह रात को वहाँ नहीं ठहरी। उसके बार-बार अपनी माँ के यहाँ जाने से घर में तनाव का माहौल बन गया था। तिथि को लगता था कि अगर वह रात को घर नहीं लौटी तो उसी बात पर हंगामा मच सकता था। हालाँकि तिथि खुद भी माँ के यहाँ रात को ठहरना नहीं चाहती थी। उसे लगता था कि उसकी माँ को शायद सब समझ में आ रहा था। उसे पता था कि उसे देखकर ही अदिति अंदाजा लगा लेती थीं कि वह किस हाल में रह रही है, लेकिन उसे छिपाने की कोशिश करती थीं। यह समझते ही अदिति भी यह दिखावा करने लग जातीं कि उन्हें कुछ समझ में नहीं आया है। जबकि तिथि का उदास चेहरा देखकर ही वह सब समझ जाती थीं मगर कोई बात पूछती नहीं थीं। वह अपनी बेटी को अच्छी तरह पहचानती थीं। वह जितना अपने मुँह से नहीं कहेगी, उसके बारे में कोई सवाल भी बर्दाश्त नहीं करेगी।

अधिक बातचीत भी नहीं होती थी। तिथि अपनी किताबें लाने ही जाया करती थी। बिस्तर पर बैठकर एक-दो बातें करने के बाद ही वह अचानक सो जाती थी। दरअसल जिस बिस्तर पर दोनों सोते थे, उस पर दो लोग नहीं सो सकते थे। पार्थ जब उसके शरीर को जकड़कर रखता था उस समय की बात अलग थी, लेकिन एक दूसरे की तरफ घूमकर सोने के लिए भी वह पर्याप्त नहीं था। किसी तरह सिकुड़कर तिथि पार्थ को पूरी जगह देने की कोशिश करती थी, क्योंकि पार्थ को पीठ के बल लेटने की आदत थी। बिस्तर से झुले रहने की वजह से उसके पीठ की पेशियों में दर्द रहने लगा था लेकिन उसने इस बारे में किसी से नहीं कहा। कहने से क्या लाभ होगा, वह सोचती थी कि पार्थ को भी ऐसा ही दर्द होता होगा।

लेकिन अपने घर में साफ-सुथरा बिस्तर देखकर उसका शरीर बैठना नहीं चाहता

था, वह लेट जाती थी। और थोड़ी ही देर में उसकी आँखें लग जाती थीं। इसके अलावा वह काफी थकी भी रहती थी। कॉलेज में आना-जाना, घर का कामकाज, परीक्षा की तैयारी। उसके थके हुए चेहरे की ओर देखने के बजाय अदिति उसके लिए कुछ बनाने के मकसद से रसोई में चली जाती थीं। खाना लाकर जब वह तिथि को जगाती थीं, तो वह घबड़ाकर उठने के साथ पहले घड़ी की ओर देखकर कहने लगती अरे, काफी देर तक सोई रह गयी। देरी हो गयी।

खाना किसी तरह निगलने लगती। अदिति कहती - अरे, धीरे-धीरे खा। इतनी हड़बड़ी किसलिए। - थोड़ा संकोच करते हुए कहती - इसके बाद जिस दिन आना, घर में बताकर आ जाना...एक दिन यहाँ भी तो रह सकती है...

- नहीं माँ। मेरे नहीं लौटने से बड़ी माँ पर काम का प्रेशर बढ़ जाता है। दोनों समय खाना बनाना पड़ जाता है। हालाँकि ठंड का समय होने की वजह से दाल वगैरह पहले से बनाया हुआ रहता है। लेकिन मेरे नहीं रहने पर इतने लोगों की रोटी बड़ी माँ को बनाना पड़ जायेगा। दीदी पढ़ाने जाती हैं ना...

अदिति ने कुछ नहीं कहा। उन्हें हैरत होने लगी कि कुछ दिन पहले काम का नाम सुनते ही इस लड़की को बुखार आने लगता था। उसका बचपना देखकर वह उस पर कोई काम लादने का साहस भी नहीं जुटा पाती थीं। वही लड़की आज इतनी मेहनत कर रही है। उन्होंने मान लिया कि लड़कियाँ ही अपने परिवार के लिए खुद को इतना बदल पाती हैं।

तिथि के कॉलेज का बैग खोलकर कभी उसमें क्रीम का डिब्बा, किसी दिन वेसलिन का ट्यूब रख देती थीं। इससे ज्यादा देने की उनकी हिम्मत नहीं होती थी। अगर तिथि यह सोचने लगे कि उसकी माँ उस पर दया कर रही हैं। तिथि कहती है - अरे माँ, किताब रखने की ही जगह नहीं है, उस पर तुम क्या डाल रही हो?

- कुछ नहीं तिथि। तेरे होंठ बहुत फट गये हैं, बार-बार जीभ से भिगो रही है, ऐसे तो खून निकलने लगेगा। याद करके वेसलिन लगा लेना।

तिथि कुछ बोल नहीं पाती थी। उसे अच्छा भी लगता था, और रोना भी आता था। अंदर ही अंदर उसे यह भी लगने लगता था कि वह हारती जा रही है। रोजमर्रा में काम आनेवाली चीजें अपनी ही माँ से लेने में भी इतनी शर्म लगती है, तिथि को यह पहले पता नहीं था। वह सिर झुकाकर चली आती थी। इसी तरह चल रहा था।

कल तिथि चिल्लाते हुए सीढ़ियों से ऊपर उठ रही थी - जानती हो माँ, हमने एक बक्सा खरीदा है। आज मैं सारे कपड़े ले जाऊँगी।

बक्सा। एक बक्सा खरीदकर तिथि इतना खुश है। अदिति ने बड़ी मुश्किल से खुद को सँभाला। आज पार्थ भी आया था उसके साथ। उसके चेहरे पर एक अजीब सा अहंकार था। वह अदिति की ओर सीधे नहीं देख रहा था बल्कि उसके चेहरे पर

एक ट्रेजिक हीरो जैसे हाव-भाव थे। अदिति इस लड़के को समझ ही नहीं पायी थीं। वह क्या चाहता था कि अदिति उसकी खातिरदारी करें, खुशियाँ मनाएँ या उसे पुचकारें। अदिति को ऐसा ही लगता था। उन्होंने सहज होकर पार्थ से कहा - आओ पार्थ। तुम तो आते ही नहीं हो। ठीक हो ना। घर में सब ठीक हैं।

पार्थ ने कुछ नहीं कहा। उसने कंधा हिलाने में ही इतना वक्त लगाया कि तिथि फिर बोलने लगी - सब अच्छे हैं माँ। ओ माँ, सुनो । पता है हमने कल एक बक्सा खरीदा है।

- अच्छा। वाह। - अदिति हँसने लगी। - इसीलिए इतनी बेचैन है। कल ही बक्सा खरीदा और आज ही दोनों कपड़े लेने चले आए।

तिथि सचमुच और धैर्य नहीं रख पा रही थी। पिताजी से थोड़ी बातचीत करने के बाद ही वह माँ का हाथ पकड़कर उन्हें खींचने लगी - चलो ना। चलो कपड़े निकालते हैं। आओ ना माँ।

अदिति आलमारी खोलकर कपड़े निकालने लगीं और एक-एक कर दीवान पर रखती जा रही थीं। अचानक लगा कि कमरे में कोई आवाज नहीं आ रही थी। थोड़ी देर पहले ही तो तिथि खिलखिला रही थी, अचानक क्या हुआ।

उन्होंने देखा कि तिथि के होंठ काँप रहे थे, उसने अपने होंठ दाँत से भींच रखे थे और आँखों से आँसू बहे जा रहे थे। अदिति से नजर मिलते ही उसके आँसू रुक गये। पार्थ की तरफ देखते हुए उसने कहा - देखा, देखा तुमने। मैंने कहा था ना कि इतने सारे कपड़े उसमें नहीं आएँगे।

अदिति ने हैरान होकर पार्थ की तरफ देखा। और उसे देखकर वह चौंक उठी। उन्होंने पार्थ को कभी हँसते हुए नहीं देखा था लेकिन यह भी नहीं सोचा था कि उसका चेहरा इतना कुटिल हो सकता है। उसका नाक फूल रहा था, चेहरा गुस्से से लाल हो रहा था और आँखें मानों बाहर निकली जा रही थीं। अदिति घबरा गयीं, डरते हुए पूछा - क्या हुआ ?

पार्थ या तिथि में से किसी ने उनके सवाल का जवाब नहीं दिया। वे दोनों एक दूसरे की तरफ ऐसे देख रहे थे जैसे लड़ाई से पहले दो बिल्लियाँ एक - दूसरे को घूरती हैं। पार्थ ने दाँत पिसते हुए कहा - जितने आ जाएँगे उसी से काम चल जायेगा।

- नहीं होगा। - तिथि रोते हुए चिल्लाने लगी। - तुमने कहा था कि मुझे कोई आइडिया नहीं है। नहीं होगा, मैंने मान लिया था। अब कह रहे हो, जितना आ जाएगा उसी से हो जायेगा।

पूरा मामला सामान्य होते हुए भी अदिति समझने में समय ले रही थीं। लेकिन अपना फर्ज समझने में उन्हें जरा भी देर नहीं लगी। उन्होंने तिथि का हाथ पकड़कर उसे दीवान पर बिठा दिया। थोड़ा धमकाते हुए कहने लगीं - छीः तिथि, यह क्या है।

इस बात पर ऐसे झगड़ने की क्या जरूरत है। पिताजी ने सुन लिया तो क्या समझेंगे।

तिथि रोते हुए बोलने लगी - मैं कुछ नहीं ले जाऊँगी। नहीं चाहिए, कुछ नहीं चाहिए। कॉलेज में सब मुझे लेकर मजाक करते हैं। करने दो। मुझे और कपड़े ले जाने की जरूरत नहीं है। ऐसे ही रहूँगी, नौकरानियों की तरह।

- नहीं, तिथि। अच्छी बेटी। ऐसे नहीं करते। - अदिति ने सांत्वना देते हुए कहा - परिवार चलाने के लिए न जाने कितने समझौते करने पड़ते हैं। इस तरह झगड़ने से थोड़े ही काम चलता है। दो दिन बाद और एक खरीद लेना। परिवार ऐसे ही चलता है। अचानक क्या सब पाना इतना आसान है। धीरे-धीरे थोड़ा-थोड़ा करके जुटाया जाता है। धैर्य नहीं रखेगी तो कैसे चलेगा, बता। हमलोगों ने भी तो कितनी तकलीफ से...

- अदिति ने बात पूरी नहीं की। उनका मन नहीं किया। विश्वनाथ से पार्थ की तुलना करने का सवाल ही नहीं उठता था। उसके पति अकेले होने के बावजूद बेहद मेहनती इंसान थे। और पार्थ। दरअसल बेटी को सांत्वना देने के बहाने इन बातों से अदिति खुद को सांत्वना दे रही थी। उन्हें पता था उनकी बेटी ने शून्य में छलांग लगायी थी।

वह पार्थ की तरफ देखना नहीं चाहती थीं। फिर भी उन्होंने देखा और जबर्दस्ती हँसी भी। और जबरन कहा - यह बहुत नादान है पार्थ। तुम तो बड़े हो, तुम इस पर नाराज मत हो।

तिथि का रोना खत्म हो गया था, वह चुपचाप बैठी हुई थी। अदिति ने अपने हिसाब से कुछ कपड़े सहेजकर प्लास्टिक के पैकेट में डाल दिये। उसके बाद पार्थ की तरफ देखते हुए पूछा - लगता है अब और कपड़े की जरूरत नहीं होगी। है ना ?

पार्थ ने कहा - काफी है, मोर देन एनफ।

लौटते वक्त पार्थ ने दाँत पीसते हुए कहा - माँ के सामने अच्छा ही सीन खड़ा कर दिया। और एक बक्सा खरीदने का बहाना मिल गया। है ना। अपनी माँ से कहलवा भी दिया। अपनी माँ से क्यों नहीं कह देती, वही खरीद कर दे दें।

तिथि अंदर ही अंदर जल रही थी। लेकिन उसने शांत होकर जवाब दिया - तुम यही चाहते हो मुझे पता है। लेकिन तुम निश्चिंत रहो, मैं माँ-पिताजी से कुछ नहीं लेने वाली। यह बात मैं तुमसे पहले भी कह चुकी हूँ।

पार्थ ने चिढ़ते हुए कहा - मुझे भी अब परेशान मत करना। मेरे वश की बात नहीं है।

घर में पैर रखते ही तिथि ने देखा कि माधवी भी नीचे थी। वह सुधा के साथ न जाने किस बारे में धीरे-धीरे बात कर रही थीं।

तिथि को देखते ही उससे पूछा - माँ के यहाँ गयी थी। सब ठीक है ना ?

तिथि ने सिर हिलाया। माधवी ने फिर पूछा - क्या बात है, तेरा चेहरा उतरा हुआ

क्यों है। किससे झगड़ा किया है, माँ के साथ या पति के साथ ?

- माँ से किस बात की लड़ाई। जितना गुस्सा मेरे ऊपर ही है। कल ही एक बक्सा खरीदा। आज इसकी माँ मुझसे कहती हैं कि इससे काम नहीं चलेगा, और एक खरीदो।

एक सच्ची बात को इस तरह से घुमाकर कहा जाता देख तिथि हैरान रह गयी। वह विरोध करने जा रही थी, इससे पहले ही सुधा जल-भुन गयीं - सुना माधु। सुना। माँ और बेटी में यही सब पक रहा है। पार्थ एकदम परेशान हो गया है। लेकिन वह खुद कुछ नहीं देंगी।

- मैंने भी यही बात कही थी। - पार्थ ने कहा - इसी बात पर सारा रास्ता मेरे साथ लड़ते हुए आयी है।

घृणा और दुख से तिथि की आँखों में आँसू आ रहे थे। घृणा पार्थ पर आ रही थी। और दुख इस बात का हो रहा था कि माधु भाभी ने भी जरूर इनकी बातों पर यकीन कर लिया होगा। अचानक माधवी ने कहा - खैर छोड़ो। मुझे अब सुनने में अच्छा नहीं लग रहा है। मेरा भी मन ठीक नहीं है। चलती हूँ दीदी, कल सुबह निकलना है, लेकिन अब तक सामान नहीं समेटा है।

माधवी उठकर खड़ी हो गयीं। तिथि गुस्सा भुलाकर माधवी को देखने लगी। माधवी कहाँ जाने की बात कर रही हैं। उसने पूछा - कहाँ जा रही हो, माधु भाभी। घूमने।

माधवी ने हँसते हुए कहा - जमशेदपुर जा रहे हैं। तेरे सलील भइया के चाचा के यहाँ। चाचीजी गिरकर बिस्तर पर पड़ी हुई हैं। मुझे उनकी देखभाल करनी होगी। दोनों लड़के अमेरिका में हैं और लड़की भी बंगलोर में रहती है। बिना पैसे के भला देखभाल करने के लिए उन्हें मेरे सिवा कौन मिलेगा।

तिथि को यकीन नहीं हो रहा था। माधवी चली जायेंगी यह सोचकर उसके पैरों तले से जमीन खिसकने लगी थी। उसने उदास होकर पूछा - लौटोगी कब।

- वह कैसे बताऊँ। बूढ़ी हड्डियाँ हैं ना, जल्दी से ठीक होनेवाली नहीं हैं। कल जायेंगे। कुछ दिन बाद रुम्पा के पिता उसे लेकर लौट आएँगे। मुझे तो शायद डेढ़-दो महीने वहीं रहना पड़ेगा। इसीलिए तो बुलावा आया है।

जाते हुए माधवी ने कहा - कल सुबह एक बार तेरे कमरे में जाऊँगी, ठीक है तिथि। कैसा बक्सा खरीदकर लायी है, देखूँगी। कल तो तूने मुझे दिखाया नहीं. - माधवी ने हँसते हुए कहा - आज रात ही पति से झगड़ा खत्म कर लेना। ताकि कल तुझे हँसते हुए देखकर जा सकूँ।

माधवी की यह बात सुनते ही तिथि की आँखों से गर्म पानी की धारा बहने लगी। आज सुबह रवाना होने से पहले माधु भाभी यकीनन उससे मिलने आयी थीं। लेकिन

उसने कोई जवाब नहीं दिया। तिथि बड़बड़ाने लगी - माधु भाभी, ओ माधु भाभी, तुम मुझे माफ कर देना माधु भाभी...मेरा दिमाग ठीक नहीं है...मुझे बहुत तकलीफ होती है माधु भाभी...मेरी माँ के बारे में वो लोग ऐसे क्यों बोलते हैं...

माधवी अब बहुत दूर चली गयी थीं, अब उन्हें बुलाया नहीं जा सकता था। फिर भी तिथि उन्हीं से बात कर रही थी। उसकी आँखें बंद हैं। अचानक दरवाजा खोलने की आवाज हुई तो उसने देखा कि कमरे में सुधा और उनके पीछे सीमा खड़ी है। तिथि ने एक बार देखकर फिर आँखें बंद कर लीं।

- क्या हो रहा है, तिथि। बदतमीजी की एक हद होती है। - सुधा ने कहा - गुस्सा दिखाकर सोई हुई हो, और घर का हजारों काम निपटाने के साथ तुम्हें सौ बार बुलाने आना पड़ रहा है। कोई जवाब क्यों नहीं दे रही हो, ये सब क्या है। कहीं तुम्हें मिर्गी वगैरह की बीमारी तो नहीं है।

तिथि ने बड़े कष्ट से कहा - नहीं बड़ी माँ, तबीयत ठीक नहीं है। आज थोड़ा लेटे रहना चाहती हूँ।

- लेटी ही तो हो। दोपहर ढलने को है। - सुधा ने नाराज होकर कहा - दया करके नीचे चलकर हाथ-मुँह धो लीजिए, वरना डॉक्टर के चक्कर लगाने पड़ जायेंगे। तुम्हारा तो थोड़े से काम नहीं चलता है।

- प्लीज मुझे थोड़ी देर अकेला रहने दीजिए। - तिथि ने धीरे से कहा ।

- माँ चलो, चलो तो। तब से नाटक हो रहा है। - सीमा ने गुस्से में कहा।

सुधा ने बिस्तर पर चाभी फेंकते हुए तीखी आवाज में कहा - अकेले ही रहना होगा। घर में अब कोई नहीं है। मैं और सीमा नकुलबाबू के यहाँ जा रहे हैं। पार्थ या उसके पिताजी लौटें तो चाभी लेकर नीचे चली जाना। चल सीमा।

सुधा के जाने के बाद तिथि ने फिर आँखें खोलीं। नकुलबाबू यानी ज्योतिषी, जिन पर इस घर के सभी यानी सुधा, सीमा और पार्थ को अत्यधिक भरोसा है। यही कई सालों से कहते आ रहे हैं कि अगले साल सावन में सीमा की शादी होगी। इसके अलावा भी वह कई बातें कहते रहते हैं जिन्हें सुनकर तिथि समझ नहीं पाती है कि वह हँसे या रोए। जैसे इन्होंने कहा है कि पिछले जन्म में पार्थ एक राजपुत्र था और वह अच्छा घुड़सवार होने के साथ क्रूर शिकारी भी था। उम्र के आखिरी पड़ाव में उसका मन बदला और उसने भक्ति में मन लगा लिया। उसी के पुण्य प्रताप से इस जन्म में अच्छी जिंदगी हासिल की है। यह किसी कहानी से कम नहीं था लेकिन ज्योतिषी ने अच्छी जिंदगी से क्या कहना चाहा, तिथि को यह पता नहीं। लेकिन उस आदमी के बारे में तिथि की उत्सुकता बढ़ी थी। उसने एक दिन पार्थ से पूछा था - यह सज्जन इतनी बातें किस आधार पर कहते हैं ?

- वे यह सब देख पाते हैं । - पार्थ ने कहा था।

- क्या कह रहे हो। देख पाते हैं मतलब? कहाँ देखते हैं ? क्या देखते हैं ?

- उनके पास चमत्कारी नजर है। वह कुछ देर तक किसी के चेहरे की ओर देखते रहते हैं फिर उसका मस्तक देखते हुए सब कहने लगते हैं। हालाँकि हमेशा चेहरा देखने की भी जरूरत नहीं पड़ती है। वर्णन सुनकर भी वह बता देते हैं। जैसे तुम्हारे बारे में भी तो उन्होंने बहुत कुछ बताया है।

- मेरे बारे में ? - तिथि हैरान रह गयी। - क्या कहा है। तुमने तो इस बारे में मुझसे कुछ नहीं कहा।

- पार्थ ने दाढ़ी सहलाते हुए कहा - नहीं बताया, क्योंकि तुम सुन नहीं पाओगी।

- क्यों नहीं सुन सकूँगी ? ऐसी क्या बात है ? - तिथि को बड़ा अजीब लग रहा था। उसके बारे में यह ज्योतिषी क्या बता सकते हैं।

पार्थ ने तिथि की आँखों में नहीं देखा। उसने कहा - तिथि, उन्होंने कहा है कि तुम्हारे ऊपर एक अशुभ प्रभाव है जो तुम्हें जीवन-भर सुख से नहीं रहने देगा।

तिथि कुछ समझ नहीं पायी तो उसने दोबारा पूछा - मतलब ?

- मतलब, उन्होंने देखा है कि तुम्हारे सिर के पीछे एक औरत खड़ी हैं, कठोर, पुरुषों जैसा चेहरा, हाथ में त्रिशूल। वह तुम्हें किसी कीमत में आजाद नहीं कर रही हैं।

- यह तुम क्या कह रहे हो। मुझे कुछ समझ में नहीं आ रहा है। - तिथि ने हैरान होते हुए पूछा - कौन सी औरत ? मेरे सिर के पीछे कौन खड़ा है। बोलते-बोलते अचानक एक सोच से वह सिर से पैर तक सिहर उठी। कड़ी नजरों से पार्थ को देखते हुए उसने कहा - क्या ये उस औरत को पहचान सकते हैं।

नहीं, साफ तो कुछ नहीं बता सके। चेहरे-मोहरे के बारे में जो कुछ बताया...

क्या बताया ? मैं भी तो सुनूँ।

पार्थ ने उदास चेहरा बनाकर कहा - जाने दो तिथि, सुनकर तो...,

- अच्छा, उन्होंने मेरे छुटकारे का कोई उपाय नहीं बताया तिथि की आवाज में कडवाहट बढ़ती जा रही थी।

- उन्होंने कहा - मैं तो वह सब तुम्हें बता चुका हूँ। तुम तो मेरी किसी बात पर ध्यान ही नहीं देती। मैंने कहा कि वहाँ अधिक आया-जाया मत करो - अरे तुम रो रही हो। इसीलिए मैं कहना नहीं चाहता था।

तिथि फूट-फूट कर रो रही थी। बोली - रहने दो, मुझसे हमदर्दी करने की जरूरत नहीं है। तुम आदमी हो। तुम क्या कहना चाहते हो, मैं काफी देर से समझ रही हूँ पर विश्वास नहीं हो रहा था। तुम मेरी माँ के बारे में इतनी बड़ी बात कह रहे हो।

- मैंने कुछ भी नहीं कहा, तुम ही जोर दे रही थी। और यह सब तो नकुल बाबू ने...,

चुप रहो। मैं तुम्हारी किसी भी बात पर विश्वास नहीं करती। सब तुम्हारी बनाई

हुई बातें हैं। तिथि ने आँसू पोंछे- तुम्हारे पास विवेक नाम की कोई वस्तु नहीं अपने बारे में जातक कहानियाँ बनाते हो।

पार्थ हँसा - तुम्हें विश्वास नहीं है तो इसमें मैं क्या कर सकता हूँ। वह करवट बदलकर सोया हुआ था। तिथि को लग रहा था कि वह किसी केंचुए के पास लेटी हुई है।

मन का यह रोग कितना जटिल है, इस रोग में दुनिया भर की कड़वी यादें ही बार-बार घूम-फिर कर याद आती रहती हैं। तिथि ने लम्बी साँस लेनी चाही पर जीभ तालु से इस जरह चिपक चुकी थी कि मुँह ही नहीं खुला। गला सूख गया था। पीने का पानी भी नहीं था। पार्थ जब सोने आता है तब पानी की एक बोतल अपने साथ लाता है और सबेरे उसे वापस ले जाता है। कल वह काफी रात तक जगी रही पर पार्थ नहीं आया। इसीलिए पानी की बोतल भी नहीं आयी। कल जब वह थैला लेकर ऊपर आ रही थी तब उसने सुना था सुधा कह रही थीं - हमेशा अपने मायके से सामान ले आएगी और बगल में दबाकर ऊपर ले जाएगी। शर्म भी नहीं आती है।

पार्थ ने भी एक दिन उससे कहा था - यह सब क्रीम वगैरह ऊपर रखने की क्या जरूरत है। नीचे भी तो रख सकती हो। सब मिलकर इस्तेमाल कर सकते हैं। माँ कह रही थी कि सीमा को बहुत तकलीफ होती है। वह थोड़ी स्वाभिमानी है ना। तुम कम से कम उसे तो थोड़ा दे ही सकती हो।

सुनकर तिथि स्तब्ध रह गयी। अदिति ने उसे चार्मिस का एक छोटा सा डिब्बा और वेसलिन का ट्यूब दिया था। ऐसा नहीं है कि इस घर में क्रीम वगैरह एकदम नहीं था। लेकिन तिथि उसमें हाथ नहीं लगाती थी। किसी ने उससे उसका इस्तेमाल करने से कहा भी नहीं था। बल्कि इसे लेकर घर में कई बार हंगामा तक मच चुका था। उसके बाद पार्थ उससे ऐसी बातें कैसे कह सकता था, यही आश्चर्य था।

सीमा ने अपने ट्यूशन के पैसे से ठंड की शुरुआत में ही पॉड्स का एक डिब्बा खरीद लायी थी। वह उसे अकेले ही लगाती थी। तिथि ने आलोक और सुधा को भी इन चीजों का इस्तेमाल करते नहीं देखा था, वे लोग तेल ही लगाते थे। तिथि भी वही करती थी। पूरे शरीर में नहीं। तेल की एक दो बूँद चेहरे पर लगाकर वही पैर में लगा लिया करती थी। यहाँ आने के बाद तिथि का पैर बहुत फटने लगा था। सीमा ने एक मॉयस्चराइजर भी खरीदा था, तिथि ने देखा था। छुट्टी के दिन नहाने के बाद तिथि ने बरामदे में जाकर देखा था कि सीमा धूप में बैठी हुई है और अपने पैरों में मॉयस्चराइजर लगा रही है। तिथि को देखकर उसने अपना चेहरा ऊपर नहीं उठाया। तिथि ने खड़े होकर थोड़ी देर उसे अपने पैरों की सेवा करते देखा। उसके बाद तिथि रसोई में गयी और एक कटोरी लेकर आते वक्त देखा कि सीमा मॉयस्चराइजर की बोतल लेकर जल्दी से कमरे में घुसी और थोड़ी देर बाद खाली हाथ निकल आयी। तिथि ने कौतूहल

में एक बार कमरे में आकर चारों तरफ देखा। ड्रेसिंग टेबल पर, बिस्तर पर, दीवार के रेक पर, कहीं भी मॉयस्चराइजर का डिब्बा दिखायी नहीं दिया। सीमा ने मॉयस्चराइजर की बोतल छुपा कर रख दी थी। अचानक तिथि को हँसी आ गयी। उसके बाद उसे लगा - अरे, बेचारी सीमा । न छुपाए तो भला क्या करे। - अचानक कुछ सोचकर उसकी आँखें जल उठीं। सीमा उस पर भी संदेह करती है।

तिथि जानती थी कि पार्थ बीच - बीच में अपनी बहन के डिब्बे में से क्रीम चुराया करता था। उसे यह अच्छा तो नहीं लगता था लेकिन वह यह नहीं जानती थी कि यह चोरी की श्रेणी में पड़ता है या नहीं। लेकिन सीमा ने जिस दिन भइया को रँगे हाथों पकड़ा, उसने उस दिन जो मन में आया कह दिया। तिथि भी वहीं मौजूद थी। सीमा चिल्ला रही थी - तभी मैं कहती हूँ, उसी दिन तो बोरोलीन खरीदा था। इसी बीच इतना कम कैसे हो गया। क्रीम का डिब्बा भी खाली लग रहा था। यह बात है। चोरी करके खाली करता जा रहा है। शर्म नहीं आती। और कोई गुण नहीं चोरी का गुण है।

पार्थ ने बेशर्म की तरह कहा - एक दिन थोड़ा सा लगा लिया तो इतना हंगामा क्यों कर रही है। इतना सा लेने से इसे चोरी कहते हैं। वह भी मुँह में लगाने का क्रीम...

सीमा फिर भी चिल्लाते हुए बोली - हंगामा नहीं करूँ तो क्या पूजा करूँ। दूध के धुले हुए हो ना तुम, चोरी किसे कहते हैं नहीं पता। एक दिन लिया है कि कितने दिन लिया है, यह मैं क्या जानूँ। इसका मतलब तुम्हारे अलावा भी कोई है जो हाथ सफाई...। कहते हुए उसने तिथि की तरफ इस तरह देखा कि उसे समझते देर नहीं लगी कि सीमा उस पर भी संदेह कर रही है। शर्म के मारे उसे कुछ सूझ नहीं रहा था। सीमा का चिल्लाना सुनकर माधवी नीचे चली आयी थीं। उस समय काफी रात हो चुकी थी। खाने पीने के बाद ही यह घटना घटी थी। आलोक बाथरूम से दौड़ते हुए आकर पूछने लगे - क्यों रे सीमा क्या हुआ।

पार्थ ने मासूम बनते हुए कहा - नहीं रे सीमू, सच कह रहा हूँ। सिर्फ आज ही...होंठ बहुत सूख रहे...इससे पहले कभी...ऑन गॉड कह रहा हूँ।

सीमा ने जलती आँखों से तिथि की तरफ देखते हुए कहा - रहने दो, और कसम खाने की जरूरत नहीं है। खबरदार जो मेरे सामान में हाथ लगाया तो। इतना शौक है तो खरीदकर लगाना।

आलोक भी गरजते हुए कहने लगे - हूँ, कमाने की औकात नहीं है और क्रीम लगाता है, बेशर्म कहीं का। ओ तिथि, जाओ जाकर मेरी मच्छरदानी लगा दो।

माधवी ने कहा - अरे मैंने तो सोचा न जाने क्या हो गया।

तिथि को पता ही नहीं था कि इतनी सी बात पर इतना हंगामा खड़ा किया जा सकता है। लेकिन इसके लिए वह सीमा को दोषी नहीं मान पा रही थी। बल्कि उसे

बार-बार लग रहा था कि क्या पार्थ कसम खाकर संदेह का निशाना उसकी तरफ करना चाह रहा था।

रोशनदान से कमरे में आती पीली रोशनी जब क्रमशः बैंगनी होने लगीं तो तिथि का सिर चकराने लगा। इतनी देर तक सोए हुए जिस तरह से उसके दिमाग में एक के बाद एक बातें चल रही थीं, लग रहा था कि उसका सिर नहीं टीवी है। एक के बाद एक घटनाएँ सीरियल की तरह होती जा रही थीं। और सारे कार्यक्रम खत्म होने के बाद खाली स्क्रीन की तरह उसके दिमाग में प्रकाश की अनगिनत बिंदु नाच रही थीं, उसके साथ कान में अजीब सी आवाज हो रही थी। तिथि ने उठने की कोशिश की। उसे लगा जैसे उसका शरीर एक खाली नल बन गया हो। नल का भीतरी हिस्सा एकदम खाली है। उसे हैरत हो रही थी कि वह उस खाली शरीर को उठा क्यों नहीं पा रही थी। खालीपन का इतना बोझ था। तिथि को रोना आया, लेकिन उसने महसूस किया कि उसकी आँखों में आँसू भी नहीं आ रहे थे।

कमरे में धीरे-धीरे अँधेरा फैलता जा रहा था। एकदम बेहोशी जैसी हालत में अचानक तिथि को लगा कि कोई सीढ़ियों से ऊपर आ रहा था। आवाज करीब आ गयी और किसी ने दरवाजा खोला। तिथि को कुछ दिखाई नहीं दे रहा था।

- माँ कहाँ चली गयी। चाभी जरूर तुम्हारे पास है। - पार्थ ने कमरे की बत्ती जला दी थी - अरे ये क्या, तुम तब से ऐसे ही सोई हुई हो। तिथि क्या हुआ।

पार्थ की आवाज में उसे दर्द झलक रहा था - ये क्या पागलपन कर रही हो तिथि, सारा दिन कुछ खाया भी नहीं। इतने गुस्से की क्या वजह हो गयी।

तिथि के होंठ नहीं हिलें, लेकिन उसने कहा - गुस्सा नहीं, पार्थ। तुम मुझसे जरा भी प्यार नहीं करते। इसीलिए मुझे जीने की इच्छा नहीं कर रही है। तुम अगर थोड़ा सा प्यार करो तो मैं जरूर खड़ी हो पाऊँगी।

पार्थ सुन नहीं पाया, लेकिन तिथि पर झुकता हुआ बोला - तिथि उठोगी नहीं। कल मैं नहीं आया, इसलिए नाराज हो। दरअसल मुझे बहुत गुस्सा आ गया था। तुम्हारे ऊपर नहीं, तुम्हारी माँ पर । वह मुझे किसी कीमत पर स्वीकार नहीं कर पा रही हैं।

- जरा मुझे पकड़कर खड़ा कर दो। - तिथि ने किसी तरह कहा।

पार्थ को पकड़कर बिस्तर से उठते ही तिथि के सिर चकराने लगा। उसकी आँखों के सामने अँधेरा छाने लगा - आह, पार्थ...बाथरूम...मुझे बाथरूम ले चलो। ...उल्टी आ रही है।

किसी तरह बाथरूम पहुँचते ही तिथि ने उबकी लगाई। लेकिन कुछ नहीं निकला। सिर्फ तीखा सा पानी के अलावा। लेकिन बार-बार उसे ऐसा लग रहा था कि उसकी अँतड़ियाँ मुँह से बाहर निकलना चाह रही हैं।

4

पार्थ आईने के सामने खड़ा होकर अपना बदन देख रहा था। वह बीच-बीच में ऐसा करता है। घूमकर, सामने से, बगल से कई तरफ से खुद को देखता है। देखते-देखते उसे लगने लगता है कि वह बहुत सुंदर है। सिर्फ थोड़ा दुबला है। हालाँकि इसे लेकर वह शर्मिंदा नहीं था। व्यायाम करनेवालों की तरह फूला हुआ शरीर वह नहीं चाहता था। असली चीज तो चेहरे पर झलकता इंटलेक्ट की छाया है। पार्थ हाथ से अपने बाल बिखेरकर देखने लगा। उसकी सुंदरता पेशियों में नहीं, इंटलेक्ट में है। होंठों के किनारे हँसी उमड़ी, वाह बहुत सुंदर लग रहा है।

सुधा बिस्तर पर बैठी हुई बेटे की हरकतें देख रही थीं। काफी ठंड पड़ चुकी थी। ठंड में दोपहर का सोना मुश्किल हो गया था। सोने के बाद कंबल बिछावन वगैरह उठाना काफी झमेले का काम था। किसी तरह दोपहर का समय काटना पड़ता था। सुधा ने कौतूहल के साथ पूछा - ये क्या हो रहा है। सिनेमा।

- नहीं, स्टील।

- वह क्या होता है।

- मतलब स्थिर चित्र। अखबारों में जो तस्वीरें छपती हैं, वैसा। - पार्थ ने गाल पर हाथ रखते हुए चिंतित होने का भाव पैदा किया, वह पसंद नहीं आया तो दोनों हाथ सामने फैलाकर दोनों अँगूठों को जोड़कर हथेलियों के बीच से खुद को देखने लगा।

सुधा हँसने लगी - क्या पागलपन कर रहा है।

- पागलपन नहीं है माँ। एक दिन अखबार में मेरी तस्वीर छपेगी। चारों तरफ हंगामा मच जायेगा।

सुधा ने पार्थ को स्नेह से देखते हुए कहा - तू दिन-ब-दिन दुबला क्यों होता जा रहा है रे। ठीक से खाता नहीं है। थोड़ा सा चावल...

पार्थ गहरी साँस लेते हुए बिस्तर पर बैठ गया। उसके बाद लेटकर कहने लगा - खाने से क्या होगा। मेरे अंदर क्या कम उथल-पुथल मची हुई है। इस लाइन में कोई किसी को मौका नहीं देता है, लड़ना पड़ता है। मैं भी तो लड़ रहा हूँ माँ। फिर भी कभी-कभी इतना फ्रस्ट्रेशन लगने लगता है। ऊपर से घर में हंगामा मचा ही रहता है...

सुधा ने सीधा होकर बैठते हुए कहा - मैंने तभी कहा था। इस तरह से शादी करना ठीक नहीं है। और क्या लड़की जुटायी है - जैसी बददिमाग है, वैसी ही बेशर्म है। उसकी बदतमीजी बर्दाश्त करना क्या आसान बात है। और तुझसे भी पूछती हूं पार्थ सुधा ने हाथ बढ़ाकर पार्थ को छुआ, उसे सहलाते हुए कहने लगी - अब कोई काम वगैरह ढूँढ़ बेटा, इस तरह कितने दिन...

पार्थ ने अफसोस करते हुए कहा - तुम भी तिथि की तरह बात कर रही हो माँ।

हर लड़की में यही एक दोष है। तुम लोग कोई बड़ा सपना देख ही नहीं सकती हो। तुम लोग की सोच ही वैसी नहीं है।

सुधा नाराज हो गयीं, पार्थ उनकी कल्पनाशक्ति में खामियाँ ढूँढ़ रहा था इसलिए नहीं बल्कि उनका मुकाबला तिथि से कर रहा है, इसलिए। थोड़ी देर चुप रहने के बाद उन्होंने कहा - तुम क्या कह रहे हो तुम ही जानो। लेकिन बहुत दिन हो गये। मैं तो उसकी तरह सिर्फ अपने बारे में नहीं सोचती हूँ। मैं परिवार के बारे में सोचकर कहती हूँ। तेरे पिताजी की नौकरी के अब कितने दिन रह गये हैं। सीमू का क्या होगा - नकुल बाबू ने तो कहा कि अब थोड़ी पूजा वगैरह करनी होगी। इस घर पर ग्रह हावी हो गये हैं। पूजा करने से खिदिरपुरवाला रिश्ता हो जाएगा। तूने तो कहा था कि लड़के के ऑफिस जाकर पता करेगा, तू तो गया नहीं। आज तो कहीं निकला भी नहीं, घूम कर आ सकता था - अरे पार्थ, सो गया क्या ?

सुधा ने पार्थ को धकेला। पार्थ सचमुच सो गया था। धक्का लगते ही करवट बदलता हुआ बोला - बदन पर एक चादर डाल दो ना।

सुधा ने पार्थ को एक कंबल ओढ़ाते हुए कहा - फिर बेवक्त सो रहा है। ठीक है।

सीमा पाड़े में बुनाई का एक डिजाइन उतारने गयी थी। तिथि कालेज गयी थी। सुधा ने ड्रेसिंग टेबल के दराज में से ऊपर के कमरे की चाभी निकाली। तिथि चाभी रखकर जाती है, इसी का फायदा उठाकर सुधा बीच-बीच में उस कमरे में जाँच-पड़ताल कर लेती हैं। यह कोई अपराध नहीं था, लेकिन सुधा यह काम छुपकर ही करती थी। पार्थ के सोते ही वह दरवाजा भिड़ाकर ऊपर के कमरे में चली गयीं।

प्रैक्टिकल क्लास को दोपहर के बाद छोड़ा नहीं जा सकता था इसलिए तिथि को कॉलेज से लौटने में शाम हो जाती थी। तिथि सोच रही थी कि अब उसे कॉलेज में आना कम करना होगा। उसके बदले जो समय मिलेगा उसमें पढ़ाई करने से उसमें गति आएगी। लेकिन दिन - ब - दिन घर में जो माहौल बनता जा रहा था उसमें दो पल के लिए भी पढ़ाई कर पाना मुश्किल था। फिर भी तिथि कालेज से आज जल्दी लौट आयी। उसने तय कर लिया था कि वह आज किसी भी तरह घर में पढ़ाई करेगी ही। इससे भी प्रतिकूल हालात में भी कई लोग पढ़ाई करते हैं। तिथि के पिता ने भी ऐसे हालात में पढ़ाई की थी। फिर वह क्यों नहीं पढ़ सकती।

घर लौटकर तिथि ने देखा कि नीचे के कमरे में पार्थ कंबल ओढ़कर अकेला सोया हुआ है। और कोई नहीं था। कमरे में अँधेरा था। तिथि ने बत्ती जलाई। ड्राअर में उसे ऊपर के कमरे की चाभी नहीं मिली। आज सारा दिन क्लास में और लाइब्रेरी में पढ़ते वक्त उसका जी मचल रहा था। ऐसा अक्सर हो रहा था। उसे कुछ खाना भी अच्छा नहीं लग रहा था। तिथि ने दो घूँट पानी पिया। लेकिन पीने के साथ ही उसे उल्टी आने लगी। ऐसा क्यों हो रहा था, तिथि यह समझने की कोशिश कर रही थी क्योंकि

उसने वैसा कुछ खाया भी नहीं था।

पार्थ के चेहरे से कंबल हटाते ही पार्थ ने आँखें खोल ली। उसने आँख मलते हुए पूछा - क्या हुआ।

- अभी भी सो रहे हो। उठ जाओ। नहीं तो तबीयत खराब हो जायेगी। - तिथि ने इधर-उधर देखते हुए पूछा - बड़ी माँ कहाँ हैं।

पार्थ ने अलसाते हुए कहा - नहीं पता। तुम आज जल्दी चली आई, कितने बजे हैं।

- मेरी तबीयत फिर खराब लग रही है, पता है। न जाने क्या हुआ है, हमेशा लगता है कि उल्टी आ रही है। थोड़ी सी अजवायन या काला नमक खाने से ठीक होता...

पार्थ उठकर बैठ गया। अचानक वह अजीब सा चेहरा बनाकर तिथि को देखने लगा। फिर उसने पूछा - रुको, रुको, एक सेकेंड। तुम्हारा पेट खराब हो गया है क्या।

- वही तो समझ में नहीं आ रहा है। ऐसा कुछ तो खाया नहीं है...

- मैं जो कह रहा हूँ वह सुनो। - पार्थ ने धीरे से कहा - उल्टी आने का कहीं कुछ और मतलब तो नहीं है।

तिथि एकदम स्थिर हो गयी। हे भगवान्, उसके दिमाग में एक बार भी यह बात नहीं आयी। सब कुछ उल्टा-पुल्टा लगने लगा। उसे किसी तरह याद नहीं आ रहा था कि आखिरी बार उसे पीरियड कब हुआ था। उसे ऐसे भी पीरियड की तारीख़ याद नहीं रहती थी क्योंकि पीरियड उसे अनियमित तारीखों का होता था। हर बार आगे-पीछे होता रहता था। उसके बाद परिवार के इन झमेलों में उलझकर उसे याद ही नहीं रहा कि अब उसके पीरियड बंद हो गये थे। तिथि ने याद करने की कोशिश की, सचमुच पूजा के बाद उसे एक बार भी पीरियड नहीं हुए थे। उसका दिमाग चकराने लगा । उसने पलंग की लकड़ी पकड़कर खुद को सँभालने की कोशिश की। अचानक वह कह उठी - अब क्या होगा ?

तभी सुधा ने कमरे में प्रवेश किया। उतरते ही तिथि को देखकर वे घबरा गयीं। वह कल की ओर जाने लगीं तो पार्थ ने उन्हें आवाज लगाई - माँ, सुनो।

सुधा ने मुड़कर देखा। उनके चेहरे पर परेशानी झलक रही थी लेकिन उनकी आवाज में चिढ़ झलक रही थी - क्या हुआ ?

- जरा इधर आना। सुनो तो तिथि क्या कह रही है। - पार्थ ने धीरे से कहा। सुधा को कुछ समझ में नहीं आया। एक बार उन्हें लगा कि तिथि ने समझ तो नहीं लिया कि वे ऊपर के कमरे में गयी थीं। लगता तो नहीं है। कैसे पता चलेगा। पार्थ तो सो रहा था। सुधा ने अनिश्चित होकर कहा - क्या कह रही है?

पार्थ ने होंठ दबाकर हँसते हुए कहा - माँ, ये काला नमक माँग रही है। उसका जी मचल रहा है।

- क्या ? - सुधा अचानक समझ नहीं पायीं।

- उस दिन बताया नहीं था कि उल्टी की थी। आजकल इसे अक्सर उल्टियाँ आती हैं।

पार्थ इशारे किये जा रहा था। उसकी आवाज में परेशानी की कोई झलक नहीं थी। सिर्फ कौतूहल था। सुधा ने तीखी नजरों से तिथि को देखा। उसके चेहरे पर डर साफ झलक रहा था। सुधा को राहत मिली। उन्होंने तिथि के शरीर को गौर से देखते हुए पूछा - हूँ, कितने दिन हुए ?

- मुझे...मुझे नहीं पता बड़ी माँ। - तिथि की नजरें हैरत से फैली हुई थीं, उसकी मुट्ठियों ने चादर को भींच रखा था।

- अरे, नखरा करने की जरूरत नहीं है। बताओ तो सही, मासिक कब से बंद है?

तिथि ने अंदाज से कहा - इस महीने नहीं हुआ ।

- दो महीने से उल्टी हो रही है। - सुधा ने गंभीर होकर पूछा। - इस हालत में घर से बाहर निकलने की जरूरत नहीं है, कहे देती हूँ। अब कॉलेज-वालेज जाना बंद करो।

उन्होंने ऊपर के कमरे की चाभी को ठक से ड्रेसिंग टेबल पर रख दिया। उनके हाथ में चाभी देखकर तिथि समझ गयी कि वह उसकी गैरहाजिरी में ऊपर के कमरे में गयी थीं। लेकिन उसके पास इस बारे में और सोचने का वक्त नहीं था। उस समय वह और किसी चीज के बारे में परेशान हुए जा रही थी।

ऊपर के कमरे में आकर तिथि किसी निर्जीव की तरह बिस्तर पर पड़ गयी। उसे लग रहा था जैसे वह किसी बुरे सपने के जाल में फंस गयी है। जब उसने पढ़ाई के बारे में नहीं सोचा था, उस समय उसका कोई सपना भी नहीं था। पढ़ाई शुरू करने के बाद वह मुँह बंद करके सब कुछ बर्दाश्त करती जा रही थी, क्योंकि उसे अपना सपना पूरा करना था। अगर वह सपना होता तो वह इतने दिनों में पागल हो जाती। हालाँकि यह सपना केवल उसके अकेले को लेकर नहीं था, लेकिन कोई मानने को तैयार नहीं था। उसे हर वक्त लगता था कि इस घर के लोग सोचते हैं जैसे उसका पढ़ाई करना मानो उसका व्यक्तिगत विलास का जरिया हो। वे लोग उसे यह मौका नहीं देना चाहते थे, इसलिए उसकी पढ़ाई से उन्हें चिढ़ होती थी। यहाँ तक कि रात को पार्थ भी अपनी माँग पूरी करना नहीं भूलता था। तिथि को बीच-बीच में लगता था कि इस घर में रहकर उसका पढ़ाई कर पाना मुश्किल है। उनसे जूझते हुए वह थक जाती थी। उसके मन में अक्सर यह ख्याल उमड़ता था कि परीक्षा के कुछ दिन पहले से वह अपनी माँ के यहाँ जाकर रहे तो कैसा रहेगा। लेकिन इस ख्याल के आते ही उसके मन में बेचैनी

होने लग जाती थी। उसका दिल सोचने लगता था कि अपनी इच्छा से घर छोड़कर आने के बाद अब वह अपने स्वार्थ के लिए फिर उस घर में जाना चाहती है। तिथि का मन तब आत्मग्लानि से भर जाता था। वह इतनी जल्दी हार भी तो नहीं मानना चाहती थी। वह यहीं रहकर पढ़ाई करेगी, परीक्षा देगी, पास करेगी...उसे अपनी काबिलियत तो सबसे ज्यादा अपनी माँ को ही साबित करना था।

तिथि मुँह पर हाथ रखकर रोने लगी। - नहीं हो सकता, नहीं हो सकता। उसके पहले ही तो वह हारने लगी है। सब झूठ हो गया। अब वह पढ़ाई नहीं कर पायेगी। दो महीने हो चुके हैं। परीक्षा छह महीने बाद होनेवाले हैं। उस समय वह परीक्षा कैसे देगी। भगवान ने उसे यह कैसी सजा दी है। उठ खड़े होने से पहले ही क्यों उसके हाथ-पैर बाँध दिये।

पार्थ ने कमरे में घुसकर दरवाजा बंद कर दिया। तिथि की तरफ देखते हुए उसने ऐसी नजरों से देखा जिसमें गर्व के साथ अश्लीलता भी थी। उसके चेहरे पर खुशी झलक रही थी। तिथि के चेहरे पर हँसी न देखकर वह आगे बढ़ा - ए लड़की, बहुत घबरा गयी क्या। सब ठीक हो जायेगा। उफ्फ क्या बताऊँ, यह कितनी बड़ी बात है। मैं सोच ही नहीं पा रहा हूँ कि मैं बाप बननेवाला हूँ। दिस इज रियली अ ग्रेट फिलिंग।

- खिलाओगे क्या ? - तिथि की आवाज में टिप्पणी थी। उसकी आँखों में भी आँसू नहीं थे।

- बताओ क्या खाना चाहती हो। - पार्थ ने पूछा । - पकौड़ी खाओगी या आलू का चॉप।

- मैं अपनी बात नहीं कर रही हूँ।

- फिर ? - पार्थ ने हैरान होकर पूछा।

तिथि धीरे से उठ बैठी। वह स्थिर निगाहों से पार्थ को देख रही थी। थोड़ी देर बाद उसने कहा - मैं जानना चाहती हूँ कि तुम उस बच्चे को क्या खिलाओगे ? वह तो जन्म लेते ही भीख नहीं माँगने लगेगा।

पार्थ का चेहरा एक पल के लिए मुर्झा सा गया। उसने नाराज होकर कहा - बकवास मत करो। भीख क्यों माँगेगा। छिः ।

- और नहीं तो क्या करेगा ? पार्थ। - तिथि ने निराश होकर कहा - तुम समझ क्यों नहीं रहे हो कि अभी हम बच्चे के लिए तैयार नहीं हैं। हमलोगों ने गलती कर डाली है पार्थ। तुम कुछ नहीं करते हो, परिवार की यह हालत है। मुझे तो परीक्षा देनी ही होगी। - तिथि काँप रही थी। उसने पार्थ का हाथ पकड़कर कहा - नहीं, नहीं, पार्थ, बहुत बड़ी भूल हो गयी है। हम लोगों को कुछ करना होगा, यह नहीं हो सकता।

- क्या नहीं हो सकता। क्या कह रही हो तुम ? - पार्थ ने चौंककर पूछा।

- मुझसे अभी..., मुझसे नहीं होगा...। तिथि रोने लगी।

पार्थ ने उसका हाथ हटा दिया। उसने घृणा से कहा - मतलब। तुम माँ नहीं बनना चाहती ? वाह। क्या मैं जान सकता हूँ, क्यों ?

तिथि चिल्ला उठी - मैं वही तो कह रही हूँ पार्थ। तुम क्यों नहीं समझ रहे पार्थ। मैं...हम...हमारे लिए अभी यह मुमकिन नहीं है।

पार्थ ने उसका कंधा झकझोरते हुए कहा - देखो तिथि। हर बात को पेचीदा कर देना तुम्हारी आदत बन गयी है। तुम अभी भी वही कर रही हो। हम लोगों के लिए क्या कितना संभव है, जरा मुझे भी सोचने दो। हर बात का फैसला तुम अकेले करने लगी तब तो मुश्किल हो जायेगी। तैयार नहीं हो का, क्या मतलब। क्या तुम अब भी खुद को बच्ची ही समझती हो, इसलिए बच्चा नहीं चाहिए। पता है, तुम्हारी उम्र में माँ ने मुझे ही नहीं सीमा को भी जन्म दे दिया था। - पार्थ ने एक बार फिर तिथि को झकझोरा। - बात को बढ़ाओ मत। इसमें चिंता करने की कोई जरूरत नहीं है।

तिथि ने तड़पते हुए कहा - लेकिन मैं परीक्षा कैसे दूँगी पार्थ। तब मेरा आठवां महीना होगा...जरूर तबीयत खराब ही रहेगी। अगर बच्चा होने का समय हो गया तो?

- परीक्षा ज्यादा जरूरी नहीं है। - पार्थ ने हाथ हिलाते हुए कहा - परीक्षा बाद में भी दी जा सकती है।

तिथि नासमझ की तरह देखती रह गयी। बड़बड़ाने लगी - बाद में। बाद में कब दूँगी...?

उसकी आँखों के सामने गहरे रंग के पर्दे गिरते जा रहे थे। मानों उसकी नजर प्रकाश के आखिरी किरण से भी वंचित होने लगी थी। इस साल भी अगर पार्ट वन नहीं दे पायी तो बाद में क्या कर पायेगी। क्या वह आगे बढ़ पाएगी। क्या यह परिवार एक बच्चे को जन्म देने के बाद उसे यह मौका देगा। तिथि ने अंधे की तरह हाथ बढ़ाने की कोशिश की। उसने एक अँधेरी खाई में छलांग लगाई थी। खाई नीचे की तरफ सँकरी होते-होते एक कुआँ बन गया है। कुए के दीवारों ने तिथि को घेर लिया था। वह एकदम हिल नहीं पा रही थी...

रात को खाते वक्त तिथि की तबीयत फिर खराब होने लगी। सुधा ने अभी तक निश्चित तौर पर आलोक और सीमा को सब कुछ बता दिया होगा। सीमा के चेहरे पर अमावस्या का अँधेरा छा गया था। आलोक के चेहरे पर गुस्सा दिखाई दे रहा था। पार्थ के चेहरे पर हमेशा की तरह परेशानी का कोई चिह्न नहीं था - उसने सुधा से कहा - आलू की भुजिया और नहीं है क्या ?

सुधा ने सिर हिलाया - अपनी थाली की तरफ देखकर उन्होंने कहा - मुझे नहीं चाहिए, तू ले ले।

- नहीं-नहीं, सब मत दो। थोड़े से हो जायेगा। - पार्थ ने थाली आगे बढ़ा दी। कहा - कल दोपहर में थोड़ा अधिक बना देना।

हूँ, अधिक बना देना। - आलोक ने मुँह बनाते हुए सुधा की तरफ देखकर कहा - ख्याल रहे आलू छः रुपये हो गया है। खाने में शर्म नहीं आती।

सुधा चिल्ला पड़ीं - लो, शुरू हो गये। गुस्सा दिखाने के लिए हमेशा तैयार रहते हो ना। तुम्हें कुछ कहने की जरूरत नहीं है। क्या मैंने किसी दिन हिसाब किए बगैर खाना बनाया है।

आलोक ने पानी पीने के बाद गिलास को जमीन पर पटक कर रखा। उठने से पहले धमकाते हुए - मैं इतना बुरा भी नहीं हूँ कि आज के दिन बुरी बात कहूँ। लेकिन सुधा तुमसे कह देता हूँ, मेरी जिम्मेदारी नहीं होगी। जिसका बच्चा वही सँभालेगा। बेटे से कह देना।

पार्थ के चेहरे पर कोई प्रतिक्रिया नजर नहीं आयी। वह खाने के बाद आराम से उँगलियाँ चूस रहा था, जैसे उसने कुछ सुना ही न हो।

रात को जैसे ही पार्थ ने तिथि के बदन को छुआ, तिथि ने महसूस किया कि उसके सीने में बहुत दर्द हो रहा है। उसने पार्थ का हाथ हटाते हुए कहा - अरे, दर्द हो रहा है।

पार्थ ने हाथ तो हटा लिया लेकिन उसे छोड़ा नहीं। उसके शरीर पर चढ़ गया और कहा - और जितना दिन कर सकता हूँ कर लूं, उसके बाद तो तुम भी नहीं करने दोगी और बच्चा भी लात मारेगा। - पार्थ हँस रहा था। उसकी हँसी इतनी अश्लील थी कि तिथि ने आँखें बंद कर लीं।

पार्थ जब करवट बदलकर सो गया तब भी तिथि को नींद नहीं आ रही थी। काफी देर तक अँधेरे में अपलक देखने के बाद अचानक उसने सोए हुए पार्थ को छूकर कहा - माँ, माँ, ओ माँ...माँ, माँ, माँ।

5

तिथि को फैसला लेने में चार दिन लग गये। ये कुछ दिन उसकी जिंदगी के काफी कठिन दिन थे। तिथि जानती थी वह फिर से अजीब से रास्ते पर आकर खड़ी हो गयी है। एकदम अकेली। इससे पहले वह जिंदगी में इतनी अकेली कभी नहीं थी।

वह चारों दिन कॉलेज गयी थी। सुधा के विरोध करने पर भी। उसने कहा था - मैं ठीक हूँ, बड़ी माँ। तुम चिंता मत करो। जल्दी लौट आऊँगी। - लेकिन वह सिर्फ कॉलेज जाने के लिए घर से नहीं निकली थी। उसे लग रहा था कि अगर वह बाहर निकलकर अकेले रास्तों पर नहीं चली तो वह कुछ सोच नहीं पायेगी।

उसके शरीर में और एक जान अपनी जगह बना रही थी। कितने आश्चर्य की बात है। तिथि सोच ही नहीं पाती थी, उसे यकीन नहीं होता था। सीने के नीचे कँपकँपी लगती थी। पिछले कुछ दिनों से ही वह अचानक चौंक उठती थी। उसके शरीर में उसका बच्चा आ गया है। उसका बच्चा। यह अविश्वसनीय था।

उसने खुद को झकझोर कर वापस सँभाला। ऐसा सपना देखना उसके लिए ठीक नहीं है। उसे कोई अधिकार नहीं बनता। उसे कठोर होना ही पड़ेगा। कड़ा फैसला करना होगा। उसे अब पार्थ पर थोड़ा सा भी भरोसा नहीं रह गया था। उसकी बातों की कोई कीमत नहीं थी। तिथि को पता था कि उसके बच्चे का भविष्य क्या होगा। जन्म के बाद उसे जिंदा रखने के लिए छोटी से छोटी जिम्मेदारी भी नहीं निभाएगा पार्थ। वह खुद भी कहाँ निभा पाएगी। बच्चे को गोद में लेकर उसे माँ-पिताजी के सामने हाथ फैलाना पड़ेगा। छिः, छिः, इस हालत में जाने से माँ जरूर उसे लौटाएँगी नहीं। लेकिन शर्म से वह खुद ही नहीं रह पायेगी। ऐसी हालत में भला वह उस बच्चे को क्यों लाएगी। नहीं, किसी भी कीमत पर नहीं। पैदा होने के बाद तिल-तिल कर मारने से अच्छा है उसे पहले ही खत्म कर दिया जाये। कम से कम उसके बच्चे को कोई कष्ट तो नहीं उठाना पड़ेगा। अनजाने में ही तिथि का हाथ अपने पेट पर चला गया। वह प्यार से पेट पर अपना हाथ फेरने लगी, मानो बच्चे को सहला रही हो। लाइब्रेरी की खिड़की के किनारे बैठे वह बहुत देर से यही बातें सोच रही थी। उसने फैसला ले लिया था। खिड़की के बाहर आसमान की ओर देखते हुए तिथि अचानक बहुत अन्यमनस्क हो गयी। उसे बार-बार ख्याल आ रहा था कि दो महीने में बच्चा कितना बड़ा हो गया होगा। क्या उसके हाथ हो गये हैं, पैर, आँखें।

तिथि को अपने सीने में बहुत दर्द महसूस हुआ। उसके गाल पर आँसू बहने लगे थे। अरे, यह क्या,ऐसे तो काम नहीं चलेगा। उसे पत्थर होना पड़ेगा। उसने अपने मन को दूसरी तरफ मोड़ने की कोशिश की।

लाइब्रेरी से निकलकर तिथि कॉलेज से बाहर चली आयी। ठंड में आज की धूप उसे बहुत अच्छी लग रही थी। न जाने उसने कितने दिनों तक इतना उजाला नहीं देखा था। क्या यह दिन उसका है। या उसका नहीं है। तिथि को रोना आ रहा था। उसके दिमाग में नसों के फटने जैसा भयानक दर्द हो रहा था। फिर से जी घबराने लगा। उसने बैग में से एक पुड़िया निकालकर उसमें से थोड़ा अदरक निकालकर मुँह में डाल लिया। हैरत की बात थी कि उसका मन किसी और बात को सोचने को तैयार ही नहीं था। उसने तो फैसला ले ही लिया था, फिर भी उसका शरीर काँप रहा था और उसे रोना क्यों आ रहा है। इस दिन की खिली हुई धूप में रंगीन स्वेटर पहने लोग, सड़कों पर दौड़ती बसें और गाड़ियाँ, क्या इन चीजों से उसका कोई सरोकार नहीं रह गया था। जैसे उसे बहुत दूर एक रंगीन तस्वीर दिखाई दे रही हो...एक लाल

मारुति से कम उम्र की एक माँ अपनी गोद में गुलाबी स्वेटर में लिपटे हुए बच्चे को लेकर उतरती है। वाह, बच्चा कितना सुंदर है। स्वेटर भी फूला हुआ था, ऊपर से गोल मटोल सा चेहरा बहुत सुंदर लग रहा था। माँ की गोद से अचानक बच्चे को किसने ले लिया, जरूर बच्चे का बाप होगा। वह बच्चा उस धूप की तरह खिलखिला रहा था। वह लड़की जानी-पहचानी लग रही है। कौन। मौसमी तो नहीं।

तिथि को अचानक एक तेज़ झटका लगा। क्या सचमुच मौसमी है। नहीं, नहीं, ये कैसे हो सकता है। मौसमी की शादी होती तो उसे खबर नहीं मिलती। तिथि ने ठीक से देखने की कोशिश की। लड़की बहुत बड़ी थी। मौसमी की तरह सुंदर थी, बाल भी वैसे ही थे। हँसी भी एकदम मौसमी जैसी थी। लेकिन मौसमी नहीं, तिथि दूसरी तरफ देखने लगी। उसका दिल अभी भी जोर-जोर से धड़क रहा था।

तिथि फुटपाथ पर लापरवाही से चलने लगी। उसे मन को दूसरी तरफ लगाने का एक बहाना मिल गया था। मौसमी की बहुत याद आने लगी। हैरत की बात है, कितने दिन हो गये उससे मिले हुए। उसके इतने दिनों की अच्छी दोस्त। अब तो वह मौसमी की रिश्तेदार भी हो गयी थी, फिर भी उससे संपर्क नहीं रह गया था। क्या जिंदगी ऐसी ही होती है। कितने ही चेहरे न जाने खो जाते हैं। तिथि सोच रही थी, मौसमी जरूर निराश हुई होगी। इस तरह पढ़ाई छोड़कर शादी कर लेने की वजह से वह उस पर जरूर नाराज होगी। इसके अलावा उसने खुद भी मऊ को कुछ नहीं बताया था। उसका नाराज होना स्वाभाविक है। लेकिन इस वजह से उनकी कभी मुलाकात नहीं होगी, तिथि ने कभी ऐसा नहीं सोचा था। उसका मन उदास हो गया। मऊ तो जानती थी कि वह कहाँ है, एक दिन ताऊ के यहाँ जाने के बहाने उससे मिल भी तो सकती है। तिथि को अपने गले में अचानक दर्द महसूस होने लगा। मौसमी उसे नजरअंदाज करना चाहती है, उसे भूल जाना चाहती है। दोस्त के रूप में उसने तिथि को सहर्ष स्वीकार किया था। लेकिन उसका यह अंजाम शायद उसने नहीं चाहा था - मुझे भूलकर तूने अच्छा ही किया मऊ।- तिथि बड़बड़ा रही थी -

अभी मुझे देखकर तुझे जरूर घृणा होती। - उसे लगा मौसमी जरूर उसकी खबर रखती होगी। क्योंकि आलोक बीच-बीच में उन लोगों के घर जाते रहते थे। तिथि ने ही इतने दिनों में उसके बारे में कुछ पता नहीं किया था। उसे बहुत पश्चात्ताप हुआ। सचमुच, उसने खुद भी मऊ को कहाँ याद रखा था।

शाम को घर लौटने के बाद तिथि गेहूँ चुनने बैठी थी। राशन का गेहूँ है। आटा खत्म होने को आया था। कल गेहूँ नहीं पिसवाने से रोटी नहीं बन पायेगी। पहले इस घर में गेहूँ बिनने का रिवाज नहीं था। लेकिन तिथि के आने के बाद शुरू हो गया है। राशन के गेहूँ में अनगिनत कचरा रहता है। कंकर, मिट्टी के ढेले, काठी और न जाने क्या-क्या। पहले उन सबके साथ आटा पिसकर चला आता था। तिथि ने ही एक दिन

कहा था - बड़ी माँ, गेहूँ चुनने से अच्छा होगा। चुन दूँ।

- मेरे पास गेहूँ चुनने का समय नहीं है। तुम्हारी इच्छा हो तो चुनो। - सुधा ने कहा था। उसके बाद से गेहूँ चुनना तिथि का रोजमर्रा का काम हो गया था।

तेजी से अपना हाथ चलाते हुए तिथि सोच रही थी कि अपने फैसले के बारे में वह पार्थ से कैसे कहेगी। इसके पहले दिन ही पार्थ कुछ सुनने को तैयार नहीं हुआ था। आज जरूर घर में हंगामा होगा। तिथि का दिल जोर से धड़क रहा था। लेकिन वह मन को शांत रखने की कोशिश कर रही थी। एक गलत फैसले की वजह से अभी तक उसे अपने पैरों के नीचे जमीन नहीं मिली थी, अब और एक गलती वह किसी कीमत पर नहीं करेगी।

आलोक के ऑफिस से घर लौटते ही सुधा ने कहा - पिताजी की चिट्ठी आई है।

आलोक शर्ट का बटन खोल रहे थे, व्यस्त होकर पूछा - पिताजी की चिट्ठी, कहाँ है, क्या लिखा है।

- मैंने खोलकर नहीं देखा है। इस डर से कि कहीं गलत ढंग से न फट जाए। इंग्लैंड की चिट्ठी है। सीमा भी पढ़ाने गयी हुई है।

इंग्लैंड की चिट्ठी सुनकर तिथि ने हैरान होकर ऊपर देखा। पिताजी की चिट्ठी का मतलब बर्दवान के दादाजी की होगी। तिथि ने सुना था कि सुधा के माँ-पिताजी का देहांत उनके बचपन में ही हो गया था। लेकिन इंग्लैंड से चिट्ठी किसने भेजी है।

हालाँकि सुधा ने आलोक के हाथ में जो चिट्ठी थमायी उसे देखकर तिथि को समझ में आ गया कि मामला क्या है। उसके चेहरे पर हँसी उभर आयी। आलोक ने उसे देखकर कहा - इंग्लैंड नहीं, इनलैंड, इनलैंड। सीमा नहीं थी तो तिथि तो थी। उसे तो पता है कि इनलैंड किधर से फाड़ते हैं। इतनी देर से चिट्ठी को बिना पढ़े ही रख छोड़ा है। - आलोक ने उँगली से इनलैंड को फाड़ते हुए कहा - अभी तो पिताजी की चिट्ठी आने की भी कोई बात नहीं है। देखूँ क्या समाचार है।

पढ़ते-पढ़ते आलोक के चेहरे पर परेशानी झलकने लगी। उन्होंने सुधा से कहा - माँ आ रही हैं, समझी। सात में पगला असीम भी आ रहा है। माँ को चलने-फिरने में काफी तकलीफ हो रही है, वह पैर नहीं उठा पा रही हैं। वहाँ के डॉक्टरों को दिखा चुकी हैं, उनलोगों ने बताया कि नर्भ की बीमारी है। अब कलकत्ता में ले जाकर इलाज कराना जरूरी हो गया है...

सुधा सुन रही थीं। गहरी साँस भरते हुए कहा - सारी जिम्मेदारी तो सिर्फ हमलोगों की है। और कोई तो कुछ नहीं करेगा।

- अब मैं क्या कहूँ। - आलोक ने चिट्ठी पढ़ते हुए चिंतित स्वर में कहा - पिताजी ने लिखा है कि खर्च के लिए कुछ रुपये वे माँ के साथ भेज देंगे। सामने रविवार को आ रही हैं। मतलब...आज तो वृहस्पतिवार है।...दुकानवाला आदमी उन्हें पहुँचा

जायेगा। पिताजी ने लिखा है - सब कुछ सोचने के बाद तुम्हें ही पत्र लिखना ठीक लगा। दूसरे भाइयों के साथ विचार करके जो ठीक लगे करना। लेकिन मेरे ख्याल से और भाई तुम्हारी माँ को रखने को तैयार हो भी जाएँगे लेकिन असीम को रखना नहीं चाहेंगे। वह बेचारा किसी तरह माँ को छोड़कर नहीं रह सकता है। उसकी माँ भी तैयार नहीं थी। खैर, कुछ दिन तुम लोग अपने घर में उन्हें कुछ दिन रहने देना। थोड़ी तकलीफ होगी। और कर भी क्या सकते हैं। मैं नहीं जा पाऊँगा। मेरा आशीर्वाद तुम्हारे साथ है। तुम्हारे पिताजी।

- अब समझो। क्या असीम के नहीं आने से काम नहीं चलता। पागल-वागल को कौन सँभालेगा ? सचमुच उसे भला कौन अपने घर में रखना चाहेगा। पिताजी को अच्छी तरह पता है कि उनके बाकी लड़कों की मानसिकता क्या है।

आलोक ने चिट्ठी रखकर कुर्ता खोला। सुधा गंभीर होकर बैठी हुई थीं। उन्होंने कहा - इसीलिए वे केवल अपने में ही व्यस्त हैं। फर्ज निभाने के लिए ही केवल हम लोग हैं।

आलोक बड़बड़ाने लगे - अब बर्दाश्त नहीं होता। जितने झमेले मेरे ऊपर । कोई राजी नहीं होगा पता है, लेकिन कल एक बार अरूप के घर जाकर देखता हूँ। इतने लोगों के यहाँ रहने में भी तो दिक्कत होगी। अशोक को भी कल एक फोन कर दूँगा।

- कोई लाभ नहीं होगा। उनसे कहने से कुछ नहीं होगा। कोई अपने ऊपर जिम्मेदारी नहीं लेना चाहेगा। मैं उनकी बीवियों को अच्छी तरह जानती हूँ। - सुधा ने हाथ हिलाते हुए कहा - मुझे ही कोई उपाय निकालना होगा। रहने का इंतजाम हो जायेगा। ऊपर का कमरा तो है ही। माँ नीचे रहेंगी, असीम को ऊपर भेज देंगे।

तिथि ने चौंककर सुधा को देखा। सुधा ने उसकी तरफ नहीं देखा। आलोक की तरफ देखकर कहा - बिस्तर वगैरह की ही दिक्कत होगी। ऊपर फर्श पर बिस्तर लगाना होगा। तुम और पार्थ ऊपर फर्श पर सो जाना। नीचे हम औरतें रह जायेंगी।

लुंगी पहनते हुए आलोक ने बच्चों की तरह कहा - नहीं, नहीं, मैं पलंग छोड़कर नहीं सो पाऊँगा।

- ठीक है, ठीक है, देखा जाएगा। - सुधा ने चिढ़कर कहा - पलंग छोड़कर नहीं सोने से कैसे चलेगा। सोच-समझकर चलना होगा। जितनी परेशानी मुझ पर है। - वह कमरे से निकल गयीं।

तिथि चुपचाप बैठी थी, उसके अंदर अँधेरा फैलता जा रहा था। एक परेशानी खत्म भी नहीं होती कि दूसरी परेशानी सामने आ खड़ी होती। तिथि परेशान हो गयी थी। इतनी मुश्किल से उसने अपने लिए कमरा जुगाड़ किया था जहाँ अकेले पढ सकती थी, वह भी उससे छिन जाने लगा।

आलोक ने धीरे से पुकारा - ऐ, तिथि जरा सुनना।

तिथि ने ऊपर की ओर देखा तो आलोक ने फुसफुसाकर कहा - तुम जरा सोच कर देखना, तुम्हारे पास बुद्धि है। ऐसा उपाय निकालना जिससे मुझे पलंग छोड़ना न पड़े। - आलोक व्यस्त होकर बाथरूम की ओर जाते हुए कहने लगे - इस ठंड में फर्श पर सोना, बाप रे, दो, दो, चाय दो...

तिथि मशीन की तरह उठ गयी। रसोई में जाकर माचिस जलाते हुए उसने सोचा कि सुधा ने कितनी जल्दी तय कर दिया कि कौन कहाँ सोएगा। आलोक कुछ भी कहें, यही इंतजाम ठीक है। हालाँकि ऊपर का कमरा नहीं होने पर यह इंतजाम नहीं हो पाता। तिथि को याद आया, जिस दिन वह कमरा साफ कर रही थी, उस दिन सुधा कितना नाराज हो रही थीं। उन्हें जरूर अब वह बातें याद नहीं होंगी। और याद होतीं भी तो क्या फर्क पड़ता।

शिवानी और असीम के आने की खबर सुनकर पार्थ को कोई फर्क नहीं पड़ा। मगर सीमा बहुत खुश हुई। तिथि ने सुना वह आलोक से कह रही थी - माँ ने ठीक ही कहा है पिताजी। हमें तो अब कमरे की दिक्कत नहीं है। दादी और असीम चाचा यहाँ आराम से रह सकते हैं। बहुत मजा आएगा।

रात को पार्थ ने तिथि के कंधे पर हाथ रखकर कहा - क्या हुआ ? मन उदास है?

तिथि ने पार्थ की तरफ नहीं देखा। वह एक दूसरी लड़ाई के लिए तैयार हो रही थी। - तुम्हें अपने प्यारे कमरे से सब समेटना पड़ रहा है। - पार्थ ने हँसते हुए कहा - सोचो मत। दादी भला कितने दिन रहेंगी। ट्रीटमेंट होते ही चली जायेंगी। हालाँकि मैंने जरूर सोचा था कि बच्चे के पैर फेंकने से पहले मैं कुछ प्यार कर लूँगा। - उसने एक आँख बंद करते हुए कहा - दोपहर को एक-दो दिन छोटे चाचा को हटाकर हम लोग ठीक मैनेज कर लेंगे।

- मैं तुमसे एक बात कहना चाहती हूँ, पार्थ। - तिथि ने सारी हिम्मत एक जगह जुटाते हुए कहा ।

पार्थ थोड़ा हैरान होकर देखने लगा। तिथि ने तब हर शब्द पर जोर देकर कहना शुरू किया - तुम्हें मानने में बहुत तकलीफ होगी। लेकिन मैंने यह फैसला कर लिया है। तुम्हें मेरी बात सुननी होगी। सुननी ही पड़ेगी।

- क्या कह रही हो ? कौन सी बात ? - पार्थ को शक होने लगा।

तिथि ने कहा - कहो, तुम मेरी बात मानोगे।

- ऐसे क्यों कर रही हो। बात सुने बगैर कैसे कह दूँ ? - पार्थ ने चिढ़ने के साथ उत्सुकता से कहा।

तिथि समय ले रही थी। इस बात को उसने मन में बहुत बार दोहराया था लेकिन कहते वक्त बात मुँह में अटक जा रही थी।

उसने आँखें बंद करते हुए कहा - मैं...मैं अबार्शन कराना चाहती हूँ।

उसने सोचा था कि यह बात सुनते ही पार्थ चिल्ला उठेगा, या मारने के लिए उसकी तरफ दौड़ जायेगा। लेकिन पार्थ ने ऐसा कुछ नहीं किया। तिथि ने धीरे से आँखें खोलकर देखी कि पार्थ उसे क्रूर नजरों से घूर रहा था। उसने दाँत पीसते हुए कहा - नहीं, मैं ऐसा नहीं होने दूँगा। मुझे समझ में नहीं आ रहा है कि तुमने यह बात सोची कैसे।

तिथि ने विनती करते हुए कहा - प्लीज, प्लीज, प्लीज पार्थ। तुम मुझे समझने की कोशिश करो। ऐसा मत करो...मुझे खड़ा होने का मौका दो...उससे पहले तुम्हें भी तो खड़े होना चाहिए। हमारे पास कुछ नहीं है पार्थ, अपने बच्चे का भविष्य बनाने के लिए हमारे पास कुछ भी तो नहीं है।

- तुमसे बार-बार कह रहा हूँ तिथि, इन बातों को अपने दिमाग से दूर रखो। तुम पागल होती जा रही हो। यही सब सोचती रही तो सचमुच पागल हो जाओगी।

- मैं पागल हूँ ? - तिथि ने फटी हुई आँखों से देखते हुए कहा - तुम मुझे पागल बनाना चाहते हो।

- मैं नहीं चाहता। तुम्हीं चाहती हो। - पार्थ ने तर्जनी दिखाते हुए कहा - सुन लो। अगर तुमने एबार्शन कराया तो तुम्हारा शरीर खराब हो जायेगा। तुम फिर जिंदगी में माँ नहीं बन पाओगी। लेकिन तुम माँ बनना चाहोगी। और नहीं बन पाने पर पागल हो जाओगी।...

तिथि ने कान ढक लिए। चिल्लाकर कहा - बस, बस, बस। मैं कुछ नहीं सुनना चाहती। ये बातें किसने कही हैं। तुम्हारे उस ज्योतिषी ने, है ना ?

पार्थ ने सिर हिलाया - हाँ, नकुल बाबू ने बहुत पहले ही बता दिया था। तुम्हारे अंदर ऐसी अशुभ बातें हैं। तुम्हारी माँ की वजह से। मुझे ही तुम्हें उस महिला के चंगुल से बचाकर लाना होगा। छिः तिथि। तुम्हें पता नहीं एबॉर्शन कितना बड़ा पाप है। मातृत्व लड़कियों के लिए कितने गौरव की बात है और तुम उसे...

तिथि ने चिल्लाकर कहा - हाँ, मैं ठीक कर रही हूँ। पिता होकर तुम उसे जन्म के बाद मारोगे। मैं उसे जन्म से पहले ही मार दूंगी। ठीक करूँगी। तुम मुझे नहीं रोक सकते...

पार्थ घृणा-भरी आवाज में कहने लगा - गंदी। तुम इतनी गंदी हो मुझे पता नहीं था। नकुलबाबू ने कहा था, तुम्हारी माँ...

पार्थ की बात अभी पूरी नहीं हुई थी, तभी तिथि पार्थ के पास जाकर खड़ी हो गयी। उसने धीरे से कहा - ओ, अभी और भी बातें हैं। धीरे-धीरे निकल रही हैं। तुम्हारे ज्योतिषी ने मेरे बारे में और क्या बताया है ?

पार्थ ने दाँत भींचते हुए कहा - तुम एक गंदी लड़की हो...

तिथि और करीब जाते हुए बोली - अच्छा मान लिया कि मैं गंदी लड़की हूँ, लेकिन तुम तो पुरुष ही नहीं हो, नपुंषक कहीं के। तुम्हारे ज्योतिषी बता सकते हैं कि मेरे पेट में तुम्हारा बच्चा कहाँ से आया ?

पार्थ के मुँह से कई गालियाँ निकल गयीं। उसने जैसे ही तिथि के बाल पकड़कर खींचते हुए उसे धक्का दिया, वह भी जानवर हो गयी। उसकी भी शिक्षा, धैर्य और तहजीब न जाने कहाँ खो गयी। पार्थ के ऊपर कूदते हुए उसने उसे काट लिया। पार्थ खुद को बचा नहीं पा रहा था क्योंकि तिथि अपना होश खो बैठी थी। कुछ मिनट बाद अपनी सारी शक्ति खत्म होते ही तिथि ने पार्थ के बदन पर उल्टी कर दी। उसके बाद आँखें बंद करके फर्श पर गिर गयी। इस बार वह सचमुच बेहोश हो गयी थी।

रात को एक बार तिथि को होश आया था, लेकिन उसके बाद वह फिर सो गयी थी। दूसरे दिन जब सोकर उठी तब उसके सारे बदन और सिर में दर्द हो रहा था। उठने की शक्ति नहीं थी। उसका दिमाग भी काम नहीं कर रहा था। थोड़ी देर आँख खोले रखने के बाद वह फिर बेहोश हो जा रही थी। सारा दिन इसी तरह बीत गया। उसे कोई बुलाने भी नहीं आया। शाम ढलने के बाद वह किसी तरह लड़खड़ाते हुए नीचे उतर आयी।

पार्थ नीचे ही था। तिथि को देखकर मुँह दूसरी तरफ घुमा लिया। पार्थ के मस्तक के दाहिने ओर एक दाग था। वहाँ मारक्युरोक्रोम लगाया हुआ था। सीमा उसे जलती निगाहों से देखते हुए रसोई में चली गयी - माँ, देखो वह नीचे आ गयी है।

सुधा रसोई से निकल आयीं, दो पल के लिए तिथि को देखने के बाद उन्होंने दाँत पीसते हुए कहा - तुम्हारी किस्मत अच्छी है कि अभी तक किसी ने तुमपर हाथ नहीं उठाया है। सिर्फ तुम ही मारे जा रही हो। पेट के बच्चे को मारना चाहती हो। ऐसी बदमाशी इस घर में नहीं चलेगी। मुझे बहुत पहले ही तुम्हें होशियार कर देना चाहिए था तब बात इतनी आगे नहीं बढ़ती। माधु ने भी तुम्हें बहुत सिर चढ़ा रखा था, और लाड़ करती भी क्यों नहीं। उसे तो बहू के साथ परिवार नहीं चलाना था। बाहर से अच्छे बने रहना बहुत आसान है।

सुधा ने सीमा की तरफ देखते हुए कहा - शांखा-पॅला लेती आ, और नकुलबाबू की ताबीज भी लेती आना।

तिथि चुपचाप खड़ी रही। सीमा जब शांखा-पॅला वगैरह लेकर आ गयी तो सुधा ने कहा - अब अगर किसी दिन तुमने इन्हें खोला तो तुम ही रहोगी या मैं ही रहूँगी। यह सब पहन लो। ताबीज को गले में पहनो। उससे दिमाग शांत रहेगा। अब एकदम बदतमीजी मत करना। परसो माँ और असीम आ रहे हैं। उनलोगों के सामने मैं कोई बेअदबी देखना पसंद नहीं करूँगी।

तिथि ने देखा कि सीमा के हाथ में शाखा पोला के अलावा लाल फीते में बँधा एक

बड़ी सी ताबीज भी थी। वह एक जगह खड़ी रही, लेकिन हाथ नहीं बढ़ाया।

सुधा ने धमकाते हुए कहा - क्या हुआ ? कान में बात नहीं जा रही है क्या?

- मैं यह सब नहीं पहनूँगी, बड़ी माँ। - तिथि ने इनकार में सिर हिलाते हुए कहा। वह अब खड़ी नहीं रह पा रही थी। उसका पूरा शरीर काँप रहा था। फिर भी वह किसी तरह खड़ी थी।

सुधा ने चिल्लाते हुए कहा - नहीं पहनोगी, मतलब ? तुम्हें पहनना ही पड़ेगा। अपनी बाल कटी माँ की तरह बेहयों की तरह घूमती फिरोगी क्या ?

- मेरी माँ बेहया नहीं है। - तिथि का शरीर फिर काँपने लगा।

पार्थ कूदकर आया - फिर जुबान लड़ाई। हमलोगों ने बहुत बर्दाश्त कर लिया। तुम्हारा जो मन कर रहा है तुम वही करती आयी हो। लेकिन अब और नहीं। चुपचाप माँ की बात सुनो वरना घर छोड़कर चली जाओ।

तिथि का बदन काँप रहा था और जी मचल रहा था। उसने मुँह के सामने हाथ रख लिया। किसी तरह हाथ में पहनी हुई लोहे की चूड़ियों को खोल कर रखा और जूता पहनने लगी।

सुधा ने चौंकते हुए देखा और चिल्ला पड़ी - अरे, यह क्या लोहा खोलकर रख दिया। कितनी खतरनाक लड़की है। लड़की है या राक्षसी ? यह कहाँ जा रही है ?

पार्थ ने उसका हाथ पकड़कर कहा - क्या सीन कर रही हो। मार खाकर मरने का मन कर रहा है क्या ?

तिथि ने सिर हिलाया - मैं सीन नहीं कर रही हूँ। तुम भी मत करो। बुलाया था इसलिए आयी थी। जाने को कह रहे हो इसलिए जा रही हूँ। इन दोनों के बीच मुझे कम नहीं बर्दाश्त करना पड़ा है...

- जाने दे, जाने दे...किस चूल्हे में जाएगी भला। मेरा अपमान करना ही उसका काम है । तू भी उस बीवी का हाथ खींचने गया। छिः , छिः , छिः...- सुधा रोने लगीं।

पार्थ ने तिथि का हाथ छोड़ दिया - ठीक है, ठीक है। जो ठीक लगे करो। मुझे कुछ नहीं कहना है।

तिथि चली गयी।

थोड़ी देर बाद जब आलोक घर आए, उस समय भी पार्थ मुँह लटकाकर बैठा हुआ था। सुधा रो रही थीं और सीमा उन्हें सांत्वना दे रही थी। आलोक ने कहा - तिथि कहाँ गयी ? चौरास्ता की पासवाली गली में दिखाई दी थी, मैंने आवाज भी दी लेकिन उसने नहीं सुना...अचानक गौर से देखते हुए उन्होंने पूछा - अरे तुमलोगों को आखिर हुआ क्या है ?

सुधा ने कहा - होगा क्या ? मेरा सिर। आँख के सामने देखना पड़ा जवान बेटे की बहू ने लोहा खोलकर रख दिया। कम शैतान लड़की थी। लड़ाई करने के बाद इस

बेवक्त घर छोड़कर चली गयी।

आलोक ने धमकाते हुए कहा - ओह, मैं कहता हूँ चुप करो। - पार्थ की तरफ देखते हुए कहा - हाथ पर हाथ रखा क्या बैठा है। लड़की घर छोड़कर चली गयी है, जा उसे ढूँढ़कर ला।

- रहने दो। - पार्थ ने गंभीर होकर कहा - जहाँ गई है वहीं रहे। इतनी रात को जाएगी कहाँ। उसके पास पैसे भी नहीं हैं। खोजने की जरूरत नहीं है। थोड़ी देर बाद चली आएगी।

तिथि एक आँधी को झेलने के बाद लगभग दौड़ रही थी। रास्ते पर रोशनी बहुत कम थी। ठंड में कुहासे की वजह से और भी सन्नाटा छाया हुआ था। तिथि खाली गलियों को पार करती हुई चलती जा रही थी। आलोक से इस तरह मिलने की वजह से वह और भटक गयी थी। कम रोशनी में पहले आलोक उसे पहचान नहीं पाये थे। तिथि ने भी ध्यान नहीं दिया था। उसे पार करते हुए उल्टी तरफ जाकर अचानक आलोक रुक गये थे - कौन, तिथि तो नहीं ? कहाँ जा रही हो ?

तिथि पागलों की तरह रास्तों पर चल रही थी। आलोक की आवाज सुनने के बाद उसने पीछे मुड़कर नहीं देखा। तेज-तेज कदमों से चलकर उसने गली पार कर ली। थोड़ी दूर जाने के बाद उसने घूमकर देखा तो पाया कि उसके पीछे कोई नहीं आ रहा था।

तिथि को बहुत पसीना आ रहा था। उसके शरीर पर कोई गर्म कपड़ा नहीं था, यहाँ तक कि सलवार कमीज के नीचे कोई अंतर्वस्त्र भी नहीं पहन रखा था। वह पागलों की तरह घर से निकल आयी थी। अब वह कहाँ जाएगी ? कहाँ ?

वह एक बार फिर गहरी खाई के पास खड़ी थी। उसे इस बार एक निश्चित लक्ष्य सामने रखकर कूदना होगा। कोई गलती नहीं चलेगी। निश्चित लक्ष्य मौत को सामने रखकर।

तिथि खुद को बहुत लाचार महसूस कर रही थी। इस वक्त उसके पास आत्महत्या करने के क्या उपाय थे। वह रेल से कटकर मर सकती है। लेकिन यहाँ से रेल लाइन कितनी दूर है। है भी या नहीं, उसे पता नहीं है। चलते-चलते वह डायमंड हार्बर रोड पर चली आयी थी जहाँ रास्ते पर हैलोजेन बत्तियाँ जल रही थीं। बस-ट्राम निशाचर जंतुओं की तरह चल रहे थे। बीच-बीच में तेजी से एक-दो ट्रक भी गुजर जा रहे थे। तिथि मन ही मन उपाय सोचने लगी। क्या किसी ट्रक के सामने कूदा नहीं जा सकता है। क्या बहुत मुश्किल होगी। तिथि ने ध्यान लगाकर सोचा। उसके पेट पर से ट्रक के भारी चक्के गुजर जायेंगे। मरने में उसे कितना वक्त लग जायेगा। ट्रक से पिसी हुई अपनी लाश की कल्पना करने के बाद उसे अचानक उसका चेहरा दिखाई देने लगा। क्या उस चेहरे पर थोड़ी भी तकलीफ की निशानी दिखाई दे रही है। या पश्चात्ताप

का।

नहीं, तिथि ने देखा उस चेहरे पर ऐसा कोई भाव नहीं है। एक बदला लेनेवाली मानसिकता के अलावा उसके चेहरे पर कोई दूसरा भाव नहीं था। उसने आदमी पहचानने में कितनी बड़ी भूल की है। आखिर उसने किससे प्यार करके अपनी जिंदगी बर्बाद कर ली है। किसके ऊपर नाराज होकर वह मरना चाह रही है। उसने जिसके लिए अँधेरे में छलांग लगा दी थी, उसने उसे कितना समझा है। और एक बार भी अगर वह कूदती है, तो वह कूदना भी तो व्यर्थ ही जायेगा।

तिथि अपनी माँ का चेहरा याद करने की कोशिश करने लगी। उसे मरा हुआ देखने के बाद माँ कैसे करेंगी। पागल की तरह रोएँगी। रोते-रोते कहेंगी - मुझे पता था। पता था कि तिथि खत्म हो जाएगी। उसके बचने का कोई रास्ता नहीं था।

अचानक तिथि को बेचैनी होने लगी। माँ वैसे क्यों रो रही हैं। रोते-रोते उनके सीने में दर्द होने लगा था। उनके दिल के टुकड़े-टुकड़े हो रहे थे। तिथि का मन करने लगा कि वह माँ को चुप कराए। लेकिन वह क्या कर सकती थी। आत्महत्या के बाद वह माँ को सांत्वना कैसे दे सकती है।

- चुम्मा चुम्मा दे दे...चुम्मा चुम्मा दे दे...हूं...हूँ...दे दे...

तिथि का दिल धड़कने लगा। एक आदमी उसके बहुत करीब आकर खड़ा था। उसकी आँखों की तरफ देख रहा था। तिथि के देखते ही उसने एक आँख दबाते हुए उसकी तरफ देखा। अचानक तिथि घबरा गयी। इस ठंड के मौसम में इतनी रात को वह एकदम अकेली थी...मानसिक रूप से थकी हुई...इस बुरे इंसान को अपने शिकार की गंध लग गयी थी। पहली बार तिथि को होश आया। उस आदमी को पार करती हुई वह उल्टी तरफ चली आयी जहाँ एस थर्टीवन बस खड़ी है। लगता है कि बस अभी छूटने वाली है, उसके इर्द-गिर्द कुछ लोग खड़े हैं। उस तरफ पाँव बढ़ाते ही उस आदमी ने कहा - क्यों जानू, किस तरफ।

बेहला चौरास्ता में एस थर्टीवन का यही एक बस स्टैंड है। तिथि ने देखा कंडक्टर बस स्टैंड पर खड़ा होकर सिगरेट पी रहा है। सरकारी बस के कंडक्टर शिक्षित और भद्र होते हैं। यह कंडक्टर भी वैसा ही था, प्रौढ़ और आँखों पर चश्मा। तिथि उसके पास जाकर कहने लगी - जरा सुनिए।

कंडक्टर को समझ में नहीं आया तिथि किसे बुला रही है। तिथि ने घूमकर देखा कि वह बुरा आदमी अब भी खड़ा था। उम्मीद नहीं छोड़ी थी। तिथि को देखकर उसने जीभ निकाल ली। तिथि ने तब और जोर से कहा - सुन रहे हैं, जरा सुनिए ना।

- मुझसे कह रही हैं ? - कंडक्टर ने तिथि से पूछा।

- हाँ..

- कहिए। - उसने सिगरेट फेंककर उसे पैर से कुचल दिया। तिथि ने कुछ नहीं

कहा तो उसने हैरत से पूछा - क्या बात है दीदी ? क्या कहना चाहती हैं?

तिथि ने देर नहीं की। एक साँस में कह गयी। - देखिए। मैं बहुत मुसीबत में हूँ। आपकी मदद चाहिए। मेरी तबीयत बहुत खराब है। मेरे पास पैसे भी नहीं हैं। मुझे थोड़ा...अपने बस से पहुँचा देंगे।

कंडक्टर ने थोड़ी देर उसे शक की नजर से देखने के बाद पूछा - कहाँ जाएँगी आप ?

- तिथि ने स्टॉप का नाम बताया।

- ठीक है, चढ़ जाइए।

राहत मिलने पर भी तिथि ने एक बार फिर कहा - लेकिन मेरे पास पैसे नहीं हैं...

- ठीक है, कहा ना। - कंडक्टर ने कहा - बस अभी छूटनेवाली है। चढ़ जाइए।

बस तेजी से चल रही थी। तिथि के सिर में कई ख्याल उसी तेजी से चल रहे थे। कई चेहरे उसके सामने उभरते जा रहे थे। हर चेहरा पार्थ का था। कोई उदास, कोई हिंसक, कोई क्रूर। लेकिन किसी चेहरे में हमदर्दी नहीं थी। अचानक तिथि चौंक उठी। उसके सामने माधु भाभी का चेहरा उभर आया। वह माधु भाभी को बिना बताए चली आयी थी। - माधु भाभी मुझे माफ कर देना। तिथि बुदबुदाने लगी - मुझे पता है कि तुम्हें बहुत तकलीफ होगी, लेकिन तुम्हीं बताओ मैं क्या करती।

घर के दरवाजे पर खड़े होकर बेल बजाते वक्त भी तिथि काँप रही थी। कुछ ठंड से, कुछ थकान से। अदिति ने बरामदे में आकर पूछा - कौन ?

तिथि किसी तरह स्वाभाविक आवाज में नहीं बोल पायी। किसी तरह उसने कहा- मैं। - उसे अपनी आवाज ही अजीब सी लगी। उसे डर लगा कि कहीं माँ पहचान नहीं पायी तो। रास्ते पर आज भी बत्तियाँ नहीं जल रही थीं। तिथि ने फिर कहा - माँ, मैं हूँ तिथि।

अदिति साँस रोककर सीढ़ियों से नीचे उतर आयीं। दरवाजा खोलते ही तिथि सीढ़ियों पर बैठ गयी। उसमें अब रोने की भी शक्ति नहीं रह गयी थी। अदिति के दिमाग में कई सवाल कौंधने लगे। उन्होंने कहा - यहाँ क्यों बैठ गयी तिथि? तबीयत खराब है ? डाक्टर बुलाऊँ ? तिथि।

तिथि ने धीरे से कहा - नहीं। तबीयत थोड़ी सी खराब है। और कोई बात नहीं है। थोड़ी सी थकान है। चलो ऊपर चलते हैं।

ऊपर आकर तिथि अब बात भी नहीं कर पा रही थी। उसका सारा बदन टूट रहा था और नींद ने उसे घेर लिया था। उसने किसी तरह अदिति से कहा - कल सब बताऊँगी माँ। आज थोड़ा सो लेती हूँ...चिंता मत करो...ऐसी कोई बात नहीं है...कल...सब बताऊँगी...- उसकी जीभ भी फँस जा रही थी।

विश्वनाथ पागलों की तरह करने लगे। बार-बार पूछ रहे थे - क्या हुआ ? क्या

हुआ बेटी ? इतनी रात को तू इस तरह क्यों चली आयी ?

अदिति भी कुछ समझ नहीं पा रही थीं। वह समझ गयी कि जरूर कोई बड़ी बात हुई थी तभी तिथि इस तरह घर छोड़कर चली आयी है। लेकिन उसे क्या हुआ है इसका अंदाजा नहीं लगा पा रही थीं। उन्होंने खुद को किसी तरह सँभाला। विश्वनाथ से कहा - रहने दो। उसे सोने दो। कल सुबह सब पता चल जायेगा।

सारी रात तिथि के बगल में लेटे हुए अदिति एक पल के लिए भी सो नहीं पायीं। अनगिनत बातें सोचकर वह तड़प रही थीं। क्या हुआ होगा जिसकी वजह से तिथि चली आयी। जरूर पार्थ के साथ ही कुछ हुआ होगा। मनमुटाव, गुस्सा, झगड़ा। कुछ भी हो सकता था। ऐसा हुआ हो तो वह कुछ दिन यहीं रहे। वैसे भी शादी के बाद वह इस घर में एक दिन भी नहीं ठहरी थी। उसके बाद समझौता हुआ तो वह चली जायेगी। अदिति यही सब बातें सोच रही थीं। उन्हें बार-बार यही ख्याल आ रहा था कि इतनी ठंड में उसकी तबीयत इतनी क्यों खराब हो गयी है। अदिति तड़प रही थीं, और सारी रात वह तिथि को ही देखती रहीं। कैसे सो रही थी। जैसे साँस भी नहीं चल रही हो। उसका बदन बर्फ की तरह ठंडा था। कई बार अदिति का दिल काँप उठा था। बार-बार वह उसके बदन पर हाथ रख रही थीं और नाक के नीचे उँगली देकर देख रही थीं। आखिर हुआ क्या उनकी बेटी को। उन्होंने किसी दिन कुछ पूछा भी नहीं था। वह खुद भी पूछना नहीं चाहती थीं, और उन्हें पता था कि सवाल करने पर तिथि नाराज हो जायेगी। इसलिए सिर्फ उसे देखकर अंदाजा लगा लिया करती थीं। तिथि के उसी चेहरे से उन्होंने कल अंदाजा लगा लिया कि उसके ऊपर से कोई तूफान गुजरा था...वह पूरी तरह टूट चुकी थी।

सुबह तिथि की आँख नहीं खुली। अदिति ने भी उसे नहीं जगाया। उन्होंने सोचा कि वह खुद उठ जायेगी। थोड़ा और सो ले। नहीं तो वह थोड़ी देर बाद उसे उठा देंगी। विश्वनाथ मार्निंग वाक पर चले गये हैं। अदिति बरामदे का दरवाजा खोलकर बाहर आयीं। कुर्सी लगाकर बैठते ही वह फिर से तमाम बातें सोचने लगीं।

वह गहराई से सोच रही थीं लेकिन उनकी नजरें रास्ते पर टिकी हुई थीं। अचानक वह चौंक उठी। रास्ते के मोड़ पर वह कौन है। पार्थ तो नहीं। अदिति ने गौर से देखा। हाँ पार्थ ही था। उखड़ा हुआ चेहरा। वह सामने की ओर आ रहा था, लेकिन उसके कदमों को देख रहा था कि वह अपनी इच्छा के विरुद्ध आगे बढ़ रहा था। अदिति गंभीर हो गयीं। कमरे में आकर देखा कि तिथि अब भी सो रही थी। अदिति चुपचाप नीचे चली आयीं।

पार्थ ने दरवाजे पर अदिति को इस तरह खड़े देखा तो चौंक उठा। उसे पता नहीं था कि अदिति ने उसे पहले ही देख लिया था। अदिति ने कुछ नहीं कहा - वह पार्थ की आँखों को देख रही थीं। पार्थ ने नजरें झुका लीं और पूछा - तिथि है ?

अदिति ने पूछा - तुम्हें पता नहीं है ?

- नहीं। कैसे पता होगा ? कहकर नहीं आयी है।

अदिति दरवाजे से हटकर खड़ी हो गयीं और कहा - आओ। वह सो रही है।

दोतल्ले पर आकर बैठक में घुसकर उन्होंने पार्थ से कहा - बताओ क्या हुआ है?

पार्थ ने कहा - कल, तिथि ने माँ के साथ बहुत झगड़ा किया। उसके बाद घर छोड़कर चली आयी है।

- झगड़ा क्यों किया ?

पार्थ ने होंठ भींचते हुए कहा - कारण उसी से पूछ लीजिएगा।

- वह सो रही है। तुम ही बता दो। - अदिति ने शांत होकर कहा। उनका चेहरा एकदम स्वाभाविक लग रहा था। भले ही वे अंदर से बेचैन थीं।

पार्थ कुछ देर तक चुप रहा। उसके बाद इधर-उधर देखकर उसने कहा - वह माँ की बात एकदम नहीं सुनती है। उल्टा-सीधा काम करती है। शांखा-पॅला नहीं पहनती । हमारे घर में यह सब नहीं होता। कहने पर झमेला खड़ा कर देती है। उसके अलावा अभी घर से निकलना ठीक नहीं है उसके लिए। मना करने पर भी नहीं सुनती है...

अदिति को अचानक खटका लगा। उन्होंने पूछा - क्या कहा ? घर से निकलना ठीक नहीं है। क्यों ठीक नहीं है ?

- मतलब, वह...वह तो प्रेगनेंट है ना।- पार्थ ने दाढ़ी सहलाते हुए कहा।

अदिति के गालों पर मानों किसी ने एक जोरदार थप्पड़ जड़ दिया हो। उनका कान झनझना गया। तिथि प्रेगनेंट है। अदिति का सिर फटने लगा। बस, तिथि अब कुछ नहीं कर पायेगी। पढ़ाई शुरू करके उसने अपना भविष्य सँवारने की जो कोशिश शुरू की थी, अब उसे फिर पीछे हटाना होगा। इतनी जल्दी यह लड़की जाल में फँस गयी। अदिति का जोर-जोर से रोने का मन करने लगा। उन्होंने फिर भी गंभीर होकर पूछा - ओह, इसीलिए उसकी इतनी तबीयत खराब है।

पार्थ ने कहा - वह तो होगी ही। घर में हमेशा अशांति मचाए रखती है। खुद भी नहीं खाती है और इसलिए माँ भी नहीं खा पाती हैं।

अदिति अन्यमनस्क हो गयीं। अचानक उन्होंने कहा - मुझे लगता है तिथि को थोड़ा आराम की जरूरत है। मेरे ख्याल से उसे कुछ दिन यहीं रहने दो। समझे। देख रही हूँ कल से वह सोयी हुई है। उसे अभी नहीं जगाती हूँ। - अदिति उठकर खड़ी हो गयीं। -

तुम अभी जाओ। हो सके तो एक बार शाम को फिर आ जाना। मैं तिथि को बता दूँगी। वह तुम्हारी माँ के साथ बुरा बर्ताव करती है, सुनकर हैरत हो रही है। यह तो अच्छी बात नहीं है। - अदिति ने फिर कहा - खैर, मैं उसे समझाऊँगी। ठीक है तुम जाओ, मैं अब चाय वगैरह नहीं बना रही हूँ।

पार्थ शायद तिथि को साथ ले जाना चाहता था। कम से कम तिथि से बात करना

चाहता था। लेकिन अदिति ने उसे यह मौका नहीं दिया। साफ-साफ जाने के लिए कह दिया। उनकी आवाज में आदेश था। पार्थ को कुछ कहने की हिम्मत नहीं हुई। वह चुपचाप उठता हुआ बोला - ठीक है, शाम को आऊँगा। आप कह दीजिएगा ताकि वह आज ही घर लौट जाए। माँ को बहुत तकलीफ पहुँची है।

पार्थ के जाने के बाद कुछ देर तक अदिति बैठक में ही बुत की तरह खड़ी रह गयीं। उनकी आँखों से आँसू बहते जा रहे थे। थोड़ी देर बाद उन्होंने खुद को सँभाल लिया। इसमें उन्हें इस तरह टूटने की क्या जरूरत है। तिथि जैसे चाहे अपनी जिंदगी जिए। इसमें भला वे क्या कह सकती हैं।

अदिति तिथि के पास जाकर खड़ी हो गयीं। तिथि थोड़ी सी जगी हुई लगी।

अदिति ने उसके सिर पर हाथ रखा तो उसने कहा - माँ...

- नींद टूट गयी, तिथि ?

- हाँ, माँ। - तिथि ने हाथ बढ़ाकर अदिति का हाथ अपनी मुट्ठी में ले लिया। उसकी आँखें अब भी बंद थीं।

- क्या हुआ ? - अदिति ने दूसरे हाथ से उसके बाल ठीक करते हुए पूछा।

कुछ नहीं माँ, ऐसे ही।

कुछ देर तक चुप रही। उसके बाद अदिति ने धीरे से कहा - पार्थ आया था। सब सुना। - उन्होंने महसूस किया कि तिथि का बदन अचानक सख्त हो गया था। वह जोर से साँस लेने लगी। थोड़ी देर तक चुप रहने के बाद अदिति ने कहा - अच्छी खबर मिली, अच्छी खबर मिली...लेकिन थोड़ी जल्दबाजी हो गयी।

कहते हुए उन्होंने देखा कि तिथि अचानक बहुत सिमट गयी थी। उसका शरीर काँप रहा था उसके साथ पलंग भी। अदिति ने डरकर उसे पकड़कर पूछा - क्या हुआ? तिथि। क्या हुआ ? ऐसे क्यों कर रही है तिथि ?

दोनों हाथ समेटकर तिथि ने अपने सीने के पास लायी और घुटने मोड़कर उन्हें पकड़ रखा था। सिर भी अपने सीने की तरफ झुका लिया था। ऐसा लग रहा था कि पूरी तरह से सिमटकर वह खुद को किसी हमले से बचाने की कोशिश कर रही थी। उसने किसी तरह तड़पते हुए कहा - नहीं माँ, नहीं, मैं परीक्षा देना चाहती हूँ। मैं परीक्षा दूँगी।

7

तिथि बार-बार एक ही बात कह रही थी - मैं परीक्षा दूँगी माँ। मैं परीक्षा दूँगी।

अदिति पहले डर गयी थीं। उसके बाद उन्होंने तिथि को हिलाते हुए कहा -

तिथि, ए तिथि, सपना देख रही है। उठ जा तिथि।

तिथि ने आँख खोलकर देखा। वह अजीब निगाहों से देख रही थी। अदिति ने हँसते हुए कहा - क्यों रे, अब भी वही बुरे सपने देखती है ? सुबह उठकर तूने महालया के लिए रेडियो तो चलाया था। उसके बाद से सोए जा रही है।

तिथि ने आँखें मलते हुए कहा - ओह, मैं सपना देख रही थी ना।

- सच, कितने बुरे दिन गये हैं। क्या उन्हें इतनी आसानी से भुलाया जा सकता है। मैं भी तो उन्हें नहीं भूल पायी हूँ...- अदिति ने खुद को रोका। उन्होंने कहा - अब कॉलेज में खुद छात्रों की परीक्षा लेती रहती है। और नींद में परीक्षा देगी कहकर चिल्ला रही थी। - चल, अब उठ। बाथरूम जा। मैं पराठे बना रही हूँ।

- आज तो कॉलेज में छुट्टी है, माँ। - तिथि ने आलस करते हुए कहा - आज मैं पराठे बनाऊँगी।

- ठीक है, ठीक है। पहले उठ तो जाओ। मैं रसोई में जा रही हूँ।

तिथि बिस्तर से उतर गई। उसका सिर बहुत भारी हो गया था। उसे आज क्या हो गया था। पीछे चलते-चलते वह जिंदगी के किस अँधेरे कोने में चली गयी थी। उस कोने से तो वह कब की निकल चुकी थी। हालाँकि बहुत आसानी से नहीं निकली थी। पार्थ ने अपनी तरफ से पूरी कोशिश की थी। लेकिन तिथि को कोई फर्क नहीं पड़ा। वह मानो बुत बन गयी थी। न तो उस पर पार्थ की जोर-जबर्दस्ती का कोई असर होता था और न ही उसके अनुनय विनय से उसका मन पिघलता था। सब खत्म हो गया था। उसे याद आया मेरी स्टोप्स क्लिनिक से जिस दिन वह मेडिकल टर्मिनेशन कराकर घर लौटी थी उस दिन पार्थ रात को घर आया था। कुछ दिन उसने संपर्क रखा था लेकिन कोई सहायता नहीं की थी। अदिति ने अकेले ही सारा इंतजाम किया था। तिथि का जनरल एनेस्थेशिया कराना पड़ा था। जब वह घर लौटी तब उसे होश नहीं आया था। पार्थ ने उससे कहा था - तिथि तुमने मेरी बात नहीं मानी। आखिर पाप कर ही डाला। फिर भी मैं तुम्हें माफ कर दे रहा हूँ, क्योंकि मैं तुमसे प्यार करता हूँ। घर चलो, मैं तुम्हें आखिरी मौका देना चाहता हूँ...

तिथि पागलों की तरह चिल्लाने लगी - निकल जाओ, आज तुम मुझसे प्यार की बातें करने आए हो। प्यार। सब खत्म हो चुका है पार्थ। जाओ, चले जाओ। मैं अब तुम्हारे पास कभी नहीं लौटूँगी।

चिल्लाने की आवाज सुनकर अदिति भी चली आयी थीं - तिथि, शांत हो जा तिथि। तेरी तबीयत बहुत खराब है। तुम्हारा इतना उत्तेजित होना ठीक नहीं है।

पार्थ ने आखिरी वक्त पर पाला बदल लिया। उसने रोते-रोते कहा - कम से कम मुझे एक मौका दे दो...

- मौका। कैसा मौका ? पार्थ अब हमलोग एक दूसरे को कोई मौका नहीं दे

सकते हैं। - तिथि ने अदिति की तरफ देखते हुए कहा था - माँ, उससे कहो कि वह चला जाए। उससे कह दो कि अब वह यहाँ न आया करे।

डिवोर्स का मामला भी अदिति की तरफ से नहीं दर्ज किया गया। पार्थ लोगों की तरफ से ही वह सब किया गया। तिथि के चले आने के बाद पहले पहल पार्थ ने उसे परेशान करना नहीं छोड़ा था। गुमनाम चिट्ठियाँ लिखा करता। कॉलेज में जाकर मिलने की कोशिश करता। तिथि के जवाब नहीं देने पर पार्थ की तरफ से ही कानूनी ढंग से अलग होने की इच्छा ज्यादा दिखी। तिथि ने सोचा कि और कोई झमेला न करके चुप्पी साधकर इन सबसे उबर जाने में ही भलाई है। इसीलिए मामले के दौरान उनकी तरफ से कोई पहल नहीं किया गया। एकतरफा मामला निपट जाने के कई सालों के बाद तिथि ने अदालत से डिवोर्स के पेपर ले आयी थी। उसमें लिखा था - श्रीमती तिथि मल्लिक एक निष्ठुर और गुस्सैल स्वभाव की महिला हैं। उनका दिमाग भी खराब है। उनके इस स्वभाव के कारण ही शिकायतकर्ता श्री पार्थ मल्लिक और उनके परिवार की शांति भंग होती है...

....

कुर्र...कुर्र...कुर्र...

फोन बज रहा है। अदिति ने आवाज दी। तिथि, अब तक बाथरूम में नहीं गयी, देख तो किसका फोन है।

विश्वनाथ ने फोन उठा लिया। दो-एक बातें करने के बाद उन्होंने कहा, तिथि तेरा फोन है, अनिंद्य का।

तिथि वर्तमान में लौट आयी। कार्डलेस कान से लगाए हुए बरामदे में आकर खड़ी हो गयी।...

अनिंद्य छुट्टी के दिन प्रोग्राम बनाना चाह रहा था। अनिंद्य भी तिथि के ही कॉलेज में पढ़ाता है। तिथि ज्योग्राफी, अनिंद्य बांग्ला। अनिंद्य उसका सहकर्मी है, दोस्त। प्रेमी नहीं।

तिथि ने कुछ देर सोचा। कितना अच्छा दिन है। धूप में पूजा की गंध महक रही थी। क्या वह आज का दिन अनिंद्य के साथ बिताना चाहती है। सोचने के बाद तिथि ने फैसला कर लिया, उसके बाद कहा - नहीं, अनिंद्य आज रहने दो। आज थोड़ा घर में आराम करूँगी।

- ठीक है। तो फिर सो जाओ। देखूँ, और कोई राजी हो तो। - अनिंद्य ने लाइन काट दिया। नाराज नहीं हुआ। तिथि ने अनिंद्य को कभी नाराज होते नहीं देखा, वे पाँच सालों से एक साथ काम कर रहे हैं। हँसमुख रहनेवाला ठंडे दिमाग का लड़का है। तिथि उसे पसंद करती है। अनिंद्य भी उसे पसंद करता है। लेकिन, अब तक वे सिर्फ दोस्त थे। तिथि और कुछ सोचने से डरती थी और कूदने में भी डर लगता है। उसके

शरीर से पहली बार कूदने का डर खत्म नहीं हुआ था। अनिंद्य से मिलने के कुछ दिन बाद ही तिथि ने अचानक कहा था - जानते हो अनिंद्य, मैंने शादी की थी। लेकिन डाइवोर्स हो गया है। - उसने वह बात क्यों कही थी, यह वह खुद भी नहीं समझ पायी थी। शायद उसे लगा था कि यह बता देना ही उचित है ताकि कोई यह न कहे कि उसने अपनी जिंदगी का कोई दाग छिपा कर रखा था। अनिंद्य ने चौंकते हुए पूछा था - अच्छा, लेकिन अचानक यह बात क्यों बताई। मैंने तो कुछ नहीं पूछा।

- नहीं, मतलब, मतलब...तुम मुझे जैसा समझ रहे हो, मैं वैसी नहीं हूँ।

अदिति ने हैरान होते हुए उससे कहा था - अच्छा, जरा बायाँ पैर दिखाना।

- मतलब ?

- तो क्या दाहिने पैर में ?

- क्या कह रहे हो, समझ में नहीं आ रहा है।

- तुम्हारे किस पैर में छः उँगलियाँ हैं ?

- छः उँगलियाँ ? क्यों मेरी तो... - तिथि को अनिंद्य की बातें समझ में नहीं आ रही थीं।

- शायद पाँच ही थीं। डिवोर्स के बाद निश्चित तौर पर छः नहीं हुई हैं। - अनिंद्य गंभीर होकर बोला - तुमने कहा कि मैं जो सोच रहा हूँ , तुम वैसी नहीं हो, तो क्या तुम्हारी पूँछ निकल आयी है या सींग निकल आये हैं।

गुस्सा होने के बजाय तिथि हंसने लगी। उसे अपनी मूर्खता पर हँसी आ रही थी। सच अपने प्रति अतिरिक्त सजगता से वह अभी भी पूरी तरह मुक्त नहीं हो पाई है। फिर भी अनिंद्य की सहज मित्रता में उसे सुकून मिलता था। वह और अनिंद्य जिस तरह रास्तों से साथ-साथ गुजरते थे, कभी बातें करते हुए कभी चुपचाप, फिलहाल वह उसी तरह चलते रहना चाहती थी । फोन रखकर तिथि रसोई के दरवाजे पर जा खड़ी हुई। अदिति पराठे बेल रही थीं। तिथि को देखकर पूछ बैठीं - किसका फोन था ?अनिंद्य करा। मुझे बुला रहा था। लोगों को बुलाकर दल बनाकर निक्को पार्क जाएगा। बच्चे भला और कैसे होते हैं। तिथि गुस्सा होने का दिखावा करना चाहती थी पर हँस पड़ी।

बच्चा बने रहने में भला ऐसी क्या बुराई है ? वह जिस तरह बच्चा बना रहता है, उतना ही जिम्मेदार भी है। काफी बुद्धिमान है। अदिति ने समर्थन पाने के लिए तिथि की ओर देखा - तू जाएगी नहीं ?

तिथि ने दबी हँसी हँसते हुए कहा - नहीं, आज मैं घर पर ही रहूँगी। तुम्हारे साथ गप्पें मारूँगी। अच्छा माँ, अनिंद्य तुम्हें बहुत पसंद है न ?

अदिति हँस दी। कुछ बोली नहीं। उनके मन में कई स्वप्न इकट्ठा हो रहे थे। कच्ची उमर में तिथि ने जो भूल की थी उसके लिए वह काफी सजा पा चुकी है। क्या अब उसके जीवन में कोई उपयुक्त व्यक्ति नहीं आ सकता ? इन्होंने गहरी साँस भरी।

तिथि कुछ और ही सोच रही थी, माँ के चेहरे को देखते हुए वह सोच रही थी कि अगर माँ नहीं होती तो क्या ऐसी किसी सुहानी भोर में वह नींद से जाग पाती ? ध्रुपद के शाश्वत संगीत की तरह दुर्गापूजा का यह आनंद क्या दोबारा उसके जीवन में आ पाता ? उसे दूसरी बार भी अंधी छलांग लगानी पड़ी थी, उस दूसरी छलांग के समय अगर माँ ने उसे सँभाल न लिया होता तो वह पता नहीं कहाँ पहुँचती।

अभी भी खड़ी है ? इतनी देर हो गई।

तिथि बच्ची की तरह लाड़ करती हुई बोली - माँ जरा वह गीत सुना दो...झूठे सपने कहीं खो गए, बात गई वह रात अँधेरी''।

गीत की मधुर धुन और उसके बोलों में छिपे दर्द से तिथि की आँखों में पानी भर आया। लेकिन ये आँसू दुख के नहीं थे। तो क्या खुशी के थे ? शायद वे भी नहीं। शायद ये आँसू किसी गहरी अनुभूति के थे। गले में अटकी हुई रुलाई के कारण तिथि गा नहीं पा रही थी। माँ की गंभीर सुरीली आवाज के साथ वह मन ही मन उन पंक्तियों को दुहराये जा रही थी - ''इस प्रभात में बिछा दिए हैं नैन, भरे शुभ्र आलोक''

अपने चिरंतन नियम के अनुसार संगीत हर आरोह-अवरोह से गुजरकर आखिर सम पर आ ही जाता है...!

●●●